教育部人文社会科学研究青年基金项目
（11YJC740086）成果

本课题研究同时得到北京语言大学院级科研项目15YJ010005（中央高校基本科研业务费专项资金）、北京语言大学梧桐创新平台项目16PT06（中央高校基本科研业务费专项资金）和北京语言大学中青年学术骨干支持计划资助。

第二语言学习者汉语疑问句系统的习得与认知研究

施家炜 著

世界图书出版公司

北京·广州·上海·西安

图书在版编目(CIP)数据

第二语言学习者汉语疑问句系统的习得与认知研究 / 施家炜著. —北京:世界图书出版有限公司北京分公司,2017.10

ISBN 978-7-5192-2918-4

Ⅰ.①第… Ⅱ.①施… Ⅲ.①汉语—疑问(语法)—对外汉语教学—教学研究 Ⅳ.①H146.3②H195.3

中国版本图书馆 CIP 数据核字(2017)第 100129 号

书　　名　第二语言学习者汉语疑问句系统的习得与认知研究
DI-ER YUYAN XUEXIZHE HANYU YIWENJU XITONG DE XIDE YU RENZHI YANJIU

著　　者　施家炜
责任编辑　武传霞

出版发行　世界图书出版有限公司北京分公司
地　　址　北京市东城区朝内大街 137 号
邮　　编　100010
电　　话　010-64038355(发行)　64037380(客服)　64033507(总编室)
网　　址　http://www.wpcbj.com.cn
邮　　箱　wpcbjst@vip.163.com
销　　售　新华书店
印　　刷　北京建宏印刷有限公司
开　　本　787 mm×1092 mm　1/16
印　　张　22
字　　数　370 千字
版　　次　2017 年 10 月第 1 版
印　　次　2017 年 10 月第 1 次印刷
国际书号　ISBN 978-7-5192-2918-4
定　　价　52.00 元

序　一

陆俭明

《第二语言学习者汉语疑问句系统的习得与认知研究》一书，是家炜所主持的教育部人文社会科学研究青年基金项目（11YJC740086）"第二语言学习者汉语疑问句系统的习得与认知研究"的一项研究成果。书稿即将付梓，家炜要我为之作序。虽然我自己对第二语言习得问题很缺乏研究，但作为她原先的博士生导师，还是欣然同意了。

第二语言习得是汉语教学（包括在我们国内开展的对外汉语教学、在国外开展的汉语国际教育以及华文教学）学科的前沿课题，又是基础课题。其中，语言学习者疑问句习得的动态发展过程是语言习得研究的重要课题之一，然而国内汉语疑问句的第二语言习得研究却开展得较晚，且仍显薄弱，目前多限于对疑问句的对比分析、偏误分析和部分习得顺序与发展过程研究，对疑问句习得过程和内在机制的深入探讨和理论挖掘不够充分；在研究方法上多限于语料库语料研究和作业收集等横向研究手段，科学的实验研究较少，纵向研究匮乏；研究对象一般限于英语或韩语背景的学习者。在研究内容、研究方法和研究对象上，国内汉语疑问句的第二语言习得研究均存在一定的局限性。

《第二语言学习者汉语疑问句系统的习得与认知研究》一书，采用第二语言习得特有的研究范式，借鉴国外第二语言习得的多元发展模式理论，以五大类汉语疑问句系统为主要研究范围，以初、中、高不同语言水平的英、韩、日不同母语背景的汉语第二语言学习者为研究对象，采用实证研究的方法，对现代汉语疑问句二语习得可以说进行了全方位的系统研究——从言语加工策略的角度分析、探究了隐藏在语言表象背后的习得机制和认知过程，寻求学习者汉语疑问句习得的难点，揭示了汉语疑问句二语习得的过程和表现，包括偏误类型与分布特征、习得顺序与习得等级、习得发展模式与阶段特征；考察了汉语疑问句二语习得过程中的各种影响因素；依据数据统计，分析了各类偏误的来源和成因，对偏误的严重性做出了较为客观的评估；研究分析了汉语疑问句二语习得与认知研究的教学应用；获得了不少可喜的、有助于进一步推进汉语疑问句研究和汉语习得研究的结论。

该书在交代了研究的理论背景之后，全面介绍并评论了目前国内外有关二语习得理论、习得研究发展状况以及现代汉语疑问句本体研究和二语习得研究的状况。作者对这方面的行情相当了解，因此能做到介绍翔实，评论公允。接着该书将现代汉语疑问句细分为五大类36小类，然后以理论为导向、以实证为支撑，将横向规模研究与纵向个案研究相结合，综合运用对比分析、偏误分析、表现分析和语言测试、问卷调查、个案研究、中介语语料库研究等方法，并充分利用数理统计等量化方法，对是非问句、特指问句、选择问句、正反问句（即反复问句）和"W呢"问句这五大类问句逐类进行研究。同时，考虑到汉语疑问代词非疑问用法虽并非形成疑问句，但给外国汉语学习者带来了很大困扰，所以作者也考察了汉语疑问代词非疑问用法的任指、虚指和表示倚变关系的三种形式。每一类研究都包含这样几方面内容：习得过程与表现、学习者的偏误类型与分布特征、习得顺序、习得难点、影响习得过程的诸种因素（如母语背景因素、学习者语言水平因素、语言特征因素、语言认知因素）等。以往对汉语疑问句的习得研究，现象描写较多，而对习得规律以及内部机制的理论解释较为薄弱，尤其缺乏从认知加工策略角度进行的理论解释。该书在采用实证研究方法对汉语疑问句系统第二语言习得发展过程进行观察和描写的基础上，综合运用当代语言学理论和语言习得理论，对汉语疑问句系统的第二语言习得过程和习得机制做出了合理的理论解释，并尝试进行汉语第二语言句法习得机制的理论建构，提出了一系列有价值的理论假设——习得顺序弹性假说、认知加工策略层级制约假说、变异机制假说、竞争机制假说、句法可及性层级间接作用假说、母语迁移部分影响假说、语义制约假说以及语言认知映射假说等。其中有的理论假设的提出意义重大，如变异机制假说，作者从个案研究中发现儿童第二语言习得过程中存在明显的自由变异现象（free variability），从而对“第二语言学习者的这种语言变异究竟是系统变异还是非系统变异，在多大程度上是系统变异”这样一些问题，进行了一定的阐述，在一定程度上填补了国内二语习得研究在这方面的空白。

纵观全书，该项研究无论在研究内容上、研究对象上、研究方法上、研究取向上，还是在理论构建上都具有突破性和创新性，具有较高的科学性和可验证性。研究十分扎实，各部分研究均有具体例证和数据说明。该项研究不仅丰富了第二语言习得理论，在多方面具有方法论意义，而且该项研究所揭示的汉语疑问句习得的发展顺序与过程对于教学安排大有裨益，所提出的有关汉语疑问句的分级、排序的教学建议，都具有切实的教学应用价值，也有利于科学推动汉语国际教育的发展。

更值得注意的是，该书表面看只是呈现了汉语疑问句二语习得的研究成果，但实际上，作者通过汉语疑问句二语习得研究，力图对汉语第二语言句法习得的语言表现和习得过程进行观察、描写和解释，努力挖掘学习者自身普遍存在的内部规律以及语言习得的过程与机制，致力于语言学与第二语言习得的接口研究，着力寻求二者的最佳结合点，为汉语作为第二语言教学探索了新的思路。

作者在该书最后摆出了自己这项研究所存在的局限，提出了后续研究的具体建议，这无疑给人们留下了关于汉语疑问句二语习得研究较多的研究空间。这种科学求实的态度反映了作者良好的学风，值得大家效法。

最后，有鉴于目前一些语言学论著将本来大家很容易明白的问题或现象说得云里雾里，大家都不懂，该书语言流畅，可读性强，这无疑也是该书在文字表达上的一大优点。

以上算是我读了家炜这部书稿后的一点心得。是为序。

2017 年 5 月 6 日

于北京蓝旗营寓所

序　二

刘　珣

案头是家炜老师送来的她即将出版的新著《第二语言学习者汉语疑问句系统的习得与认知研究》的书稿。面对这份沉甸甸的书稿，想到与这位年轻同行已有20多年忘年交往的历史，回忆她从一名对外汉语专业的大学生成长为在第二语言习得领域研究成果突出的学者的历程，我不禁思绪万千，感触良多。

我与家炜是1992年相识的，当时她是北京语言学院（下称“北语”）语文系对外汉语专业的一名本科生，我是刚从北语语言教学研究所调到语文系的一名教师。她硕士研究生毕业后留校任教，于是我们得以在北语共事至今。在这20多年的接触中，我深深感到她非常热爱这项“国家和民族的事业”，勤勤恳恳地工作，踏踏实实地治学，认认真真地做人。不论是她的领导还是同事，不论是她的师长还是学生，无不为她20多年如一日的和蔼可亲的态度、严谨求真的精神、勤勉努力的作风所折服。

作为一名优秀教师，家炜除了课上得好、深受学生欢迎外，还具备极强的学术研究意识、坚实的独立科研能力和科学的治学态度。尤其难能可贵的是，几乎从读研开始，20多年来，她的科学研究的主要方向始终集中于这门在我国还属新兴学科的汉语作为第二语言的习得研究。事情还需上溯到20世纪80年代初，当时北语鲁健骥老师最早将西方的中介语理论引入我们学科，并率先开始了汉语语音习得的偏误分析研究。1992年5月，在时任北语院长兼国家汉办主任吕必松先生的倡议和策划下，在北京举行了我国第一次“语言学习理论研究”座谈会，对外汉语教学界、外语教学界、语文教学界、少数民族语文教育界、语言学界和心理学界的专家学者们坐在一起，研讨如何借鉴国外的语言学习理论研究成果，加强我国的语言学习研究的问题。这次会议极大地推动了本学科对汉语作为第二语言习得的研究，北语也由此逐渐成为对外汉语教学界从事汉语作为二语习得研究的基地和中心。这样的环境和学术氛围，自然对当时还是稚嫩学子的家炜产生了很大影响。她大胆地决定把汉语习得顺序这一当时国内还很少有人研究的前沿课题，选作自己的硕士学位论文题目。

家炜于 1997 年完成了她的硕士学位论文《外国留学生 22 类现代汉语句式的习得顺序研究》。正如在学科建立初期人们对一般学位论文的预期那样，也许人们会以为这只是一篇年轻学生的“习作”；不料 1998 年该文正式发表后，竟震动了学术界，受到广泛关注。这是汉语作为第二语言习得研究领域的第一篇对外国留学生汉语句式习得顺序进行大规模综合调查的研究报告，该文对留学生习得 22 类句式的基本顺序进行了全方位的描写和统计，第一次提出了留学生习得这 22 类句式的基本顺序，同时还提出了“外国留学生汉语作为第二语言习得顺序理论假说”和“自然顺序变体理论假说”。文章所提出的理论观点具有一定的开创意义，对学习者习得顺序的局部差异有一定的解释力，把它看作我国学者对第二语言习得研究所做的一项贡献，并不为过。中国对外汉语教学学会第六次学术讨论会论文述要评价该文：“为今后开展同类研究起到了探索和示范的作用。”这篇论文也是《世界汉语教学》期刊论文中迄今为止征引率最高的论文之一。

此后，她又紧跟国际学术发展前沿，先后在《世界汉语教学》、《语言教学与研究》、《汉语学习》等核心期刊上发表了一系列极富新意和价值的研究成果，比如：《跨文化交际意识与第二语言习得研究》(2000)、《来华欧美留学生汉字习得研究教学实验报告》(2001)、《韩国留学生汉语句式习得的个案研究》(2002)、《成人第二语言习得过程中个体因素与习得效果的相关研究》(2004)、《国内汉语第二语言习得研究二十年》(2006)、《汉语第二语言习得的接口问题》(2012) 等，成为第二语言习得领域研究成果最丰富、影响最大的年轻学者之一。这些研究成果涵盖了第二语言习得研究理论框架中的各个领域，包括习得顺序研究、发展过程研究、个体因素研究、学习者外部因素研究等。其中，既有实证性的研究成果，亦有理论思考的成果，每项成果都有一定的新意。正因其在第二语言习得研究领域的学术水平和影响力，她还获得了“霍英东教育基金会第十届高等院校青年教师奖”（研究类）。

而面前的这部书稿《第二语言学习者汉语疑问句系统的习得与认知研究》，则可以说是作者一段时期内研究成果的总结和升华。该课题采用第二语言习得特有的研究范式，借鉴第二语言习得的理论成果，以五大类汉语疑问句系统为研究范围，以不同语言水平和母语背景的汉语作为第二语言学习者为研究对象，采用实证研究的方法，对汉语疑问句系统第二语言习得的语言表现和发展过程进行了全面客观的观察、描写和解释，以揭示汉语疑问句的偏误类型与分布特征、习得顺序、习得等级、习得发展模式及其影响因素，挖掘普遍的习得规律和内部机制。这一选题具有重要的理论探讨意义和教学应用价值。书稿研究材料丰富，定量分析与定性分析有机结合，注重实证，立足比较，具有跨学科视野。该项研究探讨了第二语言习得理论框架与汉语习得过程的接口，研究成果部分揭示了汉语作为第二语言习得过程中句法习得的普遍规律和内在机制，对汉语句法习得现象有一定的解释力，并丰富拓展了以往较为薄弱的汉语作为第二语言习得理论，在汉语作为第二语言习得研究领域具有一定的创新性和突破性。

值得注意的是，这部书稿体现了作者一以贯之的学术追求，即力图将语言学理论、语言教学理论与习得理论结合，挖掘学习者自身普遍存在的内部规律和语言习得过程与机制，表现出对理论结合实际研究的积极性和对理论的敏感，其研究成果不仅为疑问句教学语法的构建、对外汉语教材和教学大纲的编写等提供了一定的科学理论依据，而且可为语言习得机制和认知发展的研究打开一个可供观察的窗口，具有重要的理论价值。

家炜的研究都建立在科学的研究方法和研究设计的基础上，这是一个突出的特点，也是我们曾多次倡导的研究素质。她在研究中注意将定量分析与定性分析有机地结合起来，使研究具有科学的实证基础，这种以理论为导向、以实验为支撑的规模研究，在汉语作为第二语言习得研究领域中意义是重大的。同时，其研究设计严谨缜密，繁而不乱。以现在的这部书稿为例，该项课题几乎涵盖了汉语疑问句的所有种类，相关因素众多，错综复杂。难得她将第二语言学习者汉语疑问句系统的习得与认知过程确定为目标，囊括了母语背景、语言水平、年龄、疑问度、难易度、句法位置、肯定否定、横向纵向、群体个案等诸多因素，分门别类，逐项逐层予以定位，设计精心，思谋周到，多而不杂，繁而不乱，层层剥笋，体现出作者良好的驾驭材料、分析研究并进行理论构建的能力和驾驭综合课题的学术功力。

最后还值得一提的是，作为一名硕士生导师，家炜 14 年来已带和正在带的研究生共 61 名，在已毕业的 52 人中，49 人（占 94%）的学位论文题目都是汉语作为第二语言习得的方向。我常常应邀参加他们的开题会和答辩会，发现这些更年轻的学子因受导师的影响，很多人不仅对二语习得的研究有浓厚的兴趣，而且也传承了乃师的治学特点和研究风格。这批“施家军”正活跃在国内外的对外汉语教学岗位上，为我国仍显薄弱的语言习得方向的人才培养，注入了一定的活力。

汉语作为二语习得的研究，任重道远。在此祝愿刚过不惑之年的家炜，今后能拥有更多的时间和精力从事这方面的进一步研究，为学科建设提供更为丰硕的成果。

2017 年 5 月 20 日

于北京语言大学

目　　录

1. 绪　论

1.1　解　题

1.1.1　研究的中心问题

本研究致力于语言学与第二语言习得的接口研究，着力寻求二者的最佳结合点，为对外汉语教学探索新的思路。课题研究将对汉语第二语言句法习得的语言表现和习得过程进行全方位的观察、描写和解释，挖掘学习者自身普遍存在的内部规律与语言习得过程及机制，重点考察汉语各类疑问句的偏误类型与分布特征、第二语言习得顺序、发展模式和习得过程中的影响因素。本课题对同一母语背景的学习者做发展研究，对不同母语背景的学习者做比较研究。本项研究还将对比成人与儿童的汉语第二语言句法习得顺序与发展过程，揭示汉语第二语言句法习得过程中的认知加工策略及其发展、影响因素和层级关系，并运用当代语言学理论和语言习得理论对汉语第二语言的句法习得过程和习得机制做出解释，尝试进行汉语第二语言句法习得的理论建构。本研究最后从句法结构的选取与排序角度探讨汉语疑问句系统第二语言习得与认知研究的教学应用。

1.1.2　研究的具体问题

本项研究将以汉语疑问句系统为研究范围，以初、中、高三种语言水平的英、韩、日不同母语背景的汉语第二语言学习者为研究对象，对汉语句法习得的语言表现和习得过程进行全方位的观察、描写和解释，挖掘普遍存在的语言习得规律与机制。具体开展以下研究：

（1）全面揭示汉语疑问句系统的第二语言习得过程和表现

①描写第二语言学习者语言系统中汉语疑问句的偏误类型与分布特征；

②揭示汉语疑问句系统的第二语言习得顺序与习得等级；

③描写汉语疑问句系统的第二语言习得发展模式与阶段特征。

（2）考察汉语疑问句系统第二语言习得过程中的影响因素

①母语背景因素：对不同母语背景学习者汉语疑问句系统的第二语

言习得顺序与发展过程进行对比，探讨第二语言句法习得中的母语背景（母语迁移）因素；

②语言水平因素：探讨学习者的语言水平对疑问句习得有无影响；

③语言特征因素：探讨肯定与否定形式、疑问度、疑问词所处的句法位置、跨类疑问词“呢、啊”、核心与非核心语义、否定副词等语言特征因素对疑问句习得可能造成的影响；

④语言认知因素：探讨学习者对汉语疑问句的难易度认知与发展序列之间有无显著关联；

⑤年龄因素：对成人与儿童的汉语疑问句系统的第二语言习得顺序与发展过程进行对比，探讨第二语言句法习得中的年龄因素。

本课题对同一母语背景的学习者做发展研究，对不同母语背景的学习者做比较研究。

（3）汉语疑问句系统的第二语言习得过程中的认知加工策略研究

以多元发展模式为理论模型，揭示汉语疑问句系统的第二语言习得过程中不同发展阶段的认知加工策略及其发展、影响因素和层级关系。

（4）汉语第二语言句法习得的理论建构

综合讨论汉语疑问句系统的二语习得顺序与发展模式，运用当代语言学理论和语言习得理论对汉语疑问句系统的第二语言习得过程和内部机制做出合理的理论解释，进行汉语第二语言句法习得的理论建构。

（5）汉语疑问句系统的第二语言习得与认知研究的教学应用：句法结构的选取与排序

考察汉语疑问句在6部对外汉语教学语法大纲和10套对外汉语教材中的分布、分级与排序，依据二语习得规律，探讨语法大纲和教材中疑问句各项的选取、切分、排序，指出疑问句的教学顺序。

本书在研究方法上采用横向规模研究与纵向个案研究相结合的范式，以理论为导向，以实证为支撑，充分利用数理统计等量化方法，保证研究的科学性和可验证性，揭示第二语言习得的普遍共性。

1.1.3 研究的重点与难点

本研究的重点有二：

（1）对汉语疑问句系统第二语言习得的语言表现和发展过程进行全面客观的观察和描写，重点考察汉语疑问句系统的习得顺序、习得等级、发展模式与影响因素。

（2）挖掘普遍存在的共性规律与习得机制，揭示汉语疑问句系统第二语言习得过程中的认知加工策略及其发展、影响因素和层级关系，

为对外汉语课堂教学、教学大纲、教材编写等提供科学的理论依据。

本研究的难点有二：

（1）作为一项“以理论为导向、以实证为支撑”的研究课题，本课题涉及因素多、规模大，如何精密设计，综合运用各种研究方法和统计方法，即达到研究方法的科学缜密与结论的可验证性，是难点之一。

（2）在描写汉语疑问句系统习得过程与表现的基础上，运用哪些当代语言学理论和第二语言习得理论对之进行合理的解释，如何实现第二语言习得与语言学理论的真正接口，即达到理论解释的完备与理论建构的创新，是难点之二。

1.2 研究范围：汉语疑问句系统

疑问句的发展是语言习得研究的重要课题之一，在对外汉语教学语法体系中，疑问句是其中重要的组成部分，它与陈述句、祈使句、感叹句共同构成现代汉语的四大句类，又是汉语极为重要的表达方法之一。本项研究中汉语疑问句系统具体项目的选取同时参考了以下 6 种对外汉语教学语法大纲：

王还（1995）《对外汉语教学语法大纲》，北京：北京语言学院出版社。

国家对外汉语教学领导小组办公室汉语水平考试部，刘英林主编（1996）《汉语水平等级标准与语法等级大纲》，北京：高等教育出版社。

杨寄洲主编（1999）《对外汉语教学初级阶段教学大纲》，北京：北京语言文化大学出版社。

国家对外汉语教学领导小组办公室编（2002）《高等学校外国留学生汉语言专业教学大纲》，北京：北京语言大学出版社。

国家对外汉语教学领导小组办公室编（2002）《高等学校外国留学生汉语教学大纲（长期进修）》，北京：北京语言大学出版社。

国家汉办编（2007）《国际汉语教学通用课程大纲》，北京：外语教学与研究出版社。

本研究依据上述 6 种对外汉语教学语法大纲，确定考察 5 大类疑问句：是非问句、特指问句、选择问句、正反问句、“W 呢”省略问句。其中是非问句下分 6 小类，特指问句下分 12 小类，选择问句下分 5 小类，正反问句下分 10 小类，“W 呢”省略问句下分 3 小类，共计 5 大类36小类疑问句。具体如表1－1所示：

表1－1 本研究考察的汉语疑问句系统

汉语疑问句类型		例示
是非问句类	T1. 只用疑问语调的问句	你是学生?
	T2. “吗”问句	你是学生吗?
	T3. “吧”问句	你是学生吧?
	T4. “啊”问句	你是学生啊?
	T5. 陈述句＋是吗/对吗?	你下午去，是吗?
	T6. 陈述句＋好吗/行吗/可以吗/怎么样?	我明天来，怎么样?
特指问句类	T7. “谁”问句	谁是你的汉语老师?
	T8. “什么”问句	什么是咖啡?
	T9. 处所“哪（里/儿）”问句	哪儿是银行?
	T10. 指别“哪”问句	哪个是你的?
	T11. “怎么”原因问句	他怎么来了?
	T12. “怎么（样）”方式问句	我们怎么去?
	T13. “怎么（样）”性状问句	这是怎么样的一本书?
	T14. “为什么”问句	你为什么学汉语?
	T15. “几/多少”数量问句	你们学校有多少学生?
	T16. “多＋A”数量/程度问句	你多大了?
	T17. 特指疑问词＋呢	你什么时候去学校呢?
	T18. 特指疑问词＋啊①	你什么时候去学校啊?
选择问句类	T19. P还是Q?	你喝咖啡还是喝茶?
	T20. 是P还是Q?	这是银行还是邮局?
	T21. P1，（P2，P3……），Q?	咖啡? 茶?
	T22. 选择问＋呢?	你喝咖啡还是喝茶呢?
	T23. 选择问＋啊?	你喝咖啡还是喝茶啊?

① 疑问语气词“呢、啊”具有一定的特殊性，可用于多种疑问句类型，其中“呢”可用于特指问句、正反问句、选择问句和省略问句，而“啊”可出现在除“W呢”省略问句以外的所有类型。为了进行细致的考察，我们将其分别列入不同的疑问句类型，而在分析时将注意统一考察。

（续表）

汉语疑问句类型		例　　示
正反问句类	T24. "X 不 X" 问句	你去不去旅行？
	T25. "X 没 X" 问句	你去没去旅行？
	T26. VP/AP（了）不/没有？	他来了没有？
	T27. 助不助 + VP/AP？	他能不能说英语？
	T28. "是不是" + VP/AP？	你是不是想学习汉语？
	T29. "有没有" + VP/AP？①	你有没有学过汉字？
	T30. "是不是" 附加式正反问句	你学过汉语，是不是？
	T31. 其他附加式正反问句	我们下午去学校，好不好？
	T32. 正反问 + 呢？	你去不去学校呢？
	T33. 正反问 + 啊？	你去不去学校啊？
"W 呢" 省略问句②	T34. "W 呢" 做始发句，无假设义	我的书呢？
	T35. "W 呢" 不做始发句，无假设义	我们都是学生，你呢？
	T36. "W 呢" 不做始发句，有假设义	你说他不在，要是他在呢？

本课题同时考察疑问代词引申用法的三种形式：

T37. 表示任指：常见形式——疑问代词 + 都/也，如：

买什么都行。　　我哪儿都想去。　　我谁都不认识。

买什么都不行。　我哪儿都不想去。　＊我都不谁认识。

T38. 表示虚指，如：

我听谁说过这本书。我在哪儿听过这个名字。　我想喝一点儿什么。

我没听谁说过这本书。我没在哪儿听过这个名字。＊我想什么喝一点儿。

---

① 我们认为"是不是"问句（"是不是"置于句中、句首）"与"有没有"问句在性质上也属于通过助动词正反重叠构成的正反问句，因为"是、有"与典型的助动词一样，修饰谓词性词语，不再是纯正的实义动词，而具备了表体态或主观情态并显示焦点的意义与功能，已虚化为助动词（邢福义，1990；邵敬敏、朱彦，2002；董秀芳，2004）。

② "W 呢"省略问句是由一个非疑问形式（W）加"呢"构成的口语化问句，其中，"W"可以是词语也可以是句法结构。

T39. 表示倚变关系：常见形式——两个疑问代词前后呼应，如：

喜欢什么买什么。　　谁想去谁去。　　想去哪儿去哪儿。

不喜欢什么不买什么。谁不想去谁不去。　＊去哪儿想去哪儿。

因此本课题涉及的疑问句系统（含引申用法）共计 39 小类。其中，疑问代词引申用法的三种形式严格说来并非疑问句，但其使用疑问代词的表象给第二语言学习者带来很大的困扰，成为习得难点；同时，疑问代词的引申用法恰好体现了疑问词疑问度从高到低的底端（无疑），便于我们考察疑问度对疑问句习得的影响，因此，我们将其一并纳入本课题的研究范围。为行文简便，下文不再单独说明或明示。我们将考察这些类型的疑问形式的第二语言习得顺序与发展过程（包括五大类疑问句的习得过程及其内部各小类的习得过程），同时探讨语言特征因素对疑问句习得可能造成的影响。本课题在考察疑问句系统时将涉及疑问结构类型、疑问词的句法位置、疑问词的疑问度［高、低、无（引申用法）］等因素。

1.3　研究价值

40 余年前，第二语言习得作为一门独立的交叉学科在国外兴起，研究重心从教转向学，为我们提供了科学的理论框架、研究方法和崭新的研究视角。第二语言习得既是对外汉语教学学科的前沿课题，又是基础课题。汉语第二语言习得研究在国内仅 30 余年，但发展势头喜人。目前研究者已从偏误分析和母语迁移的研究转向关注习得顺序与发展过程的研究。但该领域仍有不少重要的研究盲区，如语言变异性研究、语言的语用特征研究、语言输入与互动的研究、语言普遍性的研究、学习者策略的研究、认知过程研究等。从国内汉语第二语言习得研究的发展来看，我们迫切需要深入了解外国人习得汉语的特点和规律，这是对外汉语教学发展的理论基础之一。然而，和英语相比，有关汉语第二语言习得的研究还相当薄弱，很多领域都尚待开垦。同时，由于汉语言本体的特殊性和应用的重要性，汉语第二语言习得的研究成果和理论建构必将丰富并发展世界第二语言习得理论，成为其完善者甚至建构者，这将是我们为汉语第二语言教学和第二语言习得研究做出的不可替代的贡献。这就需要我们对汉语习得的全过程进行系统的观察、描写和解释。

在文献研究过程中，我们发现在汉语理论语法体系和教学语法体系中，疑问句都是其中重要的组成部分，它与陈述句、祈使句、感叹句共同构成现代汉语的四大句类，又是汉语极为重要的表达方法之一。语言学习者疑问句习得的动态发展过程（以下称疑问句的发展）是语言习得研究的重要课题，在研究西方语言疑问句的发展时，研究者们多考察助动词的使用和疑问词的位置变化（Bellugi，1965；Cazden，1972；Klima & Bellugi，1979；Larsen-Freeman，1991；等等）。而国内汉语疑问句的第二语言习得与认知研究虽已开展了不少，但仍在研究内容、研究方法、研究对象和理论建构上存在局限性。因此，本研究将以语言学理论和方法为依托，采用第二语言习得特有的研究范式，关注汉语疑问句的第二语言习得与认知研究。研究将基于汉语中介语语料库、语言测试、问卷调查、纵向个案研究语料，采用实证研究的方法对汉语疑问句系统第二语言习得的语言表现和习得发展过程进行全面和客观的观察、描写和解释，揭示汉语疑问句的习得顺序、习得等级、发展模式及其影响因素，并以多元发展模式为理论模型，从言语加工策略的角度分析其认知过程，挖掘普遍的习得规律和内部机制。本研究将在内容的系统性、对象的类型性和方法的科学性等方面做出新的尝试。

（1）研究内容的系统性：本项研究内容系统、全面，以汉语疑问句系统为研究范围，包括了汉语的五大类36小类疑问句式和三小类疑问代词的引申用法。选取的语法项目对汉语教学有较大价值，有一定的代表性，且能构成一个相对完整的系统，便于我们对汉语疑问句系统的习得形成系统认识。

（2）研究对象的类型性：本项研究的对象具有一定的代表性，重点以初、中、高三种语言水平的英、韩、日不同母语背景的汉语第二语言学习者为研究对象。汉语、日语/韩语、英语分属于汉-藏、日-朝和印-欧三大语系，汉语是话题突出型（topic-prominence）语言，英语是主语突出型（subject-prominence）语言（Li & Thompson，1976），而日语、韩语则属于话题和主语均突出的语言。这三种语言在一些主要语法特征上有语言类型性的差别，不同母语背景的学习者在习得汉语时反映出的特点与规律，无论是共同点还是不同点，对我们理解习得规律都有重要的意义。

（3）方法的科学性：在研究方法上，本项研究以理论为导向，以实证为支撑，将横向规模研究与纵向个案研究相结合，综合运用对比分析、偏误分析、表现分析和语言测试、问卷调查、个案研究、中介语语料库研究等方法，充分利用数理统计等量化方法，保证研究的科学性和可验证性，并探索考察第二语言句法发展的客观指标。

综上，本项研究具有理论、方法和实践三方面的意义。

（1）理论意义：本研究将语言学理论、语言教学理论与习得理论结合，深入考察汉语疑问句系统的第二语言习得发展过程与特征，有助于揭示普遍存在的共性规律与习得机制，其成果可为语言习得机制和认知发展的研究打开一个可供观察的窗口，具有重要的理论价值。尤其是本研究关注不同母语背景学习者的第二语言习得过程，并注意将成人汉语第二语言习得与儿童汉语第二语言习得、儿童汉语母语习得的过程进行对比，这有助于我们对习得中的一些重要问题（诸如母语和年龄因素在第二语言习得过程中所起的作用、母语习得与第二语言习得的异同等）做出一定的回答。由于汉语言本体的特殊性和应用的重要性，汉语第二语言习得的研究成果和理论建构必将丰富并发展世界第二语言习得理论。

（2）方法意义：在第二语言习得领域，个案跟踪被认为最利于考察语言的纵向动态发展轨迹和阶段性特征，能够与横向研究结果相互印证。同时，由于横向规模研究通常利用语料库，因而面对每条语料时，研究者一般并不知道该言语产生的语境，而个案研究让研究者有条件注意到发展过程中的前因后果和具体语境，这一点不仅是其优势所在，也是有效研究语言发展的基本要求。由于个案研究费时费力，无论国外还是国内，可见的研究成果并不丰富，特别是针对儿童的汉语作为第二语言习得研究的成果还极为匮乏。本项研究将采取横向规模研究与纵向个案研究相结合的研究范式，从横向和纵向两个维度综合考察第二语言学习者的汉语疑问句系统习得过程，使结论既有纵向个案研究的可靠支持，又具有一定的普遍意义。

（3）实践意义：本研究以汉语疑问句系统为研究范围，选取的语法项目有代表性，且能构成一个相对完整的系统，便于对汉语习得形成系统认识。研究成果可预测汉语疑问句习得的难点，为疑问句教学中学习者出现的偏误提供可能的解释，进一步确定教学重点并制定相应的教学对策。同时本研究所揭示的汉语疑问句习得顺序与发展过程也为语言点的选取和排序提供了科学的理论依据，对教学大纲的设计和教材编排有直接的借鉴价值。因此，本研究成果将语言教学理论与习得理论结合，可为对外汉语课堂教学（尤其是基础阶段的语法教学）、教学大纲的制订、教材编写等提供科学的理论依据，提高语言教学质量和效率，而汉语句法结构的习得顺序与发展过程等研究成果也为汉语学习者习得汉语提供科学高效的理论指导。前人的研究表明，正规的课堂教学若要促进语言的习得，学习者就必须在心理上准备好进入下一阶段的学习。

在某一个时间点上展示给学习者的语言结构必须是可以学习的（learnable）。因此，揭示汉语句法习得的发展顺序与过程对于教学安排大有裨益，具有显见的教学应用价值，有利于科学推动汉语国际教育的发展。

1.4 行文结构

全书共分为10章。

第1章是绪论，介绍本课题所研究的中心问题和具体问题，明确研究范围为汉语疑问句系统的五大类39小类问句，提出课题研究在理论、实践、方法等方面的选题价值，介绍全书的行文结构，并介绍本研究中所采用的策略与方法，包括中介语语料库研究、语言测试、问卷调查、个案研究四种，本项研究采取横向规模研究与纵向个案研究相结合的研究范式，从横向和纵向两个维度综合考察第二语言学习者的汉语疑问句习得情况。

第2章是理论背景与文献综述，介绍与本研究相关的理论背景与研究成果，重点是第二语言习得顺序研究的理论发展（尤其是多元发展模式的理论模型）和有关疑问句的文献回顾（包括疑问句汉外对比研究和疑问句的习得研究）。

第3章到第7章，根据初、中、高三种语言水平的英、韩、日不同母语背景的汉语第二语言学习者的横向和纵向语料，分别考察五大类汉语疑问句的第二语言习得过程与规律；重点考察汉语各类疑问句的偏误类型与分布特征、第二语言习得顺序和第二语言习得过程中的影响因素，考察的影响因素包括母语背景因素、语言水平因素、语言特征因素（肯定与否定形式的因素、句法位置因素、跨类疑问词因素、疑问度因素、核心与非核心语义的因素、否定副词因素等）、难易度判断的语言认知因素等；将对同一母语背景的学习者做发展研究，对不同母语背景的学习者做比较研究。

第8章对由五大类疑问句共同构成的汉语疑问句系统进行综合考察，揭示整个汉语疑问句系统的习得顺序、习得等级、发展趋势与各种影响因素。

第9章运用当代语言学理论和语言习得理论，从认知加工策略、普遍语法“参数重设”、认知难易程度、语言输入的时间、数量与频率、语言结构在第二语言中的使用频率与广度、疑问度因素、语言特征因素、语言的标记性和语言教学等方面对汉语疑问句系统的第二语言习得顺序和发展趋势进行了理论解释，并尝试进行汉语第二语言句法习得的理论建构，提出一套“汉语第二语言句法习得机制理论假说”，以揭示汉语第二语言习得过程中句法习得的普遍规律和内在机制，包括八个系列假说：习得顺序弹性假说、认知加工策略层级制约假说、变异机制假说、竞争机制假说、句法可及性层级间接作用假说、母语迁移部分影响假说、语义制约假说、语言认知映射假说。

第 10 章是结语，从对外汉语教学语法中疑问句系统的选取与排序的角度探讨汉语疑问句系统第二语言习得与认知研究的教学应用，并总结本研究的主要创新点、局限与后续研究。

1.5 研究策略与方法

在第二语言习得领域，横向研究方法因其具有规模性和可操作性，利于对学习者总体进行统计推断；而个案跟踪被认为最利于考察语言的纵向动态发展轨迹和阶段性特征，能够与横向研究结果相互印证。同时，由于横向规模研究通常利用语料库，因而面对每条语料时，研究者一般并不知道该言语产生的语境，而个案研究让研究者有条件注意到发展过程中的前因后果和具体语境，这一点不仅是其优势所在，也是有效研究语言发展的基本要求。因此，本项研究将采取横向规模研究与纵向个案研究相结合的研究范式，从横向和纵向两个维度综合考察第二语言学习者的汉语疑问句习得情况。研究方法包括中介语语料库研究、语言测试、问卷调查、个案研究四种。

1.5.1 横向研究方法之“汉语中介语语料库系统”研究

1.5.1.1 研究目的

由于我们考察的是母语背景为韩语、日语和英语的学习者群体在习得本文确定的疑问句时表现出的习得顺序，因而需要有一个相对整体的全过程，即要有足够大的时间跨度。为使本研究建立在规模研究和相对全过程研究的可信基础上，为保证样本容量足够大，时间跨度足够大，统计分析科学有效，我们使用北京语言大学“汉语中介语语料库系统”（以下简称“语料库”）的语料来考察汉语疑问句系统的第二语言习得过程和表现，从而尽可能系统、全面地反映不同背景属性的学习者的汉语书面语言能力发展的阶段情况和动态过程。

1.5.1.2 语料来源与规模

语料库的语料来源是北京语言学院、中国人民大学、北京大学、北京师范大学、安徽师范大学等九所高校不同水平层次上的外国学生写作的成篇、成段的汉语作文或练习材料（350 多万字），以这些语料为抽样总体，根据抽样方案进行抽样，选取740位作者所写的1 041 274字作为语料样本加工入库，以系统、全面地反映各类学生语言能力发展的阶段情况和动态过程。①

我们从1 041 274字的语料库语料中穷尽式地抽取了母语背景为韩语、日语和英语的疑问句共1 395句，其中韩语背景的疑问句462句、英语背景的疑问句473句、日语背景的疑问句460句。

1.5.1.3 关于语料的几点说明

（1）书面语料对本研究的可能影响

许多研究表明学习者的语言表现会随谈话对象、话题、环境、语体、谈话方式等因素的不同而发生变化。Ellis（1985）指出了学习者在两个方面四种情形下表现出的语言差异，即：情境（situational）方面的随意性（vernacular）谈话与谨慎的（careful）谈话，语言（linguistic）方面的简单的（simple）语言与复杂的（complex）语言。其关系如下图：

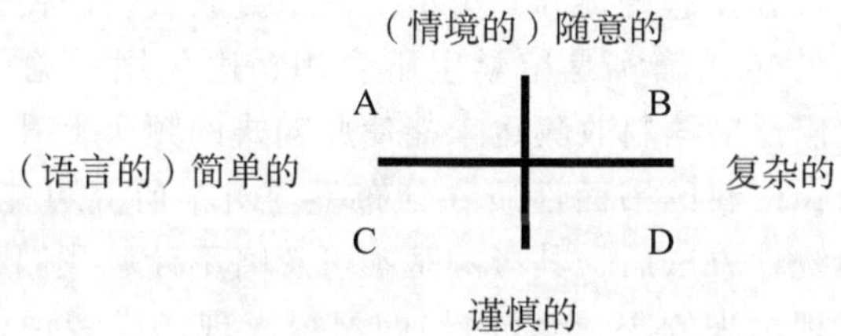

图1－1 学习者语言差异示意图

Ellis（1985）认为，随意性语体应作为中介语研究的基础，它最稳定，因而最能反映语言习得的普遍原则与规律。正是在这种事先无准备的随意性谈话中，才得以发现第二语言发展的自然轨迹。这一观点已为多数人所接受。而语料库为书面语料，一般认为随意性较低。

但我们也注意到，语料库的语料类型共有三类：A类作文考卷（占15.48%），B类作文练习（占71.17%），C类读后写/听后写（占13.34%）。这些语料虽是书面的，但实际上，作文考卷有时间限制，不可能充分、仔细地考虑形式；而作文练习和读后写/听后写虽没有时间限制，但由于是课下学生自己完成的，恰恰是最自然状态下的写作情形。从某种程度上说，这些中介语书面语料可算是“准自然语料”，能较为真实地反映汉语第二语言学习者的语言表现。国外语素习得研究

① 抽样方法属于部分随机抽样，具体方案见《汉语中介语语料库系统鉴定会文件》，1995。

中，Andersen（1976）和 Krashen 等（1978）都曾采用写作手段（甚至编审写作）得到了自然顺序，Fuller（1978）进行的书面语和口语形式的 SLOPE 测试也得到了同样的结果。这给了我们一种启示和信心：书面语与口语形式的语料收集手段对习得研究也许有一定影响，但这种影响并不显著。

（2）语料分布不均对本研究的可能影响

在语料考察过程中，我们发现所得语料在各句式和各学时等级上的分布是不均匀的；由于有的句式样本容量极少，无法进行等量随机抽样，这种语料的分布不均无法避免。这必然要求我们在统计方法上做出相应的处理。同时，分布不均使我们难以解释某种句式的低频次或低频率是由于结构本身的难度造成的，还是由于语料收集不均、不全造成的。但需要指出的是，我们进行的是对语料库中母语为韩语、日语和英语的学习者的疑问句的穷尽式检索，语料分布固然不均，但这种不均也基本可视为学习者在这些疑问句类型上的语言表现，即使用频次少、正确使用频次低的句式确实是留学生不会用、避免用、觉得难度大的句式，因而如此广泛的语料收集也未能使此句式的频次上升。鉴于此，我们有理由认为：语料的书面性质和分布不均对本研究可能有一定影响，但采用科学的统计方法后，其影响基本可忽略不计。我们将考察限于语料库范围内表现出来的 39 类疑问句的习得表现，或者说留学生书面语系统中体现出的习得过程，以其作为本研究课题的一个对比参照系，并进行研究方法的尝试。

1.5.2 横向研究方法之语言测试

1.5.2.1 研究目的

语料库语料因其分布不均和书面性质，可能对本研究有一定影响，因此我们只将其作为对比参照系，并做研究方法上的尝试。国外语素习得的大量横向研究，都是寓历时于共时，采用实验手段或语言测试手段。语言测试的优点是：可在一个时点上同时考察众多被试，具有规模效应；事先可进行精密设计，对实验及所得语料有良好的设计和控制，避免无关因素干扰；可设置强制性语境，以考察第二语言学习者在必须使用某种语言项目时是否使用以及使用情况。因此，我们将重点通过有规模的语言测试考察汉语疑问句系统的第二语言习得过程和表现。

1.5.2.2 语言测试的设计与实施

1.5.2.2.1 语言测试的内容

本研究中的语言测试是一项语法测试，主要考察第二语言学习者对

本研究限定的39类汉语疑问句的习得情况，包括对疑问句式的选择、对疑问句结构和语序的使用等。测试由笔者根据考察意图，参照汉语水平考试题型和汉语第二语言教学语法大纲设计，使用了产出测试（组句）和理解测试（选择）两种测试工具，其中组句（排序）20题，选择80题，共100题。包括以下内容：

（1）39类疑问句每类设计2题，分别为肯定和否定形式，共78题。

（2）考察句法位置对习得的影响时针对“谁”问句、“什么”问句、处所“哪（里/儿）”问句、指别“哪”问句、“怎么（样）”性状问句、“是不是”+VP/AP？这6种句式，其中“谁”问句、“什么”问句、处所“哪（里/儿）”问句、指别“哪”问句均有主语、宾语、定语、介宾（作状语/补语）4种句法位置；“怎么（样）”性状问句有定语、谓语、补语、状语、句首5种句法位置；“是不是”+VP/AP？有“是不是”置于句中、句首2种句法位置。6种句式共23种不同的句法位置。因此需另加17题分别考察这些不同的句法位置（均为肯定形式）。

（3）干扰项5题，分别为组句（排序）1题、选择4题，以避免被试猜测测试意图（测试题分布请详见附表1）。

两种题型的卷面说明及例示如下：

（1）用所给的词语组句 sentence forming with the words given

说明（Directions）：

这部分共有20组词语。请用所给的每一组词语组成一个语法正确的汉语句子。你必须只使用这些词语并用上所有词语，不能添加也不能使用自己的词语。如果你无法用所给词语组成合语法的汉语句子，请在相应横线上打“×”。

例如：

学习　我　汉语

→____________

（正确答案为：→我学习汉语。）

学校　你们　多少　有　学生

→________________

（正确答案为：→你们学校有多少学生？）

（2）选择题 multiple-choice

说明（Directions）：

请每一题选择**一个唯一**语法正确的答案，并圈出相应的字母。

例如：

我＿＿＿＿＿＿＿＿＿＿＿＿＿。

A 汉语学习　　B 汉学习语　　C 学习汉语　　D 学汉语习

（正确答案为：C）

他＿＿＿＿＿＿＿＿＿＿？

A 老师你是的　　B 是老师你的

C 是你的老师　　D 是不是你的老师吗

（正确答案为：C）

1.5.2.2.2　语言测试对无关因素的控制

设计测试题时，我们对无关因素进行了尽可能的控制。

首先，所测同一句式的试题在语法结构上完全相同或基本相同，都分别按本研究限定的39类疑问形式出题，使被试不致被所测语法项目以外的结构所干扰。

其次，严格控制卷面字词，试题所用字词全部为《汉语水平词汇与汉字等级大纲》（1992）中的甲级字词（不包括注意事项与说明部分出现的字词，因该部分说明均有英语译文），共用96个甲级词，使字词的阅读和理解不致成为答题障碍从而影响测试的效度。这96个甲级词是：

人、书、雨、茶、明天、下午、本子、汉字、学生、老师、学校、汉语、英语、朋友、银行、邮局、衣服、名字、咖啡、地方、时候、图书馆；买、写、学、来、去、是、有、行、在、下、叫、住、说、听、想、喝、能、喜欢、旅行、认识、学习、没有、打算；好、多、大、高、久、贵、对、好看、高兴；你、我、他、你们、我们、他们、这、那、那儿、谁、哪、什么、多少、怎么、怎么样、哪里/儿、为什么；一、几；个、本、件；不、都、还、最、没、才、一点儿；比、从；还是、或者、要是；的、得、了、过、吗、吧、呢、啊

最后，随机编排试题顺序，并设置干扰项5题，以避免被试猜测测试意图。

我们做如上控制，目的是保证测试的可靠性、有效性，提高信度和效度，使测试结果真正体现也只体现被试对汉语疑问句系统的习得情态。为此，测试越单纯越好，只集中于所考察的语法项目，其他一切无

关因素都尽量控制。控制同一句式试题的结构，是为了不使所测语法项目以外的结构干扰被试；控制卷面字词，是为了使字词的阅读和理解不成为答题的障碍，影响测试的效度；随机安排试题顺序并设置干扰项，则是为了避免因同一句式过分集中而使学生意识到测试目的。在这样较为严格的控制下，测得的结果应该是可信、有效的（汉语疑问句测试试卷请详见附录 1）。

1.5.2.2.3 语言测试的实施

语言测试在北京语言大学和对外经贸大学两所高校进行，全部在课堂上完成。测试前，由被试所在班的任课教师向被试讲解注意事项，并说明本次测试只是练习，不计成绩，与语法无关，也不影响其平时成绩，从而避免被试因了解测试目的，在答题时增加语法意识而加强监控。如遇有不懂的生词，被试可以问老师，但是不能查词典、教材或问其他人，避免出现不真实答卷。测试结束，由教师回收、清点试卷和答卷。

1.5.2.3 语言测试评判标准的确立与数据处理

为确立语言测试的评判标准，我们请 32 名汉语母语者（全部为北京语言大学中文类专业本科生）完成了同样的测试，将测试结果作为基线数据，与第二语言学习者的中介语表现做对比。测试结果表明，汉语母语者的语言表现极为一致，可以作为第二语言学习者被试语言测试的评判标准，数据处理方式为：

（1）组句题：母语者每一题组成的句子基本一致，完全一致的句子即作为标准答案，个别题目出现了两个或两个以上的正确句子，则均作为标准答案。如：

学校　你们　多少　有　学生　→　你们学校有多少学生?

的　这　谁　书　是　→　这是谁的书？/这书是谁的？

（2）选择题：母语者每一题的选择完全一致，将此作为标准答案（汉语疑问句测试试卷答案请详见附录 2）。

（3）将第二语言学习者被试的全部测试的原始答案输入电脑，编程将原始答案与按以上步骤确立的评判标准进行比对，并做出“0/1”判断，二者一致计为“1”，不一致则计为“0”。

（4）在此基础上统计得出 39 类疑问形式的测试得分均值和平均正确率。

1.5.2.4 语言测试的题目分析数据与信度效度检验

我们对测试卷进行电脑评判处理后，编程对语言测试的题目质量进行了数据统计，以检验测试的信度与效度。题目分析数据简表如下（详细数据参见附表2“汉语疑问句系统语言测试题目分析数据一览表”）。

表1-2　汉语疑问句系统语言测试题目分析数据简表

难易度1	难易度2	平均难易度	总点双列相关系数	方差	标准差	RPB显著性	偏态值	峰值	α系数	标准误
0.816 3	0.769 1	0.778 6	0.473 7	291.9	17.08	√	-1.663	3.166 2	0.959 4	3.44

其中，难易度1指第一部分题目［即组句（排序）题］的平均正确率；难易度2指第二部分（即选择题）的平均正确率；平均难易度指整个语言测试（组句和选择题共100题）的平均正确率。从数据上看，本次测试总体难度不高，分布上呈负偏态（即题目偏容易），这说明汉语疑问句对第二语言学习者而言并非难度很高的语言项目。

点双列相关系数（区分度）是测试信度的指标，如果题目区分度都很好，则测试信度较高，因为它是表示测试题目内部一致性的一个指标（即每题与总分的相关度）；RPB显著性是指点双列相关系数（区分度）是显著的，一般在0.2以上（在样本容量较大的情况下，不一定非要达到0.2；而样本容量若很小，即使0.3也不一定是有显著意义的）。本测试中题目的点双列相关系数几乎（98%）都在0.25以上，绝大多数（93%）在0.3以上，73%在0.4以上，37%在0.5以上，11%在0.6以上，而最高的达0.682 5。RPB显著性检验结果表明本次测试的点双列相关系数（区分度）全部显著，测试具有较高的信度。而测试总卷面α系数达0.959 4，也再次证明了本次测试的信度较高，因而是可靠的。

总点双列相关系数可以看作测试效度的一个指标，本次测试的总点双列相关系数为0.473 7，表明测试具有较高的效度（HSK考试一般需达到0.4以上）。

我们还统计了5个干扰题的平均正确率，结果每题均在0.885 6以上，5题平均正确率为0.919 9，远高于总体卷面的总平均正确率（0.778 6）。干扰题都是相对容易的题目，被试极高的正确率表明他们在语言测试中确实是认真作答，而不是随意填写。

本次语言测试良好的信度和效度至少可向我们说明三点：

（1）高信度表明本测试是可重复操作的，且重复操作应得出大致相同的结果，即本测试的结果不是偶然的；

（2）本项测试是可信的，被试并非随意而填，由此所得的推论也应有相当的可信度；

（3）本项测试具有较高的效度，因此测试结果应能真正体现也只体现被试对汉语疑问句系统的习得情态。

1.5.2.5 研究被试与分组

被试为402名不同语言水平和母语背景的成人第二语言学习者，来自北京语言大学和对外经贸大学，其中对外经贸大学157人，北京语言大学汉语学院64人，北京语言大学汉语速成学院181人，共计402人。

被试根据背景属性的分组情况如下：

（1）语言水平分组

语言水平分为初、中、高三种水平。鉴于本研究中的被试来自不同高校，语言分级标准不一，无法依据学生的自然班级区分语言水平。而本研究实施的语言测试经过统计检验具有较高的信度和效度，因此，我们将根据这一具有一定信度、区分度和效度且对每位被试统一的语言测试的成绩，来操作性地划分被试的等级水平。具体分组情况为：

表1-3 被试语言水平分组情况

组别	语言水平	测试成绩段	人数	所占比例
1	初级	0～74分	118	29.35%
2	中级	75～88分	163	40.55%
3	高级	89～100分	121	30.10%

按照以上水平划分分组后，初、中、高三级语言水平的被试分别大致占总体的30%、40%、30%，符合正态分布；且三种水平被试的测试成绩经单因素方差分析（One-way ANOVA），存在极其显著的差异，F＝473.004（P＝0.000），事后多重比较也显示三者中两两之间均有极其显著的差异（P＝0.000），分组有效且比较科学。

（2）母语背景分组

母语背景分为韩语（属日-朝语系）、日语（属日-朝语系）、英语（属印-欧语系）、其他印-欧语系语言（包括属日耳曼语的德语、荷兰语、瑞典语、丹麦语，属罗曼语的法语、意大利语、葡萄牙语、西班牙语，属波罗的语的立陶宛语、拉脱维亚语，属斯拉夫语的俄语、波兰语、保加利亚语、斯洛伐克语、乌克兰语，属古希腊语的希腊语，等等）、其他亚洲语言（包括属汉-藏语系的泰语、缅甸语，属乌拉尔-阿尔泰语系的蒙古语，属马来-波利尼西亚语系的马来语、印尼语、菲律宾语，属其他语言的越南语，等等），共五类。被试母语背景的具体分组情况如下表所示：

表 1-4　被试母语背景分组情况

组别	母语背景	人数	所占比例
1	韩语	172	42.79%
2	日语	23	5.72%
3	英语	78	19.40%
4	其他印-欧语系语言	84	20.90%
5	其他亚洲语言	45	11.19%

我们将根据以上分组，对不同背景属性被试的汉语疑问句系统的习得表现进行统计检验和分析讨论。需要说明的是，因被试的母语背景分布不均衡，这一分组只是操作性的，而非科学分类，其内部存在类别包含关系。本课题在对相关研究问题进行检验和讨论时，将重点关注英语、日语、韩语三种母语背景学习者的习得情况，其他两组被试的习得情况仅视为参照。

1.5.3　横向研究方法之问卷调查

1.5.3.1　研究目的

为了对汉语疑问句系统的第二语言习得过程和机制进行深入考察，我们还根据不同的研究目的设计了两种调查问卷，即分别进行了汉语疑问句疑问度的问卷调查和汉语疑问句难易度的问卷调查，分别考察被试对汉语疑问句的两种语言认知（疑问程度和难易程度）。

1.5.3.2　汉语疑问句疑问度的问卷调查

1.5.3.2.1　汉语疑问句系统的疑问度因素

疑问度，即疑问句的疑问程度，是制约疑问句习得和问句形式选择的重要因素。汉语疑问句的疑问度为诸多学者所关注。邵敬敏（1996）、徐杰（2005）都认为不同的疑问句类型疑问程度不同。邵敬敏（1996）根据信疑互为消长的原理，将各类疑问句疑的比例由高到低排序为：特指问 1、“吗”字问 3/4、正反问 1/2、“吧”字问 1/4、反问句 0。例如：“你是老师吗?”的疑问程度明显要高于“你是老师吧?”。从文献看，疑问程度实际包含了两种含义：一种侧重疑的“量”（如邵敬敏，1996；徐杰，2005；等等）；另一种则侧重信的“倾向性”

（如黄国营，1986；郭锐，2000；等等）。

1.5.3.2.2　汉语疑问句疑问度的调查思路

目前学界对疑问句疑问度的考量偏于主观，并无明确统一的标准与依据。本研究采用汉语母语者评价量表调查的方式（主要依靠母语者的语感）来作为疑问度高低的评判依据，主要原因是：母语者语感作为其语言能力的重要部分，可以帮助人们对语言事实做出迅速、直觉的基本判断。尽管每个人的知识背景（如教育程度与类型、语言学水平等）和个体因素各异，但同一母语背景的人的语感却有着共同的倾向性（我们的调查结果也体现出这种直觉的一致性）。因此，本研究采用汉语母语者评价量表调查的方式来作为疑问度高低的评判依据，建立疑问句系统疑问度的五级级差，进而考察疑问度与第二语言学习者习得效果的关联。具体做法如下：

(1) 按照疑问句的结构形式与功能，将汉语疑问句系统分为五大类型，即是非问、特指问、选择问、正反问（含 X 不 X 附加问）和省略问。同时列入疑问代词的三种引申用法。

(2) 按照疑问程度，建立汉语疑问句系统疑问程度的五级级差，即强疑问句、高疑问句、中疑问句、低疑问句、无疑问句五个等级。

(3) 采用母语者评价量表调查的方式，确定疑问句的疑问度级别，并根据疑问句式与疑问程度的对应关系，建立新的疑问句式的五级系统。所得结果需要统计检验分级的科学性。

(4) 考察疑问句的疑问程度与学习者习得效果的关联。

1.5.3.2.3　汉语疑问句疑问度的问卷调查设计

(1) 收集被试的基本信息：性别、籍贯、方言背景、身份、专业、年级、职业、工龄等。

(2) 要求被试对 39 类疑问句形式的肯定、否定形式（共 78 个疑问句）进行疑问度高低的判断，然后在句子后面相应的空格里打"√"。如下表所示：

表 1－5　汉语母语者评价量表调查例示

序号	疑问句	疑问度				
		0（无）	1（低）	2（中）	3（高）	4（强）
1	你是学生?					
2	你不是学生?					
3	你是学生吗?					

（3）要求被试选择对疑问句疑问度高低的判断依据，包括疑问句的类型、疑问句的结构、疑问焦点、疑问句中的语气词、推测性标志词、设想的语境和原有知识、母语者的语感、其他（需说明）。选择时可以多选（汉语疑问句的疑问度调查问卷请详见附录3）。

1.5.3.2.4　汉语疑问句疑问度问卷调查的被试与实施

疑问度调查的被试选用成人汉语母语者，共74人，全部为北京语言大学汉语言文学和新闻学专业本科生，年龄在18～23岁之间。调查全部在课堂上完成，问卷有效回收率达到100%。

1.5.3.2.5　汉语疑问句疑问度问卷调查的基本数据

我们对回收的问卷进行了原始数据录入，并分别统计了39类疑问句形式（肯定形式、否定形式和汇总）疑问度的母语者评价总和及均值，结果如下表所示：

表1-6　汉语疑问句疑问度母语者评价量表调查结果基本数据表

汉语疑问句类型		中国学生疑问度					
		肯定式		否定式		总　计	
		总和	均值	总和	均值	总和	均值
是非问句类	T1. 只用疑问语调的问句	132	1.78	158	2.14	290	1.96
	T2. “吗”问句	170	2.30	181	2.45	351	2.37
	T3. “吧”问句	85	1.15	106	1.43	191	1.29
	T4. “啊”问句	103	1.39	134	1.81	237	1.60
	T5. 陈述句+是吗/对吗？	136	1.84	138	1.86	274	1.85
	T6. 陈述句+好吗/行吗/可以吗/怎么样？	154	2.08	140	1.89	294	1.99
特指问句类	T7. “谁”问句	200	2.70	198	2.68	398	2.69
	T8. “什么”问句	184	2.49	165	2.23	349	2.36
	T9. 处所“哪（里/儿）”问句	198	2.68	156	2.11	354	2.39
	T10. 指别“哪”问句	185	2.50	175	2.36	360	2.43
	T11. “怎么”原因问句	172	2.32	189	2.55	361	2.44
	T12. “怎么（样）”方式问句	180	2.43	203	2.74	383	2.59
	T13. “怎么（样）”性状问句	152	2.05	174	2.35	326	2.20
	T14. “为什么”问句	179	2.42	195	2.64	374	2.53

（续表）

汉语疑问句类型		中国学生疑问度					
		肯定式		否定式		总 计	
		总和	均值	总和	均值	总和	均值
特指问句类	T15. “几/多少” 数量问句	176	2.38	168	2.27	344	2.32
	T16. “多+A” 数量/程度问句	170	2.30	175	2.36	345	2.33
	T17. 特指疑问词+呢	168	2.27	168	2.27	336	2.27
	T18. 特指疑问词+啊	162	2.19	171	2.31	333	2.25
选择问句类	T19. P 还是 Q?	149	2.01	156	2.11	305	2.06
	T20. 是 P 还是 Q?	152	2.05	144	1.95	296	2.00
	T21. P1，（P2，P3……），Q?	124	1.68	142	1.92	266	1.80
	T22. 选择问+呢?	151	2.04	151	2.04	302	2.04
	T23. 选择问+啊?	141	1.91	147	1.99	288	1.95
正反问句类	T24. “X 不 X” 问句	155	2.09	145	1.96	300	2.03
	T25. “X 没 X” 问句	142	1.92	132	1.78	274	1.85
	T26. VP/AP（了）不/没有?	126	1.70	130	1.76	256	1.73
	T27. 助不助+VP/AP?	160	2.16	163	2.20	323	2.18
	T28. “是不是” +VP/AP?	167	2.26	163	2.20	330	2.23
	T29. “有没有” +VP/AP?	151	2.04	155	2.09	306	2.07
	T30. “是不是”附加式正反问句	157	2.12	145	1.96	302	2.04
	T31. 其他附加式正反问句	149	2.01	146	1.97	295	1.99
	T32. 正反问+呢?	153	2.07	149	2.01	302	2.04
	T33. 正反问+啊?	161	2.18	158	2.14	319	2.16
“W 呢”省略问句	T34. “W 呢” 做始发句，无假设义	150	2.03	131	1.77	281	1.90
	T35. “W 呢” 不做始发句，无假设义	146	1.97	150	2.03	296	2.00
	T36. “W 呢” 不做始发句，有假设义	146	1.97	143	1.93	289	1.95
疑问代词引申用法	T37. 任指	26	0.35	19	0.26	45	0.30
	T38. 虚指	37	0.50	32	0.43	69	0.47
	T39. 倚变	29	0.39	30	0.41	59	0.40

1.5.3.3　汉语疑问句难易度判断的问卷调查

1.5.3.3.1　汉语疑问句难易度判断的问卷调查设计

（1）收集三类被试的基本信息

汉语第二语言学习者：姓名、性别、年龄、国籍、母语、班级、学习汉语的时间、地点、总学时、HSK成绩和证书等级等。

成人汉语母语者（在校大学生）：性别、籍贯、方言背景、年龄、身份、专业、年级等。

成人汉语母语者（在校任教的对外汉语教师）：性别、年龄、教龄、学历、职称、所教班级/水平等。

（2）难易度判断

汉语疑问句难易度判断（Difficulty Judgment，DJ）的问卷调查用来考察被试对39类疑问形式难易程度的认知。被试需要在一个五度量表中做出合适的选择，由1到5，难度依次增加。卷面说明及例示如下：

说明（Directions）：请你用数字评价以下每一种汉语句子的难度。如果你觉得非常容易，请在表格的最后一栏里填写1；比较容易，填2；不容易也不难，填3；比较难，填4；非常难，填5。请注意每种汉语句子只能选择一个数字。

例如：

你是学生吗？	（1）
你是学生吧？	（3）

1.5.3.3.2　汉语疑问句难易度判断问卷调查的被试与实施

难易度判断问卷调查的被试分为两大类：

（1）汉语第二语言学习者

被试为来自北京语言大学和对外经贸大学的留学生，均为成人汉语第二语言学习者，其中对外经贸大学152人，北京语言大学汉语学院26人，北京语言大学汉语速成学院72人，共计250人。被试的语言水平分为初、中、高三级，母语背景分为韩语、日语、英语、其他印-欧语系语言、其他亚洲语言五类，分组情况同语言测试被试。

（2）成人汉语母语者

又分两类：一类为在校大学生，来自北京语言大学对外汉语专业的本科生共55人，年龄在19~22岁之间；另一类为在校任教的对外汉语教师，来自北京语言大学和对外经贸大学，其中对外经贸大学34人，

北京语言大学12人，共46人，年龄在26~39岁之间。

汉语第二语言学习者的数据可用来考察中介语状态及其差异（不同属性学习者之间的对比），而成人汉语母语者的语言认知将作为基线数据，以与第二语言学习者的中介语表现做对比（汉语疑问句难易度调查问卷的留学生版、中国学生版和教师版请详见附录4-6）。

汉语第二语言学习者被试的调查问卷是在完成语言测试后进行的，在课堂上填写；而成人汉语母语者均为课下回答。问卷有效回收率达到100%。

1.5.3.3.3 汉语疑问句难易度判断问卷调查的基本数据

我们对回收的问卷进行了原始数据录入，并分别统计了三类被试（中国学生、中国教师和外国学生）共39类疑问句形式的难易度判断的总和和均值，以便进而考察难易度与第二语言习得效果的关联。结果如下表所示：

表1-7 汉语疑问句难易度调查结果基本数据表

汉语疑问句类型		中国学生难易度		中国教师难易度		外国学生难易度	
		总和	均值	总和	均值	总和	均值
是非问句类	T1. 只用疑问语调的问句	92	1.67	115	2.50	322	1.29
	T2. “吗”问句	71	1.29	52	1.13	292	1.17
	T3. “吧”问句	115	2.09	111	2.41	386	1.54
	T4. “啊”问句	134	2.44	153	3.33	422	1.69
	T5. 陈述句+是吗/对吗?	108	1.96	84	1.83	388	1.55
	T6. 陈述句+好吗/行吗/可以吗/怎么样?	122	2.22	95	2.07	392	1.57
特指问句类	T7. “谁”问句	87	1.58	84	1.83	328	1.31
	T8. “什么”问句	90	1.64	92	2.00	368	1.47
	T9. 处所“哪（里/儿）”问句	109	1.98	99	2.15	434	1.74
	T10. 指别“哪”问句	105	1.91	98	2.13	379	1.52
	T11. “怎么”原因问句	159	2.89	125	2.72	405	1.62
	T12. “怎么（样）”方式问句	129	2.35	111	2.41	373	1.49
	T13. “怎么（样）”性状问句	170	3.09	169	3.67	503	2.01
	T14. “为什么”问句	113	2.05	70	1.52	375	1.50

（续表）

汉语疑问句类型		中国学生难易度		中国教师难易度		外国学生难易度	
		总和	均值	总和	均值	总和	均值
特指问句类	T15. “几/多少”数量问句	122	2.22	73	1.59	404	1.62
	T16. “多+A”数量/程度问句	117	2.13	80	1.74	394	1.58
	T17. 特指疑问词+呢	128	2.33	105	2.28	456	1.82
	T18. 特指疑问词+啊	148	2.69	131	2.85	507	2.03
选择问句类	T19. P还是Q?	122	2.22	98	2.13	401	1.60
	T20. 是P还是Q?	122	2.22	103	2.24	430	1.72
	T21. P1,（P2，P3……），Q?	117	2.13	131	2.85	413	1.65
	T22. 选择问+呢?	137	2.49	129	2.80	492	1.97
	T23. 选择问+啊?	153	2.78	146	3.17	539	2.16
正反问句类	T24. “X不X”问句	133	2.42	96	2.09	389	1.56
	T25. “X没X”问句	168	3.05	132	2.87	528	2.11
	T26. VP/AP（了）不/没有?	162	2.95	118	2.57	498	1.99
	T27. 助不助+VP/AP?	138	2.51	100	2.17	428	1.71
	T28. “是不是”+VP/AP?	146	2.65	114	2.48	437	1.75
	T29. “有没有”+VP/AP?	164	2.98	136	2.96	477	1.91
	T30. “是不是”附加式正反问句	144	2.62	118	2.57	459	1.84
	T31. 其他附加式正反问句	135	2.45	100	2.17	410	1.64
	T32. 正反问+呢?	147	2.67	120	2.61	505	2.02
	T33. 正反问+啊?	159	2.89	139	3.02	523	2.09
“W呢”省略问句	T34. “W呢”做始发句，无假设义	111	2.02	96	2.09	412	1.65
	T35. “W呢”不做始发句，无假设义	115	2.09	80	1.74	381	1.52
	T36. “W呢”不做始发句，有假设义	208	3.78	187	4.07	595	2.38
疑问代词引申用法	T37. 任指	165	3.00	145	3.15	528	2.11
	T38. 虚指	216	3.93	190	4.13	590	2.36
	T39. 倚变	190	3.45	168	3.65	556	2.22

1.5.4 纵向研究方法之个案研究

1.5.4.1 研究目的

语料库相关语料的研究分析实质是一种横向与纵向研究的结合，但由于语料的书面性质及分布不均可能影响研究结果的科学性，我们只将其作为一个参照系，提供研究方法上的探索。而语言测试和问卷调查的实验研究方法属于横向规模研究，其结论经多方面的统计检验证明是可信的，但横向研究中的准确度顺序究竟能在多大程度上反映真正的习得顺序，我们还不能说有绝对的把握。在第二语言习得领域，个案跟踪被认为最利于考察语言的纵向动态发展轨迹和阶段性特征，能够与横向研究结果相互印证。因此，我们在本研究中采用横向规模研究与纵向个案研究相结合的方法，使结论既有个案研究的可靠支持，又具有一定的普遍意义。

1.5.4.2 个案研究对象

本研究选取以韩语和英语为母语的学习者共5名进行个案研究。

（1）韩语背景成人汉语第二语言学习者一名

韩国留学生（Y），男，35岁，母语为韩国语，大学毕业，专业为国际贸易，还会说英语、日语两种语言。来华前曾在本国研修院学过10周汉语，每天6学时。个案跟踪期间他在北京语言大学汉语速成学院学习。

（2）英语背景成人汉语第二语言学习者两名①

新西兰留学生（L），男，27岁，新西兰人，母语为英语，大学毕业，森林学专业，不懂其他外语，来中国前未学习过汉语，起点为零。

澳大利亚留学生（A），女，27岁，澳大利亚人，母语为英语，大学毕业，法语专业，曾学过一点德语和马来西亚语。职业为小学教师，教授有学习障碍的学生。来中国前曾学过三个月汉语，每周两小时。

个案跟踪期间两人均在北京语言大学学习汉语，从入学上课一个月后开始录音。

（3）韩语背景儿童汉语第二语言学习者两名②

韩国女孩（J），7岁；韩国男孩（C），5岁。两人汉语水平处于初中级阶段，3岁/1岁起随父母在北京生活，6岁/4岁起在韩国国际学校上学，每周5节汉语课，教材是中国小学用的《语文》，教学重点是

---

① 本文所依据的英语学生语料来自孙德坤教授主持的中国国家教委“七五”青年人文社会科学基金项目“外国学生汉语习得研究”，特此致谢。

② 本文韩语背景儿童的个案跟踪语料来自北京语言大学“汉语第二语言学习者中介语口语语料库”。

读、写。其父母都是韩国人，朋友也多为韩国人，因此日常生活中一般说韩语，说汉语的机会少。其母语水平与同龄的韩国儿童相仿。

1.5.4.3 个案研究的语料收集方法与语料规模

以录音法记录被试的自然话语，每 1 周（儿童）或 2 周（成人）录音一次，每次 1 小时左右，每人持续一个学期左右。

其中韩国成人学习者跟踪调查为期 7.5 个月，被试的汉语水平从介于初、中级之间提高到中级，跟踪调查在时间跨度上和学习者第二语言水平的发展跨度上都较为充分。跟踪调查采取录音法和日记法两种语料收集方法，录音语料共计 815 分钟，转写录音语料约 10 万字，平均每次 58.21 分钟，两次语料的相隔时间平均为 14.23 天，这种“切片技术”是为了拉大时间跨度，以便更清晰地观察被试第二语言发展的轨迹和趋势，发现规律。日记法由调查者每隔一两天随机地对被试的自然语言做出记录，以日记形式保存下来，跟踪录音与日记法相互补充，可以保证语料的数量及研究价值。该次个案研究共记录 14 次，收集汉语疑问句系统相关语料 2 787 句。

2 名英语背景学习者的汉语水平均处于初级阶段，以录音法记录被试的自然话语，每 2 周录音一次，每次 1 小时左右，A 持续 9 个月，记录 18 次，其中疑问句语料 1 137 句；L 持续 8.5 个月，记录 15 次，其中疑问句语料 1 210 句。录音时间共计 33 小时（A 为 18 小时，L 为 15 小时），时间跨度为 1 学年。全部录音转写语料约 40 万字，共得到汉语疑问句相关语料 2 347 句。

2 名韩国儿童的汉语水平均处于初中级阶段，我们以录音法记录被试的自然话语，语料主要来自韩国儿童与其辅导老师一对一的谈话录音。需要说明的是，谈话方式采取了自由谈话和任务性谈话两种方法：自由谈话中的话题完全是即兴的，事先没有规定范围，采用在自由气氛下一边玩一边说话的方式；任务性谈话则是由儿童就童话书中的图画向老师提问。由于儿童注意力容易分散，谈话主题不易集中，不利于在有限时间内获取大量有效语料，任务性谈话的诱导式语料获取方式会有助于研究者在有限时间内获取相关有效语料。录音每周一次，每次 1 小时左右，持续近 5 个月，其中，J 共录音 15 次，C 共录音 16 次。全部录音转写语料约 10 万字，共得到汉语疑问句相关语料 2 115 句。其中 J 的汉语疑问句相关语料 1 020 句，C 的语料 1 095 句。

全部个案录音语料转写后约 60 万字，5 项个案研究共收集疑问句 7 249句。

2. 理论背景与文献综述

本项研究将采用第二语言习得特有的研究范式，对汉语疑问句系统第二语言习得的语言表现和习得发展过程进行全面和客观的观察、描写和解释，揭示汉语疑问句的习得顺序、发展模式与影响因素，并以多元发展模式为理论模型，从言语加工策略的角度分析其认知过程与内部机制。本章将介绍与本研究相关的理论背景与研究成果，重点是第二语言习得顺序研究的理论发展和疑问句研究文献回顾（包括疑问句的汉外对比研究和习得研究）。

2.1 国内外第二语言习得研究的发展概况

第二语言习得研究于20世纪60年代末70年代初在国外发展成为一门独立的学科，到现在已经跨越了40余年的历史。第二语言习得理论系统地研究第二语言习得的过程和本质，其基本问题可归纳为四个方面：①学习者在第二语言习得过程中获得了什么？即关于学习者语言（learner language）的研究。②学习者是怎样获得第二语言的？即关于习得过程的研究。③学习者的个体差异，即关于第二语言学习者（language learner）自身的研究。④语言教学对第二语言习得的影响，即关于语言教学与语言习得关系的研究。第二语言习得研究的总体框架涵盖了第二语言学习者语言特征研究（characteristics of learner language）、学习者外部因素研究（learner external factors）、学习者内部习得机制研究（learner internal mechanisms）和第二语言学习者研究（the language learner）四个方面。其主要目标首先是“描述”第二语言的习得过程，描述第二语言学习者的整体语言能力和各项具体语言技能是如何发展起来的；第二是“解释”第二语言习得现象，解释第二语言是如何习得的，为什么学习者能够习得第二语言，为什么第二语言遵循其特有的规律而习得，哪些内在的和外在的因素对第二语言的习得起着正面的促进作用或负面的阻碍作用，等等。

纵观国外第二语言习得研究的发展历史，我们可以看到四个凸显的特点：①两个发展阶段：早期“先研究后理论”的阶段发展到目前的

"以理论为导向的研究"阶段。②研究重心的转移：从描述型转向解释型。③研究方法的转变：定量分析与定性分析相结合成为第二语言习得研究的主流。④多元化的理论支撑：从单学科支撑到多学科支撑。

国内第二语言习得研究虽然自20世纪90年代以来有上升的趋势(对外汉语教学界和英语教学界都有这种趋势)，但涵盖面还不够广，存在语言变异性研究、语言的语用特征研究、社会环境研究、语言输入与互动的研究、认知过程的研究、交际策略的研究、语言普遍性的研究、一般个体差异因素的研究、学习者策略的研究等九个盲区（施家炜，2006)。尽管有些领域进入新世纪后引起了一些学者的关注，如认知过程的研究、一般个体差异因素的研究、学习者策略的研究等，但这些领域的研究仍相对薄弱。

90年代中期以前，国内第二语言习得研究的热点主要集中在偏误分析和母语迁移等有限的几个方面，现在仍有余温。90年代中期以后，关于习得顺序与发展过程的研究开始兴起（尤其是发展过程研究)，尽管现有的成果并不算很丰富，但足以表明它们已经成为新时期的发展热点，实证研究的出现也基本以此为界。新世纪以后，学者们开始关注第二语言学习者的心理过程、认知过程和认知机制的研究。

从现有文献看，汉语语法、汉字、语音、词汇四个方面发展过程的研究呈现不均衡的发展态势（施家炜，2006)，其中语法发展过程的研究成果最丰富，而且开展最早，其研究势头也始终最为强劲。这方面的研究国内是进入90年代以后才开始的，其中呈现出两个热点："了"的研究和"把"字句的研究。

孙德坤（1993）对外国留学生现代汉语"了·le"语法规则的习得过程进行了国内第一次个案跟踪研究，寻求学习者习得第二语言时经历的过程及影响该习得过程的因素。作者在两个阶段分别跟踪了两名以英语为母语的外国学生L和W，研究发现：L先习得"$了_2$"，约两周后习得"$了_1$"，此后出现了两个"了"的冲突、混淆期；W则将"了"的使用限制在句末的单音节动词与形容词之后，表现出对"了"语法功能运用的窄化和成句作用的泛化现象，并在整个学期中常回避"了"的使用，从而出现了不少偏误。这篇文章在提出研究课题和纵向研究方法上都做了有益的尝试，显示出个案研究方法在这一领域中的作用和特色。孙德坤的研究拉开了"了"发展过程研究的序幕，之后，赵立江(1997)，Shou-hsin Teng（1999)，杨素英、黄月圆、孙德金（1999)，余又兰（2000）等又先后对这一语法点的习得过程进行了不同角度和方法的研究，使“了”的研究成为语法习得研究中的一个热点。这些研究各有所长，互为补充，孙德坤（1993）以个案研究为特色，而Shou-hsin Teng（1999），杨素英、黄月圆、孙德金（1999）等则均采用了基于语料库的规模研究方法。其中前者以台湾师范大学汉语中介语语料库为基础，对母语为英语的汉语学习者习得“了”的情况进行了细致的研究，结果显示：“$了_2$”较早为学习者习得；“$了_1$”则要经过数年伴随一定错误比率的学习过程才能被习得；几乎没有人试图使用所谓的“双了”结构。而现行的汉语教材并没有以学生“了”的习得过程为依据编写，有待改进。个案研究与语料库研究的结合将会有助于我们更接近汉语第二语言习得过程的本质。

靳洪刚（1993）基于国外对主语突出语言和主题突出语言的区分，从语言类型普遍性角度考察“把”字句的习得过程，证明了母语为主题突出语言的学习者在习得主语突出语言时，会经历“语法化”过程；反之则经历“语用化”过程的假设。文章通过语法判断测试、翻译测试、故事陈述测试等方法，考察五种“把”字句的习得过程，指出“把”字句的习得过程就是一种语言“语用化”的过程，表明语言类型的普遍性对习得有一定的影响，且有助于预测第二语言习得的先后难易顺序。该文以理论为导向、追求实证的研究路子是值得提倡的，而运用语言类型普遍性的理论观点进行语言习得研究，也很好地体现了第二语言习得的语言学视角，显示出汉语作为典型的主题突出语言而具备的特殊的研究价值。汉语的“把”字句也是语法习得研究的焦点之一。在本文之后，熊文新（1996），高小平（1999），余文青（2000），崔永华（2003），高红（2003），黄月圆、杨素英（2004），张武宁（2007）等也对这一特殊的汉语语法项目进行了研究。

除了“了”和“把”字句的习得研究外，代表性成果还有：

王建勤（1997）从“汉语中介语语料库系统”中抽取了914条例句作为研究样本，借鉴Gatbonton的扩散模式，第一次对母语背景为英语的汉语学习者群体习得“不”和“没”否定结构的全过程进行了深入探讨。王建勤（1999）通过对第二语言学习者习得“和/跟……不一样”表差异否定结构及功能的过程（即简单表述阶段、分化阶段和整合阶段）的描述与分析，进一步探讨了习得过程中学习者的简化策略、外化过程的心理机制、语境认知与模板制作机制及策略取向等理论问题，对西方学者提出的观点进行了检验和补充。李英（2004）运用第二语言习得研究中的扩散理论，通过个案研究、小组研究，对留学生

"不/没 + V"否定结构的使用情况进行考察，发现在语法测试中，不同层次的学习者都会混合使用"不"和"没"，但未出现"没"的泛化，相反"不"具有一定的强势地位；习得过程中，至少有两种因素影响学习者对"不"和"没"的选择：时间词、语块熟悉度；学习者对"不/没 + V"否定结构的掌握程度与学习者的汉语水平并不完全是正相关的。

施家炜（2002）运用韩国留学生个案研究语料，寻求汉语语法发展过程的阶段性特征与发展趋势。该文属于广义的发展过程研究，通过实证性研究，寻求到两种较易操作、也较为科学客观的衡量语言习得或语言发展程度的量化指标——平均句长和平均停顿次数。

国内语法发展过程研究近十几年发展势头仍较为强劲，成果丰富。该领域部分代表性研究成果请见表 2－1。

表 2－1　国内语法发展过程部分研究成果列表

时间	研究的语法项目	研究对象	研究方法	研究者
1993	"了"的发展过程	两名英语母语背景学习者	个案研究	孙德坤
1993	"把"字句的习得	英语母语背景学习者	语言测试	［美］靳洪刚
1995	汉语存在句的习得	美国学生和中国留学生	问卷调查	［美］温晓虹
1996	"把"字句的表现分析	不同母语背景的学习者	语料库研究	熊文新
1997	"了"的发展过程	英语母语背景学习者	个案研究 + 测试	赵立江
1997	"不"和"没"否定结构习得	英语母语背景学习者	语料库研究	王建勤
1999	表差异比较的否定结构习得	英语、日语母语背景学习者	语料库研究	王建勤
1999	"把"字句的习得	英语、日语、韩语母语背景学习者	测试 + 问卷调查	高小平
1999	"了"的习得	英语母语背景学习者	语料库研究	邓守信
1999	体标记的习得	英语母语背景学习者	语料库研究	杨素英、黄月圆、孙德金
2000	"把"字句的习得	日、韩、欧美留学生	情境表演	余文青
2000	"了"的习得	英语母语背景学习者	调查研究	［英］余又兰
2002	"得"字补语句的习得	英语母语背景学习者	语料库研究	孙德金

（续表）

时间	研究的语法项目	研究对象	研究方法	研究者
2002	汉语单句句式的习得	一名韩语母语背景学习者	个案研究	施家炜
2003	“吗”字是非问的习得	英语母语背景学习者	对话编写	赵果
2003	“把”字短语的习得	不同母语背景学习者	语料库研究	崔永华
2004	“把”字句的习得	英语母语背景学习者	语言测试	黄月圆、杨素英
2004	被动句的习得	不同母语背景学习者	测试＋自然语料	吴门吉、周小兵
2005	被动句的习得	不同母语背景学习者	语言测试	吴门吉、周小兵
2007	“被”字句的习得	英语母语背景学习者	语言测试＋作文语料	黄月圆、杨素英、高立群、张旺熹、崔希亮
2007	“把”字句的习得	韩语母语背景学习者	问卷调查	张武宁
2007	存现句的习得	英、日、韩母语背景学习者	语言测试＋自然语料	杨素英、黄月圆、高立群、崔希亮
2009	重动V得句和前受事V得句的习得	不同母语背景学习者	语料库研究	周小兵、邓小宁
2009	现代汉语22种特殊句式	不同母语背景学习者	语料库研究	肖奚强等

我们也注意到：汉语语法、汉字、语音、词汇发展过程研究不均衡的发展态势进入新世纪后已大为改观。《世界汉语教学》、《语言教学与研究》两刊2004—2013年的汉语第二语言习得研究文献中，语音习得研究26篇，占比17.8%；词汇习得研究29篇，占比19.9%；汉字习得研究19篇，占比13.0%；语法习得研究39篇，占比26.7%。尽管语法习得研究仍占据多数，但不均衡态势已大为改观。与此同时，在汉语语法发展过程研究的内部，也同样存在发展的不均衡现象，已有的研究大多集中在一些有限的语法点上（如“把”字句、“被”字句、“了”、存现句、否定结构的习得等），而有些项目却鲜有涉及。从研究方法上，语法习得研究多采用语料库语料或自然语料分析的方法，以及纸笔测试的方法，个案研究和实验研究比较匮乏；从研究导向上，语法习得研究有自上而下的理论导向和自下而上的实践导向两种，而以后者居多。

2.2 第二语言习得顺序研究的理论发展

第二语言习得顺序研究是习得研究领域的重要课题，也是研究的热点。

国外第二语言习得顺序研究始于语素习得研究，最早可追溯到Brown在20世纪70年代初所做的一项第一语言习得研究（Brown，1973）。他发现三个毫不相识的美国儿童习得14项语法词素时，在发展顺序上表现出惊人的一致。在此重要的个案研究报告之后，de Villiers，J. 和P. de Villiers（1973）对这14项语素进行了规模研究，得到的顺序与Brown报告的有极高的相关度。Dulay和Burt（1973）第一次将此研究引入儿童英语第二语言习得领域中，发现他们所考察的8项语素的习得存在一个共同的习得顺序，他们推断当儿童习得某些第二语言语素时，可能存在一种普遍或自然的顺序；将儿童置于自然的交际环境中即可促成第二语言习得。他们将此发现称为70年代第二语言习得研究中最激动人心的显著成果（Dulay and Burt，1980）。1974年，他们又对比了母语背景不同的儿童11项英语语素的习得顺序，发现二者几乎完全相同。他们指出：普遍认知机制（Universal Cognitive Mechanisms）是儿童组织目的语的基础（Dulay and Burt，1974）。Bailey，Madden和Krashen（1974）对不同母语背景的英语作为第二语言的成人学习者进行了研究，发现他们8项语素的习得顺序与Dulay和Burt所报告的儿童第二语言习得顺序有极高的相关度。同时，不同母语背景的成人顺序也没有不同，与Dulay和Burt所得出的“在儿童第二语言习得发展顺序中无母语影响”的结论一致。他们认为不同第一语言的成人在习得第二语言时使用相同的策略，成人处理语言信息的方式与儿童相似，最有效的教学应适应所发现的难易顺序。由于他们的被试为成人，许多已接受了一定程度的第二语言教育，西方研究者们进而得出了一个更为确信的结论：对英语作为第二语言的习得者来说，无论年龄、母语背景、受第二语言教育的程度与类型如何，一定语法词素的习得顺序的确存在。后来，又有50多项类似的研究进一步证明了这个结论。Krashen（1981）进一步列出了9项英语语素习得的“自然顺序”，声称英语作为第二语言习得时，这9项的习得顺序不变，所以叫“自然顺序”。这9项分为4组，在习得过程中，总是首先习得第一组中的语素，后习得第二组，然后才是第三组、第四组。在“自然顺序”中不能跳跃式习得。国外语法词素习得的丰富研究成果为理解成人第二语言习得的机制提供了一种途径。但这些成果基本建立在横向研究的基础上，认为“学习者使用语法词素的准确度即对应于他们的习得顺序”，且几乎所有的语素习得研究都是以英语作为第一语言或第二语言习得的研究［80年代出现了以德语作为第二语言或外语学习的研究，如 Pienemann（1987）］，因而缺乏普遍性与代表性；这种缺乏普遍性的研究还表现在语法体系中只孤立地取出若干语素来研究，而这些语素的自然习得顺序不受母语影响并不能代表整个语法体系（或体系中核心部分）的习得也有不以母语为转移的自然顺序。同时，这一领域的研究也需要对学习者之间的差异性和习得顺序的差异性做出理论上的合理解释。

国内这一领域的研究仅见于对外汉语教学界对外国成人留学生汉语习得的研究，即学校教育环境下的留学生汉语作为第二语言的习得顺序研究。自90年代起代表性的论文主要有：钱旭菁（1997）采用横向调查法，通过统计日本留学生的作文和问卷调查中初、中、高三个阶段趋向补语的准确度顺序，寻求日本留学生趋向补语的习得顺序，分析了可能影响趋向补语习得的因素，并通过考察代表性教材中趋向补语的教学顺序，对教学提出了改进意见。施家炜（1998）是汉语第二语言习得研究领域第一篇对外国留学生汉语句式习得顺序进行大规模综合调查的研究报告，具有一定的代表性。作者对留学生习得22类现代汉语单句句式的基本顺序进行了全面的描写和统计，第一次提出了留学生习得这22类句式的基本顺序和“习得顺序理论假说”，首次指出母语背景、性别、学时等级等因素对汉语习得顺序不构成显著影响。该文的价值还体现在实证性研究方法的尝试上，作者综合运用汉语中介语语料库系统、测试及问卷调查、个案跟踪三种语料收集手段，初步奠定了综合运用多种方法、横向规模研究与纵向个案研究相结合的研究方法体系。国内汉语作为第二语言习得顺序的研究近年来还开展了不少，部分代表性成果请见表2－2。

表2－2　汉语作为第二语言习得顺序部分研究成果列表

时间	研究的汉语语法项目	研究对象	研究方法	研究者
1987	一些语法项目	9名汉语第二语言学习者	观察＋记录	田士琪
1997	趋向补语	日语母语背景学习者	选择＋翻译问卷	钱旭菁
1998	22类单句句式	英、韩、日语母语背景学习者	语料库＋测试、问卷调查＋个案	施家炜

（续表）

时间	研究的汉语语法项目	研究对象	研究方法	研究者
2000	让步复句	韩语、英语母语背景学习者	作业分析＋个案研究＋群体对比	刘谦功
2000	定语	泰语母语背景学习者	语言测试	［泰］林勇明
2000	宾补共现句	朝鲜语母语背景学习者	语言测试	曹秀玲
2001	“把”字句	韩语母语背景学习者	语言测试	［韩］林载浩
2002	“再”、“又”	英语母语背景学习者	语料库研究	李晓琪
2003	趋向补语	英语母语背景学习者	语料库研究	杨德峰
2003	趋向补语	朝鲜语母语背景学习者	语料库研究	杨德峰
2004	趋向补语	日语母语背景学习者	语料库研究	杨德峰
2006	趋向补语	不同母语背景学习者	语料库研究	洪婷
2006	“让”字句	不同母语背景学习者	语料库研究	周文华、肖奚强
2006	强调格式	不同母语背景学习者	语料库研究	徐星
2007	中动句式	不同母语背景学习者	语料库研究	于芳芳
2008	存现句	不同母语背景学习者	语料库＋语言测试	黄自然
2008	形容词谓语句	不同母语背景学习者	语料库研究	殷苏芬
2008	“有”字句	不同母语背景学习者	语料库研究	董小琴
2008	连动句	不同母语背景学习者	语料库研究	孙晓华
2009	含有趋向补语的句式	不同母语背景学习者	语料库研究	肖奚强、周文华
2009	“被”字句	不同母语背景学习者	语料库研究	周文华、肖奚强
2009	兼语句	不同母语背景学习者	语料库研究	周文华

从总体来看，这一领域的研究起步晚，但在研究方法、引进国外理论、深入探讨习得顺序等方面已做出了有益的尝试，尤其体现在研究方法上，比如个案研究方法的尝试、“横向研究＋纵向研究”为主的方法体系的建立、统计方法的应用等。从所研究的汉语言项目上看，从副词、补语、定语等词类成分或句法成分，到存现句、“把”字句、被动句、“有”字句、兼语句、连动句等单句句式以及复句形式，逐步趋于

复杂化，研究范围得到了拓宽；在研究对象的选择上，从一开始的不加以区分，到母语为英语的汉语第二语言学习者，再到韩语、日语、泰语等母语背景的学习者，再加上汉语中介语语料库系统等第二语言学习者语料库的应用，该领域的研究出现了规模扩大化而研究对象细化的趋势，避免了因母语背景单一而影响结论的可靠性与普遍性的研究缺陷。近年来，汉语作为第二语言习得顺序的研究有上升态势，但已有的研究也存在一定的局限，主要是：研究内容有限，系统性强的研究成果匮乏；研究方法多局限于语料库语料分析，实验性和个案研究匮乏；解释性不强，多以得出习得顺序为研究终点；忽视与教学的接口，难以应用或应用受限。

第二语言习得研究的终极关怀远非对习得过程的一般描述，而是指向对这种被描述的过程进行解释。从 20 世纪 60 年代开始，语言学理论、第一语言习得理论、认知理论与心理学理论的发展，为第二语言习得顺序的研究提供了多方位的理论基础。

2.2.1 内在大纲假说

20 世纪 60 年代，Corder 提出了内在大纲假说，认为第二语言学习者是按头脑中“内在大纲”规定的程序对输入信息进行处理的。“内在大纲”是客观存在、带有普遍意义的人类掌握语言的心理机制，它决定了整个习得过程。只有当教学大纲和课堂教学符合学习者“内在大纲”的规律时，第二语言习得才有效率。

2.2.2 语言习得机制与普遍语法理论假说

Chomsky（1980，1981，1982，1986）提出的普遍语法理论假说认为：人脑天生便具有人类语言共有的语言原则（principles）和尚未定值的语言参数（parameters），这是婴儿出生后所处的“最初语言状态”，人类要学习的是依据输入的语言信息为头脑中固有的语言参数定值（parameter setting）和具体语言的“外围部分”（peripheral），以及具体语言的词汇。因此所谓普遍语法（UG，Universal Grammar）是制约学习者在语言输入的条件下怎样建立一套第一语言（可能包括第二语言）语法体系的一系列规则。在普遍语法的制约作用下，第一语言能力得以发展。普遍语法本身不是某种具体语言的语法，它引导人类按一定的方式对语言结构提出假设，而不是在创造语法时尝试每一种逻辑可能。Chomsky 又假设：儿童生而具有一种语言习得机制（LAD，Language Acquisition Device），通过该机制，具体语言的规则得以内化（internalization），并成为构成第一语言能力的基础。普遍语法理论假说自 20 世纪 80 年代中叶以来对第二语言习得研究起到了很大的推动作用，以该理论假说为基础进行第二语言习得研究，已发展成为第二语言习得领域的一个重要态势。Ellis（1994）即指出：以普遍语法作为第二语言习得研究的理论框架是重大的前进，第一次实现了语言学研究与第二语言习得研究的真正结合。而这一理论假说也为第二语言习得顺序的研究提供了理论基础和解释的可能。

2.2.3 创生理论假说

20 世纪 70 年代第二语言习得研究领域被讨论得最多的是三个理论假说：①以 Robert Lado 为代表的对比分析假说（CAH，the Contrastive Analysis Hypothesis），认为第二语言学习（SLL，Second Language Learning）是一套新习惯的建立与发展，所有的偏误都可以第一语言迁移来解释；②Selinker 的中介语理论假说（ILH，the Interlanguage Hypothesis）；③以 Dulay 和 Burt 为代表提出的创生理论假说（CCH，the Creative Construction Hypothesis）。当时，语言研究的注意力已指向隐藏在学习者语言表现之下的内部进程。Dulay 和 Burt（1974）发现：许多表面看似体现了第一语言结构因而被视为第一语言迁移的偏误，也可用过度泛化（overgeneralization）来解释，尤其当这些结构同样出现在儿童将该语言作为第一语言习得的语言表现中时。他们进而提出了“第二语言习得 = 第一语言习得”的假设，并尽量不以“迁移”来解释第二语言习得中的现象。创生理论假说基本代表了 70 年代的主流，并以 *Language Two* 为其主要理论著作。它是一种比 Selinker 的假说更根本的观点，提供了与另一研究领域——儿童语言研究的联系。“创生”，指学习者在环境提供输入的条件下，在某种普遍内在机制的驱动下，对所要习得的语言系统建立假设，直至消除输入与输出间的差异，创造生成一种第二语言系统（或是一种母语系统）的方法，这与行为主义观点是相对的。其理论假说可概括如下：

（1）第二语言习得本质上是由在第一语言习得中积极作用的同一套内在程序驱动的。

（2）无论学习者第一语言背景如何，第二语言结构按照一个“预先设定”的特定程序发展；该程序与相应的第一语言习得者的程序相似，但不一定完全相同。

（3）目的语形式的习得过程中，有时会有规律地出现过渡发展形式，而非目的语形式。学习者并不一定在一个阶段就达到既定目标，从“无形式”（no pattern）直接发展为目的语形式，而可能有一个过渡形式的小发展序列，导向特定目标。

(4) 语言的习得不是通过对语言有意识的分析，而是通过潜意识层面的分析，因此不直接受学习者或教师的有意控制。

(5) 为使语言发展，语言输入必须对学习者是可懂性输入，同时又必须包含发展序列上下一个结构的例示。

(6) 部分人不完全否认第一语言在第二语言习得过程中的作用，尽管发展道路（route）是一致的，但习得的速度（rate）可能不同。

将 Dulay 和 Burt 的创生理论假说与 Chomsky 的语言习得机制与普遍语法假说做一对比，便可发现二者在某种程度上是多么吻合：在创生理论假说这里，普遍认知机制或策略是习得语言的基础，是变相的语言习得机制，在第二语言习得过程中，语言习得机制被重新激活了。“创生”过程即是通过该普遍机制，在普遍语法的导引下对语言结构进行“假设——检验——修改”的过程。创生理论假说为第二语言习得顺序的研究提供了更为直接的理论基础，而这一研究领域的成果反过来又被作为支持该理论假说的证据。

2.2.4 普遍语法再生的理论假说

普遍语法再生的理论假说（the Recreation Hypothesis）是将普遍语法应用于创生观点而产生的，认为第二语言系统是通过与习得第一语言系统相同的方式习得的；对第二语言语法结构的逻辑可能性的制约，即普遍语法的原则是直接起作用的，而非通过迁移。正如儿童利用语言输入在头脑中生成母语一样，第二语言学习者也是再生第二语言语法，好像他是一个母语习得者，因为普遍语法仍在起作用，这也被称为“重返普遍语法”的观点（Back to UG），第二语言学习者的第一语言被忽略不计，在第二语言语法的发展过程中不起什么作用。这种理论假说可用图 2-1 表示。

既然第二语言习得与第一语言习得的内在驱动机制是一致的、普遍的，它们在习得过程上就应表现出共性，习得顺序研究便有了一种理论支撑。

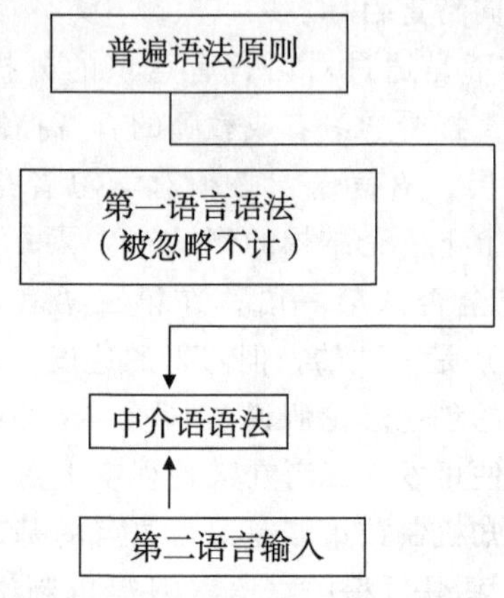

图 2-1　普遍语法再生的理论假说

2.2.5　第二语言习得的多元发展模式理论

本研究中的习得顺序与发展过程研究将主要基于第二语言习得的多元发展模式理论开展，多元发展模式（the Multidimensional Model）由 ZISA 小组的几位学者（Meisel，Clahsen and Pienemann，1981）提出，后来发展成为一种第二语言习得理论模式，该理论模式在 20 世纪 80 年代和 90 年代影响都很大。这种理论模式不仅全面，预测力也很强，它所提出的一些加工策略曾经在十几种语言中得到印证。Ellis（1994：382，387）对多元发展模式给予了高度评价，认为就其全面性来说，除 Krashen 的监控模式以外，它是迄今比其他任何模式都更为全面的理论模式（Ellis，1994：382）；就其预测力来说，除了竞争模式之外，它是迄今比其他任何模式预测力都更为强大的理论模式（Ellis，1994：387）。

多元发展模式的内容可概括为 5 个基本主张（Ellis，1994：382）：

（1）学习者在一些语法结构的习得上呈现出一定的发展序列（developmental sequences）。

（2）学习者之间存在个体差异，这种差异不仅表现在学习者在受认知发展制约的语言规则的运用程度上，还表现在那些不受认知发展制约的语法结构的习得和运用程度上。

（3）发展序列反映了学习者克服加工限制（processing constraints）的系统方式，这些加工限制反映了认知的基本性质，制约着言语产出。

（4）学习者的内在变异反映了学习任务的整体倾向性（orientation），反过来，学习任务的这种倾向性又是社会心理因素的产物。

（5）以讲授那些受认知发展制约的语言特征为目标的正式教学只

有在学习者已掌握了与前一习得阶段相联系的必需的加工操作之后，才会获得成功；而以讲授那些受个体差异支配的语法特征为目标的正式教学则没有这些限制。

更具体而言，我们可将多元发展模式的主要理论内容概括为“五个阶段”、“两条线索”和“三种策略”。(王建勤，2009)

2.2.5.1 德语作为第二语言语序发展的“五个阶段”

“五个阶段”指 ZISA 项目在考察德语作为第二语言的语序（word order）习得顺序时所发现的学习者所经历的五个语言发展阶段（Ellis，1994：384；蒋祖康，1999：87；王建勤，2009：236）。研究者们发现，学习者在习得某些语法结构时，遵循着一定的发展顺序，具有清晰的发展序列（见表2-3）。这种发展顺序表现为一定的发展阶段。

表 2-3 德语词序规则的习得顺序

阶段	阶段名称	描述	举例
Ⅰ	典型顺序 Canonical Order	主语+动词+宾语的结构，母语为罗曼语的学习者将 SVO 作为他们对德语语序的最初假设，副词出现在句末位置。	die kinder spielen mim ball (= the children play with the ball)
Ⅱ	副词前置 Adverb Preposing	副词+主语+动词的结构，学习者能将副词移到句首位置，但当句子以副词开头时，不会把主语和动词倒装。学习者直到第4个阶段才掌握该规则。	da kinder spielen (= there children play)
Ⅲ	动词分离 Verb Separation	在规范的德语中，助动词和动词必须进行分离，学习者能按德语的要求，将非限定的动词性成分移到从句句首位置。	alle kinder muss die pause machen (= all the children must the pause make)
Ⅳ	倒装 Inversion	某些结构成分前置后，主语和屈折形式的动词必须倒装，学习者知道了在一定情景下，比如当句首是副词或疑问词时，动词必须放在主语之前。	dann hat sie wieder die knocht gebringt (= then has she again the bone bringed)
Ⅴ	动词结尾 Verb-end	在德语中，从属句中的限定动词要移到从句末尾，学习者知道了从属句中的限定动词必须出现在从句句尾的位置。	er sagte dass er nach hause kommt (= he said that he to home comes)

注：本表根据 Pienemann，Johnston 和 Brindley（1988）。

学习者的语序习得严格按照这种阶段顺序发展，不会跳跃式发展。当学习者进入一个新的发展阶段时，仍保持着前几个阶段所习得的语序。换言之，这五个阶段存在一种蕴涵关系，当学习者的语言系统中出现某一阶段的语序时，意味着他的语言系统中也会出现前几个阶段的语序。这种蕴涵关系表现为：

SVO < ADV < SEP < INV < V-END

2.2.5.2　第二语言习得发展的“两条线索”

“两条线索”指的是学习者第二语言习得发展的两个维度：一方面，某些语言特征的发展具有严格的“发展顺序”（developmental sequences），这种顺序既不受学习者个体因素的影响，也不受学习环境的影响；另一方面，各个学习者的语言发展又具有个体差异（individual variation），不同的学习者在某些语言特征的发展上会有所不同。发展顺序是由语言发展过程中的一些具有普遍性的因素决定的（蒋祖康，1999：82），这些普遍性因素就是言语加工策略，语言的发展顺序就是由学习者的“言语加工策略限制”（processing constrains of strategies）决定的；而学习者的个体差异则是由外部的社会心理因素造成的（王建勤，2009）。这两条发展的线索决定了学习者第二语言习得发展的途径，也代表了多元发展模式的核心观点。

2.2.5.3　学习者进行言语加工时采用的“三种策略”

“三种策略”指的是学习者所采用的三种言语加工策略（Ellis，1994：385；蒋祖康，1999：87；王建勤，2009），它们是 Pienemann（1984）根据第二语言学习者习得德语语序的研究提出来的，这三种言语加工策略是：

（1）典型顺序策略，即 Canonical Order Strategy（COS）。该策略对语言结构成分不做变动，既没有语言构成成分的换位，也没有其顺序的重新排列，学习者产出的话语体现的是最基本的语序，它反映了意义和句法形式的直接映射关系。所谓“典型顺序”指的是第二语言的基本语序。在习得最初阶段，学习者尽量避免句子结构内部成分的位移变化，这种基本语序反映了形式和意义的简单对应关系。该加工策略只涉及简单的心理操作，因而是学习者首先采用的策略，它限制了对潜在结构（underlying structure）的破坏。

（2）首位/尾位策略，即 Initialization/Finalization Strategy（IFS）。该策略并不对语言结构的内部构成成分进行位移，但可将处于结构首位

的成分移到尾位，也可将处于结构尾位的成分移到首位。也就是说，这种策略也不涉及句子结构内部成分的位移和变化，只是简单地将句子前面的成分后置或将句子后面的成分前置。可见，这种策略只是在句子外围进行的移动和变化，它制约了语言结构内部构成成分的位置移动。

（3）从属句策略，即 Subordinate Clause Strategy（SCS）。该策略可对主句中的成分进行位移，但从属句中的任何成分都不能移动。也就是只顾主句成分的移动而不顾从句成分的移动，它反映了学习者言语加工的深度还不够。

王建勤（2009）指出："这三种策略构成了至上而下的层级，即学习者要学习新的规则必须克服前面的加工策略的限制，然后才能进入下一阶段的习得过程。"因此，"第二语言习得的过程就是不断地克服和摆脱各种加工策略的限制的过程"（王建勤，2009：243）。

多元发展模式最重要的一点，就是把语言发展顺序的研究与学习者的言语加工策略联系在一起，即从认知的角度对学习者的语言发展顺序做出解释。这与 20 世纪 70 年代第二语言习得顺序研究的理论基础截然不同。70 年代的第二语言习得顺序研究以心灵学派的普遍语法理论为基础，试图通过习得顺序的研究证实普遍存在的习得机制。但是，由于这些研究本身争议很多，所以很难得出比较一致的结论。多元发展模式为我们提供了新的理论视角，它所提出的"言语加工策略限制"的观点具有普遍意义。

多元发展模式的一些主张还得到了来自课堂研究的验证，Pienemann（1984，1989）考察了正式的课堂教学对特定的语法结构习得的影响，并据此提出了"可教性假设"（the Teachability Hypothesis），从而使多元发展模式得到了进一步的丰富和发展。该假说认为：目的语言系统中某些结构只能在学习者心理上和语言上对所教授的语言结构已做好"准备"的情况下（psycholinguistically "ready"）才能习得，这种"准备"指学习者已通过了通往目的语结构的相应阶段，具备了加工前提。因此只有当学习者已通过前提阶段时，教授一种结构才是有益的，教学可在特定阶段加快学习者的习得，提高学习者的习得意识，但不能改变习得的认知进程，不能破坏自然的习得过程。比起 Krashen 的观点（认为教学对习得只有极小作用），这一可教性假说更能使教师有信心积极地帮助学习者加快习得进程。Pienemann（1987）还指出，这一假说不仅适用于在自然语境中习得的移民学习者，对一些将德语作为外语学习的澳大利亚学生的研究也表明：正式教授不能影响自然的习得顺序。这验证了其他一些研究者的发现，即外语教学课堂不能阻止自然习得进程，尽管在教授与否的语言环境中可能会出现不同的结果。这表明Pienemann的可教性假说可能也适用于外语学习者。

国外第二语言习得顺序的研究者们从20世纪60年代起，从内在大纲、语言习得机制、普遍语法、创生、普遍语法的再生、多元发展、可教性等不同角度切入第二语言习得领域，为第二语言习得顺序的研究寻求理论基础，但我们也清楚地看到这些理论基础都还只是理论假说，对第二语言习得的认识与描写还未形成一致的意见。学习者的内在习得过程是隐而不见的，我们只能通过学习者的语言表现来窥探其内在的习得过程，从而对理论假说进行检验。同时，国外研究成果是否符合外国人习得汉语的事实，更需要我们进行大量的实证研究，这也是我们选题的一个重要原因。

2.3 疑问句研究文献回顾

这部分我们将对疑问句的汉外对比研究、英语疑问句发展过程研究、汉语疑问句的第一语言习得研究和第二语言习得研究进行述评，重点综述疑问句的习得研究成果。疑问句的本体研究综述可参考邵敬敏(1996)、陈振宇（2010）、丁雪欢（2010）等。

2.3.1 疑问句的汉外对比研究

疑问句的汉外对比研究成果并不是很丰富，现有研究主要是对汉语和其他语言的疑问方式进行的对比研究，涉及汉语与英语、韩语、日语、法语、俄语、西班牙语、德语、越南语等语言的比较。其中一些研究针对两种语言所有的疑问表达方式展开对比，如王钟华《汉法疑问句对比》(1984)、阮青松《汉、越语疑问句对比及教学难点研究》(2007)等。有些研究则针对某一类型的疑问句展开对比，如柳英绿《韩汉语选择问句对比》(2004)、兰巧玲《俄汉是非问句对比研究》(2007)、何意德《汉泰特指疑问句对比及偏误分析》(2009)等。从研究内容和所依托的研究方法来看，现有研究多集中于疑问句的内部分类、句法形式疑问手段异同的对比，且多关注语言间疑问句形式异同的对比分析，而对差异或共性的成因揭示不够，一些研究缺乏大规模语料的统计支撑。

疑问句的汉英对比研究成果相对比较丰富，涉及英汉疑问句的分类、疑问手段的对比、具体某类疑问句的跨语言对比等方面。如：胡壮麟(1994)将汉语疑问句分为特殊问、一般问和选择问，其研究基于语料分析和统计，发现特指问、一般问的使用频率很高，其中“吗”是一般问的主要的疑问语气词，汉语中的语调问句使用频率高于英语。该文还指出汉语特指问或正反问中的疑问语气词“呢、呀”和英语中的would类词都兼有疑问和情态的语义。该文综合探讨了英汉疑问语气系统及其功能，在疑问句的汉英对比研究中具有一定代表性。钱华英（1998）对英汉特指问句、英语反意问句和汉语附加问句进行了对比分析。牛保义（2001）对英汉附加问句从形式、功能、语法化手段和程度等方面进行了全面的对比分析，认为英汉附加问句都经由语用因素语法化的过程，所不同的是，英语语法化主要凭借结构手段，而汉语主要依靠词汇和话语手段，汉语附加问句的语法化程度没有英语附加问句高。

疑问句的汉韩对比研究成果不是很丰富，主要针对正反问句和选择问句等具体类型进行对比分析。柳英绿（2003）对汉韩正反问句做了对比分析，指出汉语可以利用述补结构或述宾结构中补语或宾语的正反重叠式构成正反问句，而韩语则一定要由核心动词正反重叠构成正反问句。在省略式中，韩语只有省略后宾语的“OV-Neg-V”形式，而汉语既有前宾省略式“V不VO”，也有后宾省略式“VO不V”。同时，汉韩两种语言动词的省略方向相反，汉语双音节动词是前省略式“A不AB”（如：喜不喜欢），韩语则一般是四五音节动词中的后省略式“ABCD-Neg-CD”或“ABCDE-Neg-CDE”。另外，韩语中形容词的正反重叠式可与比较结构共现，而汉语形容词则不行。该文还指出，汉语中“是不是VP”句对应了韩语的三种形式：是非问、将“VP”转换成体词性形式后的正反问、“陈述+附加正反问”的“S-VP，是不是？”形式。柳英绿（2004）对比了汉韩选择问句的组成手段和省略规则，通过对比发现汉韩两种语言都可以利用语音手段组成选择问句，但韩语只限于组成体词性谓语选择问句，而汉语则不仅可组成体词性谓语选择问句，还可组成谓词性谓语选择问句。在语法手段方面，组成谓词性选择问句，韩语要使用“添加”疑问助词的手段，而汉语则不能靠“添加”疑问助词的手段组成选择问句。使用语法标志方面，韩语使用“아니면”，而汉语常用“还是”，但这两者的功能不同。韩语的“아니면”只表示“选择”性语义，不具有“疑问”这一语义特征，所以韩语“아니면”没有疑问助词的配合就不能组成选择问句，而汉语的“还是”不能跟疑问助词配合使用。在相同项的省略方面，两种语言最大的区别是：条件具备时，汉语选择问句可省略动词，但韩语在任何条件下都不能省略动词。以上两篇文章指出了汉韩选择问与正反问的异同，但却未解释两种语言出现差异的深层原因。

2.3.2 英语疑问句发展过程研究

语言学习者疑问句习得的动态发展过程是语言习得研究的重要课题之一。在西方语言中，疑问句一般分为三类：是非疑问句（Yes-no Questions）、特指疑问句（Special Questions）和选择疑问句［Alternative Questions，包括附加疑问句（Tag Questions）］。西方语言不仅没有正反问句，而且它们的是非问句、特指问句和选择问句等在构造上也与汉语有较大差异：一是要使用助动词改变语序，二是特殊疑问词要置于句首。因此，在研究西方语言疑问句的发展时，研究者们较多考察助动词的使用和疑问词的位置变化（Bellugi，1965；Cazden，1972；Klima and Bellugi，1979；Dulay and Burt，1980；Rutherford，1982；Larsen-Freeman，1991；Peccei，2000；等等）。

很多研究均表明英语疑问句的发展过程遵循有序原则。Bellugi（1965）通过对三个哈佛子弟的观察，认为英语儿童习得疑问句分为三个阶段：①通过句尾升调表疑问，特殊疑问句无内部结构变化，只是将特殊疑问词放在任何名词前来提问；②冠词、形容词以及词缀开始出现，偶尔会有介词，助动词尚未出现，故主语助动词倒置结构也尚未出现，特殊疑问词总被置于句首位置；③助动词系统得到发展，助动词与主要动词都有数与时态的相应变化（参看表2-4）。

表2-4 儿童英语疑问句发展的三个阶段（据Bellugi，1965）

平均句长（MLU）	例示	结构
1.8～2.0	a. No ear? See hole? b. What's that? Where Daddy going?	句子+疑问语调 What+名词 Where+名词
2.3～2.9	a. You can't fix it? See my doggie? b. Who is it? What book name? Why not he eat? Why not cracker?	句子+疑问语调 Wh+句子
3.4～3.6	a. Do I look like a little baby? Can't you get it? Am I silly? Does turtles crawl?	助词+否定词+名词+动词

（续表）

平均句长（MLU）	例示	结构
3.4～3.6	b. Why you caught it? What we saw? What did you doed? c. Who took this off? What lives in that house?	Wh + 名词 + 动词 Wh + VP（疑问词为主语）

Cazden（1972）将英语母语疑问句发展过程分为六个阶段：单词+语调的疑问句，语调问句，语调问句复杂化及不倒装 Wh-问句，主谓倒装是非问句，主谓倒装 Wh-问句，嵌入问句的发展。Klima 和 Bellugi（1979）则将儿童特殊疑问句的发展过程划分为三个阶段：①3 岁半左右，疑问词被置于首位，但没有倒装；②3 岁半到 4 岁，疑问词前置，助动词与主语倒置均在陈述句中出现，倒装在否定疑问句中仍是空白；③4 岁到 4 岁半，陈述、否定疑问句均符合成人语法规律。Peccei（2000）认为，除语调问句之外，儿童首先习得一般疑问句，但一开始不使用助动词，后来才出现助动词；而在特殊疑问句中，儿童一开始就会把疑问词放在句首，what 问句、where 问句的习得要早于 why 等问句，助动词与主语的倒装现象出现较晚。

英语疑问句的第二语言发展过程研究包括一般疑问句与特殊疑问句的发展，被试涉及不同年龄段和不同的母语背景，如 Dulay 和 Burt（1980）、Rutherford（1982）等，其结果均显示英语疑问句的第二语言发展经历了五个阶段：①采用句尾升调的肯定句，主语与疑问词不交换位置，有些特殊疑问句开始使用，但以整体单位出现；②真正的特殊疑问句开始出现，但助动词被省略；③助动词 is，are，was 开始出现，但与主语交换位置仍时有时无；④特殊疑问句中，动词 is，are，was 开始有规律地与主语交换位置，但助动词 do，are 仍在此阶段被省略；⑤do，are，has 等各类助动词均已习得，主语、助动词交换位置也基本正确，但 do 在一般疑问句中仍有错误。哈佛大学项目（Harvard Project，Larsen-Freeman，1991）考察的英语第二语言疑问句发展过程则分为四个阶段：语调问句，不倒装 Wh-问句，主谓倒装是非问句和 Wh-问句，嵌入问句由倒装泛化到不泛化。

以上发展过程均以升调疑问句为起始，这与语言的普遍性相关，因大多数语言（71%以上）都有“陈述+升调”表示疑问的方式（桂诗春，1988），这容易为初学者所采用。哈佛大学项目（Larsen-Freeman，1991）二、三阶段涉及语序的倒置问题，与语言的标记性相关：SVO语序是普遍的、无标记的，其倒装形式则为有标记的，人们倾向于先习得较普遍的无标记形式，再习得标记形式，因而人们先习得不倒装 Wh-问句，后习得倒装疑问句。这也可以解释为语言制约的普遍性在起作用，即在语言习得的不同阶段，学习者会被要求使用一定的策略，因而会受不同的语言处理的制约，如对语序的处理，开始学习者使用普遍语序策略 SVO，接着下阶段使用倒装语序策略，将 Wh-代词移至句首，然后才是针对句中某部分或从句的语序策略，将作句子成分的 Wh-疑问句语序还原。也就是说，每一阶段的进展都须以克服前一阶段的制约为前提。语言发展各阶段的复杂性是递增的，所要求的认知能力也是递增的，因而学习者无法跨越某阶段。

2.3.3 汉语疑问句的第一语言习得研究

对于汉语疑问句的第一语言习得研究已有一些系统的研究成果。

朱曼殊（1986）指出，汉语儿童使用的一般疑问句可以分为三种：①利用句尾升调构成疑问句；②词尾 + 疑问语气词；③是否疑问句。缪小春（1986）通过观察儿童对汉语疑问词的理解，发现儿童先理解较为具体的“什么”、“谁”、“什么地方”等疑问词，后理解较为抽象的“什么时候”、“为什么”、“怎样”，其中“为什么”最难。陶红印（1989），袁悦（1989），陈素珍、李宇明（1991），郑厚尧（1993）均采用横向研究方法，分别对汉族儿童“吗”问句、正反问句、“哪里”问句、选择问句的理解进行了深入研究。

李宇明、唐志东（1991）《汉族儿童问句系统习得探微》首次采用个案研究方法对五大类 21 小类汉语疑问句的母语习得进行了系统研究，采用日记式记录自然语言或定时录音的方式收集语料，详细描写了各种疑问句的发生、发展和成熟过程，提出了影响儿童语言习得的四个主要因素：语言项目本身的特点、语言习得环境、儿童认知能力和语言能力发展的特点、已有的语言知识或能力。

李宇明（1995）把儿童疑问句发展划分为四阶段：萌芽期、产生期、发展期、完善期，提出了疑问句发展的规律，即“疑”、“问”与问句的发展阶段及句法疑问标记的两种发展模式。1；8[①] 之前是儿童疑

① “：”前后分别是儿童的岁数和月数。

问句发展的萌芽期，主要表现为虽然尚未出现疑问词，但是出现了表疑问意义的语气词，主要是“呢”。两岁左右是主要产生期，简略问、特指问、反复问、是非问，将近一半的疑问句小类型都已出现，而且疑问手段较为丰富，语调、语气词、疑问词、句法结构都能运用。发展期大约从2：4到3：0，这时的儿童，除了难度较大的数量询问、程度询问和无标记的选择问外，问句格式已基本齐全。儿童从三岁起进入疑问句发展的完善期，疑问句式逐渐丰盈。如果以功能为切入点，儿童疑问句式出现的先后顺序，还能表明从“反应性”到“求解性”（也就是先被动、后主动）的发展过程，这也反映出儿童在与周围世界接触过程中从接受到探索的变化。

李宇明、陈前瑞（1998）《语言的理解与发生》通过横向实验研究总结出32种问句的理解顺序，提出影响问句理解的四个因素（疑问焦点、语义范畴、回答方式、语言策略）；同时，通过一项个案研究（一名女童的44种疑问句格式，从1：4到4：6），对比了儿童对疑问句的理解和发生，发现儿童对于疑问句的理解比发生早大约8个月，问句系统的理解发展节奏是“峰谷式”的，具有断续性，而发生过程的节奏则是“丘陵式”的，具有连续性。将对问句的理解与发生相结合来看，儿童疑问句式的发展前后共用时三年零两个月，可分为三个阶段：1：8~1：11，2：0~2：6，2：7~4：6，其中1：4到2：5是该儿童疑问句发展的主要阶段，在此期间她对这些格式的理解超过95%，发生超过75%。对于问句系统的理解和发生不同的发展类型，研究者认为有两方面原因：第一，因为理解早于发生，所以当某一批疑问句式与儿童的认知和语言能力相适应时，就呈现出理解的高峰，但随后必然有一个巩固期，也就造成了理解的低谷期，直到下一个认知与语言发展阶段，为新的理解创造出条件，形成新的高峰期。第二，在自然交际状态下，儿童对问句的理解有一定的被动性，在一定程度上取决于成人对儿童提出什么样的问题和以什么样的方式提出问题。事实上，成人与儿童交谈时，同样会根据儿童的水平调整自己的语言。当成人发现儿童已经能理解某些句式之后，往往就会反复采用这样的句式与儿童交谈（李宇明、李汛、汪国胜等，1991）。这种无意的重复一方面帮助儿童进行了巩固，但另一方面造成儿童理解发展中的低谷。该项研究是汉语疑问句第一语言习得研究的标志性成果，研究揭示出儿童疑问句系统发展的五种顺序，即：

特指问：“谁”问句/“什么”问句/处所问句∠性状问句∠方式问

句∠指别"哪"问句∠原因问句∠目的问句∠时间问句∠数量问句

是非问："吗"问句∠"吧"问句

正反问：X不X/X没有∠有X没有

选择问：是P还是Q∠还是P还是Q∠P还是Q∠P，Q

简略问：Ⅰa型∠Ⅱa型∠Ⅰb型∠Ⅱb型∠Ⅲ型

孔令达、陈长辉（1999）揭示了儿童疑问句习得过程中不同疑问代词的习得顺序和其句法位置不断前移的习得规律，以及各非疑用法的习得时间和彼此间的习得难度和顺序。该文得出的儿童语言中疑问代词的习得顺序为：

什么（人或物）→谁、什么（性状）、哪里（处所）、怎么（方式、状态）→什么（虚指）、哪（指别）、哪（虚指）、怎么（原因）→什么（否定）、怎么（否定）→什么（任指）、怎么（虚指）→哪（任指）→什么（例指）、哪（否定）

王会（2009）通过对770名汉语普通话儿童所做的实验，发现年龄对儿童"为什么"问句的产出有所影响，儿童年龄越大则产出的"为什么"问句越多；儿童的"为什么"问句模式不受成人对其输入的影响。

任磊（2010）在回顾国内外相关研究成果的基础上，对一名汉族男童J的语言进行为期一年多的追踪研究，采用个案跟踪语料，探索汉族儿童否定句和疑问句习得的基本表现和发展趋势。其中，疑问句部分涉及九种类型，其疑问句习得发展概况如下表所示：

表2-5　J疑问句习得概况表（任磊，2010）

句型编号	理解时间	初现时间	一个月内的正确率（%）	主要使用特征	主要偏误
I1	1：10	2：2	93.1		
I2	1：11	2：3	100	仅用于询问地点	—
I3	1：10	2：3	88.9		含有能愿动词时
I4	1：11	2：3	92.9	低疑用法为主	高疑用法与主观表达同现
I5	2：3	2：9	100	极少使用	—
I6	1：10	2：3	100	较少使用	—
I7	1：10 2：0	2：3无标 2：7有标	100 100	极少使用	— —

（续表）

句型编号	理解时间	初现时间	一个月内的正确率（%）	主要使用特征	主要偏误
I8	?	2：7	85.7	较少使用	双重否定表否定
I/non	?	2：5	100	较少使用	—

注：（I1）特指问；（I2）"W 呢"简略问；（I3）正反问；（I4）"吗"字是非问；（I5）"吧"字是非问；（I6）语调是非问；（I7）选择问；（I8）反问句；（I/non）含疑问词的非疑问句。

该研究还发现儿童对疑问句的理解表现出语义优先的特点，而其输入则是结构优先，逐渐过渡至关注语义。如果某一语义有多种表达结构，儿童往往有使用的倾向性，先习得的结构在无意中阻滞了后习得结构的使用。

陈丽萍（2012）采用个案研究方法，对汉语普通话儿童特指问句的习得顺序进行考察。被试为一名汉语儿童，时间从1：3到2：3，持续1年，采用跟踪录音方式，每周1次，每次半小时。该研究发现普通话儿童特指问句习得的先后顺序为：

"什么"问句→"哪个"问句→"谁"问句→"哪里"问句→"谁的"问句→"多少"问句→"怎样"问句→"为什么"问句→"什么时候"问句

宋慧（2012）采用个案纵向研究方法，对两名说汉语儿童进行长期的跟踪调查研究，同时，从布朗语料库（Brown Corpus）中随机抽取两名说英语儿童的语料，对说汉语与说英语儿童的是非疑问句、选择疑问句和特殊疑问句习得特征与顺序进行对比研究。其研究结果表明：说汉语儿童的特殊疑问句的使用频率高于是非疑问句与选择疑问句，其中以带有特殊疑问词"什么"和"哪里"的特殊疑问句居多；而说英语儿童使用是非疑问的频率较高，其中倒装结构句型居多，特殊疑问句中，以带"what"和"where"的疑问句居多。该文还发现，说汉语儿童的习得顺序为：特殊疑问句→选择疑问句→是非疑问句，而说英语儿童的习得顺序则为：是非疑问句→特殊疑问句→选择疑问句；英汉儿童均先习得疑问句的肯定形式，再习得否定形式，并逐渐出现多种疑问句形式复合使用的情况。作者认为造成二者差异的原因主要在于语言结构、认知能力、语言输入和习得策略的影响。

范莉（2012）对儿童早期语言中疑问词的疑问和非疑问用法进行

考察，其对四名普通话儿童自发话语的分析、输入与输出的对比研究表明：2：0～2：5是疑问词知识发展的关键年龄段；疑问用法要比非疑问用法获得时间早、使用频率高；论元问句要比附加语问句获得时间早；非疑问用法在儿童的自发输出中均出现在含“也/都”的否定句中，表任指。该文认为非疑问用法最核心的可能是表达任指，因为儿童先获得任指用法，后获得虚指用法。

国内汉族儿童习得疑问句的研究在方法上重视采用个案研究范式；在研究内容上，重点研究儿童疑问句习得的发展阶段，并对汉族儿童的语言发展做出了一定的解释。但多数研究集中于描写性研究，解释性显得不足，尤其缺乏基于某种语言习得理论模型开展的设计精密并经过统计检验的实证性研究。但近几年，来自英语语言学界的研究中出现了一些基于生成语法的实验研究，一定程度上弥补了上述不足。如李娜（2015）采用来自2：6～7：11的698名普通话儿童完成的问题匹配图片任务的习得数据，对普通话儿童疑问词原位习得情况进行研究，其结果表明：3：5以下儿童有50%能理解疑问句的疑问属性，4岁到4：11的儿童比例达到80%，5岁几乎能达到100%；疑问词原位的习得发展中，儿童对于算子变量结构中的约束是敏感的，“事件”和“人物”的约束要易于“时间”、“地点”、“工具”和“方式”，最难的约束是“原因”；儿童对于变量的数目和出现次数也相当敏感，多元疑问句和驴句的习得难于单元疑问句；儿童被赋予先验知识，而这些均为普遍语法的一部分；算子变量结构的运算复杂性调节儿童习得发展的时间轴。这些实证性研究结果有助于加深我们对于疑问句习得规律和内在机制的认识。

2.3.4 汉语疑问句的第二语言习得研究

语言学习者疑问句习得的动态发展过程是语言习得研究的重要课题之一，然而国内汉语疑问句的第二语言习得研究却开展得较晚，研究主要集中于近十几年。

施家炜（1998）采用中介语语料库、测试与问卷调查、个案跟踪等研究方法对英、韩、日语背景学习者22类现代汉语单句句式的习得顺序做了实证性研究，其中包括5大类问句：反问句、是非问句、特指问句、选择问句和正反问句，下分10类汉语疑问句式。其研究结果显示如下的疑问句习得顺序：

特指问句→是非问句（S＋吗？→S＋吧？）→选择问句→正反问句→反问句

赵果（2003）通过对初级阶段15名美国学生的4次对话编写中“吗”是非问的语料研究，发现了其从漏“吗”到有“吗”、由肯定式到否定式、由高疑到低疑（否定式/吧）再到无疑（反问句）的习得过程。

蔡建丰（2003）基于个案口语语料和群体书面造句语料，对英语背景学习者12类疑问句式习得的阶段特点进行了考察，发现开始阶段多升调句，“吗”字问早于“吧”字问习得，汉语疑问句的阶段习得特点如下：

第一阶段：多升调问；少量特指问（疑问代词范围窄）；开始用正反问（多“是不是”）。→

第二、三阶段：是非问减少；特指问大增（复用“呢”）；“吧/啊”能理解不会用。→

第四阶段：基本掌握问句各句式；会用“S＋呢/啊？”句；有时误用“吗”。

丁雪欢自2006年起开展了对于汉语疑问句第二语言习得的系列研究。其中，丁雪欢（2006a）通过对初中级阶段不同母语背景学习者对话体书面语料的分析，发现了与前人较为一致的是非问句的发展过程。通过与以往研究结果比较，该文发现汉语是非问句的二语习得与母语习得存在大体一致而略有差异的发展过程，但语言自然度与标记性等在二语句法习得中的影响更大。丁雪欢（2006b）通过横向调查和个案跟踪方法，探讨疑问代词不同句法位的习得过程，研究发现，留学生疑问代词不同句法位之间存在一定的习得顺序，使用频率高低顺序和出现先后顺序一致。该文认为这一“顺序”受汉语中句法位的频率分布、普遍的信息结构及认知程度、句法位不同的认知显著度和相应的处理难度这三种因素的综合影响。丁雪欢（2006c）采用横向与纵向结合的研究范式对疑问句的习得做了较全面的研究。丁雪欢（2007）基于被试自然口语语料，研究汉语作为第二语言习得早期疑问句中介语系统的特点、习得顺序以及习得策略，认为汉语疑问句的第二语言习得顺序为：

回声问/“什么”求解问→特指问→是非问→简略问→选择问→正反问

该文还发现在自然对话情景下早期疑问句习得的常用策略有三种：学习策略（包括使用套语、重复、建立垂直结构等）、生成策略（包括语义简化、形式简化等）和交际策略［母语码替换、询问未知词句义以求话题延续、缩减策略（即回避难的形式或回避某话题、功能）］。

丁雪欢（2008）通过对留学生对话编写调查语料的定量和定性分析，考察汉语正反问句习得中的选择偏向及其制约因素，发现初中级留学生所用正反问句的数量分布大体与汉语本族语相似，分布差异则主要受句法处理难度和跨语言普遍性的影响；留学生对近义的正反问句句式及是非问句和正反问句之间皆有选择偏向，该文认为这主要是受语言处理难度、语用功能、汉语本族语分布特征以及语言普遍性的影响。

丁雪欢（2010）采用横向规模研究与纵向个案研究相结合的研究范式，基于较大规模自然语料的定量与定性分析，首次全面描写了汉语第二语言学习者学习汉语疑问句的中介语系统，从分布特征、偏误类型、习得过程、习得顺序等方面较为系统而深入地探讨了汉语疑问句系统的第二语言习得情况，多角度描述了疑问句偏误发生的各种条件、规律及各类学习者疑问句学习的难点，考察了语言普遍性、标记性、自然度、输入环境、学习策略对语言习得的影响，并对汉语教学大纲和教材中疑问句项目的选取与排序进行分析。该研究得出的 22 类疑问句式的习得顺序如下：

①S + 吗?、"怎么样"问、"什么"问 →

② "多少/几"问、"怎么"问、X 呢?、嵌入问句（他不知道我姓什么。）、"助不助 + V"问（包括"有没有 VP"，他能不能/有没有教你?）/"哪儿"问/"A 不 A"问（汉语难不难?）、"为什么"问、S + 吧?/"谁"问、正反附加问/是非附加问（你告诉他了，是吗/是不是?）、"V 不/没 V"问 →

③特指反问句（你怎么/哪儿能这么想?）、"哪 + 量词"问（你想要哪件/本/张 N?）/"A 还是 B"（你吃苹果还是梨?）、"多 Adj"问（他多高?）、是非反问句（他不是来了吗?）、VP 没有?（你吃了没有?）

前 3 项为习得程度高的先习得区间，后 6 项为习得程度低的后习得区间，中间 13 项为习得程度居中的区间。不同区间的习得先后区别比较明显，在同一区间内部各句式之间习得的先后顺序可能因各种条件的不同而有所变动。

该项研究是迄今为止汉语疑问句第二语言习得方面最为全面和系统的研究成果，但其研究方法和语料收集手段缺乏精密设计的实验研究或调查研究，对语料的数据分析缺乏统计检验，无法做出统计推断；中介

语语料范围和纵向个案研究的规模较为有限，个案研究未能连续追踪同一被试；第二语言学习者的母语类别较少，对不同母语者习得特点的描述不够细致；同时，该研究对中介语现象的解释和理论建构尚待加强。

近年来，还陆续出现了一些关于汉语疑问句第二语言习得的研究成果，其中有不少是硕博论文。从研究内容和旨趣而言，这些研究大致可分为四类：

（1）重在对比分析和偏误分析的研究

这类研究如：来永梅（2008）以蒙语母语背景第二语言学习者为研究对象，通过问卷调查、教材语料统计、偏误分析和对比分析，考察汉语疑问句习得规律，该文重在汉蒙对比和偏误分析。刘延华（2011）采用问卷调查和教学资料分析相结合的方法，探讨初、中、高级留学生在使用疑问句时产生的偏误及其原因，进而探究疑问标记和焦点在疑问句中的作用，并对汉语疑问句教学提供了针对性建议。农小莹（2012）基于中介语语料库语料分析，对高级阶段留学生习得汉语疑问句过程中出现的偏误类型、特点和成因进行分析。胡靖（2013）对汉语与绍纳语的疑问句从功能与形式上进行对比，并在此基础上分析津巴布韦学生习得汉语疑问句的偏误。祝逸灿（2016）通过 HSK 动态作文语料库和作业收集语料，对汉语疑问句习得的常见偏误进行分析，并提出相应的教学策略。另外，范氏垂容（2012）、陈婷婷（2015）、ZHUMABEKOV CHYNGYZ（2015）、唐金利（2016）等均采用问卷调查的研究方法，以语言对比为切入点，分别对初中级越南学生“吗”、“吧”、“呢”疑问句的习得，泰国学生是非疑问句的习得和吉尔吉斯斯坦学生汉语疑问句的习得进行对比分析和偏误分析。

（2）关注汉语疑问句系统的习得研究

这类研究如：宋芳（2006）在对外汉语教学语法项目切分、选择、排序理论和相关研究成果的基础上，考察了五部对外汉语教学语法大纲和五套对外汉语教材对疑问句的编排情况，采用语料统计分析的方法对汉语母语者和第二语言学习者使用疑问句各句式的情况进行分析，最终选取了可纳入对外汉语教学语法体系的 22 种汉语疑问句句式，并对其教学呈现顺序提出了建议。张红欣（2007）采用语料库研究和问卷调查相结合的方法，探讨了初、中、高级不同水平的汉语第二语言学习者疑问句系统的习得顺序以及呈现出的特点，从使用频率、疑问程度、语码难度和认知水平四个角度对习得顺序的成因做出了解释，并通过考察对外汉语教学中三种教学大纲和五本教材中的疑问句系统的编排，提出了教材改进建议。冯丽萍、蒋萌（2007）以汉语疑问形式为语言材料，采用测验方式对英语母语背景学习者汉语疑问形式的听说读写习得规律进行探讨，分析其成因，并就相关的研究方法与汉语教学提出了建议。刘志成（2010）采用语言测试的方法，辅以自然收集的课堂语料，考察不同母语背景的初、中、高三个等级的汉语第二语言学习者疑问句的习得情况，得出疑问句第二语言习得的一般规律和顺序，该文还结合偏误分析情况，对疑问句教学和教材编写提出了建议。钟梅芬（2010）采用问卷调查方法考察了不同水平的泰国中学生习得疑问句的表现情况。廖伟（2013）在对汉语和泰语疑问句进行对比分析的基础上，采用问卷调查方法，考察泰国中学生的汉语疑问句习得顺序与规律，并对学习者的偏误进行分类分析。该文得出的汉语五类疑问句的习得顺序为：正反问→是非问→特指问→省略问→选择问；18 个疑问句小类的习得顺序为：呢$_1$→吗→V 不 V→什么→多→为什么→怎么样→S，是吗→什么 + 中心语→哪→谁→多少→哪儿→无标记的是非问句→谁 + 的→几→还是→呢$_2$。江雯琴（2013）以北京语言大学 HSK 动态作文语料库为主要语料来源，以暨南大学华文学院留学生书面语语料库为必要补充，通过语料库语料分析，探讨日本留学生汉语疑问句习得过程中出现的语法和语用偏误类型及偏误的成因，考察第二语言学习者汉语疑问句的分布特征、使用频率，并建构对外汉语教学的疑问句系统，对大纲和教材编写提出了针对性建议。金璐（2014）利用南京师范大学课堂话语语料库，考察初级阶段留学生汉语是非问、选择问、正反问三类问句的使用情况，得出其习得顺序为：是非问→正反问→选择问。该文还对学习者三类疑问句的使用倾向和偏误情况做了分析。

（3）关注某种疑问句类型的习得研究

其中，关注特指问句习得的研究如：李巍（2010）采用语言测试的研究方法，对初级汉语水平外国留学生汉语疑问代词的习得情况进行研究，揭示疑问代词的偏误表现、习得特征和难度等级，并从母语迁移、过度泛化、语言结构标记性、认知难易程度、输入时间和频率、普遍语法/参数重置等六方面探讨影响疑问代词习得难度等级的因素。叶秋彤（2012）采用自然语料收集和问卷调查的方法，考察初级阶段葡萄牙语母语背景学习者汉语特指问句的使用频率、正确率和偏误类型，并在此基础上分析学习者的习得顺序、习得策略以及偏误成因。周丽华（2014）在梳理特指问句的句法结构、语义和语用特征的基础上，考察对外汉语教学大纲、综合教材中特指问句的教学安排，并通过问卷调查的方法，探查汉语第二语言学习者特指问句的偏误情况。

关注选择问句习得的研究如：贾丹丹（2015）基于 HSK 动态作文语料库，考察中高级水平汉语第二语言学习者选择问句的偏误表现与分布特征，揭示偏误产生的原因。

关注正反问句习得的研究如：朱蕊（2011）采用北京语言大学 HSK 动态作文语料库的语料和通过问卷调查、作业、作文等方式自然收集的语料，对英语母语背景学习者的汉语正反问句进行偏误分析，该文将偏误分为泛化和类推、杂糅、回避、内部偏误、时态偏误以及其他类偏误六类加以分类描写，并探究其成因。游青青（2013）通过对话编写和自然语料收集方法，对菲律宾中正学院在校中学生汉语正反疑问句的习得规律、分布特征、偏误表现等进行考察，研究发现菲律宾学习者的汉语正反问句有着一定的习得顺序，其习得的过程是一个动态渐变的过程，总体使用准确度较高，但结构类型和语义功能较单一，句子复杂度较低，且进行正反重叠的词语局限于简单常用词。

关注反问句习得的研究如：潘莉（2007）通过对 64 名留学生的课堂问卷调查、对 4 名留学生为期一个月的跟踪观察及对 64 篇留学生习作中反问句的收集整理，考察汉语第二语言学习者习得反问句的规律。王颖（2011）以特指问反问句为研究对象，采用语料分析、问卷调查、访谈等方法，考察留学生对特指问反问句 6 种功能和 12 种句型的理解和使用情况，并结合教材分析和访谈结果探讨其成因，揭示特指问反问句教学的重点和难点所在。

（4）关于疑问代词非疑问用法习得的研究

这类研究如：周文婷（2007）采用语料库语料分析方法，对汉语第二语言学习者“什么”非疑问用法的习得情况和习得过程进行研究。童丽娜（2008）采用问卷调查的研究方法，构拟汉语第二语言学习者疑问代词非疑问用法的习得顺序，该文发现留学生学习汉语疑问代词时，先习得疑问用法，再习得任指用法，然后是虚指用法，最后是否定用法。张奕（2009）以中介语语料为数据来源，对印尼留学生疑问代词非疑问用法的使用情况和习得过程进行考察，该文发现印尼留学生跟母语者一样广泛使用疑问代词非疑问用法，但更倾向于使用疑问代词非疑问用法中形式感比较强的全指性和相对简单的虚指性用法，文章还得出了印尼留学生疑问代词五类非疑问用法的习得顺序。刘映婷（2014）利用暨南大学中介语语料库和北京大学 CCL 汉语语言学研究中心语料库（网络版）的语料，采用母语者语料库和汉语第二语言学习者语料库语料分析的手段，对留学生“怎么”类疑问代词的偏误进行分类分析，揭示疑问代词不同指代类别的习得过程和非疑问功能的习得顺序，该文发现“怎么”类疑问代词非疑问功能的习得顺序为：全指 > 语用 > 虚指 > 承指。罗阔（2016）将“谁”非疑问用法分为任指、虚指、承指和特指四类，采用问卷调查和语料库语料分析的研究方法，探讨初中级留学生“谁”非疑问用法的偏误类型及其成因，其依据 HSK 动态作文语料库的语料分析所得出的初中级留学生“谁”非疑问用法的习得顺序显示，学习者先习得任指和虚指，较晚习得承指和特指。

值得注意的是，汉语疑问句的第二语言习得研究在研究对象上，多是针对成人第二语言学习者，极少涉及儿童第二语言学习者，只是近10 年出现了少量关注外国儿童汉语疑问句习得的研究成果。如：

曹俐娇（2007）采用语言测试的研究方法，对香港某国际学校英汉双语儿童的英汉双语特殊疑问句习得情况进行考察，发现被试在汉语部分存在的问题主要有二：一是语序问题，即疑问代词置于句首或主语前；二是词语搭配问题或词语之间关系不明确。组间差异显示 4 ~ 5 岁组受英语的影响多于 6 ~ 7 岁组。该研究还发现英汉双语儿童的特殊疑问句习得均晚于英汉单语儿童。

金昨卿（2009）通过对 2 名韩国儿童为期近 5 个月的 12 类汉语疑问结构习得的个案研究发现，在疑问结构中是非问和特指问的使用率远高于正反问、选择问以及简略问；从使用率来看，句式使用的不均衡性现象严重。该文认为其偏误来自母语的负迁移、过度泛化、教师或教材对目的语语言现象不恰当或不充分的讲解和训练三个因素。

杨眉（2009）采用问卷调查的横向研究方法，对韩国仁济大学初级、中级成人学习者和金海市小学初级、中级儿童学习者的疑问句习得情况进行考察，其研究结果显示：在特指、是非、正反、选择和“NP + 呢”这五大类问句中，纵向看，各类问句的正确率都有所提升；而横向对比看，是非问句的正确率最高，特指问句和正反问句正确率最低。该文还进行了儿童与成人学习者的对比，认为无论是成人还是儿童，在使用汉语疑问句时第一个想到的均为是非问句，且以“吗”字是非问句占主导地位；疑问句中，使用数量最多的是是非问句和特指问句两类，最少的是“NP + 呢”问句。

成燕（2012）通过对一名韩国儿童为期 3 个月的语料跟踪，考察其汉语疑问结构和否定结构的习得发展过程与机制。其中，疑问结构的习得部分考察了韩国儿童 5 类疑问结构（是非问、特指问、选择问、正反问、简略问句）习得的基本表现和阶段特征，发现韩国儿童习得汉语疑问结构具有偏向性，在大类的使用频率上，特指问句 > 是非问句 > 简略问句 > 正反问句 > 选择问句，除简略问句外，使用频率高的问句正确率也相对较高。在出现偏误的疑问结构中，遗漏和误用是两大主要偏误类型。该研究还结合《汉语乐园》、《快乐汉语》等儿童对外汉语教材中汉语疑问结构的选取、切分与排序、呈现、讲解、练习等方面的考察，对教材编写提出了针对性方案。

国内汉语疑问句第二语言习得的部分研究成果请详见表 2－6。

表 2－6　国内汉语疑问句第二语言习得部分研究成果列表

时间	研究的语法项目	研究对象	研究方法	研究者
1998	疑问句式的习得顺序	英语、韩语、日语母语背景学习者	语料库＋测试＋个案	施家炜
2003	“吗”字是非问的习得	英语母语背景学习者	对话编写	赵果
2003	疑问句式的习得	英语母语背景学习者	个案＋群体书面造句	蔡建丰
2006	是非问的习得	不同母语背景学习者	对话编写	丁雪欢
2006	疑问代词不同句法位的习得顺序	不同母语背景学习者	对话编写＋个案	丁雪欢
2006	疑问句系统的习得	不同母语背景学习者	语料库＋对话编写、作文语料＋个案	丁雪欢
2006	疑问句语法项目选取与排序	不同母语背景学习者	自然对话语料	宋芳
2007	疑问句的习得顺序及策略	不同母语背景学习者	个案研究	丁雪欢
2007	疑问形式听说读写习得规律	英语母语背景学习者	语言测试	冯丽萍、蒋萌
2007	“什么”非疑问用法的习得	不同母语背景学习者	语料库	周文婷
2007	反问句的习得规律	不同母语背景学习者	问卷调查＋个案＋作文语料	潘莉

（续表）

时间	研究的语法项目	研究对象	研究方法	研究者
2007	疑问句系统的习得顺序	不同母语背景学习者	语料库＋问卷调查	张红欣
2007	特殊疑问句的习得	英汉双语学习者（儿童）	语言测试	曹俐娇
2008	正反问句习得的选择偏向及其制约因素	不同母语背景学习者	对话编写	丁雪欢
2008	疑问句汉蒙对比与偏误分析	蒙语母语背景学习者	问卷调查＋教材语料	来永梅
2008	疑问代词非疑问用法的习得	不同母语背景学习者	问卷调查	童丽娜
2009	疑问结构的习得表现与阶段特征	韩语母语背景学习者（儿童）	个案研究	［韩］金昨卿
2009	疑问句系统的习得	韩语母语背景学习者（成人＋儿童）	问卷调查	杨眉
2009	疑问代词非疑问用法的习得	印尼语母语背景学习者	语料库	张奕
2010	疑问句系统的习得	不同母语背景学习者	语料库＋对话编写、作文语料＋个案	丁雪欢
2010	疑问句系统的习得	不同母语背景学习者	语言测试＋课堂语料	刘志成
2010	疑问句习得的顺序与偏误	泰语母语背景学习者	问卷调查	钟梅芬
2010	疑问代词的习得	不同母语背景学习者	语言测试	李巍
2011	疑问句的偏误分析	不同母语背景学习者	问卷调查＋教学资料分析	刘延华
2011	正反问句的偏误分析	英语母语背景学习者	语料库＋调查＋自然语料收集	朱蕊
2011	特指问反问句的理解和使用	不同母语背景学习者	语料分析＋问卷调查＋访谈	王颖
2012	疑问结构的习得表现与阶段特征	韩语母语背景学习者（儿童）	个案研究	成燕

（续表）

时间	研究的语法项目	研究对象	研究方法	研究者
2012	疑问句的偏误分析	不同母语背景学习者	语料库	农小莹
2012	特指问句的习得规律与偏误分析	葡萄牙语母语背景学习者	自然语料收集 + 调查	叶秋彤
2012	“吗”、“吧”、“呢”疑问句的偏误分析	越南语母语背景学习者	问卷调查	［越］范氏垂容
2013	疑问句习得的顺序与偏误	泰语母语背景学习者	问卷调查	廖伟
2013	疑问句汉绍对比与偏误分析	绍纳语母语背景学习者	作业、考试语料收集 + 调查	胡靖
2013	疑问句的习得规律与偏误分析	日语母语背景学习者	语料库	江雯琴
2013	正反问句的习得规律与偏误分析	菲律宾学习者	对话编写 + 自然语料收集	游青青
2014	特指问句的偏误分析	不同母语背景学习者	问卷调查	周丽华
2014	“怎么”类疑问代词的习得	不同母语背景学习者	语料库	刘映婷
2014	是非、选择、正反问的习得	不同母语背景学习者	语料库	金璐
2015	是非疑问句汉泰对比与偏误分析	泰语母语背景学习者	问卷调查	陈婷婷
2015	疑问句汉吉对比与偏误分析	吉尔吉斯斯坦学习者	问卷调查	［吉］ZHUM-ABEKOV CHYNGYZ
2015	选择问句的偏误分析	不同母语背景学习者	语料库	贾丹丹
2016	疑问句的偏误分析	韩语母语背景学习者	作业、考试语料收集	黄娟
2016	疑问句的偏误分析	不同母语背景学习者	语料库 + 作业语料收集	祝逸灿
2016	“谁”非疑问用法的习得	不同母语背景学习者	问卷调查 + 语料库	罗阔
2016	疑问句的偏误分析	吉尔吉斯斯坦学习者	问卷调查 + 自然语料收集	唐金利

总体而言，国内汉语疑问句的第二语言习得研究从20世纪末起虽然开展了不少，但在研究内容、研究对象、研究方法和理论建构上均存在一定的局限性，具体表现在：

第一，在研究内容上，目前汉语疑问句第二语言习得研究的热点集中在对比分析、偏误分析及习得顺序与发展过程上，既有对疑问句系统习得的整体性研究（如蔡建丰，2003；丁雪欢，2006c，2007，2010；宋芳，2006；张红欣，2007；来永梅，2008；金昨卿，2009；杨眉，2009；刘志成，2010；刘延华，2011；成燕，2012；农小莹，2012；范氏垂容，2012；廖伟，2013；胡靖，2013；江雯琴，2013；金璐，2014；ZHUMABEKOV CHYNGYZ，2015；黄娟，2016；祝逸灿，2016；唐金利，2016；等等），也有只涉及某一类疑问句或疑问句某类现象的专题研究，如是非问句（如赵果，2003；丁雪欢，2006a；陈婷婷，2015）、特指问句（如曹俐娇，2007；李巍，2010；叶秋彤，2012；周丽华，2014）、选择问句（如贾丹丹，2015）、正反问句（如丁雪欢，2008；朱蕊，2011；游青青，2013）、反问句（如潘莉，2007；王颖，2011）、疑问代词不同句法位（如丁雪欢，2006b）、疑问代词非疑问用法的习得（如周文婷，2007；童丽娜，2008；张奕，2009；罗阔，2016）等，但其中有相当数量的研究停留在对疑问句习得的对比分析和偏误分析上，且偏误分析多集中于疑问句单句的结构形式，并未从篇章、语境、语义、语用等角度深入探究汉语第二语言学习者使用疑问句时出现的问题，偏误类型框架的确定也往往缺乏明晰的依据和客观的标准，造成对偏误的分类描写、数据统计和成因解释均存在一定的主观性；部分研究虽全面考察疑问句系统的习得顺序或发展过程，但仍待深入，尤其是对疑问句习得过程和内在机制的深入探讨和理论挖掘。

第二，在研究对象上，现有研究多针对成人第二语言学习者，极少涉及儿童第二语言学习者（曹俐娇，2007；金昨卿，2009；杨眉，2009；成燕，2012）。在母语背景上，多数研究中的研究对象背景属性复杂，对学习者的母语不加以区分，因而不利于说清问题，而区分母语背景的研究也一般限于英语或韩语母语背景学习者，关注到的第二语言学习者的母语类别较少，对不同母语背景学习者的疑问句习得特点的揭示不够细致充分。

第三，在研究方法上，现有研究采用了自然收集的语料分析、语料库语料分析、语言测试、问卷调查、实验研究、个案研究等不同的方法，语料类型既有口语语料，也有书面语语料，但需要注意的是：尽管量化研究有增长之势，但多限于语料库语料研究和作业收集等横向研究手段，实验研究较少，尤其缺乏科学的语料诱导手段或精密的测试设计；纵向研究相对较为匮乏，运用自然谈话语料开展的研究较少；同时，第二语言学习者语料范围和纵向个案研究的规模均比较有限，且大多缺乏必要的统计分析，因而难以得出科学的统计推断。

第四，在理论建构上，对疑问句习得现象的描写较多，而对习得规律和内部机制的解释较为薄弱，尤其缺乏从认知加工策略角度进行的理论解释。

本项课题研究将在内容的系统性、对象的类型性、方法的科学性和理论的解释力等方面做出新的尝试。研究关注第二语言学习者汉语疑问句系统习得的发展过程，将以五大类 39 小类汉语疑问句系统为研究范围，以初、中、高三种语言水平的英、韩、日等不同母语背景的汉语第二语言学习者为研究对象，采用实证研究的方法对汉语疑问句系统第二语言习得发展过程进行全面和客观的观察、描写和解释，揭示汉语疑问句的习得顺序、发展过程及其影响因素，为汉语作为第二语言的课堂教学、教学大纲的制定、教材编写等提供科学的理论依据。

3. 汉语是非问句的第二语言习得与认知研究

3.1 汉语是非问句的第二语言习得过程和表现

3.1.1 学习者语言系统中汉语是非问句的偏误类型与分布特征

3.1.1.1 研究目的

通过考察学习者的汉语是非问句偏误表现（主要类型、分布特征），探究隐藏在语言表象背后的习得机制，寻求学习者是非问句习得的难点。

3.1.1.2 研究的方法和程序

（1）收集：收集第二语言学习者自然产出的汉语是非问句语料（以个案研究语料为主）；

（2）鉴别：对语料中的是非问句进行鉴别，确定偏误分析所用的偏误语料，语料判断的依据为汉语语法教材和工具书，并经过汉语母语者的语感验证［包括2名普通话水平等级为一级（标准）的北京籍文学学士和研究者本人（国家级普通话水平测试员，普通话水平为一级），共3名母语者］；

（3）描写：对所有的是非问句偏误语料进行数据统计，观察偏误的各种分布特征，包括偏误的数量/频率分布、时段分布等特征，同时对偏误进行归类描写；

（4）解释：分析各类偏误的来源和成因；

（5）评估：对偏误的严重性进行评估。

需要说明的是，本研究对是非问句、特指问句、选择问句、正反问句和省略问句五大类疑问句的偏误分析都采用上述的研究方法和程序，下文不再重复。以往关于汉语疑问句的第二语言习得研究中已有不少关注疑问句偏误的研究成果（如来永梅，2008；丁雪欢，2010；钟梅芬，2010；刘延华，2011；农小莹，2012；范氏垂容，2012；廖伟，2013；胡靖，2013；江雯琴，2013；陈婷婷，2015；黄娟，2016；祝逸灿，

2016；唐金利，2016；等等）。因此，本课题的关注重点将落在揭示汉语疑问句系统的第二语言习得顺序、发展过程和影响因素上，在进行偏误分析时，将以偏误类型与分布特征为重点，兼及解释与评估。

3.1.1.3　偏误类型与分布特征

3.1.1.3.1　是非问句偏误的分布特征

我们分别对5项个案研究中的是非问句进行了鉴别，确定正确与偏误语料，并对其中的偏误语料做了数据统计，包括不同个案研究被试在不同阶段的偏误频次、使用频次和正确率，以观察偏误的分布特征。下表是5项个案研究是非问句的偏误频次、使用频次与正确率简表，个案被试在不同阶段的偏误频次和使用频次的详细数据请参见附表3～12。

表3－1　个案研究中汉语是非问句的偏误频次、使用频次与正确率简表①

被试	A（18次）			L（15次）			J（15次）			C（16次）			Y（14次）		
类型	偏误频次	使用频次	正确率（%）	偏误频次	使用频次	正确率（%）	偏误频次	使用频次	正确率（%）	偏误频次	使用频次	正确率（%）	偏误频次	使用频次	正确率（%）
T1	38	439	91.34	60	827	92.74	4	109	96.33	4	151	97.35	3	991	99.70
T2	15	61	75.41	22	84	73.81	8	94	91.49	24	114	78.95	10	570	98.25
T3	0	2	100.00	1	1	0.00	6	50	88.00	9	121	92.56	2	145	98.62
T4	0	0	—	0	0	—	2	17	88.24	0	9	100.00	0	44	100.00
T5	1	5	80.00	1	5	80.00	0	4	100.00	0	2	100.00	0	24	100.00
T6	13	15	13.33	0	0	—	0	14	100.00	0	6	100.00	2	68	97.06

由表可知：

（1）从总体来看，是非问句的偏误频次并不多，正确率比较高，基本都在90%以上，尤其是J，C，Y这3人，是非问句的习得情况都比较理想，很少出现偏误，表明是非问句在疑问句系统中属于难度较低的类型。

（2）仅就偏误频次而言，偏误主要集中在前2种句式，即只用疑问语调的问句和“吗”问句，后4种句式的偏误频次很少，但这并不表明前2种句式在句法形式上难于后者，而是由于这2种句式使用频率高，涉及句内多种语言结构，有些难度较大，如“了、过、把”等，

① T为疑问句的类型，A，L，J，C，Y为个案研究被试的英语代码，代号后括号中的数字表示个案跟踪的语料收集总次数。下同。

所以偏误频次较高。相反，由于后 4 种句式被试很少使用，反而体现出它们在被试看来很可能是难度更大的句式，因此使用极为谨慎，表现出正确率较高的假象，这一点在 A 和 L 身上更为明显，T4 和 T6 两种句式根本没有出现。

（3）从时段分布来看，偏误主要集中在考察的前期，越到跟踪后期，习得情况越好，A 和 L 的这种趋势更为明显（参见附表 3 ~ 12）。

3.1.1.3.2 是非问句的主要偏误类型

（1）语码转换或语码混杂

语码转换（code switching）指直接转向其他语言的表达方式，而语码混杂（code mixing）指不同语言的表达方式混杂在一起，这两种形式都不是汉语的规范形式，是一种偏误形式。这种类型的偏误在英语母语者 A 和 L 的语料中非常常见，尤其是跟踪早期，而韩语母语者（无论成人还是儿童）的语料中均未发现此种偏误，这是由于被试知道交际对方懂自己的母语（英语），因此当交际受阻时会自然地转向自己的母语，这实质上是学习者采取的一种交际补偿策略，往往也能够达到交际目的。例如：

T1：You try to say，to talk a lot?（A，P9）①

英汉语码转换，应是：你想说很多话？

T2：嗯，再去，可以——Can I say that，我们 again——（A，P1）

英汉语码混杂，应是：我可以说……吗？

T2：Did I know him before?（L，P1）

英汉语码转换，应是：我以前认识他吗？

T6：我起床五点三刻，OK?（A，P1）

英汉语码混杂，应是：我起床五点三刻，可以吗/行吗？（意思是：这么说可以吗/行吗？）

T6：很高，很高，no?（A，P3）

---

① 本书偏误例示一律采用如下顺序：

疑问句类型（以 T 表示）：偏误句或偏误句出现的上下文语段［产出该偏误句的个案研究被试英语代码，产出该偏误句的个案跟踪阶段（以 P 表示）］。

对偏误的简要说明和正确的表达方式。

英汉语码混杂，附加式是非问句的否定式，难度加大，因此发生语码混杂现象。应是：很高，很高，不可以吗/不行吗？（意思是：这么说不可以吗/不行吗？）

（2）语序偏误（sequential error）

第二语言学习者在初级阶段最容易出现的偏误类型之一是语序（位置）偏误，其原因或是受母语负迁移影响，或是目的语（汉语）规则较为复杂，学习者尚未正确习得。该类偏误在5个被试的语料中都很常见，尤以初期更多。例如：

T1：中国，中国人吃肉早饭？（A，P1）

主谓谓语句小主语位置错误，应是：中国人早饭吃肉？

T1：你去过看？（A，P1）

动态助词“过”的位置错误，应是：你去看过？

T1：嗯，图书馆的北京大学？（L，P2）

定中结构修饰语与中心语位置颠倒，应是：北京大学的图书馆？

T1：为什么？黑色的怕？（J，P11）

受韩语SOV语序影响，学习者将宾语放在了动词前。这种偏误在3位韩语母语者身上都有体现。应是：怕黑色的？

（3）遗漏偏误（omission error）

遗漏偏误指句中句法或语义必需成分残缺，也是初级阶段常见的偏误类型。例如：

T1：最近去你的中国朋友？（L，P3）

表人的名词或名词短语后面加“这儿/那儿”可以表示处所，本句遗漏指示代词，应是：最近去你的中国朋友那儿？

在是非问句的遗漏偏误中，我们注意到一种特殊现象，韩国儿童C的语料中出现了很多“为什么+吗”、“什么+吗”的结构，但其意义不是特指问，而是“你知道为什么吗”、“你知道什么吗”，只有疑问句含有这种意义的时候（实际是包含了疑问词的是非问句），C才使用“疑问代词+吗”的结构。例如：

T2：看，这个，轱辘，这不能弄，为什么吗？太紧。（C，P8）

应是：……你知道为什么吗？太紧。

T2：（C，P8）

T：这个也是蓝色啊，那你也喜欢蓝色。①

C：还还喜欢什么吗？（应是：你知道还喜欢什么吗？）

T：我？

C：我。

T：那还喜欢什么啊？

C：我喜欢……都喜欢。

T2：（C，P9）

C：两个机翅大，为什么吗？这……里面有两个，然后两个迪斯它名字，它飞机名字是迪斯，然后就它是迪斯，就这样子。（应是：两个机翅大，你知道为什么吗？……）

T2：（C，P9）

C：我会……走的……是好，对，从这走，从这走就对，这是什么吗？他有枪，能给他弄死，然后就……他特别厉害。（应是：……你知道这是什么吗？）

T：哦，是这样啊。

T2：（C，P9）

C：用……用这边走的是对的，从这边走的是对的，为什么吗？（应是：……你知道为什么吗？）

T：不知道，为什么呀？

C：看，看，从这，快，快，然后就对吧，然后我说的，然后。

上述偏误句中都遗漏了表意必需成分“你知道”，这种偏误在C的语料中多次出现，且贯穿整个观察期始终。

在韩语里，“你知道为什么吗？”、“你知道是什么吗？”这种格式可省略“你知道”这一部分，然后以疑问代词后加疑问助词的方式表示“你知道为什么吗？”、“你知道是什么吗？”的意思，即“왜일까”，“무얼까”。C将汉语和韩语的这种格式简单对等起来造成偏误，并成为一种自由变异形式，本书9.2.3部分将对此做详细说明。

3.1.2 汉语是非问句的第二语言习得顺序

（1）研究材料与目的

① 语料中，T代表与个案被试交谈的对象，下同。

由于个案研究和语料库研究的语料中不能涵盖所有考察的疑问句类型，因此我们将通过考察具备较高信度和效度的语言测试中所体现出的学习者汉语疑问句的习得表现，来描写疑问句的习得顺序，揭示习得的动态轨迹。

（2）汉语是非问句的第二语言习得基本表现

我们首先对语言测试中汉语是非问句的相关测试结果进行了统计，计算了 6 小类是非问句的测试得分均值和平均正确率，结果如下表所示。

表 3-2　全体被试是非问句测试的得分均值与平均正确率一览表

汉语疑问句类型	全体得分均值	全体平均正确率
T1. 只用疑问语调的问句	1.58	0.79
T2. “吗”问句	1.84	0.92
T3. “吧”问句	1.51	0.76
T4. “啊”问句	1.09	0.55
T5. 陈述句 + 是吗/对吗？	1.23	0.62
T6. 陈述句 + 好吗/行吗/可以吗/怎么样？	1.79	0.90

（3）汉语是非问句的第二语言习得顺序

依据测试平均正确率，可以得到是非问句的准确率顺序（accuracy order）。国外习得研究中通常以准确率顺序揭示习得顺序，二者存在显著正相关，因为对第二语言学习者而言，语言表现越准确，习得难度就越小，也就越容易习得。因此，我们依据准确率排出是非问句的第二语言习得顺序，如下表所示。

表 3-3　全体被试是非问句的习得顺序一览表（按测试平均正确率排序）

汉语疑问句类型	全体平均正确率	全体排序
T2. “吗”问句	0.920	1
T6. 陈述句 + 好吗/行吗/可以吗/怎么样？	0.895	2
T1. 只用疑问语调的问句	0.790	3
T3. “吧”问句	0.755	4
T5. 陈述句 + 是吗/对吗？	0.615	5
T4. “啊”问句	0.545	6

3.2 汉语是非问句第二语言习得过程中的影响因素

3.2.1 母语背景因素——不同母语背景学习者汉语是非问句第二语言习得的对比

（1）不同母语背景学习者汉语是非问句的第二语言习得基本表现

我们对语言测试中不同母语背景学习者汉语是非问句的相关测试结果分别进行了统计，计算了6小类是非问句的测试得分均值和平均正确率，结果如下。

表3-4 不同母语背景的第二语言学习者是非问句测试的得分均值与平均正确率一览表

疑问句类型	韩语均值	韩语正确率	日语均值	日语正确率	英语均值	英语正确率	其他印欧均值	其他印欧正确率	其他亚洲均值	其他亚洲正确率
T1	1.73	0.87	1.43	0.72	1.45	0.73	1.38	0.69	1.67	0.84
T2	1.92	0.96	1.87	0.94	1.71	0.86	1.79	0.90	1.84	0.92
T3	1.61	0.81	1.30	0.65	1.42	0.71	1.40	0.70	1.58	0.79
T4	1.24	0.62	0.74	0.37	1.00	0.50	0.87	0.44	1.27	0.64
T5	1.46	0.73	1.30	0.65	0.95	0.48	0.88	0.44	1.42	0.71
T6	1.88	0.94	1.87	0.94	1.71	0.86	1.65	0.83	1.82	0.91

（2）不同母语背景学习者汉语是非问句的第二语言习得顺序

依据测试平均正确率排出不同母语背景学习者是非问句的习得顺序如下。

表3-5 不同母语背景的第二语言学习者是非问句的习得顺序一览表

（按测试平均正确率排序）

汉语疑问句类型	韩语排序	日语排序	英语排序	其他印欧语言排序	其他亚洲语言排序
T1. 只用疑问语调的问句	3	3	3	4	3
T2. “吗”问句	1	1.5	1.5	1	1
T3. “吧”问句	4	4.5	4	3	4
T4. “啊”问句	6	6	5	6	6
T5. 陈述句+是吗/对吗？	5	4.5	6	5	5
T6. 陈述句+好吗/行吗/可以吗/怎么样？	2	1.5	1.5	2	2

（3）不同母语背景学习者汉语是非问句的第二语言习得情况对比的统计检验

我们分别统计了不同母语背景学习者汉语是非问句的测试得分均值之间的 Pearson 积差相关系数和排序之间的 Spearman 等级相关系数，结果如表 3－6。

表 3-6　不同母语背景学习者汉语是非问句测试结果之间的相关分析表

（a）测试得分均值之间的 Pearson 积差相关分析

		韩语均值	日语均值	英语均值	印欧均值	亚洲均值	全体均值
韩语均值	Pearson Correlation	1	0. 968**	0. 940**	0. 950**	0. 998**	0. 990**
	Sig. (2-tailed)	.	0. 002	0. 005	0. 004	0. 000	0. 000
	N	6	6	6	6	6	6
日语均值	Pearson Correlation	0. 968**	1	0. 856*	0. 874*	0. 959**	0. 939**
	Sig. (2-tailed)	0. 002	.	0. 030	0. 023	0. 003	0. 005
	N	6	6	6	6	6	6
英语均值	Pearson Correlation	0. 940**	0. 856*	1	0. 991**	0. 959**	0. 977**
	Sig. (2-tailed)	0. 005	0. 030	.	0. 000	0. 002	0. 001
	N	6	6	6	6	6	6
印欧均值	Pearson Correlation	0. 950**	0. 874*	0. 991**	1	0. 964**	0. 984**
	Sig. (2-tailed)	0. 004	0. 023	0. 000	.	0. 002	0. 000
	N	6	6	6	6	6	6
亚洲均值	Pearson Correlation	0. 998**	0. 959**	0. 959**	0. 964**	1	0. 996**
	Sig. (2-tailed)	0. 000	0. 003	0. 002	0. 002	.	0. 000
	N	6	6	6	6	6	6
全体均值	Pearson Correlation	0. 990**	0. 939**	0. 977**	0. 984**	0. 996**	1
	Sig. (2-tailed)	0. 000	0. 005	0. 001	0. 000	0. 000	.
	N	6	6	6	6	6	6

**. Correlation is significant at the 0. 01 level(2-tailed).

*. Correlation is significant at the 0. 05 level(2-tailed).

（b）排序之间的 Spearman 等级相关分析

			韩语排序	日语排序	英语排序	其他印欧	其他亚洲	全体排序
Spearman's rho	韩语排序	Correlation Coefficient	1. 000	0. 971**	0. 928**	0. 943**	1. 000**	1. 000**
		Sig. (2-tailed)	.	0. 001	0. 008	0. 005	.	.
		N	6	6	6	6	6	6
	日语排序	Correlation Coefficient	0. 971**	1. 000	0. 896*	0. 883*	0. 971**	0. 971**
		Sig. (2-tailed)	0. 001	.	0. 016	0. 020	0. 001	0. 001
		N	6	6	6	6	6	6

（续表）

			韩语排序	日语排序	英语排序	其他印欧	其他亚洲	全体排序
Spearman's rho	英语排序	Correlation Coefficient	0.928**	0.896*	1.000	0.870*	0.928**	0.928**
		Sig. (2-tailed)	0.008	0.016	.	0.024	0.008	0.008
		N	6	6	6	6	6	6
	其他印欧	Correlation Coefficient	0.943**	0.883*	0.870*	1.000	0.943**	0.943**
		Sig. (2-tailed)	0.005	0.020	0.024	.	0.005	0.005
		N	6	6	6	6	6	6
	其他亚洲	Correlation Coefficient	1.000**	0.971**	0.928**	0.943**	1.000	1.000**
		Sig. (2-tailed)	.	0.001	0.008	0.005	.	.
		N	6	6	6	6	6	6
	全体排序	Correlation Coefficient	1.000**	0.971**	0.928**	0.943**	1.000**	1.000
		Sig. (2-tailed)	.	0.001	0.008	0.005	.	.
		N	6	6	6	6	6	6

**. Correlation is significant at the .01 level (2-tailed).

*. Correlation is significant at the .05 level (2-tailed).

本书相关分析表中，Correlations 表示相关分析，Pearson Correlation 表示 Pearson 积差相关系数，Sig.(2-tailed)表示显著性(双侧检验)，N 表示项目数；Spearman's rho Correlation Coefficient 表示 Spearman 等级相关系数；"**"表示在 0.01 水平(双侧检验)显著相关，"*"表示在 0.05 水平(双侧检验)显著相关。其余同类表格不再一一说明。

测试得分均值之间的 Pearson 积差相关分析表明：不同母语背景学习者汉语是非问句的测试得分均值之间均存在极其显著的正相关，从相关系数观察，其相关性很高，关系十分密切。即若某种母语背景的学习者对某一句式的习得效果好，那么其他母语背景的学习者的习得效果也好，反之亦然。

各组排序之间的 Spearman 等级相关分析表明：不同母语背景学习者汉语是非问句的习得顺序之间均存在极其显著的正相关，从相关系数观察，其相关性很高，关系十分密切。即不同母语背景学习者汉语是非问句的习得顺序是高度一致的。

(4) 母语背景对是非问句内部 6 类句式习得效果的影响

为了考察母语背景对是非问句内部各种句式的习得效果是否构成显著影响，我们又进一步对各母语背景组在是非问句内部每一类句式上的测试得分均值进行了单因素方差分析，结果如下表。

表 3－7　不同母语背景学习者是非问句 6 类句式习得效果单因素方差分析结果

疑问句类型	方差分析结果		多重比较结果	
	F	P	有显著差异的组别	说　明
T1	7.425	0.000	1—3、4	韩语组与英语组、其他印欧系语言组有显著差异（显著高于后两者）
T2	3.422	0.009	1—3	韩语组显著高于英语组
T3	4.001	0.003	1—4	韩语组显著高于其他印欧组
T4	5.131	0.000	1—2、4	韩语组显著高于日语组、其他印欧组
T5	14.920	0.000	1—3、4，5—3、4	韩语组显著高于英语组、其他印欧组，其他亚洲组显著高于英语组、其他印欧组
T6	4.337	0.002	1—3、4	韩语组显著高于英语组、其他印欧组

注：1 指韩语组；2 指日语组；3 指英语组；4 指其他印欧系语言组（简称其他印欧组）；5 指其他亚洲语言组（其他亚洲组）。

统计结果表明母语背景对是非问句内部的每一类句式的习得效果均有极其显著的影响。而观察多重比较结果，基本可以得到极为一致的差异倾向：韩语组、日语组、其他亚洲语言组在是非问句的习得表现上显著优于英语组、其他印欧系语言组。而韩语组、日语组、其他亚洲语言组之间一般没有显著差异（个别句式在韩语组的习得表现显著高于日语组，如 T4），英语组和其他印欧系语言组之间也没有显著差异。

（5）母语背景因素小结

母语背景对是非问句内部 6 类句式的习得效果构成极其显著的影响，韩日背景的学习者在是非问句的习得上显著优于英语背景学习者。尽管如此，不同母语背景学习者之间还是表现出了对是非问句习得的一致倾向，表现有二：一是习得效果好坏的一致性，二是习得顺序的一致性。这表明母语背景因素对习得的影响是有条件的，它可以影响具体的习得效果，却不会显著影响习得的发展轨迹。

3.2.2　语言水平因素

语言水平（language proficiency）也是第二语言习得过程中的一个重要因素，本部分将考察语言水平对汉语是非问句习得的影响。

（1）不同语言水平学习者汉语是非问句的第二语言习得基本表现

我们对语言测试中不同语言水平学习者汉语是非问句的相关测试结果分别进行了统计，计算了 6 小类是非问句的测试得分均值和平均正确率，结果如下。

表 3-8 初、中、高不同语言水平的第二语言学习者是非问句测试的得分均值与平均正确率一览表

汉语疑问句类型	初级均值	初级正确率	中级均值	中级正确率	高级均值	高级正确率
T1. 只用疑问语调的问句	1.28	0.64	1.56	0.78	1.88	0.94
T2. “吗”问句	1.53	0.77	1.94	0.97	2.00	1.00
T3. “吧”问句	1.25	0.63	1.48	0.74	1.80	0.90
T4. “啊”问句	0.73	0.37	1.06	0.53	1.49	0.75
T5. 陈述句+是吗/对吗?	0.72	0.36	1.27	0.64	1.66	0.83
T6. 陈述句+好吗/行吗/可以吗/怎么样?	1.56	0.78	1.84	0.92	1.95	0.98

（2）不同语言水平学习者汉语是非问句的第二语言习得顺序

依据测试平均正确率排出不同语言水平学习者是非问句的习得顺序，结果如下。

表 3-9 不同语言水平的第二语言学习者是非问句的习得顺序一览表（按测试平均正确率排序）

汉语疑问句类型	初级排序	中级排序	高级排序	全体排序
T1. 只用疑问语调的问句	3	3	3	3
T2. “吗”问句	2	1	1	1
T3. “吧”问句	4	4	4	4
T4. “啊”问句	5	6	6	6
T5. 陈述句+是吗/对吗?	6	5	5	5
T6. 陈述句+好吗/行吗/可以吗/怎么样?	1	2	2	2

（3）不同语言水平学习者汉语是非问句的第二语言习得情况对比的统计检验

我们分别统计了不同语言水平学习者汉语是非问句的测试得分均值之间的 Pearson 积差相关系数和排序之间的 Spearman 等级相关系数，结果如表 3-10 所示。

表 3-10　不同语言水平学习者汉语是非问句测试结果之间的相关分析表

（a）测试得分均值之间的 Pearson 积差相关分析

		初级均值	中级均值	高级均值	全体均值
初级均值	Pearson Correlation	1	0.952**	0.946**	0.980**
	Sig. (2-tailed)	.	0.003	0.004	0.001
	N	6	6	6	6
中级均值	Pearson Correlation	0.952**	1	0.977**	0.992**
	Sig. (2-tailed)	0.003	.	0.001	0.000
	N	6	6	6	6
高级均值	Pearson Correlation	0.946**	0.977**	1	0.985**
	Sig. (2-tailed)	0.004	0.001	.	0.000
	N	6	6	6	6
全体均值	Pearson Correlation	0.980**	0.992**	0.985**	1
	Sig. (2-tailed)	0.001	0.000	0.000	.
	N	6	6	6	6

**. Correlation is significant at the 0.01 level (2-tailed).

（b）排序之间的 Spearman 等级相关分析

			初级排序	中级排序	高级排序	全体排序
Spearman's rho	初级排序	Correlation Coefficient	1.000	0.886*	0.886*	0.886*
		Sig. (2-tailed)	.	0.019	0.019	0.019
		N	6	6	6	6
	中级排序	Correlation Coefficient	0.886*	1.000	1.000**	1.000**
		Sig. (2-tailed)	0.019	.	.	.
		N	6	6	6	6
	高级排序	Correlation Coefficient	0.886*	1.000**	1.000	1.000**
		Sig. (2-tailed)	0.019	.	.	.
		N	6	6	6	6
	全体排序	Correlation Coefficient	0.886*	1.000**	1.000**	1.000
		Sig. (2-tailed)	0.019	.	.	.
		N	6	6	6	6

**. Correlation is significant at the .01 level (2-tailed).

*. Correlation is significant at the .05 level (2-tailed).

测试得分均值之间的 Pearson 积差相关分析表明：不同语言水平学习者汉语是非问句的测试得分均值之间均存在极其显著的正相关，从相关系数观察，其相关性很高，关系十分密切。即若某种语言水平的学习者对某一句式的习得效果好，那么其他语言水平的学习者的习得效果也好，反之亦然。

各组排序之间的 Spearman 等级相关分析表明：不同语言水平学习者汉语是非问句的习得顺序之间均存在显著或极其显著的正相关，从相关系数观察，其相关性很高，关系十分密切。即不同语言水平学习者汉语是非问句的习得顺序是高度一致的。

(4) 语言水平对是非问句内部6类句式习得效果的影响

为了考察语言水平对是非问句内部各种句式的习得效果是否构成显著影响，我们又进一步对各语言水平组在是非问句内部每一类句式上的测试得分均值进行了单因素方差分析，结果如下表。

表3-11 不同语言水平学习者是非问句6类句式习得效果单因素方差分析结果

疑问句类型	方差分析结果		多重比较结果	
	F	P	有显著差异的组别	说明
T1	39.609	0.000	1—2，1—3，2—3	三级之间均有显著差异，初中高成绩依次显著更高
T2	47.040	0.000	1—2，1—3，2—3	三级之间均有显著差异，初中高成绩依次显著更高
T3	38.799	0.000	1—2，1—3，2—3	三级之间均有显著差异，初中高成绩依次显著更高
T4	29.937	0.000	1—2，1—3，2—3	三级之间均有显著差异，初中高成绩依次显著更高
T5	68.729	0.000	1—2，1—3，2—3	三级之间均有显著差异，初中高成绩依次显著更高
T6	25.530	0.000	1—2，1—3，2—3	三级之间均有显著差异，初中高成绩依次显著更高

注：1指初级水平；2指中级水平；3指高级水平。

统计结果表明语言水平对是非问句内部的每一类句式的习得效果均有极其显著的影响。而观察多重比较结果，可以得到极为一致的差异倾向，即三级之间均有显著差异，初中高成绩依次显著更高。

(5) 语言水平因素小结

语言水平对是非问句内部6类句式的习得效果构成极其显著的影响，同时不同语言水平学习者之间还是表现出对是非问句习得的一致倾向，表现有二：一是习得效果好坏的一致性，二是习得顺序的一致性。这表明语言水平因素对习得的影响也是有条件的，它可以影响具体的习得效果，却不会显著影响习得的发展轨迹。

3.2.3 语言特征因素

3.2.3.1 肯定与否定形式的因素

(1) 汉语是非问句肯定与否定形式的第二语言习得基本表现

我们对语言测试中汉语是非问句肯定与否定形式的相关测试结果分别进行了统计，计算其测试得分总和与均值（平均正确率），结果如下。

表 3-12 全体被试是非问句测试肯定与否定形式均值（平均正确率）对照表

汉语疑问句类型		全体被试得分				
		肯定式		否定式		总计
		总和	均值	总和	均值	均值
是非问句类	T1. 只用疑问语调的问句	264	0.66	370	0.92	0.79
	T2. “吗”问句	380	0.95	359	0.89	0.92
	T3. “吧”问句	220	0.55	387	0.96	0.76
	T4. “啊”问句	218	0.54	221	0.55	0.55
	T5. 陈述句 + 是吗/对吗？	190	0.47	303	0.75	0.62
	T6. 陈述句 + 好吗/行吗/可以吗/怎么样？	377	0.94	343	0.85	0.90

(2) 汉语是非问句肯定与否定形式第二语言习得情况对比的统计检验与结论

对语言测试中汉语是非问句肯定与否定形式的均值（平均正确率）进行配对 T 检验，肯定形式均值为 0.685 0，否定形式均值为 0.820 0，$T = -1.589$，$P = 0.173$，二者无显著差异，表明肯定与否定形式的因素并未对汉语是非问句的习得效果造成显著影响。

3.2.3.2 跨类疑问词因素——“啊”的影响

疑问语气词“啊”具有一定的特殊性，可以出现在除“W 呢”省略问句以外的所有疑问句类型中，这种特殊的跨类疑问词是否会对是非问句的习得产生影响？如果会，那么又是何种影响呢？

由前面统计所得的是非问句测试的得分均值与平均正确率，以及按测试平均正确率排序的是非问句习得顺序，可以明显地看到，“啊”问句（T4）的习得难度明显高于其他是非问句类型，平均正确率仅为55%，在 6 类是非问句类型中位列最后，难度最大，习得最晚。可见同样是疑问语气词，学习者学会附加“啊”要比附加“吗”甚至“吧”困难得多。

我们将在下文考察它是否同样会增加其他三类疑问句的习得难度，并从疑问标记复用的角度讨论其原因。

3.2.3.3　疑问度因素

（1）汉语是非问句疑问度的基本表现

我们对疑问度母语者评价量表调查结果中汉语是非问句的相关数据进行了统计，计算了6小类是非问句的疑问度均值（包括肯定形式、否定形式和总体），结果如下。

表3-13　是非问句疑问度母语者评价量表调查结果基本数据表

汉语疑问句类型		中国学生疑问度					
		肯定式		否定式		总计	
		总和	均值	总和	均值	总和	均值
是非问句类	T1. 只用疑问语调的问句	132	1.78	158	2.14	290	1.96
	T2. “吗”问句	170	2.30	181	2.45	351	2.37
	T3. “吧”问句	85	1.15	106	1.43	191	1.29
	T4. “啊”问句	103	1.39	134	1.81	237	1.60
	T5. 陈述句+是吗/对吗？	136	1.84	138	1.86	274	1.85
	T6. 陈述句+好吗/行吗/可以吗/怎么样？	154	2.08	140	1.89	294	1.99

（2）汉语是非问句疑问度的排序

依据疑问度均值（总体），排定汉语是非问句疑问度的顺序如下：

表3-14　是非问句疑问度排序

汉语疑问句类型	疑问度排序
T1. 只用疑问语调的问句	4
T2. “吗”问句	6
T3. “吧”问句	1
T4. “啊”问句	2
T5. 陈述句+是吗/对吗？	3
T6. 陈述句+好吗/行吗/可以吗/怎么样？	5

（3）汉语是非问句肯定与否定形式疑问度对比

对汉语是非问句肯定与否定形式的疑问度均值进行配对T检验，肯定形式均值为1.756 7，否定形式均值为1.930 0，T = -1.851，P =

0.123，二者无显著差异，表明肯定与否定形式的因素并未对汉语是非问句的疑问度造成显著影响。

（4）汉语是非问句疑问度与习得效果的相关性

我们分别统计了汉语是非问句疑问度与习得效果之间的相关系数，疑问度总体均值与测试平均正确率之间的 Pearson 积差相关系数为 0.581（P = 0.227），二者存在一定的相关性，但在统计上并未达到显著水平。疑问度总体顺序与测试习得顺序之间的 Spearman 等级相关系数为 -0.829*①（P = 0.042），二者存在显著的负相关，从相关系数观察，其相关性高，关系明显，即疑问句的疑问度序位越高，其在习得顺序中的难度序位越低。换言之，疑问度高的疑问句习得难度低，疑问度低的疑问句习得难度高。

（5）疑问度因素小结

汉语是非问句中，肯定与否定形式的因素对疑问度没有显著影响，同时，疑问度顺序与习得顺序存在显著负相关，疑问度越高，习得难度越低。

3.2.4 语言认知因素：难易度判断

（1）汉语是非问句难易度判断的基本表现

我们对难易度判断调查结果中汉语是非问句的相关数据进行了统计，计算了 6 小类是非问句的难易度判断均值（包括中国学生、中国教师和外国学生三类被试），结果如下。

表 3-15 是非问句难易度调查结果基本数据表

汉语疑问句类型		中国学生难易度		中国教师难易度		外国学生难易度	
		总和	均值	总和	均值	总和	均值
是非问句类	T1. 只用疑问语调的问句	92	1.67	115	2.50	322	1.29
	T2. “吗”问句	71	1.29	52	1.13	292	1.17
	T3. “吧”问句	115	2.09	111	2.41	386	1.54
	T4. “啊”问句	134	2.44	153	3.33	422	1.69
	T5. 陈述句 + 是吗/对吗？	108	1.96	84	1.83	388	1.55
	T6. 陈述句 + 好吗/行吗/可以吗/怎么样？	122	2.22	95	2.07	392	1.57

① 全书出现的“**”均表示在 0.01 水平（双侧检验）显著，“*”均表示在 0.05 水平（双侧检验）显著。

（2）汉语是非问句难易度判断的排序

依据难易度判断均值，排定汉语是非问句难易度顺序如下：

表 3－16　是非问句难易度排序对照表

汉语疑问句类型	中国学生难易度排序	中国教师难易度排序	外国学生难易度排序
T1. 只用疑问语调的问句	2	5	2
T2. “吗”问句	1	1	1
T3. “吧”问句	4	4	3
T4. “啊”问句	6	6	6
T5. 陈述句＋是吗/对吗？	3	2	4
T6. 陈述句＋好吗/行吗/可以吗/怎么样？	5	3	5

（3）汉语是非问句的难易度判断与学习者习得效果之间的相关性考察

我们分别统计了是非问句难易度判断（中国学生、中国教师和外国学生的难易度）与习得效果之间的相关系数，包括均值之间的 Pearson 积差相关系数和排序之间的 Spearman 等级相关系数，结果如表 3－17。

表 3－17 汉语是非问句的难易度判断与学习者习得效果之间的相关分析结果表

（a）难易度判断均值与习得效果均值（平均正确率）之间的 Pearson 积差相关分析

组别	Pearson 积差相关系数	显著性（双侧检验）
习得效果—中国学生难易度	－0.593	0.215
习得效果—中国教师难易度	－0.671	0.145
习得效果—外国学生难易度	－0.667	0.148

（b）难易度判断排序与习得顺序之间的 Spearman 等级相关分析

组别	Spearman 等级相关系数	显著性（双侧检验）
习得顺序—中国学生难易度排序	0.600	0.208
习得顺序—中国教师难易度排序	0.600	0.208
习得顺序—外国学生难易度排序	0.657	0.156

难易度判断均值与习得效果均值之间的 Pearson 积差相关分析表明：汉语是非问句难易度判断均值与习得效果均值之间存在一定的相关性

（负相关，即疑问句的难易度判断越高，习得效果越差），但在统计上并未达到显著水平。

难易度判断排序与习得顺序之间的 Spearman 等级相关分析表明：3 列疑问句难易度判断排序与习得顺序之间也存在一定的相关性（正相关，即疑问句的难易度判断序位越高，习得顺序序位也越高），但在统计上也并未达到显著水平。

因此，汉语是非问句中难易度判断与习得效果之间存在一定关联，难易度判断越高，习得效果越差，也越晚习得，但这种关联性较弱，未达到显著水平。

4. 汉语特指问句的第二语言习得与认知研究

4.1 汉语特指问句的第二语言习得过程和表现

4.1.1 学习者语言系统中汉语特指问句的偏误类型与分布特征

4.1.1.1 特指问句偏误的分布特征

我们分别对5项个案研究中的特指问句进行了鉴别，确定正确与偏误语料，并对其中的偏误语料做了数据统计，包括不同个案研究被试在不同阶段的偏误频次、使用频次和正确率，以观察偏误的分布特征。下表列出5项个案研究特指问句的偏误频次、使用频次与正确率简表，个案被试在不同阶段的偏误频次和使用频次的详细数据请参见附表3～12。

表4－1 个案研究中汉语特指问句的偏误频次、使用频次与正确率简表

被试	A（18次）			L（15次）			J（15次）			C（16次）			Y（14次）		
类型	偏误频次	使用频次	正确率（%）	偏误频次	使用频次	正确率（%）	偏误频次	使用频次	正确率（%）	偏误频次	使用频次	正确率（%）	偏误频次	使用频次	正确率（%）
T7	1	9	88.89	0	5	100.00	6	18	66.67	1	41	97.56	0	19	100.00
T8	8	184	95.65	13	127	89.76	16	139	88.49	7	149	95.30	1	223	99.55
T9	1	14	92.86	0	5	100.00	4	35	88.57	0	55	100.00	0	21	100.00
T10	4	14	71.43	0	2	100.00	3	13	76.92	0	30	100.00	4	7	42.86
T11	2	5	60.00	0	0	—	2	3	33.33	2	9	77.78	1	16	93.75
T12	23	146	84.25	6	35	82.86	7	31	77.42	2	39	94.87	4	42	90.48
T13	3	18	83.33	3	26	88.46	0	3	100.00	0	7	100.00	2	38	94.74
T14	8	52	84.62	1	15	93.33	11	92	88.04	6	197	96.95	0	47	100.00
T15	7	31	77.42	7	18	61.11	5	15	66.67	1	17	94.12	7	45	84.44
T16	2	3	33.33	9	19	52.63	3	3	0.00	3	3	0.00	0	5	100.00
T17	0	1	100.00	1	1	0.00	4	12	66.67	5	10	50.00	6	175	96.57
T18	0	0	—	0	0	—	39	313	87.54	9	92	90.22	5	142	96.48

由表可知：

（1）从总体来看，特指问句的偏误频次不是很多，正确率比较高，除J以外，基本都在90%以上，尤其是C，Y两人。特指问句的习得情况都比较理想，很少出现偏误。这表明特指问句在疑问句系统中和是非问句一样，同属于难度较低的类型。

（2）被试在特指问句的使用上有一定的倾向性，T8，T12，T14，T15［什么、怎么（样）表方式、为什么、几/多少问句］的使用频次明显高于其他句式，相应地，偏误频次也略多，但正确率并不低；而其他句式（谁、处所“哪”、指别“哪”、怎么表原因、怎么（样）表性状、多+Adj问句，以及带“呢、啊”的特指问句）的使用频次都很低，尤其是怎么表原因问句、“多+Adj”数量/程度问句。带“呢、啊”的问句在5位被试的表现中非常不同：2名成人英语母语者几乎不使用这两种句式，表明它们在被试看来是难度较大的句式；2名儿童韩语母语者对“啊”问句的使用频次远多于“呢”问句，且准确率也是前者远高于后者，尤其是J，“啊”特指问句出现了313次（正确率87.54%），远远多于其他特指问句句式，应该是受到了性别（女）因素的影响；1名成人韩语母语者“啊”、“呢”问句的使用也比较多，且使用频次和正确率基本持平。被试的个体差异在特指问句上还是表现得比较明显的，其原因之一是2名英语母语者的语言水平（初级）低于其他3名被试（初中级），因而其语言表现处于不同的发展层级。

（3）从时段分布来看，偏误主要集中在考察的前期，越到跟踪后期，习得情况越好，A和L的此趋势更为明显（参附表3~12）。

特指问句中都使用了疑问词作为疑问标记，而这些疑问代词有时并不表示疑问，而是有引申用法，我们也对5位个案被试的语料中的疑问代词引申用法进行了出现频次、偏误频次和正确率的统计，以考察其偏误表现，结果如下。

表4-2　个案研究汉语疑问代词引申用法的偏误频次、使用频次与正确率简表

被试	A（18次）			L（15次）			J（15次）			C（16次）			Y（14次）		
类型	偏误频次	使用频次	正确率（%）	偏误频次	使用频次	正确率（%）	偏误频次	使用频次	正确率（%）	偏误频次	使用频次	正确率（%）	偏误频次	使用频次	正确率（%）
T37	0	19	100.00	0	0	—	1	11	90.91	0	11	100.00	0	11	100.00
T38	1	16	93.75	0	5	100	3	11	72.73	0	7	100.00	0	25	100.00
T39	0	0	—	0	0	—	1	1	0.00	0	0	—	0	0	—

我们发现：①疑问代词的三种引申用法（任指、虚指、倚变）出现得较晚，且一般为任指和虚指，倚变基本没有出现（仅 J 有一次尝试，但失败了）；②疑问代词引申用法的正确率很高，出现的基本都是正确的；③任指的正确率高于虚指，虚指的难度应大于任指；④任指和虚指用法集中在“什么”上，其他疑问代词很少出现；⑤开始多是肯定形式，否定形式出现晚于肯定形式，之后使用频次基本持平（详参附表 3 ~ 12）。

4.1.1.2　特指问句的主要偏误类型

（1）语码转换或语码混杂

T8：所以，What's Africa？（A，P4）

英汉语码转换，应是：“Africa”是什么？

T12：How do you say “my favourite”？（A，P1）

英汉语码转换，应是：“my favourite”怎么说？

T12：How do you say 我 before？（L，P3）

英汉语码混杂，应是：“我以前”怎么说？

T14：Why not “三个”？为什么？（A，P1）

英汉语码混杂，“为什么”特指问句的否定式，难度加大，造成语码混杂现象。应是：为什么不能用“三个”？为什么？

T16：哦，我学了？学了？How long？（L，P1）

英汉语码转换，应是：多长时间？

T16：她，她是 gui【岁】了？gui，guai，gui 了？How old？（L，P3）

这个例子很清楚地显示出被试不会表达“多大了”，开始尝试使用语调是非问句，然而多次尝试不成功，便转向了交际策略——英汉语码转换。应是：她多大了？

（2）语序偏误

T8：你什么喜欢？　（C，P5）

受母语（韩语）SOV 语序影响，宾语位置错误。应是：你喜欢什么？

T9：在哪开始玩具节？在哪弄玩具节的啊？在哪弄玩具节？（J，P12）

语序首位倾向，且动词“弄”意义泛化。应是：玩具节在哪儿开始/开？

T15：啊啊，多，多少汉字，我们会？（A，P2）

语序有首位倾向，应是：我们会多少汉字？

T15：多少，我们要说，流利——（A，P2）

语序首位倾向，且遗漏结构助词“得”和语义必需成分（动词及其宾语）。应是：我们要说得流利，需要多少汉字和词？

（3）遗漏偏误

特指问句中的遗漏偏误有一类现象很典型，即“什么（啊）”问句中“是”的遗漏，这在两个韩国儿童的语料中多见，形成了另一种自由变异，下文将对此进行讨论。例如：

T8：这个什么？（J，P3）

应是：这个是什么？

T18：（J，P8）

J：邮递员什么呀？

T：邮递员就是送信的，就是邮递员，知道吗？邮递员是谁呀，知道吗？

应是：邮递员是什么呀？

T18：（J，P10）

T：你知道诺亚吗？《圣经》，*Bible*。

J：《圣经》什么呀？

应是：《圣经》是什么呀？

（4）误加偏误（addition error）

特指问是用疑问代词来表明疑问点的疑问结构，可以用疑问语气词“呢、啊”，但不能用“吗”。但个案语料中有不少特指问句误加疑问语气词“吗”的偏误。例如：

T10：我对你，或者我给你，哪哪个对吗？（Y，P2）

应是：哪个对？

T13：拿……拿……他怎么样了吗？他心情怎么样了吗？（J，P10）

应是：…… 他怎么样了？他心情怎么样了？

（5）误代偏误（transtitutional error）

误代偏误指该用甲成分却误用了乙成分，甲乙成分往往是比较容易混淆的，因而发生混用。

①特指问句的误代偏误多是疑问代词混用，例如：

T8：有几个，几个词不认识，我问你，怎么意思？（A，P3）

疑问词“什么”与“怎么”混用。应是：有几个词不认识，我问你，什么意思？

T8：明天我们学哪儿？（Y，P12）

疑问词“什么”与“哪儿”混用。应是：明天我们学什么？

T8：（J，P9）

J：我接着读，小喜鹊确定到了说：自己的事情自己做，为什么总要别人帮呢？可是，我不会，松鼠爷爷懂得多其他家，你要。那个……那个鸟说你去……什么了，跟他说怎么样了？

T：应该这样说，乌鸦跟小西说什么了？就是让他去请教爷爷。

疑问词“什么”与“怎么样”混用。应是：……跟他说什么了？

T8：（C，P6）

T：坐这咱俩聊聊天就行了。

C：聊哪个天？

T：聊天，聊天明白吗？明白什么意思吗？

C：嗯。

T：就是咱俩说说话。

C：说哪个话？那让他睡觉好吗？

疑问词“哪”和“什么”的混淆。应是：聊什么天？说什么话？

T18：（J，P12）

J：小孔雀什么高兴地点点头呀？

T：因为白鹤说能再来看她。

疑问词“什么”与“为什么”混用。应是：小孔雀为什么高兴地点点头呀？

②特指问句的误代偏误中还有一部分是疑问语气词混用，即“啊/呢”与“吗”的混用。特指问是用疑问代词来表明疑问点的疑问结构，

可以在句尾后附疑问语气词“呢、啊”，但不能用“吗”。但语料中有不少“呢/啊”误用为“吗”的偏误，例如：

T18：哪场电影你喜欢吗？（J，P9）

应是：哪场电影你喜欢啊？

T18：今年的期末考试什么时候完了吗？（C，P5）

应是：今年的期末考试什么时候完啊？

T18：（C，P8）
T：不打了。
C：为什么吗？为什么不打？

应是：为什么啊？为什么不打？

这里“吗”的误用，与前面“吗”的误加本质上都是“吗”的泛化现象，“吗”作为普遍性高（使用频率高）、显著度高（句末标记，认知特征显著）的疑问标记往往可及性程度高，易于从记忆系统中存储和提取（沈家煊，1997），加之在第二语言教学中，一般先学“吗”问句，在一定程度上抑制了学习者对其他疑问标记的认知与使用。这也间接表明疑问语气词“啊、呢”的难度大于“吗”。

③特指问句误代偏误中还有一些其他易混淆成分的混用。例如：

T16：七月，嗯，那么，那么热？嗯，七月天气，嗯，什么热？（L，P9）

该被试不会使用“多 + Adj”格式，用“什么 + Adj”做了替代，应是：七月天气（有）多热？

（6）前后成分不对应

在疑问代词引申用法的倚变类型中还有一类特殊的偏误，即前后成分不对应。例如：

T39：自己想怎么样就自己做。（J，P3）

应是：自己想怎么样就怎么样。

4.1.2　汉语特指问句的第二语言习得顺序

（1）汉语特指问句的第二语言习得基本表现

我们首先对语言测试中汉语特指问句的相关测试结果进行了统计，计算了 12 小类特指问句的测试得分均值和平均正确率，结果如下表所示。

表4－3　全体被试特指问句测试的得分均值与平均正确率一览表

汉语疑问句类型	全体得分均值	全体平均正确率
T7. “谁”问句	4.57	0.91
T8. “什么”问句	4.29	0.86
T9. 处所“哪（里/儿）”问句	3.67	0.73
T10. 指别“哪”问句	4.41	0.88
T11. “怎么”原因问句	1.64	0.82
T12. “怎么（样）”方式问句	1.27	0.64
T13. “怎么（样）”性状问句	4.08	0.68
T14. “为什么”问句	1.66	0.83
T15. “几/多少”数量问句	1.77	0.89
T16. “多+A”数量/程度问句	1.43	0.72
T17. 特指疑问词+呢	1.79	0.90
T18. 特指疑问词+啊	1.69	0.85

（2）汉语特指问句的第二语言习得顺序

依据测试平均正确率排出特指问句的第二语言习得顺序如下。

表4－4　全体被试特指问句的习得顺序一览表（按测试平均正确率排序）

汉语疑问句类型	全体正确率	全体排序
T7. “谁”问句	0.914	1
T17. 特指疑问词+呢	0.895	2
T15. “几/多少”数量问句	0.885	3
T10. 指别“哪”问句	0.882	4
T8. “什么”问句	0.858	5
T18. 特指疑问词+啊	0.845	6
T14. “为什么”问句	0.830	7
T11. “怎么”原因问句	0.820	8
T9. 处所“哪（里/儿）”问句	0.734	9
T16. “多+A”数量/程度问句	0.715	10
T13. “怎么（样）”性状问句	0.680	11
T12. “怎么（样）”方式问句	0.635	12

4.2　汉语特指问句第二语言习得过程中的影响因素

4.2.1　母语背景因素——不同母语背景学习者汉语特指问句第二语言习得的对比

(1) 不同母语背景学习者汉语特指问句的第二语言习得基本表现

我们对语言测试中不同母语背景学习者汉语特指问句的相关测试结果分别进行了统计，计算了 12 小类特指问句的测试得分均值和平均正确率，结果如下。

表 4－5　不同母语背景的第二语言学习者特指问句测试的得分均值与平均正确率一览表

疑问句类型	韩语均值	韩语正确率	日语均值	日语正确率	英语均值	英语正确率	其他印欧均值	其他印欧正确率	其他亚洲均值	其他亚洲正确率
T7	4.77	0.95	4.74	0.95	4.15	0.83	4.42	0.88	4.69	0.94
T8	4.41	0.88	4.30	0.86	3.96	0.79	4.12	0.82	4.71	0.94
T9	3.81	0.76	3.96	0.79	3.28	0.66	3.37	0.67	4.22	0.84
T10	4.76	0.95	4.87	0.97	3.71	0.74	4.05	0.81	4.73	0.95
T11	1.85	0.93	1.87	0.94	1.31	0.66	1.42	0.71	1.69	0.85
T12	1.43	0.72	1.26	0.63	1.10	0.55	1.10	0.55	1.27	0.64
T13	4.66	0.78	4.26	0.71	3.03	0.51	3.60	0.60	4.53	0.76
T14	1.88	0.94	1.48	0.74	1.41	0.71	1.44	0.72	1.73	0.87
T15	1.87	0.94	1.91	0.96	1.55	0.78	1.68	0.84	1.82	0.91
T16	1.55	0.78	1.48	0.74	1.08	0.54	1.37	0.69	1.69	0.85
T17	1.87	0.94	1.87	0.94	1.64	0.82	1.65	0.83	1.93	0.97
T18	1.84	0.92	1.70	0.85	1.45	0.73	1.56	0.78	1.78	0.89

(2) 不同母语背景学习者汉语特指问句的第二语言习得顺序

依据测试平均正确率排出不同母语背景学习者特指问句的习得顺序如下。

表4-6　不同母语背景的第二语言学习者特指问句的习得顺序一览表

（按测试平均正确率排序）

汉语疑问句类型	韩语排序	日语排序	英语排序	其他印欧语言排序	其他亚洲语言排序
T7. “谁”问句	1	3	1	1	4
T8. “什么”问句	8	6	3	4	3
T9. 处所“哪（里/儿）”问句	11	8	8	10	10
T10. 指别“哪”问句	2	1	5	5	2
T11. “怎么”原因问句	6	4.5	9	8	8.5
T12. “怎么（样）”方式问句	12	12	10	12	12
T13. “怎么（样）”性状问句	9	11	12	11	11
T14. “为什么”问句	3	9.5	7	7	7
T15. “几/多少”数量问句	4.5	2	4	2	5
T16. “多+A”数量/程度问句	10	9.5	11	9	8.5
T17. 特指疑问词+呢	4.5	4.5	2	3	1
T18. 特指疑问词+啊	7	7	6	6	6

（3）不同母语背景学习者汉语特指问句的第二语言习得情况对比的统计检验

我们分别统计了不同母语背景学习者汉语特指问句的测试得分均值之间的Pearson积差相关系数和排序之间的Spearman等级相关系数，结果如表4-7所示。

表4-7　不同母语背景学习者汉语特指问句测试结果之间的相关分析表

（a）测试得分均值之间的Pearson积差相关分析

		韩语均值	日语均值	英语均值	印欧均值	亚洲均值	全体均值
韩语均值	Pearson Correlation	1	0.825**	0.819**	0.847**	0.804**	0.948**
	Sig. (2-tailed)	.	0.001	0.001	0.001	0.002	0.000
	N	12	12	12	12	12	12
日语均值	Pearson Correlation	0.825**	1	0.795**	0.869**	0.836**	0.892**
	Sig. (2-tailed)	0.001	.	0.002	0.000	0.001	0.000
	N	12	12	12	12	12	12
英语均值	Pearson Correlation	0.819**	0.795**	1	0.929**	0.842**	0.939**
	Sig. (2-tailed)	0.001	0.002	.	0.000	0.001	0.000
	N	12	12	12	12	12	12

（续表）

		韩语均值	日语均值	英语均值	印欧均值	亚洲均值	全体均值
印欧均值	Pearson Correlation	0.847**	0.869**	0.929**	1	0.934**	0.964**
	Sig.（2-tailed）	0.001	0.000	0.000	.	0.000	0.000
	N	12	12	12	12	12	12
亚洲均值	Pearson Correlation	0.804**	0.836**	0.842**	0.934**	1	0.914**
	Sig.（2-tailed）	0.002	0.001	0.001	0.000	.	0.000
	N	12	12	12	12	12	12
全体均值	Pearson Correlation	0.948**	0.892**	0.939**	0.964**	0.914**	1
	Sig.（2-tailed）	0.000	0.000	0.000	0.000	0.000	.
	N	12	12	12	12	12	12

**. Correlation is significant at the 0.01 level（2-tailed）.

（b）排序之间的 Spearman 等级相关分析

			韩语排序	日语排序	英语排序	其他印欧	其他亚洲	全体排序
Spearman's rho	韩语排序	Correlation Coefficient	1.000	0.743**	0.687*	0.788**	0.730**	0.823**
		Sig.（2-tailed）	.	0.006	0.014	0.002	0.007	0.001
		N	12	12	12	12	12	12
	日语排序	Correlation Coefficient	0.743**	1.000	0.740**	0.825**	0.787**	0.853**
		Sig.（2-tailed）	0.006	.	0.006	0.001	0.002	0.000
		N	12	12	12	12	12	12
	英语排序	Correlation Coefficient	0.687*	0.740**	1.000	0.930**	0.876**	0.951**
		Sig.（2-tailed）	0.014	0.006	.	0.000	0.000	0.000
		N	12	12	12	12	12	12
	其他印欧	Correlation Coefficient	0.788**	0.825**	0.930**	1.000	0.886**	0.979**
		Sig.（2-tailed）	0.002	0.001	0.000	.	0.000	0.000
		N	12	12	12	12	12	12
	其他亚洲	Correlation Coefficient	0.730**	0.787**	0.876**	0.886**	1.000	0.911**
		Sig.（2-tailed）	0.007	0.002	0.000	0.000	.	0.000
		N	12	12	12	12	12	12
	全体排序	Correlation Coefficient	0.823**	0.853**	0.951**	0.979**	0.911**	1.000
		Sig.（2-tailed）	0.001	0.000	0.000	0.000	0.000	.
		N	12	12	12	12	12	12

**. Correlation is significant at the .01 level（2-tailed）.

*. Correlation is significant at the .05 level（2-tailed）.

测试得分均值之间的 Pearson 积差相关分析表明：不同母语背景学习者汉语特指问句的测试得分均值之间均存在极其显著的正相关，从相关系数观察，其相关性高，关系明显。即若某种母语背景的学习者对某一句式的习得效果好，那么其他母语背景的学习者的习得效果也好，反之亦然。

各组排序之间的 Spearman 等级相关分析表明：不同母语背景学习

者汉语特指问句的习得顺序之间均存在显著或极其显著的正相关，从相关系数观察，其相关性高，关系明显，即不同母语背景学习者汉语特指问句的习得顺序是高度一致的。

（4）母语背景对特指问句内部12类句式习得效果的影响

为了考察母语背景对特指问句内部各种句式的习得效果是否构成显著影响，我们又进一步对各母语背景组在特指问句内部每一类句式上的测试得分均值进行了单因素方差分析，结果如下表。

表4-8　不同母语背景学习者特指问句12类句式习得效果单因素方差分析结果

疑问句类型	方差分析结果		多重比较结果	
	F	P	有显著差异的组别	说　明
T7	7.079	0.000	3-1、2、5	英语组显著低于韩语组、日语组、其他亚洲组
T8	5.148	0.000	3-1、5，4-5	英语组显著低于韩语组、其他亚洲组，其他印欧组显著低于其他亚洲组
T9	8.811	0.000	3-1、2、5，4-1、5	英语组显著低于韩语组、日语组、其他亚洲组，其他印欧组显著低于韩语组、其他亚洲组
T10	20.908	0.000	3-1、2、5，4-1、2、5	英语组显著低于韩语组、日语组、其他亚洲组，其他印欧组显著低于韩语组、日语组、其他亚洲组
T11	15.340	0.000	3-1、2、5，4-1、2	英语组显著低于韩语组、日语组、其他亚洲组，其他印欧组显著低于韩语组、日语组
T12	6.328	0.000	1-3、4	韩语组显著高于英语组、其他印欧组
T13	18.536	0.000	3-1、2、5，4-1、5	英语组显著低于韩语组、日语组、其他亚洲组，其他印欧组显著低于韩语组、其他亚洲组
T14	15.663	0.000	1-2、3、4，5-3、4	韩语组显著高于日语组、英语组、其他印欧组，其他亚洲组显著高于英语组、其他印欧组
T15	6.817	0.000	1-3、4，2-3	韩语组显著高于英语组、其他印欧组，日语组显著高于英语组
T16	9.316	0.000	3-1、5	英语组显著低于韩语组、其他亚洲组
T17	6.134	0.000	3-1、5，4-5	英语组显著低于韩语组、其他亚洲组，其他印欧组显著低于其他亚洲组
T18	8.443	0.000	1-3、4，3-5	韩语组显著高于英语组、其他印欧组，英语组显著低于其他亚洲组

统计结果表明，母语背景对特指问句内部的每一类句式的习得效果均有极其显著的影响。而观察多重比较结果，基本可以得到极为一致的差异倾向：韩语组、日语组、其他亚洲语言组在特指问句的习得表现上显著优于英语组、其他印欧系语言组。而韩语组、日语组、其他亚洲语言组之间一般没有显著差异（韩语组在个别句式的习得表现上显著优于日语组，如 T14），英语组和其他印欧系语言组之间也没有显著差异。

（5）母语背景因素小结

母语背景对特指问句内部 12 类句式的习得效果构成极其显著的影响，韩日背景的学习者在特指问句的习得上显著优于英语背景学习者。尽管如此，不同母语背景的学习者之间还是表现出对特指问句习得的一致倾向，表现有二：一是习得效果好坏的一致性；二是习得顺序的一致性。母语背景因素对特指问句习得的影响与是非问句是一致的。

4.2.2 语言水平因素

（1）不同语言水平学习者汉语特指问句的第二语言习得基本表现

我们对语言测试中不同语言水平学习者汉语特指问句的相关测试结果分别进行了统计，计算了 12 小类特指问句的测试得分均值和平均正确率，结果如下。

表 4－9　初、中、高不同语言水平的第二语言学习者特指问句测试的得分均值与平均正确率一览表

汉语疑问句类型	初级均值	初级正确率	中级均值	中级正确率	高级均值	高级正确率
T7. “谁”问句	3.78	0.76	4.85	0.97	4.96	0.99
T8. “什么”问句	3.47	0.69	4.45	0.89	4.88	0.98
T9. 处所“哪（里/儿）”问句	2.75	0.55	3.82	0.76	4.36	0.87
T10. 指别“哪”问句	3.46	0.69	4.73	0.95	4.91	0.98
T11. “怎么”原因问句	1.03	0.52	1.87	0.94	1.93	0.97
T12. “怎么（样）”方式问句	0.90	0.45	1.36	0.68	1.51	0.76
T13. “怎么（样）”性状问句	2.39	0.40	4.29	0.72	5.46	0.91
T14. “为什么”问句	1.20	0.60	1.82	0.91	1.88	0.94
T15. “几/多少”数量问句	1.42	0.71	1.89	0.95	1.94	0.97
T16. “多＋A”数量/程度问句	0.80	0.40	1.60	0.80	1.83	0.92

（续表）

汉语疑问句类型	初级均值	初级正确率	中级均值	中级正确率	高级均值	高级正确率
T17. 特指疑问词 + 呢	1.43	0.72	1.90	0.95	1.98	0.99
T18. 特指疑问词 + 啊	1.21	0.61	1.85	0.93	1.93	0.97

（2）不同语言水平学习者汉语特指问句的第二语言习得顺序

依据测试平均正确率排出不同语言水平学习者特指问句的习得顺序如下。

表 4-10　不同语言水平的第二语言学习者特指问句的习得顺序一览表

（按测试平均正确率排序）

汉语疑问句类型	初级排序	中级排序	高级排序	全体排序
T7. “谁”问句	1	1	1	1
T8. “什么”问句	4	8	4	5
T9. 处所“哪（里/儿）”问句	8	10	11	9
T10. 指别“哪”问句	5	3	3	4
T11. “怎么”原因问句	9	5	6.5	8
T12. “怎么（样）”方式问句	10	12	12	12
T13. “怎么（样）”性状问句	12	11	10	11
T14. “为什么”问句	7	7	8	7
T15. “几/多少”数量问句	3	4	5	3
T16. “多 + A”数量/程度问句	11	9	9	10
T17. 特指疑问词 + 呢	2	2	2	2
T18. 特指疑问词 + 啊	6	6	6.5	6

（3）不同语言水平学习者汉语特指问句的第二语言习得情况对比的统计检验

我们分别统计了不同语言水平学习者汉语特指问句的测试得分均值之间的 Pearson 积差相关系数和排序之间的 Spearman 等级相关系数，结果如表 4-11。

表 4-11　不同语言水平学习者汉语特指问句测试结果之间的相关分析表

（a）测试得分均值之间的 Pearson 积差相关分析

		初级均值	中级均值	高级均值	全体均值
初级均值	Pearson Correlation	1	0.813**	0.674*	0.918**
	Sig.（2-tailed）	.	0.001	0.016	0.000
	N	12	12	12	12
中级均值	Pearson Correlation	0.813**	1	0.886**	0.970**
	Sig.（2-tailed）	0.001	.	0.000	0.000
	N	12	12	12	12
高级均值	Pearson Correlation	0.674*	0.886**	1	0.886**
	Sig.（2-tailed）	0.016	0.000	.	0.000
	N	12	12	12	12
全体均值	Pearson Correlation	0.918**	0.970**	0.886**	1
	Sig.（2-tailed）	0.000	0.000	0.000	.
	N	12	12	12	12

**. Correlation is significant at the 0.01 level（2-tailed）.

*. Correlation is significant at the 0.05 level（2-tailed）.

（b）排序之间的 Spearman 等级相关分析

			初级排序	中级排序	高级排序	全体排序
Spearman's rho	初级排序	Correlation Coefficient	1.000	0.825**	0.872**	0.965**
		Sig.（2-tailed）	.	0.001	0.000	0.000
		N	12	12	12	12
	中级排序	Correlation Coefficient	0.825**	1.000	0.921**	0.923**
		Sig.（2-tailed）	0.001	.	0.000	0.000
		N	12	12	12	12
	高级排序	Correlation Coefficient	0.872**	0.921**	1.000	0.946**
		Sig.（2-tailed）	0.000	0.000	.	0.000
		N	12	12	12	12
	全体排序	Correlation Coefficient	0.965**	0.923**	0.946**	1.000
		Sig.（2-tailed）	0.000	0.000	0.000	.
		N	12	12	12	12

**. Correlation is significant at the .01 level（2-tailed）.

测试得分均值之间的 Pearson 积差相关分析表明：不同语言水平学习者汉语特指问句的测试得分均值之间均存在极其显著的正相关，从相关系数观察，其相关性很高，关系十分密切。即某一句式若某种语言水平的学习者习得效果好，那么其他语言水平的学习者习得效果也好，反之亦然。

各组排序之间的 Spearman 等级相关分析表明：不同语言水平学习者汉语特指问句的习得顺序之间均存在极其显著的正相关，从相关系数观察，其相关性很高，关系十分密切，即不同语言水平学习者汉语特指问句的习得顺序是高度一致的。

（4）语言水平对特指问句内部12类句式习得效果的影响

为了考察语言水平对特指问句内部各种句式的习得效果是否构成显著影响，我们又进一步对各语言水平组在特指问句内部每一类句式上的测试得分均值进行了单因素方差分析，结果如下表。

表4-12　不同语言水平学习者特指问句12类句式习得效果方差分析结果

疑问句类型	方差分析结果		多重比较结果	
	F	P	有显著差异的组别	说　明
T7	81.969	0.000	1—2，1—3，2—3	三级之间均有显著差异，初中高成绩依次显著更高
T8	79.626	0.000	1—2，1—3，2—3	三级之间均有显著差异，初中高成绩依次显著更高
T9	102.876	0.000	1—2，1—3，2—3	三级之间均有显著差异，初中高成绩依次显著更高
T10	99.208	0.000	1—2，1—3，2—3	三级之间均有显著差异，初中高成绩依次显著更高
T11	118.807	0.000	1—2，1—3	初级显著低于中级、高级
T12	38.249	0.000	1—2，1—3	初级显著低于中级、高级
T13	214.372	0.000	1—2，1—3，2—3	三级之间均有显著差异，初中高成绩依次显著更高
T14	70.216	0.000	1—2，1—3	初级显著低于中级、高级
T15	48.577	0.000	1—2，1—3	初级显著低于中级、高级
T16	127.212	0.000	1—2，1—3，2—3	三级之间均有显著差异，初中高成绩依次显著更高
T17	60.405	0.000	1—2，1—3，2—3	三级之间均有显著差异，初中高成绩依次显著更高
T18	85.664	0.000	1—2，1—3	初级显著低于中级、高级

统计结果表明语言水平对特指问句内部的每一类句式的习得效果均有极其显著的影响。而观察多重比较结果，可以得到极为一致的差异倾向，即除T11，T12，T14，T15，T18五种句式以外（初级显著低于中级、高级，而中高级之间无显著差异），其他七种句式三级之间均有显著差异，初中高成绩依次显著更高。

(5) 语言水平因素小结

语言水平对特指问句内部12类句式的习得效果构成极其显著的影响，同时，不同语言水平的学习者之间表现出对特指问句习得的一致倾向，表现有二：一是习得效果好坏的一致性，二是习得顺序的一致性。语言水平因素对特指问句习得的影响与是非问句是一致的。

4.2.3 语言特征因素

4.2.3.1 肯定与否定形式的因素

(1) 汉语特指问句肯定与否定形式的第二语言习得基本表现

我们对语言测试中汉语特指问句肯定与否定形式的相关测试结果分别进行了统计，计算其测试得分总和与均值（平均正确率），结果如下。

表4-13 全体被试特指问句测试肯定与否定形式均值（平均正确率）对照表

汉语疑问句类型		全体被试得分				
		肯定式		否定式		总计
		总和	均值	总和	均值	均值
特指问句类	T7. “谁”问句	387	0.96	357	0.89	0.91
	T8. “什么”问句	329	0.82	323	0.80	0.86
	T9. 处所“哪（里/儿）”问句	162	0.40	358	0.89	0.73
	T10. 指别“哪”问句	377	0.94	369	0.92	0.88
	T11. “怎么”原因问句	327	0.81	332	0.83	0.82
	T12. “怎么（样）”方式问句	358	0.89	152	0.38	0.64
	T13. “怎么（样）”性状问句	254	0.63	265	0.66	0.68
	T14. “为什么”问句	297	0.74	369	0.92	0.83
	T15. “几/多少”数量问句	365	0.91	345	0.86	0.89
	T16. “多+A”数量/程度问句	239	0.59	337	0.84	0.72
	T17. 特指疑问词+呢	376	0.94	342	0.85	0.90
	T18. 特指疑问词+啊	346	0.86	333	0.83	0.85

(2) 汉语特指问句肯定与否定形式第二语言习得情况对比的统计检验与结论

对语言测试中汉语特指问句肯定与否定形式的均值（平均正确率）进行配对T检验，肯定形式均值为0.790 8，否定形式均值为0.805 8，T = -0.220，P=0.830，二者无显著差异，表明肯定与否定形式的因素并未对汉语特指问句的习得效果造成显著影响。

4.2.3.2 跨类疑问词因素——“啊、呢”的影响

分析前面统计所得的特指问句测试的得分均值与平均正确率，以及按测试平均正确率排序的特指问句习得顺序，我们发现在特指问句中，疑问语气词“呢”的附加并未增加习得难度，T17 的平均正确率为 89.5%，在特指问句的习得顺序中位列第二，属于比较容易习得的类型；而疑问语气词“啊”的附加也只是略微增加了一点习得难度，T18 的平均正确率为 84.5%，在特指问句的习得顺序中位列第六，难度居中，并不比带疑问代词“为什么、怎么、哪、怎么样”的特指问句难度高。

这一点与是非问句后附“啊”的情况不同。这可能有两个原因：第一，语气词“啊、呢”对疑问句类型有一定的选择性，它们更优先选择与特指问句结合（尤其是“呢”），而不是与是非问句结合。第二，特指问句主要采用词汇手段（疑问代词）作为疑问标记，因而更容易允许复用语法手段，比如添加疑问语气词“呢、啊”；而是非问句除依靠语音手段外，主要依靠句尾添加疑问语气词的语法手段作为疑问标记，而且可供选择的有“吗、吧、啊”三个语气词，三者可及性依次降低，因此同样是疑问语气词，学习者学会附加“啊”要比附加“吗”甚至“吧”困难得多。

4.2.3.3 疑问度因素

（1）汉语特指问句疑问度的基本表现

我们对疑问度母语者评价量表调查结果中汉语特指问句的相关数据进行了统计，计算了 12 小类特指问句的疑问度均值（包括肯定形式、否定形式和总体），结果如下。

表 4－14 特指问句疑问度母语者评价量表调查结果基本数据表

汉语疑问句类型		中国学生疑问度					
		肯定式		否定式		总计	
		总和	均值	总和	均值	总和	均值
特指问句类	T7.“谁”问句	200	2.70	198	2.68	398	2.69
	T8.“什么”问句	184	2.49	165	2.23	349	2.36
	T9. 处所“哪（里/儿）”问句	198	2.68	156	2.11	354	2.39
	T10. 指别“哪”问句	185	2.50	175	2.36	360	2.43

（续表）

汉语疑问句类型		中国学生疑问度					
		肯定式		否定式		总计	
		总和	均值	总和	均值	总和	均值
特指问句类	T11. “怎么” 原因问句	172	2.32	189	2.55	361	2.44
	T12. “怎么（样）” 方式问句	180	2.43	203	2.74	383	2.59
	T13. “怎么（样）” 性状问句	152	2.05	174	2.35	326	2.20
	T14. “为什么” 问句	179	2.42	195	2.64	374	2.53
	T15. “几/多少” 数量问句	176	2.38	168	2.27	344	2.32
	T16. “多+A” 数量/程度问句	170	2.30	175	2.36	345	2.33
	T17. 特指疑问词+呢	168	2.27	168	2.27	336	2.27
	T18. 特指疑问词+啊	162	2.19	171	2.31	333	2.25

（2）汉语特指问句疑问度的排序

依据疑问度均值（总体），排定汉语特指问句疑问度的顺序如下：

表 4-15 特指问句疑问度排序

汉语疑问句类型	疑问度排序
T7. “谁” 问句	12
T8. “什么” 问句	6
T9. 处所 “哪（里/儿）” 问句	7
T10. 指别 “哪” 问句	8
T11. “怎么” 原因问句	9
T12. “怎么（样）” 方式问句	11
T13. “怎么（样）” 性状问句	1
T14. “为什么” 问句	10
T15. “几/多少” 数量问句	4
T16. “多+A” 数量/程度问句	5
T17. 特指疑问词+呢	3
T18. 特指疑问词+啊	2

（3）汉语特指问句肯定与否定形式疑问度对比

对汉语特指问句肯定与否定形式的疑问度均值进行配对 T 检验，肯

定形式均值为 2.394 2，否定形式均值为 2.405 8，T = -0.157，P = 0.878，二者无显著差异，表明肯定与否定形式的因素并未对汉语特指问句的疑问度造成显著影响。

（4）汉语特指问句疑问度与习得效果的相关性

我们分别统计了汉语特指问句疑问度与习得效果之间的相关系数，疑问度总体均值与测试平均正确率之间的 Pearson 积差相关系数为 0.059（P = 0.854），二者没有显著相关。疑问度总体顺序与测试习得顺序之间的 Spearman 等级相关系数为 -0.035（P = 0.914），二者也不存在显著相关。

（5）疑问度因素小结

汉语特指问句中，肯定与否定形式的因素对疑问度没有显著影响，这一点与是非问句的结果相同；同时，疑问度与习得效果之间也未发现显著的关联，这一点与是非问句的结果不同。

4.2.3.4 核心与非核心语义因素——关于疑问代词引申用法的习得

疑问代词的引申用法由于不表疑问，对第二语言学习者显然构成了更大的难度。以下我们首先分析本研究考察的三类疑问代词引申用法（任指、虚指、倚变）的习得表现，然后分析有哪些因素可能影响疑问代词引申用法的习得，最后考察核心与非核心语义的因素对疑问句习得有何影响。

（1）疑问代词引申用法的习得表现

我们对语言测试中疑问代词引申用法的相关测试结果进行了统计，计算了其测试得分均值和平均正确率，并依据测试平均正确率排出习得顺序，发现三类引申用法中，最难的是虚指用法，任指与倚变的难度也较大，但二者相差不大。这一结果与以往的研究成果比较一致（张奕，2009；刘映婷，2014；等等），具体统计结果如下表所示。

表 4-16 疑问代词引申用法测试得分均值、平均正确率与习得顺序一览表

汉语疑问句类型	全体得分均值	全体平均正确率	习得顺序
T37. 任指	1.54	0.77	1
T38. 虚指	1.15	0.58	3
T39. 倚变	1.50	0.75	2

（2）疑问代词引申用法习得的影响因素

①母语背景因素

我们对语言测试中不同母语背景学习者疑问代词引申用法的相关测试结果分别进行了统计，计算其测试得分均值和平均正确率，结果如下。

表4－17　不同母语背景的第二语言学习者疑问代词引申用法测试的得分均值与平均正确率一览表

疑问句类型	韩语均值	韩语正确率	日语均值	日语正确率	英语均值	英语正确率	其他印欧均值	其他印欧正确率	其他亚洲均值	其他亚洲正确率
T37	1.76	0.88	1.61	0.81	1.17	0.59	1.42	0.71	1.58	0.79
T38	1.28	0.64	1.04	0.52	0.92	0.46	1.01	0.51	1.31	0.66
T39	1.62	0.81	1.57	0.79	1.22	0.61	1.37	0.69	1.73	0.87

依据测试平均正确率排出不同母语背景学习者的习得顺序如下。

表4－18　不同母语背景的第二语言学习者疑问代词引申用法的习得顺序一览表（按测试平均正确率排序）

汉语疑问句类型	韩语排序	日语排序	英语排序	其他印欧语言排序	其他亚洲语言排序
T37. 任指	1	1	2	1	2
T38. 虚指	3	3	3	3	3
T39. 倚变	2	2	1	2	1

对不同母语背景学习者疑问代词引申用法测试得分均值之间的Pearson积差相关分析表明：各均值之间一般并不存在显著相关（仅日语组与其他印欧系语言组、全体有显著相关；其他印欧系语言组与全体有显著相关，P分别为0.031，0.019，0.012）。说明在疑问代词引申用法的习得效果上，各种母语背景的学习者并未表现出多少显著的相关性，这与其习得难度高有一定关系。

各组排序之间的Spearman等级相关分析表明：有些组的习得顺序之间存在极其显著正相关，包括韩语组与日语组、其他印欧系语言组，日语组与其他印欧系语言组，英语组与其他亚洲组，且这些排序完全相同。其他组别的排序并未达到显著相关，这与句式数量少有一定关系。但无论何种母语背景，虚指都是排位最后（最难）的。

各母语背景组在疑问代词引申用法每类句式上的测试得分均值的单

因素方差分析结果表明：母语背景对每类句式的习得效果均有极其显著的影响。而观察多重比较结果，基本可以得到极为一致的差异倾向：韩语组、其他亚洲语言组的习得表现显著优于英语组、其他印欧系语言组。统计结果见下表。

表 4-19 不同母语背景学习者三类疑问代词引申用法习得效果单因素方差分析结果

疑问句类型	方差分析结果		多重比较结果	
	F	P	有显著差异的组别	说 明
T37	11.245	0.000	1—3、4，3—5	韩语组显著高于英语组、其他印欧组，英语组显著低于其他亚洲组
T38	4.759	0.001	1—3、4，3—5	韩语组显著高于英语组、其他印欧组，英语组显著低于其他亚洲组
T39	6.967	0.000	3—1、5，4—5	英语组显著低于韩语组、其他亚洲组，其他印欧组显著低于其他亚洲组

②语言水平因素

我们对语言测试中不同语言水平学习者疑问代词引申用法的相关测试结果分别进行了统计，计算其测试得分均值和平均正确率，结果如下。

表 4-20 初、中、高不同语言水平的第二语言学习者疑问代词引申用法测试的得分均值与平均正确率一览表

汉语疑问句类型	初级均值	初级正确率	中级均值	中级正确率	高级均值	高级正确率
T37. 任指	0.84	0.42	1.72	0.86	1.99	1.00
T38. 虚指	0.63	0.32	1.17	0.59	1.63	0.82
T39. 倚变	0.87	0.44	1.69	0.85	1.86	0.93

依据测试平均正确率排出不同语言水平学习者的习得顺序如下。

表 4-21 不同语言水平的第二语言学习者疑问代词引申用法的习得顺序一览表

汉语疑问句类型	初级排序	中级排序	高级排序	全体排序
T37. 任指	2	1	1	1
T38. 虚指	3	3	3	3
T39. 倚变	1	2	2	2

对不同语言水平学习者疑问代词引申用法测试得分均值之间的Pearson积差相关分析表明：各均值之间一般并不存在显著相关（仅中级组与全体有显著相关，P=0.029）。说明在疑问代词引申用法的习得效果上，各种语言水平的学习者并未表现出多少显著的相关性，这与其习得难度高有一定关系。

各组排序之间的Spearman等级相关分析表明：有些组的习得顺序之间存在极其显著正相关，包括中级组、高级组与全体，且这些排序完全相同。其他组别的排序并未达到显著相关，这与句式数量少有一定关系。

各语言水平组在疑问代词引申用法每类句式上的测试得分均值的单因素方差分析结果表明：语言水平对每类句式的习得效果均有极其显著的影响。而观察多重比较结果，可以得到极为一致的差异倾向：三级之间均有显著差异，初中高成绩依次显著更高。统计结果见下表。

表4-22 不同语言水平学习者三类疑问代词引申用法习得效果单因素方差分析结果

疑问句类型	方差分析结果		多重比较结果	
	F	P	有显著差异的组别	说明
T37	156.516	0.000	1—2，1—3，2—3	三级之间均有显著差异，初中高成绩依次显著更高
T38	73.659	0.000	1—2，1—3，2—3	三级之间均有显著差异，初中高成绩依次显著更高
T39	106.642	0.000	1—2，1—3，2—3	三级之间均有显著差异，初中高成绩依次显著更高

③肯定与否定形式的因素

我们对语言测试中疑问代词引申用法肯定与否定形式的相关测试结果分别进行了统计，计算其测试得分总和与均值（平均正确率），结果如下。

表4-23 全体被试疑问代词引申用法测试肯定形式与否定形式均值对照表

汉语疑问句类型		全体被试得分				
		肯定式		否定式		总计
		总和	均值	总和	均值	均值
疑问代词引申用法	T37. 任指	307	0.76	313	0.78	0.77
	T38. 虚指	285	0.71	176	0.44	0.58
	T39. 倚变	277	0.69	326	0.81	0.75

对语言测试中疑问代词引申用法肯定与否定形式的均值进行配对T检验，肯定形式均值为0.720 0，否定形式均值为0.676 7，T=0.371，P=0.747，二者无显著差异，表明肯定与否定形式的因素并未对疑问代词引申用法的习得效果造成显著影响。

④疑问度因素

我们对疑问度母语者评价量表调查结果中疑问代词引申用法的相关数据进行了统计，计算其疑问度均值（包括肯定形式、否定形式和总体），结果如下。

表4-24　疑问代词引申用法疑问度母语者评价量表调查结果基本数据表

汉语疑问句类型		中国学生疑问度					
		肯定式		否定式		总计	
		总和	均值	总和	均值	总和	均值
疑问代词引申用法	T37. 任指	26	0.35	19	0.26	45	0.30
	T38. 虚指	37	0.50	32	0.43	69	0.47
	T39. 倚变	29	0.39	30	0.41	59	0.40

依据疑问度均值（总体），排定汉语疑问代词引申用法疑问度的顺序如下。

表4-25　疑问代词引申用法疑问度排序

汉语疑问句类型	疑问度排序
T37. 任指	1
T38. 虚指	3
T39. 倚变	2

对汉语疑问代词引申用法肯定与否定形式的疑问度均值进行配对T检验，肯定形式均值为0.413 3，否定形式均值为0.366 7，T=1.379，P=0.302，二者无显著差异，表明肯定与否定形式的因素并未对汉语疑问代词引申用法的疑问度造成显著影响。

统计汉语疑问代词引申用法疑问度与习得效果之间的相关系数，疑问度总体均值与测试平均正确率之间的Pearson积差相关系数为-0.863（P=0.337），二者存在一定的相关性，但在统计上并未达到显著水平。疑问度总体顺序与测试习得顺序之间的Spearman等级相关系数为1，二者完全相同。

因此，汉语疑问代词的引申用法中，肯定与否定形式的因素对疑问度没有显著影响，同时，疑问度顺序与习得顺序完全相同，即疑问句的疑问度序位越高，其在习得顺序中的难度序位越高，换言之，疑问度越高，习得难度越高。这一点与是非问句、特指问句都有所不同，原因我们将在第 8 章讨论。

⑤语言认知因素：难易度判断

我们对难易度判断调查结果中汉语疑问代词引申用法的相关数据进行了统计，计算了三小类疑问代词引申用法的难易度判断均值（包括中国学生、中国教师和外国学生三类被试），结果如下。

表 4－26　疑问代词引申用法难易度调查结果基本数据表

汉语疑问句类型		中国学生难易度		中国教师难易度		外国学生难易度	
		总和	均值	总和	均值	总和	均值
疑问代词引申用法	T37. 任指	165	3.00	145	3.15	528	2.11
	T38. 虚指	216	3.93	190	4.13	590	2.36
	T39. 倚变	190	3.45	168	3.65	556	2.22

依据难易度判断均值，排定汉语疑问代词引申用法难易度顺序如下。

表 4－27　疑问代词引申用法难易度排序对照表

汉语疑问句类型	中国学生难易度排序	中国教师难易度排序	外国学生难易度排序
T37. 任指	1	1	1
T38. 虚指	3	3	3
T39. 倚变	2	2	2

分别统计疑问代词引申用法难易度判断（中国学生、中国教师和外国学生的难易度）与习得效果之间的相关系数，包括均值之间的 Pearson 积差相关系数和排序之间的 Spearman 等级相关系数，结果如表 4－28 所示。

表 4-28 汉语疑问代词引申用法的难易度判断与习得效果间的相关分析结果表

（a）难易度判断均值与习得效果均值（平均正确率）之间的 Pearson 积差相关分析

组别	Pearson 积差相关系数	显著性（双侧检验）
习得效果—中国学生难易度	-0.918	0.260
习得效果—中国教师难易度	-0.905	0.280
习得效果—外国学生难易度	-0.936	0.228

（b）难易度判断排序与习得顺序之间的 Spearman 等级相关分析

组别	Spearman 等级相关系数	显著性（双侧检验）
习得顺序—中国学生难易度排序	1.000	
习得顺序—中国教师难易度排序	1.000	
习得顺序—外国学生难易度排序	1.000	

难易度判断均值与习得效果均值之间的 Pearson 积差相关分析表明：汉语疑问代词引申用法难易度判断均值与习得效果均值之间存在一定的相关性（负相关，即疑问句的难易度判断越高，习得效果越差），但由于所涉及的类型较少（3 类），因此在统计上并未达到显著水平。

难易度判断排序与习得顺序之间的 Spearman 等级相关分析表明：3 列疑问句难易度判断排序与习得顺序完全相同，即疑问句的难易度判断序位越高，习得顺序序位也越高。

因此，汉语疑问代词引申用法中，难易度判断与习得效果之间存在一定的关联，难易度判断越高，习得效果越差，也越晚习得。

（3）核心与非核心语义的因素对疑问句习得的影响

综合语言测试和个案研究的语料，我们可以明显地看到：疑问代词引申用法（任指、虚指、倚变）的习得难度要显著大于一般的疑问句，尤其是虚指，难度更大。在语言测试中，任指的平均正确率为 77%，在 39 类句式的习得顺序中排位 21.5；倚变的平均正确率为 75%，在 39 类句式的习得顺序中排位 25；虚指的平均正确率仅为 58%，在 39 类句式的习得顺序中排位 37。三类疑问代词的引申用法均属于难度级别高的类型，远高于同样使用疑问代词但是表示疑问义的特指问句的习得难度。在个案语料中，疑问代词的三种引申用法都出现得较晚，出现频次也很少，且一般为任指和虚指，倚变基本没有出现（仅 J 有一次尝试，但失败了），同时，任指和虚指用法集中在“什么”上，其他疑问代词很少出现。从使用的正确率看，虚指的难度应大于任指和倚变，这与测试结果是一致的。

疑问代词的核心语义是表示疑问，其引申用法不再表疑问而是分别表任指、虚指和倚变，表示的是疑问代词的非核心语义；而在疑问代词的非核心语义中，最核心的语义很可能是任指，虚指的边缘语义性质更为明显。显然，语言项目从核心语义到非核心语义，习得难度显著增大，核心与非核心语义的因素对疑问句的习得构成了显著影响。

4.2.4 语言认知因素：难易度判断

(1) 汉语特指问句难易度判断的基本表现

我们对难易度判断调查结果中汉语特指问句的相关数据进行了统计，计算了12小类特指问句的难易度判断均值（包括中国学生、中国教师和外国学生三类被试），结果如下。

表4-29 特指问句难易度调查结果基本数据表

汉语疑问句类型		中国学生难易度		中国教师难易度		外国学生难易度	
		总和	均值	总和	均值	总和	均值
特指问句类	T7. “谁”问句	87	1.58	84	1.83	328	1.31
	T8. “什么”问句	90	1.64	92	2.00	368	1.47
	T9. 处所“哪（里/儿）”问句	109	1.98	99	2.15	434	1.74
	T10. 指别“哪”问句	105	1.91	98	2.13	379	1.52
	T11. “怎么”原因问句	159	2.89	125	2.72	405	1.62
	T12. “怎么（样）”方式问句	129	2.35	111	2.41	373	1.49
	T13. “怎么（样）”性状问句	170	3.09	169	3.67	503	2.01
	T14. “为什么”问句	113	2.05	70	1.52	375	1.50
	T15.“儿/多少”数量问句	122	2.22	73	1.59	404	1.62
	T16. “多+A”数量/程度问句	117	2.13	80	1.74	394	1.58
	T17. 特指疑问词+呢	128	2.33	105	2.28	456	1.82
	T18. 特指疑问词+啊	148	2.69	131	2.85	507	2.03

(2) 汉语特指问句难易度判断的排序

依据难易度判断均值，排定汉语特指问句难易度顺序如下。

表 4-30　特指问句难易度排序对照表

汉语疑问句类型	中国学生难易度排序	中国教师难易度排序	外国学生难易度排序
T7. “谁”问句	1	4	1
T8. “什么”问句	2	5	2
T9. 处所“哪（里/儿）”问句	4	7	9
T10. 指别“哪”问句	3	6	5
T11. “怎么”原因问句	11	10	7
T12. “怎么（样）”方式问句	9	9	3
T13. “怎么（样）”性状问句	12	12	11
T14. “为什么”问句	5	1	4
T15. “几/多少”数量问句	7	2	8
T16. “多+A”数量/程度问句	6	3	6
T17. 特指疑问词+呢	8	8	10
T18. 特指疑问词+啊	10	11	12

（3）汉语特指问句的难易度判断与学习者习得效果之间的相关性考察

我们分别统计了特指问句难易度判断（中国学生、中国教师和外国学生的难易度）与习得效果之间的相关系数，包括均值之间的 Pearson 积差相关系数和排序之间的 Spearman 等级相关系数，结果如下表。

表 4-31 汉语特指问句的难易度判断与学习者习得效果之间的相关分析结果表

（a）难易度判断均值与习得效果均值（平均正确率）之间的 Pearson 积差相关分析

组别	Pearson 积差相关系数	显著性（双侧检验）
习得效果—中国学生难易度	-0.401	0.196
习得效果—中国教师难易度	-0.412	0.183
习得效果—外国学生难易度	-0.214	0.504

（b）难易度判断排序与习得顺序之间的 Spearman 等级相关分析

组别	Spearman 等级相关系数	显著性（双侧检验）
习得顺序—中国学生难易度排序	0.503	0.095
习得顺序—中国教师难易度排序	0.378	0.226
习得顺序—外国学生难易度排序	0.154	0.633

难易度判断均值与习得效果均值之间的 Pearson 积差相关分析表明：汉语特指问句难易度判断均值与习得效果均值之间存在一定的相关性（负相关，即疑问句的难易度判断越高，习得效果越差），但在统计上并未达到显著水平。

难易度判断排序与习得顺序之间的 Spearman 等级相关分析表明：三列疑问句难易度判断排序与习得顺序之间也存在一定的相关性（正相关，即疑问句的难易度判断序位越高，习得顺序序位也越高），但在统计上也并未达到显著水平。

因此，汉语特指问句中，难易度判断与习得效果之间存在一定的关联，难易度判断越高，习得效果越差，也越晚习得，但这种关联性较弱，未达到显著水平。

5. 汉语选择问句的第二语言习得与认知研究

5.1 汉语选择问句的第二语言习得过程和表现

5.1.1 学习者语言系统中汉语选择问句的偏误类型与分布特征

5.1.1.1 选择问句偏误的分布特征

我们分别对五项个案研究中的选择问句进行了鉴别，确定正确与偏误语料，并对其中的偏误语料做了数据统计，包括不同个案研究被试在不同阶段的偏误频次、使用频次和正确率，以观察偏误的分布特征。下表列出五项个案研究中选择问句的偏误频次、使用频次与正确率简表，个案被试在不同阶段的偏误频次和使用频次的详细数据请参见附表3～12。

表5-1 个案研究汉语选择问句的偏误频次、使用频次与正确率简表

被试	A（18次）			L（15次）			J（15次）			C（16次）			Y（14次）		
类型	偏误频次	使用频次	正确率（%）	偏误频次	使用频次	正确率（%）	偏误频次	使用频次	正确率（%）	偏误频次	使用频次	正确率（%）	偏误频次	使用频次	正确率（%）
T19	7	7	0.00	4	4	0.00	2	3	33.33	1	3	66.67	0	5	100.00
T20	5	8	37.50	1	2	50.00	1	1	0.00	2	2	0.00	1	6	83.33
T21	1	1	0.00	0	2	100	0	0	—	1	1	0.00	0	0	—
T22	0	0	—	0	0	—	0	0	—	0	0	—	0	0	—
T23	0	0	—	0	0	—	0	0	—	0	0	—	0	1	100.00

由表可知：

（1）从总体来看，选择问句的出现频次很少，一般只集中在T19，T20两种基本句式上（也没有超过十次），其他三种句式几乎都没有出现。

（2）选择问句的正确率普遍较低，只有Y例外，其正确率达到

80%以上，表明选择问句的习得难度远高于是非问句和特指问句，在疑问句系统中属于难度较高的类型。

（3）从时段分布来看，偏误在考察期内不定期地出现，没有一定的规律，学习者对选择问句的习得情况并未随着时间的推移而有所改善，这也印证了其难度（参附表3～12）。

5.1.1.2 选择问句的主要偏误类型

（1）语码转换或语码混杂

T19：Fried or boiled?（A，P1）

英汉语码转换，应是：炸还是煮（指鸡蛋）?

T19：你去过吗？去过了 or 去过？（A，P4）

该学习者不知道选择问句应使用“还是”作为连接词，因此借助于母语表达方式，出现语码混杂现象，是一种有意的母语迁移，属于补偿性的交际策略，这种现象在另一英语母语者L的学习过程中也出现了。应是：你去过吗？去过了还是去过?

（2）遗漏偏误

主要是遗漏连接词。例如：

T19：Yeh，我们，我们换计划变计划？（A，P9）

选择问句缺少连接词“还是”。应是：我们换计划还是变计划?

T19：（J，P15）

J：嗯，死了，我会，我刚才要去那边……老师你妈妈头发长短？

T：短的，比我的还短。

连接词“还是”遗漏。应是：……老师你妈妈头发长还是短?

T20：这真的这假的？（C，P7）

选择问句连接词“还是”遗漏，同时遗漏判断动词“是”。应是：这是真的还是假的?

还有一部分属于选择问句选择项残缺。例如：

T19：这个考试不太难还是？（L，P13）

选择问句选择项残缺。应是：这个考试不太难还是很难?

（3）误加偏误

主要是句尾误加疑问语气词“吗”。例如：

T19：你去北京还是上海吗？（A，P12）

句尾误加疑问语气词“吗”。应是：你去北京还是上海？

（4）误代偏误

选择问句的误代偏误主要是误用连接词。例如：

T19：你去，你也去或者不去？（A，P11）

选择问句的连接词“还是”误用为“或者”。应是：你也去还是不去？

T19：老师们或者学生？（A，P12）

选择问句的连接词“还是”误用为“或者”。应是：老师们还是学生？

T20：这个是口语也是写的？（A，P5）

选择问句的连接词“还是”误用为“也是”。应是：这个是口语还是书面语？

选择问句的连接词始终是一个难点，即使是语言水平较高的Y，也会出现偏误，只是他有较强的监控意识（monitor），因此常常能自我更正。如下例：

T20：这个是商业或是、或者、啊还是这个艺术？（Y，P9）

（5）选择项结构不对称

T19：他们快乐还是哭？（J，P12）

选择问句选择项不对应。应是：他们快乐还是悲伤/不快乐？

T20：这个，这是这个学校的，还是别的代表？（A，P16）

选择问句选择项不对应。应是：这是这个学校的代表还是别的学校的代表？

T21：（C，P10）

T：青马。在起跑线上，小马信心十足地想：我一定跑得快快的，成为长跑冠军，最后，枪声响了，几十只马就像离弦的箭一样冲了出去，小马和小红马跑在最前面，奋力争夺着冠军。谁和谁跑在最前面？

C：嗯……灰马？白马？红色马？

选择问句选择项结构不对称。应是：嗯……灰马？白马？红马？

（6）用是非问句代替选择问句

由于选择问句的难度高于是非问句，学习者常常会用简单的是非问句来代替选择问句。例如：

T19：（C，P8）

T：哪个呀？

C：就这个，弄怕？不怕？

以两个语调是非问句代替。应是：怕还是不怕？

T20：你是中国人吗？你是韩国人吗？（C，P6）

以两个“吗”是非问句代替。应是：你是中国人还是韩国人？

5.1.2 汉语选择问句的第二语言习得顺序

（1）汉语选择问句的第二语言习得基本表现

我们首先对语言测试中汉语选择问句的相关测试结果进行了统计，计算了五小类选择问句的测试得分均值和平均正确率，结果如下表所示。

表5-2 全体被试选择问句测试的得分均值与平均正确率一览表

汉语疑问句类型	全体得分均值	全体平均正确率
T19. P还是Q?	1.71	0.86
T20. 是P还是Q?	1.62	0.81
T21. P1，（P2，P3……），Q?	1.22	0.61
T22. 选择问+呢?	1.28	0.64
T23. 选择问+啊?	1.60	0.80

（2）汉语选择问句的第二语言习得顺序

依据测试平均正确率排出选择问句的第二语言习得顺序如下。

表5-3 全体被试选择问句的习得顺序一览表（按测试平均正确率排序）

汉语疑问句类型	全体正确率	全体排序
T19. P还是Q?	0.855	1
T20. 是P还是Q?	0.810	2
T23. 选择问+啊?	0.800	3
T22. 选择问+呢?	0.640	4
T21. P1，（P2，P3……），Q?	0.610	5

5.2　汉语选择问句第二语言习得过程中的影响因素

5.2.1　母语背景因素——不同母语背景学习者汉语选择问句第二语言习得的对比

（1）不同母语背景学习者汉语选择问句的第二语言习得基本表现

我们对语言测试中不同母语背景学习者汉语选择问句的相关测试结果分别进行了统计，计算了五小类选择问句的测试得分均值和平均正确率，结果如下。

表 5－4　不同母语背景的第二语言学习者选择问句测试的得分均值与平均正确率一览表

疑问句类型	韩语均值	韩语正确率	日语均值	日语正确率	英语均值	英语正确率	其他印欧均值	其他印欧正确率	其他亚洲均值	其他亚洲正确率
T19	1.77	0.89	1.65	0.83	1.62	0.81	1.70	0.85	1.67	0.84
T20	1.72	0.86	1.70	0.85	1.47	0.74	1.49	0.75	1.71	0.86
T21	1.19	0.60	1.17	0.59	1.19	0.60	1.26	0.63	1.29	0.65
T22	1.44	0.72	1.30	0.65	1.04	0.52	1.13	0.57	1.38	0.69
T23	1.62	0.81	1.43	0.72	1.55	0.78	1.63	0.82	1.67	0.84

（2）不同母语背景学习者汉语选择问句的第二语言习得顺序

依据测试平均正确率排出不同母语背景学习者选择问句的习得顺序如下。

表 5－5　不同母语背景的第二语言学习者选择问句的习得顺序一览表

（按测试平均正确率排序）

汉语疑问句类型	韩语排序	日语排序	英语排序	其他印欧语言排序	其他亚洲语言排序
T19. P 还是 Q?	1	2	1	1	2.5
T20. 是 P 还是 Q?	2	1	3	3	1
T21. P1，（P2，P3……），Q?	5	5	4	4	5
T22. 选择问＋呢?	4	4	5	5	4
T23. 选择问＋啊?	3	3	2	2	2.5

（3）不同母语背景学习者汉语选择问句的第二语言习得情况对比的统计检验

我们分别统计了不同母语背景学习者汉语选择问句的测试得分均值之间的 Pearson 积差相关系数和排序之间的 Spearman 等级相关系数，结果如表 5-6 所示。

表 5-6 不同母语背景学习者汉语选择问句测试结果之间的相关分析表

（a）测试得分均值之间的 Pearson 积差相关分析

		韩语均值	日语均值	英语均值	印欧均值	亚洲均值	全体均值
韩语均值	Pearson Correlation	1	0.948*	0.791	0.776	0.949*	0.951*
	Sig.（2-tailed）	.	0.014	0.111	0.123	0.014	0.013
	N	5	5	5	5	5	5
日语均值	Pearson Correlation	0.948*	1	0.765	0.721	0.912*	0.912*
	Sig.（2-tailed）	0.014	.	0.132	0.170	0.031	0.031
	N	5	5	5	5	5	5
英语均值	Pearson Correlation	0.791	0.765	1	0.994**	0.886*	0.941*
	Sig.（2-tailed）	0.111	0.132	.	0.001	0.045	0.017
	N	5	5	5	5	5	5
印欧均值	Pearson Correlation	0.776	0.721	0.994**	1	0.859	0.929*
	Sig.（2-tailed）	0.123	0.170	0.001	.	0.062	0.023
	N	5	5	5	5	5	5
亚洲均值	Pearson Correlation	0.949*	0.912*	0.886*	0.859	1	0.971**
	Sig.（2-tailed）	0.014	0.031	0.045	0.062	.	0.006
	N	5	5	5	5	5	5
全体均值	Pearson Correlation	0.951*	0.912*	0.941*	0.929*	0.971**	1
	Sig.（2-tailed）	0.013	0.031	0.017	0.023	0.006	.
	N	5	5	5	5	5	5

*. Correlation is significant at the 0.05 level（2-tailed）.

**. Correlation is significant at the 0.01 level（2-tailed）.

（b）排序之间的 Spearman 等级相关分析

			韩语排序	日语排序	英语排序	其他印欧	其他亚洲	全体排序
Spearman's rho	韩语排序	Correlation Coefficient	1.000	0.900*	0.800	0.800	0.821	1.000**
		Sig.（2-tailed）	.	0.037	0.104	0.104	0.089	.
		N	5	5	5	5	5	5
	日语排序	Correlation Coefficient	0.900*	1.000	0.600	0.600	0.975**	0.900*
		Sig.（2-tailed）	0.037	.	0.285	0.285	0.005	0.037
		N	5	5	5	5	5	5
	英语排序	Correlation Coefficient	0.800	0.600	1.000	1.000**	0.564	0.800
		Sig.（2-tailed）	0.104	0.285	.	.	0.322	0.104
		N	5	5	5	5	5	5

（续表）

			韩语排序	日语排序	英语排序	其他印欧	其他亚洲	全体排序
Spearman's rho	其他印欧	Correlation Coefficient	0.800	0.600	1.000**	1.000	0.564	0.800
		Sig.（2-tailed）	0.104	0.285	.	.	0.322	0.104
		N	5	5	5	5	5	5
	其他亚洲	Correlation Coefficient	0.821	0.975**	0.564	0.564	1.000	0.821
		Sig.（2-tailed）	0.089	0.005	0.322	0.322	.	0.089
		N	5	5	5	5	5	5
	全体排序	Correlation Coefficient	1.000**	0.900*	0.800	0.800	0.821	1.000
		Sig.（2-tailed）	.	0.037	0.104	0.104	0.089	.
		N	5	5	5	5	5	5

*. Correlation is significant at the .05 level（2-tailed）.

**. Correlation is significant at the .01 level（2-tailed）.

测试得分均值之间的 Pearson 积差相关分析表明：不同母语背景学习者汉语选择问句的测试得分均值之间有些存在显著正相关。它们是：韩语组与日语组、其他亚洲组存在显著相关，日语组与其他亚洲组存在显著相关，英语组与其他印欧系语言组、其他亚洲组存在显著相关，所有的母语背景组都与全体存在显著相关。从相关系数观察，其相关性高，关系明显。即某一句式若某种母语背景的学习者习得效果好，那么与之存在正相关的其他母语背景的学习者习得效果也好，反之亦然。

各组排序之间的 Spearman 等级相关分析表明：不同母语背景学习者汉语选择问句的习得顺序之间有些存在显著正相关。它们是：日语组与韩语组、其他亚洲组存在显著相关，英语组与其他印欧系语言组存在显著相关，韩语组和日语组分别与全体存在显著相关。从相关系数观察，其相关性很高，关系十分密切，即日韩背景学习者汉语选择问句的习得顺序是高度一致的，而他们与英语背景学习者的顺序虽有一定相关，但并未达到显著水平。

（4）母语背景对选择问句内部五类句式习得效果的影响

为了考察母语背景对选择问句内部各种句式的习得效果是否构成显著影响，我们又进一步对各母语背景组在选择问句内部每一类句式上的测试得分均值进行了单因素方差分析，结果如下表所示。

表 5-7　不同母语背景学习者选择问句五类句式习得效果单因素方差分析结果

疑问句类型	方差分析结果		多重比较结果	
	F	P	有显著差异的组别	说　明
T19	1.582	0.178		各组无显著差异
T20	3.435	0.009	1—3	韩语组显著高于英语组
T21	0.427	0.789		各组无显著差异
T22	5.423	0.000	1—3、4	韩语组显著高于英语组、其他印欧组
T23	0.873	0.480		各组无显著差异

统计结果表明，母语背景对选择问句内部的两类句式（T20，T22）的习得效果构成极其显著的影响，而观察多重比较结果，发现韩语组在这两类选择问句的习得表现上显著优于英语组，而其他组别之间没有显著差异。选择问句内部其他三类句式（T19，T21，T23）的习得效果在不同母语背景的学习者之间并无显著差异。

（5）母语背景因素小结

母语背景对选择问句内部两类句式的习得效果构成极其显著的影响，韩语背景的学习者在这两类选择问句的习得上显著优于英语背景的学习者；而其他三类句式的习得效果没有发现显著差异。

同时，不同母语背景的学习者之间还是表现出对选择问句习得的某些一致倾向，表现有二：一是习得效果好坏的一致性，二是习得顺序的一致性，但这种一致性只体现在韩日背景学习者之间，英语背景学习者与韩日背景学习者没有表现出显著的相关性。

母语背景因素对选择问句习得的影响与前述是非问句、特指问句的情况有所不同，结合前面的偏误考察，我们认为这很可能是因为选择问句的习得难度显著大于是非问句和特指问句造成的。在难度较低的句式上，各母语背景学习者的习得效果不同，一般是韩日背景学习者优于英语背景学习者，但同时表现出习得效果好坏和习得顺序的一致倾向；而一旦难度提高，韩日背景学习者的优势体现得便不再那么明显（有些句式显著优于英语背景，有些则与后者无显著差异），同时韩日背景学习者与英语背景学习者在习得顺序上的分歧也开始增加，而韩日背景学习者之间仍然比较一致。换言之，母语背景对第二语言习得的影响与习得难度之间存在交互作用。

5.2.2 语言水平因素

（1）不同语言水平学习者汉语选择问句的第二语言习得基本表现

我们对语言测试中不同语言水平学习者汉语选择问句的相关测试结果分别进行了统计，计算了五小类选择问句的测试得分均值和平均正确率，结果如表 5－8。

表 5－8 初、中、高不同语言水平的第二语言学习者选择问句测试的得分均值与平均正确率一览表

汉语疑问句类型	初级均值	初级正确率	中级均值	中级正确率	高级均值	高级正确率
T19. P 还是 Q?	1.37	0.69	1.79	0.90	1.93	0.97
T20. 是 P 还是 Q?	1.23	0.62	1.73	0.87	1.85	0.93
T21. P1，（P2，P3……），Q?	0.95	0.48	1.25	0.63	1.43	0.72
T22. 选择问＋呢?	0.84	0.42	1.31	0.66	1.68	0.84
T23. 选择问＋啊?	1.31	0.66	1.63	0.82	1.85	0.93

（2）不同语言水平学习者汉语选择问句的第二语言习得顺序

依据测试平均正确率排出不同语言水平学习者选择问句的习得顺序如下。

表 5－9 不同语言水平的第二语言学习者选择问句的习得顺序一览表（按测试平均正确率排序）

汉语疑问句类型	初级排序	中级排序	高级排序	全体排序
T19. P 还是 Q?	1	1	1	1
T20. 是 P 还是 Q?	3	2	2.5	2
T21. P1，（P2，P3……），Q?	4	5	5	5
T22. 选择问＋呢?	5	4	4	4
T23. 选择问＋啊?	2	3	2.5	3

（3）不同语言水平学习者汉语选择问句的第二语言习得情况对比的统计检验

我们分别统计了不同语言水平学习者汉语选择问句的测试得分均值之间的 Pearson 积差相关系数和排序之间的 Spearman 等级相关系数，结果如表 5－10。

表 5-10 不同语言水平学习者汉语选择问句测试结果之间的相关分析表

(a) 测试得分均值之间的 Pearson 积差相关分析

		初级均值	中级均值	高级均值	全体均值
初级均值	Pearson Correlation	1	0.933*	0.803	0.953*
	Sig. (2-tailed)	.	0.021	0.102	0.012
	N	5	5	5	5
中级均值	Pearson Correlation	0.933*	1	0.922*	0.994**
	Sig. (2-tailed)	0.021	.	0.026	0.001
	N	5	5	5	5
高级均值	Pearson Correlation	0.803	0.922*	1	0.935*
	Sig. (2-tailed)	0.102	0.026	.	0.020
	N	5	5	5	5
全体均值	Pearson Correlation	0.953*	0.994**	0.935*	1
	Sig. (2-tailed)	0.012	0.001	0.020	.
	N	5	5	5	5

*. Correlation is significant at the 0.05 level (2-tailed).

* *. Correlation is significant at the 0.01 level (2-tailed).

(b) 排序之间的 Spearman 等级相关分析

			初级排序	中级排序	高级排序	全体排序
Spearman's rho	初级排序	Correlation Coefficient	1.000	0.800	0.872	0.800
		Sig. (2-tailed)	.	0.104	0.054	0.104
		N	5	5	5	5
	中级排序	Correlation Coefficient	0.800	1.000	0.975**	1.000**
		Sig. (2-tailed)	0.104	.	0.005	.
		N	5	5	5	5
	高级排序	Correlation Coefficient	0.872	0.975**	1.000	0.975**
		Sig. (2-tailed)	0.054	0.005	.	0.005
		N	5	5	5	5
	全体排序	Correlation Coefficient	0.800	1.000**	0.975**	1.000
		Sig. (2-tailed)	0.104	.	0.005	.
		N	5	5	5	5

* *. Correlation is significant at the .01 level (2-tailed).

测试得分均值之间的 Pearson 积差相关分析表明：不同语言水平学习者汉语选择问句的测试得分均值除初级组和高级组之间无显著相关外，均存在显著的正相关，从相关系数观察，其相关性很高，关系十分密切。即若某种语言水平的学习者对某一句式的习得效果好，那么其他语言水平的学习者的习得效果也好，反之亦然。

各组排序之间的 Spearman 等级相关分析表明：不同语言水平学习者汉语选择问句的习得顺序之间一般存在极其显著的正相关，从相关系数观察，其相关性很高，关系十分密切，即不同语言水平学习者汉语选择问句的习得顺序是高度一致的。但是初级组与其他组之间没有显著相关。

（4）语言水平对选择问句内部五类句式习得效果的影响

为了考察语言水平对选择问句内部各种句式的习得效果是否构成显著影响，我们又进一步对各语言水平组在选择问句内部每一类句式上的测试得分均值进行了单因素方差分析，结果如下表。

表5－11　不同语言水平学习者选择问句五类句式习得效果单因素方差分析结果

疑问句类型	方差分析结果		多重比较结果	
	F	P	有显著差异的组别	说　明
T19	51.809	0.000	1—2，1—3，2—3	三级之间均有显著差异，初中高成绩依次显著更高
T20	41.219	0.000	1—2，1—3	初级显著低于中级、高级
T21	22.377	0.000	1—2，1—3，2—3	三级之间均有显著差异，初中高成绩依次显著更高
T22	49.228	0.000	1—2，1—3，2—3	三级之间均有显著差异，初中高成绩依次显著更高
T23	29.894	0.000	1—2，1—3，2—3	三级之间均有显著差异，初中高成绩依次显著更高

统计结果表明，语言水平对选择问句内部的每一类句式的习得效果均有极其显著的影响。而观察多重比较结果，可以得到极为一致的差异倾向，即三级之间均有显著差异，初中高成绩依次显著更高。只有T20例外，其初级显著低于中级、高级，而中高级之间并无显著差异。

（5）语言水平因素小结

语言水平对选择问句内部五类句式的习得效果构成极其显著的影响，同时不同语言水平学习者之间还是表现出对选择问句习得的一致倾向，表现有二：一是习得效果好坏的一致性，二是习得顺序的一致性。语言水平因素对选择问句习得的影响与是非问句、特指问句是一致的。

5.2.3　语言特征因素

5.2.3.1　肯定与否定形式的因素

（1）汉语选择问句肯定与否定形式的第二语言习得基本表现

我们对语言测试中汉语选择问句肯定与否定形式的相关测试结果分

别进行了统计，计算其测试得分总和与均值（平均正确率），结果如下。

表 5－12　全体被试选择问句测试肯定形式与否定形式均值对照表

汉语疑问句类型		全体被试得分				
		肯定式		否定式		总计
		总和	均值	总和	均值	均值
选择问句类	T19. P 还是 Q?	383	0.95	304	0.76	0.86
	T20. 是 P 还是 Q?	353	0.88	298	0.74	0.81
	T21. P1，（P2，P3……），Q?	129	0.32	360	0.90	0.61
	T22. 选择问＋呢?	248	0.62	267	0.66	0.64
	T23. 选择问＋啊?	353	0.88	292	0.73	0.80

（2）汉语选择问句肯定与否定形式第二语言习得情况对比的统计检验与结论

对语言测试中汉语选择问句肯定与否定形式的均值进行配对 T 检验，肯定形式均值为 0.730 0，否定形式均值为 0.758 0，T＝－0.195，P＝0.855，二者无显著差异，表明肯定与否定形式的因素并未对汉语选择问句的习得效果造成显著影响。

5.2.3.2　跨类疑问词因素——“啊、呢”的影响

分析前面统计所得的选择问句测试的得分均值与平均正确率，以及按测试平均正确率排序的选择问句习得顺序，发现在选择问句中，疑问语气词“啊”的附加增加了一些习得难度，T23 的平均正确率为 80%，在选择问句的习得顺序中位列第三，属于有一定难度的类型；而疑问语气词“呢”的附加更是增加了习得难度，T22 的平均正确率为 64%，在选择问句的习得顺序中位列第四，难度较高。这可能是由于选择问句虽然也主要采用词汇手段（连接词）作为疑问标记，但需要学习者选定两个备选项，再用连接词连接，本身难度较大，如果再复用语法手段，比如添加疑问语气词“呢、啊”，自然会增加习得难度。

5.2.3.3　疑问度因素

（1）汉语选择问句疑问度的基本表现

我们对疑问度母语者评价量表调查结果中汉语选择问句的相关数据进行了统计，计算了五小类选择问句的疑问度均值（包括肯定形式、否定形式和总体），结果如下。

表 5-13 选择问句疑问度母语者评价量表调查结果基本数据表

汉语疑问句类型		中国学生疑问度					
		肯定式		否定式		总计	
		总和	均值	总和	均值	总和	均值
选择问句类	T19. P 还是 Q?	149	2.01	156	2.11	305	2.06
	T20. 是 P 还是 Q?	152	2.05	144	1.95	296	2.00
	T21. P1，（P2，P3……），Q?	124	1.68	142	1.92	266	1.80
	T22. 选择问 + 呢?	151	2.04	151	2.04	302	2.04
	T23. 选择问 + 啊?	141	1.91	147	1.99	288	1.95

（2）汉语选择问句疑问度的排序

依据疑问度均值（总体），排定汉语选择问句疑问度的顺序如下。

表 5-14 选择问句疑问度排序

汉语疑问句类型	疑问度排序
T19. P 还是 Q?	5
T20. 是 P 还是 Q?	3
T21. P1，（P2，P3……），Q?	1
T22. 选择问 + 呢?	4
T23. 选择问 + 啊?	2

（3）汉语选择问句肯定与否定形式疑问度对比

对汉语选择问句肯定与否定形式的疑问度均值进行配对 T 检验，肯定形式均值为 1.938 0，否定形式均值为 2.002 0，T = -1.136，P = 0.320，二者无显著差异，表明肯定与否定形式的因素并未对汉语选择问句的疑问度造成显著影响。

（4）汉语选择问句疑问度与习得效果的相关性

我们分别统计了汉语选择问句疑问度与习得效果之间的相关系数，疑问度总体均值与测试平均正确率之间的 Pearson 积差相关系数为 0.578（P = 0.307），二者存在一定的相关性，但在统计上并未达到显著水平。疑问度总体顺序与测试习得顺序之间的 Spearman 等级相关系数为 -0.700（P = 0.188），二者也未达到显著相关。

（5）疑问度因素小结

汉语选择问句中，肯定与否定形式的因素对疑问度没有显著影响，同时，疑问度与习得效果之间未发现有显著关联。

5.2.4 语言认知因素：难易度判断

（1）汉语选择问句难易度判断的基本表现

我们对难易度判断调查结果中汉语选择问句的相关数据进行了统计，计算了五小类选择问句的难易度判断均值（包括中国学生、中国教师和外国学生三类被试），结果如下。

表 5－15　选择问句难易度调查结果基本数据表

汉语疑问句类型		中国学生难易度		中国教师难易度		外国学生难易度	
		总和	均值	总和	均值	总和	均值
选择问句类	T19. P 还是 Q?	122	2.22	98	2.13	401	1.60
	T20. 是 P 还是 Q?	122	2.22	103	2.24	430	1.72
	T21. P1，（P2，P3……），Q?	117	2.13	131	2.85	413	1.65
	T22. 选择问 + 呢?	137	2.49	129	2.80	492	1.97
	T23. 选择问 + 啊?	153	2.78	146	3.17	539	2.16

（2）汉语选择问句难易度判断的排序

依据难易度判断均值，排定汉语选择问句难易度顺序如下。

表 5－16　选择问句难易度排序对照表

汉语疑问句类型	中国学生难易度排序	中国教师难易度排序	外国学生难易度排序
T19. P 还是 Q?	2.5	1	1
T20. 是 P 还是 Q?	2.5	2	3
T21. P1，（P2，P3……），Q?	1	4	2
T22. 选择问 + 呢?	4	3	4
T23. 选择问 + 啊?	5	5	5

（3）汉语选择问句的难易度判断与学习者习得效果之间的相关性考察

我们分别统计了选择问句难易度判断（中国学生、中国教师和外国学生的难易度）与习得效果之间的相关系数，包括均值之间的 Pearson 积差相关系数和排序之间的 Spearman 等级相关系数，结果如表 5－17 所示。

表 5－17 汉语选择问句的难易度判断与学习者习得效果之间的相关分析结果表

（a）难易度判断均值与习得效果均值（平均正确率）之间的 Pearson 积差相关分析

组别	Pearson 积差相关系数	显著性（双侧检验）
习得效果—中国学生难易度	0.129	0.836
习得效果—中国教师难易度	－0.514	0.375
习得效果—外国学生难易度	－0.056	0.929

（b）难易度判断排序与习得顺序之间的 Spearman 等级相关分析

组别	Spearman 等级相关系数	显著性（双侧检验）
习得顺序—中国学生难易度排序	－0.154	0.805
习得顺序—中国教师难易度排序	0.700	0.188
习得顺序—外国学生难易度排序	0.300	0.624

难易度判断均值与习得效果均值之间的 Pearson 积差相关分析表明：汉语选择问句难易度判断均值与习得效果均值之间存在一定的相关性（多为负相关，即疑问句的难易度判断越高，习得效果越差），但统计上未达到显著水平。

难易度判断排序与习得顺序之间的 Spearman 等级相关分析表明：三列疑问句难易度判断排序与习得顺序之间也存在一定的相关性（多为正相关，即疑问句的难易度判断序位越高，习得顺序序位也越高），但在统计上也并未达到显著水平。

因此，汉语选择问句中，难易度判断与习得效果之间存在一定的关联，难易度判断越高，习得效果越差，习得时间越晚，但这种关联性较弱，未达到显著水平。

6. 汉语正反问句的第二语言习得与认知研究

6.1 汉语正反问句的第二语言习得过程和表现

6.1.1 学习者语言系统中汉语正反问句的偏误类型与分布特征

6.1.1.1 正反问句偏误的分布特征

我们分别对五项个案研究中的正反问句进行了鉴别，确定正确与偏误语料，并对其中的偏误语料做了数据统计，包括不同个案研究被试在不同阶段的偏误频次、使用频次和正确率，以观察偏误的分布特征。下表列出五项个案研究正反问句的偏误频次、使用频次与正确率简表，个案被试在不同阶段的偏误频次和使用频次的详细数据请参见附表3～12。

表6－1 个案研究汉语正反问句的偏误频次、使用频次与正确率简表

被试	A（18次）			L（15次）			J（15次）			C（16次）			Y（14次）		
类型	偏误频次	使用频次	正确率（%）	偏误频次	使用频次	正确率（%）	偏误频次	使用频次	正确率（%）	偏误频次	使用频次	正确率（%）	偏误频次	使用频次	正确率（%）
T24	5	32	84.38	1	8	87.50	0	5	100.00	0	3	100.00	4	25	84.00
T25	4	11	63.64	2	5	60.00	0	1	100.00	1	2	50.00	0	13	100.00
T26	0	1	100.00	0	1	100	1	3	66.67	0	0	—	0	3	100.00
T27	9	23	60.87	1	2	50.00	1	2	50.00	0	0	—	0	5	100.00
T28	0	1	100.00	0	0	—	0	1	100.00	0	0	—	0	2	100.00
T29	0	0	—	0	0	—	0	0	—	0	0	—	0	0	—
T30	1	10	90.00	0	0	—	0	0	—	0	0	—	0	5	100.00
T31	4	5	20.00	0	2	100	0	0	—	0	1	100.00	0	23	100.00
T32	0	0	—	0	0	—	0	0	—	0	0	—	0	0	—
T33	0	0	—	0	0	—	1	1	0.00	0	0	—	1	15	93.33

由表可知：

(1) 从总体来看，正反问句尽管类别较多，但其出现频次很少，尤其是L，J，C，几乎没有使用什么正反问句。

(2) 正反问句的使用一般只集中在T24，T25两种基本句式上，T31也有一定的使用，而其他几种句式的出现频次都极少，甚至为零。

(3) 正反问句的正确率普遍不高，只有Y例外，达到80%以上，表明正反问句的习得难度远高于是非问句和特指问句，在疑问句系统中属于难度较高的类型。

(4) 从时段分布来看，偏误在考察期内不定期地出现，没有一定的规律，对正反问句的习得情况并未随着时间的推移而有所改善，这也印证了其难度。这一情况与前面对选择问句的分析是类似的。显然正反问句和选择问句的难度级别与是非问句、特指问句不在一个层次上（参附表3~12）。

6.1.1.2　正反问句的主要偏误类型

(1) 遗漏偏误

主要是正反问句对应形式残缺。例如：

T24：你知道不立冬的意思？（Y，P12）

正反问句对应形式残缺，应是：你知道不知道立冬的意思？

T33：你知道不他是谁啊？（Y，P12）

正反问句对应形式残缺，应是：你知道不知道他是谁啊？

T33：那老师——小猴聪不聪明啊？（J，P12）

正反问句对应形式不完整。应是：那老师——小猴聪明不聪明啊？

(2) 误加偏误

有句尾误加“吗”、正反问句重叠部分冗余等偏误形式，主要是正反问句重叠部分冗余，但这种偏误并不多见。例如：

T26：你猜第三天熊妈妈回来了没有回来了？（J，P11）

正反问句重叠部分冗余，应是：你猜第三天熊妈妈回来了没有？

(3) 疑问焦点错置

正反问句是在确定疑问焦点的前提下将焦点肯定否定重叠，正反问的主要偏误都集中在疑问焦点的错置上。例如：

T27：跟你看这图画，小马听了松鼠妈妈说后，想黄牛大哥长得又

高又大，而松鼠弟弟长得那么小，看来我还是得自己试试，那他……他……想要试试不试试？（J，P9）

应是：……他想不想要试试？

T27：你能看见不看见？（A，P8）

正反问句疑问焦点错置。应是：你能不能看见？

（4）用其他较为容易的形式代替正反问句

由于正反问句的难度较高，学习者常常会用其他较为容易的形式来代替正反问句。例如：

你看不懂看不懂？（A，P8）

用两个可能补语的否定式叠加，代替可能补语肯定否定形式叠加的正反问句。应是：你看得懂看不懂？

T27：是，我想可能上课的时候练习用打电话，有意思？（A，P8）

以语调是非问句代替正反问句。应是：……会不会更有意思？

6.1.2 汉语正反问句的第二语言习得顺序

（1）汉语正反问句的第二语言习得基本表现

我们首先对语言测试中汉语正反问句的相关测试结果进行了统计，计算了10小类正反问句的测试得分均值和平均正确率，结果如下表所示。

表6-2 全体被试正反问句测试的得分均值与平均正确率一览表

汉语疑问句类型	全体得分均值	全体平均正确率
T24. “X不X”问句	1.56	0.78
T25. “X没X”问句	1.29	0.65
T26. VP/AP（了）不/没有？	1.62	0.81
T27. 助不助+VP/AP？	1.71	0.86
T28. “是不是”+VP/AP？	2.26	0.75
T29. “有没有”+VP/AP？	1.54	0.77
T30. “是不是”附加式正反问句	1.45	0.73
T31. 其他附加式正反问句	1.82	0.91
T32. 正反问+呢？	0.95	0.48
T33. 正反问+啊？	1.18	0.59

（2）汉语正反问句的第二语言习得顺序

依据测试平均正确率排出正反问句的第二语言习得顺序如下。

表 6-3　全体被试正反问句的习得顺序一览表（按测试平均正确率排序）

汉语疑问句类型	全体正确率	全体排序
T31. 其他附加式正反问句	0.910	1
T27. 助不助 + VP/AP?	0.855	2
T26. VP/AP（了）不/没有?	0.810	3
T24. “X 不 X”问句	0.780	4
T29. “有没有” + VP/AP?	0.770	5
T28. “是不是” + VP/AP?	0.753	6
T30. “是不是”附加式正反问句	0.725	7
T25. “X 没 X”问句	0.645	8
T33. 正反问 + 啊?	0.590	9
T32. 正反问 + 呢?	0.475	10

6.2　汉语正反问句第二语言习得过程中的影响因素

6.2.1　母语背景因素——不同母语背景学习者汉语正反问句第二语言习得的对比

（1）不同母语背景学习者汉语正反问句的第二语言习得基本表现

我们对语言测试中不同母语背景学习者汉语正反问句的相关测试结果分别进行了统计，计算了 10 小类正反问句的测试得分均值和平均正确率，结果如下。

表 6-4　不同母语背景的第二语言学习者正反问句测试的得分均值与平均正确率一览表

疑问句类型	韩语均值	韩语正确率	日语均值	日语正确率	英语均值	英语正确率	其他印欧均值	其他印欧正确率	其他亚洲均值	其他亚洲正确率
T24	1.70	0.85	1.70	0.85	1.36	0.68	1.45	0.73	1.53	0.77
T25	1.34	0.67	1.52	0.76	1.21	0.61	1.18	0.59	1.36	0.68
T26	1.85	0.93	1.74	0.87	1.17	0.59	1.46	0.73	1.76	0.88
T27	1.85	0.93	1.87	0.94	1.45	0.73	1.54	0.77	1.89	0.95
T28	2.42	0.81	2.09	0.70	1.91	0.64	2.13	0.71	2.56	0.85

（续表）

疑问句类型	韩语均值	韩语正确率	日语均值	日语正确率	英语均值	英语正确率	其他印欧均值	其他印欧正确率	其他亚洲均值	其他亚洲正确率
T29	1.72	0.86	1.57	0.79	1.33	0.67	1.38	0.69	1.51	0.76
T30	1.58	0.79	1.57	0.79	1.31	0.66	1.19	0.60	1.62	0.81
T31	1.92	0.96	1.87	0.94	1.64	0.82	1.75	0.88	1.84	0.92
T32	1.23	0.62	0.96	0.48	0.53	0.27	0.79	0.40	0.89	0.45
T33	1.44	0.72	1.26	0.63	0.81	0.41	0.93	0.47	1.22	0.61

（2）不同母语背景学习者汉语正反问句的第二语言习得顺序

依据测试平均正确率排出不同母语背景学习者正反问句的习得顺序如下。

表6-5 不同母语背景的第二语言学习者正反问句的习得顺序一览表
（按测试平均正确率排序）

汉语疑问句类型	韩语排序	日语排序	英语排序	其他印欧语言排序	其他亚洲语言排序
T24. “X不X”问句	5	4	3	4	6
T25. “X没X”问句	9	7	7	8	8
T26. VP/AP（了）不/没有？	2.5	3	8	3	3
T27. 助不助+VP/AP?	2.5	1.5	2	2	1
T28. “是不是”+VP/AP?	6	8	6	5	4
T29. “有没有”+VP/AP?	4	5.5	4	6	7
T30. “是不是”附加式正反问句	7	5.5	5	7	5
T31. 其他附加式正反问句	1	1.5	1	1	2
T32. 正反问+呢？	10	10	10	10	10
T33. 正反问+啊？	8	9	9	9	9

（3）不同母语背景学习者汉语正反问句的第二语言习得情况对比的统计检验

我们分别统计了不同母语背景学习者汉语正反问句的测试得分均值之间的Pearson积差相关系数和排序之间的Spearman等级相关系数，结果如表6-6所示。

表 6-6　不同母语背景学习者汉语正反问句测试结果之间的相关分析表

（a）测试得分均值之间的 Pearson 积差相关分析

		韩语均值	日语均值	英语均值	印欧均值	亚洲均值	全体均值
韩语均值	Pearson Correlation	1	0.884**	0.804**	0.918**	0.902**	0.961**
	Sig.（2-tailed）	.	0.001	0.005	0.000	0.000	0.000
	N	10	10	10	10	10	10
日语均值	Pearson Correlation	0.884**	1	0.911**	0.905**	0.899**	0.943**
	Sig.（2-tailed）	0.001	.	0.000	0.000	0.000	0.000
	N	10	10	10	10	10	10
英语均值	Pearson Correlation	0.804**	0.911**	1	0.925**	0.891**	0.932**
	Sig.（2-tailed）	0.005	0.000	.	0.000	0.001	0.000
	N	10	10	10	10	10	10
印欧均值	Pearson Correlation	0.918**	0.905**	0.925**	1	0.916**	0.979**
	Sig.（2-tailed）	0.000	0.000	0.001	.	0.000	0.000
	N	10	10	10	10	10	10
亚洲均值	Pearson Correlation	0.902**	0.899**	0.891**	0.916**	1	0.956**
	Sig.（2-tailed）	0.000	0.000	0.001	0.000	.	0.000
	N	10	10	10	10	10	10
全体均值	Pearson Correlation	0.961**	0.943**	0.932**	0.979**	0.956**	1
	Sig.（2-tailed）	0.000	0.000	0.000	0.000	0.000	.
	N	10	10	10	10	10	10

**. Correlation is significant at the 0.01 level（2-tailed）.

（b）排序之间的 Spearman 等级相关分析

			韩语排序	日语排序	英语排序	其他印欧	其他亚洲	全体排序
Spearman's rho	韩语排序	Correlation Coefficient	1.000	0.902**	0.736*	0.948**	0.857**	0.973**
		Sig.（2-tailed）	.	0.000	0.015	0.000	0.002	0.000
		N	10	10	10	10	10	10
	日语排序	Correlation Coefficient	0.902**	1.000	0.799**	0.921**	0.854**	0.951**
		Sig.（2-tailed）	0.000	.	0.006	0.000	0.002	0.000
		N	10	10	10	10	10	10
	英语排序	Correlation Coefficient	0.736*	0.799**	1.000	0.782**	0.697*	0.806**
		Sig.（2-tailed）	0.015	0.006	.	0.008	0.025	0.005
		N	10	10	10	10	10	10
	其他印欧	Correlation Coefficient	0.948**	0.921**	0.782**	1.000	0.927**	0.988**
		Sig.（2-tailed）	0.000	0.002	0.008	.	0.000	0.000
		N	10	10	10	10	10	10
	其他亚洲	Correlation Coefficient	0.857**	0.854**	0.697*	0.927**	1.000	0.891**
		Sig.（2-tailed）	0.002	0.002	0.025	0.000	.	0.001
		N	10	10	10	10	10	10

（续表）

			韩语排序	日语排序	英语排序	其他印欧	其他亚洲	全体排序
Spearman's rho	全体排序	Correlation Coefficient	0.973**	0.951**	0.806**	0.988**	0.891**	1.000
		Sig. (2-tailed)	0.000	0.000	0.005	0.000	0.001	.
		N	10	10	10	10	10	10

**. Correlation is significant at the .01 level (2-tailed).

*. Correlation is significant at the .05 level (2-tailed).

测试得分均值之间的 Pearson 积差相关分析表明：不同母语背景学习者汉语正反问句的测试得分均值之间均存在极其显著的正相关，从相关系数观察，其相关性很高，关系十分密切。即若某种母语背景的学习者对某一句式的习得效果好，那么其他母语背景的学习者习得效果也好，反之亦然。

各组排序之间的 Spearman 等级相关分析表明：不同母语背景学习者汉语正反问句的习得顺序之间均存在显著或极其显著的正相关，从相关系数观察，其相关性高，关系明显，即不同母语背景学习者汉语正反问句的习得顺序是高度一致的。

（4）母语背景对正反问句内部10类句式习得效果的影响

为了考察母语背景对正反问句内部各种句式的习得效果是否构成显著影响，我们又进一步对各母语背景组在正反问句内部每一类句式上的测试得分均值进行了单因素方差分析，结果如下表。

表6-7　不同母语背景学习者正反问句10类句式习得效果单因素方差分析结果

疑问句类型	方差分析结果		多重比较结果	
	F	P	有显著差异的组别	说　明
T24	7.020	0.000	1—3、4，2—3	韩语组显著高于英语组、其他印欧组，日语组显著高于英语组
T25	2.154	0.074		各组无显著差异
T26	18.860	0.000	3—1、2、5，1—4	英语组显著低于韩语组、日语组、其他亚洲组，韩语组显著高于其他印欧组
T27	12.456	0.000	3—1、2、5，4—1、2、5	英语组显著低于韩语组、日语组、其他亚洲组，其他印欧组显著低于韩语组、日语组、其他亚洲组
T28	6.834	0.000	3—1、5	英语组显著低于韩语组、其他亚洲组

（续表）

疑问句类型	方差分析结果		多重比较结果	
	F	P	有显著差异的组别	说　明
T29	7.337	0.000	1—3、4	韩语组显著高于英语组、其他印欧组
T30	6.071	0.000	1—3、4，4—5	韩语组显著高于英语组、其他印欧组，其他印欧组显著低于其他亚洲组
T31	6.689	0.000	1—3	韩语组显著高于英语组
T32	12.003	0.000	1—3、4	韩语组显著高于英语组、其他印欧组
T33	12.678	0.000	1—3、4，3—5	韩语组显著高于英语组、其他印欧组，英语组显著低于其他亚洲组

统计结果表明，母语背景对正反问句内部除T25以外的每一类句式的习得效果均有极其显著的影响。观察多重比较结果，基本可以得到极为一致的差异倾向：韩语组、日语组、其他亚洲语言组在正反问句的习得表现上显著优于英语组、其他印欧系语言组。而韩语组、日语组、其他亚洲语言组之间一般没有显著差异，英语组和其他印欧系语言组之间也没有显著差异。T25的习得效果在不同母语背景的学习者之间并无显著差异。

（5）母语背景因素小结

母语背景对正反问句内部9类句式的习得效果构成极其显著的影响，韩日背景的学习者在习得效果上显著优于英语背景学习者；而T25的习得效果在不同母语背景的学习者之间没有发现显著差异，该句式难度较大，正确率普遍较低，这一现象与前面讨论选择问句母语背景因素时的结论一致，即母语背景对第二语言习得的影响与习得难度之间存在交互作用。

同时，不同母语背景学习者之间表现出对正反问句习得的一致倾向，表现有二：一是习得效果好坏的一致性，二是习得顺序的一致性。这表明母语背景因素对习得的影响是有条件的，它可以影响具体的习得效果，却不会显著影响习得的发展轨迹。

6.2.2　语言水平因素

（1）不同语言水平学习者汉语正反问句的第二语言习得基本表现

我们对语言测试中不同语言水平学习者汉语正反问句的相关测试结果分别进行了统计，计算了10小类正反问句的测试得分均值和平均正确率，结果如下。

表 6-8 初、中、高不同语言水平的第二语言学习者正反问句测试的得分均值与平均正确率一览表

汉语疑问句类型	初级均值	初级正确率	中级均值	中级正确率	高级均值	高级正确率
T24. "X 不 X" 问句	1.25	0.63	1.58	0.79	1.85	0.93
T25. "X 没 X" 问句	0.90	0.45	1.31	0.66	1.66	0.83
T26. VP/AP（了）不/没有？	0.94	0.47	1.85	0.93	1.97	0.99
T27. 助不助 + VP/AP？	1.26	0.63	1.85	0.93	1.97	0.99
T28. "是不是" + VP/AP？	1.56	0.52	2.39	0.80	2.76	0.92
T29. "有没有" + VP/AP？	1.08	0.54	1.64	0.82	1.87	0.94
T30. "是不是" 附加式正反问句	0.97	0.49	1.52	0.76	1.83	0.92
T31. 其他附加式正反问句	1.48	0.74	1.94	0.97	1.99	1.00
T32. 正反问 + 呢？	0.33	0.17	0.93	0.47	1.56	0.78
T33. 正反问 + 啊？	0.56	0.28	1.17	0.59	1.79	0.90

（2）不同语言水平学习者汉语正反问句的第二语言习得顺序

依据测试平均正确率排出不同语言水平学习者正反问句的习得顺序如下。

表 6-9 不同语言水平的第二语言学习者正反问句的习得顺序一览表（按测试平均正确率排序）

汉语疑问句类型	初级排序	中级排序	高级排序	全体排序
T24. "X 不 X" 问句	3	6	5	4
T25. "X 没 X" 问句	8	8	9	8
T26. VP/AP（了）不/没有？	7	2.5	2.5	3
T27. 助不助 + VP/AP？	2	2.5	2.5	2
T28. "是不是" + VP/AP？	5	5	6	6
T29. "有没有" + VP/AP？	4	4	4	5
T30. "是不是" 附加式正反问句	6	7	7	7
T31. 其他附加式正反问句	1	1	1	1
T32. 正反问 + 呢？	10	10	10	10
T33. 正反问 + 啊？	9	9	8	9

（3）不同语言水平学习者汉语正反问句的第二语言习得情况对比统计检验

我们分别统计了不同语言水平学习者汉语正反问句的测试得分均值之间的 Pearson 积差相关系数和排序之间的 Spearman 等级相关系数，结果如表 6-10 所示。

表 6-10 不同语言水平学习者汉语正反问句测试结果之间的相关分析表

（a）测试得分均值之间的 Pearson 积差相关分析

		初级均值	中级均值	高级均值	全体均值
初级均值	Pearson Correlation	1	0.892**	0.790**	0.947**
	Sig.（2-tailed）	.	0.001	0.007	0.000
	N	10	10	10	10
中级均值	Pearson Correlation	0.892**	1	0.943**	0.988**
	Sig.（2-tailed）	0.001	.	0.000	0.000
	N	10	10	10	10
高级均值	Pearson Correlation	0.790**	0.943**	1	0.931**
	Sig.（2-tailed）	0.007	0.000	.	0.000
	N	10	10	10	10
全体均值	Pearson Correlation	0.947**	0.988**	0.931**	1
	Sig.（2-tailed）	0.000	0.000	0.000	.
	N	10	10	10	10

**. Correlation is significant at the 0.01 level（2-tailed）.

（b）排序之间的 Spearman 等级相关分析

			初级排序	中级排序	高级排序	全体排序
Spearman's rho	初级排序	Correlation Coefficient	1.000	0.815**	0.827**	0.879**
		Sig.（2-tailed）	.	0.004	0.003	0.001
		N	10	10	10	10
	中级排序	Correlation Coefficient	0.815**	1.000	0.976**	0.960**
		Sig.（2-tailed）	0.004	.	0.000	0.000
		N	10	10	10	10
	高级排序	Correlation Coefficient	0.827**	0.976**	1.000	0.973**
		Sig.（2-tailed）	0.003	0.000	.	0.000
		N	10	10	10	10
	全体排序	Correlation Coefficient	0.879**	0.960**	0.973**	1.000
		Sig.（2-tailed）	0.001	0.000	0.000	.
		N	10	10	10	10

**. Correlation is significant at the .01 level（2-tailed）.

测试得分均值之间的 Pearson 积差相关分析表明：不同语言水平学习者汉语正反问句的测试得分均值之间均存在极其显著的正相关，从相

关系数观察，其相关性很高，关系十分密切，即若某种语言水平的学习者对某一句式的习得效果好，那么其他语言水平的学习者的习得效果也好，反之亦然。

各组排序之间的 Spearman 等级相关分析表明：不同语言水平学习者汉语正反问句的习得顺序之间均存在极其显著的正相关，从相关系数观察，其相关性很高，关系十分密切，即不同语言水平学习者汉语正反问句的习得顺序是高度一致的。

（4）语言水平对正反问句内部 10 类句式习得效果的影响

为了考察语言水平对正反问句内部各种句式的习得效果是否构成显著影响，我们又进一步对各语言水平组在正反问句内部每一类句式上的测试得分均值进行了单因素方差分析，结果如下表。

表 6－11　不同语言水平学习者正反问句 10 类句式习得效果方差分析结果

疑问句类型	方差分析结果		多重比较结果	
	F	P	有显著差异的组别	说　明
T24	41.934	0.000	1—2，1—3，2—3	三级之间均有显著差异，初中高成绩依次显著更高
T25	53.200	0.000	1—2，1—3，2—3	三级之间均有显著差异，初中高成绩依次显著更高
T26	157.008	0.000	1—2，1—3，2—3	三级之间均有显著差异，初中高成绩依次显著更高
T27	82.374	0.000	1—2，1—3，2—3	三级之间均有显著差异，初中高成绩依次显著更高
T28	83.199	0.000	1—2，1—3，2—3	三级之间均有显著差异，初中高成绩依次显著更高
T29	65.395	0.000	1—2，1—3，2—3	三级之间均有显著差异，初中高成绩依次显著更高
T30	55.162	0.000	1—2，1—3，2—3	三级之间均有显著差异，初中高成绩依次显著更高
T31	66.427	0.000	1—2，1—3，2—3	三级之间均有显著差异，初中高成绩依次显著更高

（续表）

疑问句类型	方差分析结果		多重比较结果	
	F	P	有显著差异的组别	说　明
T32	98.197	0.000	1—2，1—3，2—3	三级之间均有显著差异，初中高成绩依次显著更高
T33	115.322	0.000	1—2，1—3，2—3	三级之间均有显著差异，初中高成绩依次显著更高

统计结果表明，语言水平对正反问句内部的每一类句式的习得效果均有极其显著的影响。而观察多重比较结果，可以得到极为一致的差异倾向，即三级之间均有显著差异，初中高成绩依次显著更高。

（5）语言水平因素小结

语言水平对正反问句内部10类句式的习得效果构成极其显著的影响，同时不同语言水平学习者之间表现出对正反问句习得的一致倾向，表现有二：一是习得效果好坏的一致性，二是习得顺序的一致性。语言水平因素对正反问句习得的影响与是非问句、特指问句、选择问句是一致的。

6.2.3　语言特征因素

6.2.3.1　肯定与否定形式的因素

（1）汉语正反问句肯定与否定形式的第二语言习得基本表现

我们对语言测试中汉语正反问句肯定与否定形式的相关测试结果分别进行了统计，计算其测试得分总和与均值（平均正确率），结果如下。

表6-12　全体被试正反问句测试肯定形式与否定形式均值对照表

汉语疑问句类型		全体被试得分				
		肯定式		否定式		总计
		总和	均值	总和	均值	均值
正反问句类	T24.“X不X”问句	379	0.94	250	0.62	0.78
	T25.“X没X”问句	343	0.85	177	0.44	0.65
	T26. VP/AP（了）不/没有？	323	0.80	328	0.82	0.81
	T27. 助不助＋VP/AP？	363	0.90	325	0.81	0.86
	T28.“是不是”＋VP/AP？	373	0.93	295	0.73	0.75
	T29.“有没有”＋VP/AP？	330	0.82	290	0.72	0.77

（续表）

汉语疑问句类型		全体被试得分				
		肯定式		否定式		总计
		总和	均值	总和	均值	均值
正反问句类	T30. “是不是”附加式正反问句	254	0.63	329	0.82	0.73
	T31. 其他附加式正反问句	372	0.93	360	0.90	0.91
	T32. 正反问＋呢？	226	0.56	154	0.38	0.48
	T33. 正反问＋啊？	278	0.69	195	0.49	0.59

（2）汉语正反问句肯定与否定形式第二语言习得情况对比的统计检验与结论

对语言测试中汉语正反问句肯定与否定形式的均值进行配对T检验，肯定形式均值为0.805 0，否定形式均值为0.673 0，T＝2.436*，P＝0.038。二者存在显著差异，表明肯定与否定形式的因素对汉语正反问句的习得效果造成了显著影响，从均值判断，肯定形式的习得效果要好于否定形式，显然，否定形式增加了习得难度，造成同类句式的正确率显著下降。

6.2.3.2 否定副词因素

正反问句是对疑问焦点肯定否定形式的重叠，其中必定涉及否定的问题，而汉语的否定主要通过否定副词“不”和“没（有）”来实现，那么，这两个否定副词对正反问句的习得会不会构成影响呢？我们细致考察了正反问句的测试得分均值和习得顺序，结合个案语料的分析，发现正反问句的各类句式中，先习得的、习得效果比较好的，基本上都是以否定副词“不”构成的句式（如：T24，T27，T31）。而以否定副词“没（有）”构成的句式一般都习得较晚，且习得效果不理想（如：T25，T29），与后附疑问语气词“啊、呢”的正反问句一起，成为正反问句中习得难度高的类型。这表明：第一，否定副词的习得难度有别，“没（有）”的难度大于“不”；第二，否定副词的习得难度对肯定否定重叠的正反问句的习得构成影响，以否定副词“没（有）”构成的句式难度大于以否定副词“不”构成的句式。

6.2.3.3 跨类疑问词因素——“啊、呢”的影响

分析前面统计所得的正反问句测试的得分均值与平均正确率，以及按测试平均正确率排序的正反问句习得顺序，发现在正反问句中，疑问

语气词“啊、呢”的附加大大增加了习得难度，T33 的平均正确率为59%，在正反问句的习得顺序中位列第九；T32 的平均正确率仅为47.5%，在正反问句的习得顺序中位列第十（最后），两种句式都是难度很高的类型。这是由于正反问句采用汉语特有的正反叠加的重叠语法手段作为疑问标记，本身难度较大，再复用语法手段，比如添加疑问语气词“呢、啊”，便会大大增加习得难度。

6.2.3.4 疑问度因素

（1）汉语正反问句疑问度的基本表现

我们对疑问度母语者评价量表调查结果中汉语正反问句的相关数据进行了统计，计算了 10 小类正反问句的疑问度均值（包括肯定形式、否定形式和总体）。

表 6－13 正反问句疑问度母语者评价量表调查结果基本数据表

汉语疑问句类型		中国学生疑问度					
		肯定式		否定式		总计	
		总和	均值	总和	均值	总和	均值
正反问句类	T24.“X 不 X”问句	155	2.09	145	1.96	300	2.03
	T25.“X 没 X”问句	142	1.92	132	1.78	274	1.85
	T26. VP/AP（了）不/没有？	126	1.70	130	1.76	256	1.73
	T27. 助不助＋VP/AP？	160	2.16	163	2.20	323	2.18
	T28.“是不是”＋VP/AP？	167	2.26	163	2.20	330	2.23
	T29.“有没有”＋VP/AP？	151	2.04	155	2.09	306	2.07
	T30.“是不是”附加式正反问句	157	2.12	145	1.96	302	2.04
	T31. 其他附加式正反问句	149	2.01	146	1.97	295	1.99
	T32. 正反问＋呢？	153	2.07	149	2.01	302	2.04
	T33. 正反问＋啊？	161	2.18	158	2.14	319	2.16

（2）汉语正反问句疑问度的排序

依据疑问度均值（总体），排定汉语正反问句疑问度的顺序如下：

表 6-14 正反问句疑问度排序

汉语疑问句类型	疑问度排序
T24. “X 不 X” 问句	4
T25. “X 没 X” 问句	2
T26. VP/AP（了）不/没有？	1
T27. 助不助 + VP/AP？	9
T28. “是不是” + VP/AP？	10
T29. “有没有” + VP/AP？	7
T30. “是不是” 附加式正反问句	5.5
T31. 其他附加式正反问句	3
T32. 正反问 + 呢？	5.5
T33. 正反问 + 啊？	8

(3) 汉语正反问句肯定与否定形式疑问度对比

对汉语正反问句肯定与否定形式的疑问度均值进行配对 T 检验，肯定形式均值为 2.055 0，否定形式均值为 2.007 0，T = 1.905，P = 0.089，二者无显著差异，表明肯定与否定形式的因素并未对汉语正反问句的疑问度造成显著影响。

(4) 汉语正反问句疑问度与习得效果的相关性

我们分别统计了汉语正反问句疑问度与习得效果之间的相关系数，疑问度总体均值与测试平均正确率之间的 Pearson 积差相关系数为 -0.071（P = 0.845），二者没有显著相关。疑问度总体顺序与测试习得顺序之间的 Spearman 等级相关系数为 0.170（P = 0.638），二者也无显著相关。

(5) 疑问度因素小结

汉语正反问句中，肯定与否定形式的因素对疑问度没有显著影响，同时，疑问度与习得效果之间也未发现显著关联。

6.2.4 语言认知因素：难易度判断

(1) 汉语正反问句难易度判断的基本表现

我们对难易度判断调查结果中汉语正反问句的相关数据进行了统计，计算了 10 小类正反问句的难易度判断均值（包括中国学生、中国教师和外国学生三类被试），结果如下。

表 6－15　正反问句难易度调查结果基本数据表

汉语疑问句类型		中国学生难易度		中国教师难易度		外国学生难易度	
		总和	均值	总和	均值	总和	均值
正反问句类	T24. “X 不 X” 问句	133	2.42	96	2.09	389	1.56
	T25. “X 没 X” 问句	168	3.05	132	2.87	528	2.11
	T26. VP/AP（了）不/没有？	162	2.95	118	2.57	498	1.99
	T27. 助不助＋VP/AP？	138	2.51	100	2.17	428	1.71
	T28. “是不是”＋VP/AP？	146	2.65	114	2.48	437	1.75
	T29. “有没有”＋VP/AP？	164	2.98	136	2.96	477	1.91
	T30. “是不是”附加式正反问句	144	2.62	118	2.57	459	1.84
	T31. 其他附加式正反问句	135	2.45	100	2.17	410	1.64
	T32. 正反问＋呢？	147	2.67	120	2.61	505	2.02
	T33. 正反问＋啊？	159	2.89	139	3.02	523	2.09

（2）汉语正反问句难易度判断的排序

依据难易度判断均值，排定汉语正反问句难易度顺序如下：

表 6－16　正反问句难易度排序对照表

汉语疑问句类型	中国学生难易度排序	中国教师难易度排序	外国学生难易度排序
T24. “X 不 X” 问句	1	1	1
T25. “X 没 X” 问句	10	8	10
T26. VP/AP（了）不/没有？	8	5.5	7
T27. 助不助＋VP/AP？	3	2.5	3
T28. “是不是”＋VP/AP？	5	4	4
T29. “有没有”＋VP/AP？	9	9	6
T30. “是不是”附加式正反问句	4	5.5	5
T31. 其他附加式正反问句	2	2.5	2
T32. 正反问＋呢？	6	7	8
T33. 正反问＋啊？	7	10	9

（3）汉语正反问句的难易度判断与学习者习得效果之间的相关性考察

我们分别统计了正反问句难易度判断（中国学生、中国教师和外国学生的难易度）与习得效果之间的相关系数，包括均值之间的 Pearson 积差相关系数和排序之间的 Spearman 等级相关系数，结果如表 6－17。

表 6－17 汉语正反问句的难易度判断与学习者习得效果之间的相关分析结果表

（a）难易度判断均值与习得效果均值（平均正确率）之间的 Pearson 积差相关分析

组别	Pearson 积差相关系数	显著性（双侧检验）
习得效果—中国学生难易度	－0.378	0.282
习得效果—中国教师难易度	－0.598	0.068
习得效果—外国学生难易度	－0.701*	0.024

（b）难易度判断排序与习得顺序之间的 Spearman 等级相关分析

组别	Spearman 等级相关系数	显著性（双侧检验）
习得顺序—中国学生难易度排序	0.479	0.162
习得顺序—中国教师难易度排序	0.695*	0.026
习得顺序—外国学生难易度排序	0.733*	0.016

难易度判断均值与习得效果均值之间的 Pearson 积差相关分析表明：汉语正反问句难易度判断均值与习得效果均值之间存在一定的相关性（负相关，即疑问句的难易度判断越高，习得效果越差），其中外国学生的难易度判断均值与习得效果的负相关达到了统计上的显著水平，从相关系数观察，相关性高，关系明显；中国教师的难易度判断与习得效果的相关则极为接近显著水平。

难易度判断排序与习得顺序之间的 Spearman 等级相关分析表明：三列疑问句难易度判断排序与习得顺序之间也存在一定的相关性（正相关，即疑问句的难易度判断序位越高，习得顺序序位也越高），其中外国学生和中国教师两列难易度判断排序均与习得顺序达到显著相关，从相关系数观察，相关性高，关系明显。

因此，汉语正反问句中，难易度判断与习得效果之间存在较强的关联，难易度判断越高，习得效果越差，也越晚习得。这种关联性在外国学生那里最为明显，均达到了统计上的显著水平；其次是中国教师，在排序上有显著相关；中国学生的关联性较弱，均未达到显著水平。这提示我们，第二语言学习者对语言项目的难易程度可能更为敏感，语言认知更为准确，对外汉语教师也对此有较准确的认知，而一般的汉语母语者却对汉语语言项目的难易程度并不一定那么敏感，其难易判断有时很难准确反映第二语言学习者的习得难度。

7. 汉语“W 呢”省略问句的第二语言习得与认知研究

7.1 汉语省略问句的第二语言习得过程和表现

7.1.1 学习者语言系统中汉语省略问句的偏误类型与分布特征

7.1.1.1 省略问句偏误的分布特征

我们分别对五项个案研究中的省略问句进行了鉴别，确定正确与偏误语料，并对其中的偏误语料做了数据统计，包括不同个案研究被试在不同阶段的偏误频次、使用频次和正确率，以观察偏误的分布特征。下表列出了五项个案研究省略问句的偏误频次、使用频次与正确率简表，个案被试在不同阶段的偏误频次和使用频次的详细数据请参见附表 3～12。

表 7-1　个案研究汉语省略问句的偏误频次、使用频次与正确率简表

被试	A（18 次）			L（15 次）			J（15 次）			C（16 次）			Y（14 次）		
类型	偏误频次	使用频次	正确率（%）	偏误频次	使用频次	正确率（%）	偏误频次	使用频次	正确率（%）	偏误频次	使用频次	正确率（%）	偏误频次	使用频次	正确率（%）
T34	0	2	100.00	0	0	—	1	13	92.31	1	9	88.89	0	17	100.00
T35	0	2	100.00	1	9	88.89	1	2	50.00	1	4	75.00	1	8	87.50
T36	0	0	—	0	0	—	0	0	—	0	0	—	0	1	100.00

由表可知：

（1）从总体来看，省略问句的出现频次很少，用得最多的 Y 也仅用了 26 句，而 A 的语料中仅仅出现了 4 次省略问句。

（2）省略问句的使用一般只集中在 T34，T35 两种句式上，这两种句式都无假设义，而有假设义的 T36 除 Y 有一次正确使用以外，其余被试都没有使用。

（3）省略问句的正确率普遍较高，多在 80% 以上，表明其在疑问句系统中属于难度较低的类型，尤其是无假设义的类型。

（4）从时段分布来看，偏误主要集中在考察的前期，越到跟踪后期，习得情况越好（参见附表 3~12）。

7.1.1.2　省略问句的主要偏误类型

（1）遗漏偏误

主要是遗漏疑问语气词“呢”。例如：

T34：（C，P6）

T：对，小狗吃肉啊！

C：那人？

T：人吃什么？

C：对。

疑问语气词“呢”遗漏。应是：那人呢？

（2）误代偏误

主要是误用疑问语气词。例如：

T35：叔叔？那么爸爸的弟弟啊？（Y，P5）

这里 Y 想问爸爸的弟弟应该如何称呼，是疑问语气词“呢”与“啊”的混用，只能用“呢”。应是：叔叔？那么爸爸的弟弟呢？

7.1.2　汉语省略问句的第二语言习得顺序

（1）汉语省略问句的第二语言习得基本表现

我们首先对语言测试中汉语省略问句的相关测试结果进行了统计，计算了三小类省略问句的测试得分均值和平均正确率，结果如下表所示。

表 7－2　全体被试省略问句测试的得分均值与平均正确率一览表

汉语疑问句类型	全体得分均值	全体平均正确率
T34. “W 呢”做始发句，无假设义	1.81	0.91
T35. “W 呢”不做始发句，无假设义	1.82	0.91
T36. “W 呢”不做始发句，有假设义	1.33	0.67

（2）汉语省略问句的第二语言习得顺序

依据测试平均正确率排出省略问句的第二语言习得顺序如下。

表 7－3　全体被试省略问句的习得顺序一览表（按测试平均正确率排序）

汉语疑问句类型	全体正确率	全体排序
T35. “W 呢”不做始发句，无假设义	0.910	1
T34. “W 呢”做始发句，无假设义	0.905	2
T36. “W 呢”不做始发句，有假设义	0.665	3

7.2　汉语省略问句第二语言习得过程中的影响因素

7.2.1　母语背景因素——不同母语背景学习者汉语省略问句第二语言习得的对比

（1）不同母语背景学习者汉语省略问句的第二语言习得基本表现

我们对语言测试中不同母语背景学习者汉语省略问句的相关测试结果分别进行了统计，计算了三小类省略问句的测试得分均值和平均正确率，结果如下。

表 7－4　不同母语背景的第二语言学习者省略问句测试的得分均值与平均正确率一览表

疑问句类型	韩语均值	韩语正确率	日语均值	日语正确率	英语均值	英语正确率	其他印欧均值	其他印欧正确率	其他亚洲均值	其他亚洲正确率
T34	1.91	0.96	1.78	0.89	1.73	0.87	1.64	0.82	1.87	0.94
T35	1.91	0.96	1.78	0.89	1.69	0.85	1.77	0.89	1.80	0.90
T36	1.55	0.78	1.39	0.70	0.96	0.48	1.12	0.56	1.53	0.77

（2）不同母语背景学习者汉语省略问句的第二语言习得顺序

依据测试平均正确率排出不同母语背景学习者省略问句的习得顺序如下。

表 7－5　不同母语背景的第二语言学习者省略问句的习得顺序一览表（按测试平均正确率排序）

汉语疑问句类型	韩语排序	日语排序	英语排序	其他印欧语言排序	其他亚洲语言排序
T34. “W 呢”做始发句，无假设义	1.5	1.5	1	2	1
T35. “W 呢”不做始发句，无假设义	1.5	1.5	2	1	2
T36. “W 呢”不做始发句，有假设义	3	3	3	3	3

（3）不同母语背景学习者汉语省略问句第二语言习得情况的对比统计检验

我们分别统计了不同母语背景学习者汉语省略问句的测试得分均值之间的Pearson积差相关系数和排序之间的Spearman等级相关系数，结果如表7－6所示。

表7－6　不同母语背景学习者汉语省略问句测试结果之间的相关分析表

（a）测试得分均值之间的Pearson积差相关分析

		韩语均值	日语均值	英语均值	印欧均值	亚洲均值	全体均值
韩语均值	Pearson Correlation	1	1.000**	0.999*	0.982	0.981	1.000*
	Sig.（2-tailed）	.	.	0.029	0.121	0.125	0.011
	N	3	3	3	3	3	3
日语均值	Pearson Correlation	1.000**	1	0.999*	0.982	0.981	1.000*
	Sig.（2-tailed）	.	.	0.029	0.121	0.125	0.011
	N	3	3	3	3	3	3
英语均值	Pearson Correlation	0.999*	0.999*	1	0.972	0.989	0.998*
	Sig.（2-tailed）	0.029	0.029	.	0.150	0.096	0.041
	N	3	3	3	3	3	3
印欧均值	Pearson Correlation	0.982	0.982	0.972	1	0.926	0.985
	Sig.（2-tailed）	0.121	0.121	0.150	.	0.246	0.110
	N	3	3	3	3	3	3
亚洲均值	Pearson Correlation	0.981	0.981	0.989	0.926	1	0.977
	Sig.（2-tailed）	0.125	0.125	0.096	0.246	.	0.136
	N	3	3	3	3	3	3
全体均值	Pearson Correlation	1.000*	1.000*	0.998*	0.985	0.977	1
	Sig.（2-tailed）	0.011	0.011	0.041	0.110	0.136	.
	N	3	3	3	3	3	3

**. Correlation is significant at the 0.01 level（2-tailed）.

*. Correlation is significant at the 0.05 level（2-tailed）.

（b）排序之间的Spearman等级相关分析

			韩语排序	日语排序	英语排序	其他印欧	其他亚洲	全体排序
Spearman's rho	韩语排序	Correlation Coefficient	1.000	1.000**	0.866	0.866	0.866	0.866
		Sig.（2-tailed）	.	.	0.333	0.333	0.333	0.333
		N	3	3	3	3	3	3
	日语排序	Correlation Coefficient	1.000**	1.000	0.886	0.866	0.866	0.866
		Sig.（2-tailed）	.	.	0.333	0.333	0.333	0.333
		N	3	3	3	3	3	3
	英语排序	Correlation Coefficient	0.866	0.866	1.000	0.500	1.000**	0.500
		Sig.（2-tailed）	0.333	0.333	.	0.667	.	0.667
		N	3	3	3	3	3	3

(续表)

			韩语排序	日语排序	英语排序	其他印欧	其他亚洲	全体排序
Spearman's rho	其他印欧	Correlation Coefficient	0.866	0.866	0.500	1.000	0.500	1.000**
		Sig. (2-tailed)	0.333	0.333	0.667	.	0.667	.
		N	3	3	3	3	3	3
	其他亚洲	Correlation Coefficient	0.866	0.866	1.000**	0.500	1.000	0.500
		Sig. (2-tailed)	0.333	0.333	.	0.667	.	0.667
		N	3	3	3	3	3	3
	全体排序	Correlation Coefficient	0.866	0.866	0.500	1.000**	0.500	1.000
		Sig. (2-tailed)	0.333	0.333	0.667	.	0.667	.
		N	3	3	3	3	3	3

**. Correlation is significant at the .01 level (2-tailed).

测试得分均值之间的 Pearson 积差相关分析表明：不同母语背景学习者汉语省略问句的测试得分均值之间有些存在显著正相关。它们是：韩语组与日语组、英语组存在显著相关，日语组与英语组存在显著相关，韩语组、日语组、英语组都与全体存在显著相关。从相关系数观察，其相关性很高，关系十分密切，即若某种母语背景的学习者对某一句式的习得效果好，那么与之存在正相关的其他母语背景的学习者习得效果也好，反之亦然。

各组排序之间的 Spearman 等级相关分析表明：不同母语背景学习者汉语省略问句的习得顺序之间有些存在显著的正相关。它们是：日语组与韩语组、英语组与其他亚洲组、其他印欧系语言组与全体存在显著相关。从相关系数观察，这几列省略问句的习得顺序完全相同，而其他各组的顺序虽有一定相关，但并未达到显著水平，这在一定程度上与省略问句涉及的句式类型比较少（三种）有关，只要有一类句式的排序有异，就会导致整个顺序较大的变化。

（4）母语背景对省略问句内部三类句式习得效果的影响

为了考察母语背景对省略问句内部各种句式的习得效果是否构成显著影响，我们又进一步对各母语背景组在省略问句内部每一类句式上的测试得分均值进行了单因素方差分析，结果如下表。

表 7－7　不同母语背景学习者省略问句三类句式习得效果单因素方差分析结果

疑问句类型	方差分析结果		多重比较结果	
	F	P	有显著差异的组别	说　明
T34	6.689	0.000	1—3、4	韩语组显著高于英语组、其他印欧组

（续表）

疑问句类型	方差分析结果		多重比较结果	
	F	P	有显著差异的组别	说明
T35	2.649	0.033		各组无显著差异，仅1—3达到接近显著（P=0.051），韩语组高于英语组
T36	9.699	0.000	1—3、4，5—3、4	韩语组显著高于英语组、其他印欧组，其他亚洲组显著高于英语组、其他印欧组

统计结果表明，母语背景对省略问句内部的每一类句式的习得效果均有显著影响。而观察多重比较结果，基本可以得到极为一致的差异倾向：韩语组在省略问句的习得表现上显著优于英语组。

（5）母语背景因素小结

母语背景对省略问句内部三类句式的习得效果构成极其显著的影响，韩语背景的学习者在省略问句的习得上显著优于英语背景学习者。同时，不同母语背景学习者之间还表现出对省略问句习得的某些一致倾向，表现有二：一是习得效果好坏的一致性，二是习得顺序的一致性。

7.2.2 语言水平因素

（1）不同语言水平学习者汉语省略问句的第二语言习得基本表现

我们对语言测试中不同语言水平学习者汉语省略问句的相关测试结果分别进行了统计，计算了三小类省略问句的测试得分均值和平均正确率，结果如下。

表7-8 初、中、高不同语言水平的第二语言学习者省略问句测试的得分均值与平均正确率一览表

汉语疑问句类型	初级均值	初级正确率	中级均值	中级正确率	高级均值	高级正确率
T34. “W呢”做始发句，无假设义	1.47	0.74	1.91	0.96	1.99	1.00
T35. “W呢”不做始发句，无假设义	1.43	0.72	1.96	0.98	2.00	1.00
T36. “W呢”不做始发句，有假设义	0.47	0.24	1.52	0.76	1.93	0.97

（2）不同语言水平学习者汉语省略问句的第二语言习得顺序

依据测试平均正确率排出不同语言水平学习者省略问句的习得顺序如下。

表 7－9　不同语言水平的第二语言学习者省略问句的习得顺序一览表
（按测试平均正确率排序）

汉语疑问句类型	初级排序	中级排序	高级排序	全体排序
T34. “W 呢” 做始发句，无假设义	1	2	2	2
T35. “W 呢” 不做始发句，无假设义	2	1	1	1
T36. “W 呢” 不做始发句，有假设义	3	3	3	3

（3）不同语言水平学习者汉语省略问句第二语言习得情况的对比统计检验

我们分别统计了不同语言水平学习者汉语省略问句的测试得分均值之间的 Pearson 积差相关系数和排序之间的 Spearman 等级相关系数，结果如表 7－10 所示。

表 7－10　不同语言水平学习者汉语省略问句测试结果之间的相关分析表
（a）测试得分均值之间的 Pearson 积差相关分析

		初级均值	中级均值	高级均值	全体均值
初级均值	Pearson Correlation	1	0.990	0.986	0.999*
	Sig.（2-tailed）	.	0.089	0.107	0.034
	N	3	3	3	3
中级均值	Pearson Correlation	0.990	1	1.000*	0.996
	Sig.（2-tailed）	0.089	.	0.018	0.055
	N	3	3	3	3
高级均值	Pearson Correlation	0.986	1.000*	1	0.993
	Sig.（2-tailed）	0.107	0.018	.	0.073
	N	3	3	3	3
全体均值	Pearson Correlation	0.999*	0.996	0.993	1
	Sig.（2-tailed）	0.034	0.055	0.073	.
	N	3	3	3	3

*. Correlation is significant at the 0.05 level（2-tailed）.

（b）排序之间的 Spearman 等级相关分析

			初级排序	中级排序	高级排序	全体排序
Spearman's rho	初级排序	Correlation Coefficient	1.000	0.500	0.500	0.500
		Sig.（2-tailed）	.	0.667	0.667	0.667
		N	3	3	3	3
	中级排序	Correlation Coefficient	0.500	1.000	1.000**	1.000**
		Sig.（2-tailed）	0.667	.	.	.
		N	3	3	3	3

（续表）

			初级排序	中级排序	高级排序	全体排序
Spearman's rho	高级排序	Correlation Coefficient	0.500	1.000**	1.000	1.000**
		Sig.（2-tailed）	0.667	.	.	.
		N	3	3	3	3
	全体排序	Correlation Coefficient	0.500	1.000**	1.000**	1.000
		Sig.（2-tailed）	0.667	.	.	.
		N	3	3	3	3

**. Correlation is significant at the .01 level（2-tailed）.

测试得分均值之间的 Pearson 积差相关分析表明：不同语言水平学习者汉语省略问句的测试得分均值之间只有初级组和全体之间、中级组和高级组之间存在显著的正相关，从相关系数观察，其相关性很高，关系十分密切。其他各组间并未达到显著相关。

各组排序之间的 Spearman 等级相关分析表明：不同语言水平学习者汉语省略问句的习得顺序之间只有中级组与高级组、中级组与全体、高级组与全体存在极其显著的正相关（事实上是完全相同），其他各组顺序没有显著相关。这与省略问句的类型较少（三种）有一定关系。

（4）语言水平对省略问句内部三类句式习得效果的影响

为了考察语言水平对省略问句内部各种句式的习得效果是否构成显著影响，我们又进一步对各语言水平组在省略问句内部每一类句式上的测试得分均值进行了单因素方差分析，结果如下表。

表7-11　不同语言水平学习者省略问句三类句式习得效果单因素方差分析结果

疑问句类型	方差分析结果		多重比较结果	
	F	P	有显著差异的组别	说　明
T34	66.386	0.000	1—2，1—3，2—3	三级之间均有显著差异，初中高成绩依次显著更高
T35	60.298	0.000	1—2，1—3，2—3	三级之间均有显著差异，初中高成绩依次显著更高
T36	194.315	0.000	1—2，1—3，2—3	三级之间均有显著差异，初中高成绩依次显著更高

统计结果表明，语言水平对省略问句内部的每一类句式的习得效果均有极其显著的影响。而观察多重比较结果，可以得到极为一致的差异倾向，即三级之间均有显著差异，初中高成绩依次显著更高。

（5）语言水平因素小结

语言水平对省略问句内部三类句式的习得效果构成极其显著的影响，同时不同语言水平的学习者之间表现出对省略问句习得的某些一致倾向，主要表现有二：一是习得效果好坏的一致性，二是习得顺序的一致性。

7.2.3 语言特征因素

7.2.3.1 肯定与否定形式的因素

（1）汉语省略问句肯定与否定形式的第二语言习得基本表现

我们对语言测试中汉语省略问句肯定与否定形式的相关测试结果分别进行了统计，计算其测试得分总和与均值（平均正确率），结果如下。

表 7－12 全体被试省略问句测试肯定形式与否定形式均值对照表

汉语疑问句类型		全体被试得分				
		肯定式		否定式		总计
		总和	均值	总和	均值	均值
“W 呢”省略问句	T34. “W 呢”做始发句，无假设义	386	0.96	341	0.85	0.91
	T35. “W 呢”不做始发句，无假设义	366	0.91	365	0.91	0.91
	T36. “W 呢”不做始发句，有假设义	262	0.65	274	0.68	0.67

（2）汉语省略问句肯定与否定形式第二语言习得情况对比的统计检验与结论

对语言测试中汉语省略问句肯定与否定形式的均值进行配对 T 检验，肯定形式均值为 0.840 0，否定形式均值为 0.813 3，T＝0.627，P＝0.595，二者无显著差异，表明肯定与否定形式的因素并未对汉语省略问句的习得效果造成显著影响。

7.2.3.2 疑问度因素

（1）汉语省略问句疑问度的基本表现

我们对疑问度母语者评价量表调查结果中汉语省略问句的相关数据进行了统计，计算了三小类省略问句的疑问度均值（包括肯定形式、否定形式和总体），结果如下。

表 7-13　省略问句疑问度母语者评价量表调查结果基本数据表

汉语疑问句类型		中国学生疑问度					
		肯定式		否定式		总计	
		总和	均值	总和	均值	总和	均值
"W 呢"省略问句	T34. "W 呢"做始发句，无假设义	150	2.03	131	1.77	281	1.90
	T35. "W 呢"不做始发句，无假设义	146	1.97	150	2.03	296	2.00
	T36. "W 呢"不做始发句，有假设义	146	1.97	143	1.93	289	1.95

(2) 汉语省略问句疑问度的排序

依据疑问度均值（总体），排定汉语省略问句疑问度的顺序如下：

表 7-14　省略问句疑问度排序

汉语疑问句类型	疑问度排序
T34. "W 呢"做始发句，无假设义	1
T35. "W 呢"不做始发句，无假设义	3
T36. "W 呢"不做始发句，有假设义	2

(3) 汉语省略问句肯定与否定形式疑问度对比

对汉语省略问句肯定与否定形式的疑问度均值进行配对 T 检验，肯定形式均值为 1.990 0，否定形式均值为 1.910 0，T = 0.846，P = 0.486，二者无显著差异，表明肯定与否定形式的因素并未对汉语省略问句的疑问度造成显著影响。

(4) 汉语省略问句疑问度与习得效果的相关性

我们分别统计了汉语省略问句疑问度与习得效果之间的相关系数，疑问度总体均值与测试平均正确率之间的 Pearson 积差相关系数为 0.000（P = 1.000），二者不存在显著相关。疑问度总体顺序与测试习得顺序之间的 Spearman 等级相关系数为 -0.500（P = 0.667），二者的相关也未达到显著水平。

(5) 疑问度因素小结

汉语省略问句中，肯定与否定形式的因素对疑问度没有显著影响。

同时，疑问度与习得效果之间也未发现显著关联。

7.2.3.3　有无假设义的语义因素

分析语言测试语料和个案研究语料，发现省略问句有无假设义的语义因素对习得难度有显著的影响：有假设义的句式（T36）难度远高于无假设义的句式（T34，T35）。测试中无假设义的 T34 的平均正确率为 91%，T35 为 90.5%，正确率都很高，属于难度级别较低的疑问句；而有假设义的 T36 的平均正确率只有 66.5%，难度级别很高。在难易度判断调查中，外国学生、中国学生和中国教师对有假设义的省略问句的难易度判断均值分别为 2.38，3.78，4.07，远高于其他两类无假设义的省略问句。这说明无论是第二语言学习者还是汉语母语者，都认为有假设义的省略问句难度高于无假设义的问句。

7.2.4　语言认知因素：难易度判断

（1）汉语省略问句难易度判断的基本表现

我们对难易度判断调查结果中汉语省略问句的相关数据进行了统计，计算了三小类省略问句的难易度判断均值（包括中国学生、中国教师和外国学生三类被试），结果如下。

表 7－15　省略问句难易度调查结果基本数据表

汉语疑问句类型		中国学生难易度		中国教师难易度		外国学生难易度	
		总和	均值	总和	均值	总和	均值
“W 呢”省略问句	T34.“W 呢”做始发句，无假设义	111	2.02	96	2.09	412	1.65
	T35.“W 呢”不做始发句，无假设义	115	2.09	80	1.74	381	1.52
	T36.“W 呢”不做始发句，有假设义	208	3.78	187	4.07	595	2.38

（2）汉语省略问句难易度判断的排序

依据难易度判断均值，排定汉语省略问句难易度顺序如下：

表 7-16 省略问句难易度排序对照表

汉语疑问句类型	中国学生难易度排序	中国教师难易度排序	外国学生难易度排序
T34. “W 呢”做始发句，无假设义	1	2	2
T35. “W 呢”不做始发句，无假设义	2	1	1
T36. “W 呢”不做始发句，有假设义	3	3	3

（3）汉语省略问句的难易度判断与学习者习得效果之间的相关性考察

我们分别统计了省略问句难易度判断（中国学生、中国教师和外国学生的难易度）与习得效果之间的相关系数，包括均值之间的 Pearson 积差相关系数和排序之间的 Spearman 等级相关系数，结果如表 7-17。

表 7-17 汉语省略问句的难易度判断与学习者习得效果之间的相关分析结果表

（a）难易度判断均值与习得效果均值（平均正确率）之间的 Pearson 积差相关分析

组别	Pearson 积差相关系数	显著性（双侧检验）
习得效果—中国学生难易度	-0.999*	0.022
习得效果—中国教师难易度	-0.990	0.089
习得效果—外国学生难易度	-0.990	0.090

（b）难易度判断排序与习得顺序之间的 Spearman 等级相关分析

组别	Spearman 等级相关系数	显著性（双侧检验）
习得顺序—中国学生难易度排序	0.500	0.667
习得顺序—中国教师难易度排序	1.000**	
习得顺序—外国学生难易度排序	1.000**	

难易度判断均值与习得效果均值之间的 Pearson 积差相关分析表明：汉语省略问句难易度判断均值与习得效果均值之间存在较高的相关性（负相关，即疑问句的难易度判断越高，习得效果越差），其中中国学生的难易度判断均值与习得效果的负相关达到了统计上的显著水平，从相关系数观察，相关性很高，关系十分密切；中国教师和外国学生的难易度判断与习得效果的相关则接近显著水平，相关性也很高。

难易度判断排序与习得顺序之间的 Spearman 等级相关分析表明：三列疑问句难易度判断排序与习得顺序之间也存在较高的相关性（正相

关，即疑问句的难易度判断序位越高，习得顺序序位也越高），其中外国学生和中国教师两列难易度判断排序均与习得顺序完全相同。

因此，汉语省略问句中，难易度判断与习得效果之间存在较强的关联，难易度判断越高，习得效果越差，也越晚习得。这种关联性在外国学生和中国教师身上更为明显。

8. 汉语疑问句系统第二语言习得的发展过程、发展趋势与影响因素

第 3 章到第 7 章是汉语五大类疑问句的第二语言习得与认知研究，本章将对由这五大类疑问句共同构成的汉语疑问句系统进行综合考察，揭示其第二语言习得的发展过程、发展趋势与影响因素。

8.1 汉语疑问句系统的第二语言习得发展过程

8.1.1 汉语疑问句系统的第二语言习得基本表现

我们首先按照设定的评判标准，对语言测试中汉语疑问句系统的相关测试结果进行了统计，计算了 39 类疑问句的测试得分均值和平均正确率，结果如下表所示。

表 8-1 全体被试汉语疑问句测试的得分均值与平均正确率一览表

汉语疑问句类型	测试得分均值	测试平均正确率
T1. 只用疑问语调的问句	1.58	0.79
T2. “吗”问句	1.84	0.92
T3. “吧”问句	1.51	0.76
T4. “啊”问句	1.09	0.55
T5. 陈述句 + 是吗/对吗?	1.23	0.62
T6. 陈述句 + 好吗/行吗/可以吗/怎么样?	1.79	0.90
T7. “谁”问句	4.57	0.91
T8. “什么”问句	4.29	0.86
T9. 处所“哪（里/儿）”问句	3.67	0.73
T10. 指别“哪”问句	4.41	0.88
T11. “怎么”原因问句	1.64	0.82
T12. “怎么（样）”方式问句	1.27	0.64
T13. “怎么（样）”性状问句	4.08	0.68

（续表）

汉语疑问句类型	测试得分均值	测试平均正确率
T14. “为什么”问句	1.66	0.83
T15. “几/多少”数量问句	1.77	0.89
T16. “多+A”数量/程度问句	1.43	0.72
T17. 特指疑问词+呢	1.79	0.90
T18. 特指疑问词+啊	1.69	0.85
T19. P还是Q？	1.71	0.86
T20. 是P还是Q？	1.62	0.81
T21. P1，（P2，P3……），Q？	1.22	0.61
T22. 选择问+呢？	1.28	0.64
T23. 选择问+啊？	1.60	0.80
T24. “X不X”问句	1.56	0.78
T25. “X没X”问句	1.29	0.65
T26. VP/AP（了）不/没有？	1.62	0.81
T27. 助不助+VP/AP？	1.71	0.86
T28. “是不是”+VP/AP？	2.26	0.75
T29. “有没有”+VP/AP？	1.54	0.77
T30. “是不是”附加式正反问句	1.45	0.73
T31. 其他附加式正反问句	1.82	0.91
T32. 正反问+呢？	0.95	0.48
T33. 正反问+啊？	1.18	0.59
T34. “W呢”做始发句，无假设义	1.81	0.91
T35. “W呢”不做始发句，无假设义	1.82	0.91
T36. “W呢”不做始发句，有假设义	1.33	0.67
T37. 任指	1.54	0.77
T38. 虚指	1.15	0.58
T39. 倚变	1.50	0.75

8.1.2 汉语疑问句系统的第二语言习得顺序

（1）作为准确率顺序的汉语疑问句系统第二语言习得顺序

依据被试在各类汉语疑问句式中的测试平均正确率由高到低排序，即得到各句式的准确率顺序（accuracy order），或称难度顺序（difficulty order），而它蕴含了习得顺序（acquisition order），准确率越低，难度越大，习得越晚。统计得到的汉语疑问句系统的第二语言习得顺序如下表。

表 8-2　汉语疑问句习得顺序一览表（按测试平均正确率排序）

汉语疑问句类型	排序
T2. “吗”问句	1
T7. “谁”问句	2
T31. 其他附加式正反问句	3.5
T35. “W 呢”不做始发句，无假设义	3.5
T34. “W 呢”做始发句，无假设义	5
T6. 陈述句 + 好吗/行吗/可以吗/怎么样？	6.5
T17. 特指疑问词 + 呢	6.5
T15. “几/多少”数量问句	8
T10. 指别“哪”问句	9
T8. “什么”问句	10
T19. P 还是 Q？	11.5
T27. 助不助 + VP/AP？	11.5
T18. 特指疑问词 + 啊	13
T14. “为什么”问句	14
T11. “怎么”原因问句	15
T20. 是 P 还是 Q？	16.5
T26. VP/AP（了）不/没有？	16.5
T23. 选择问 + 啊？	18
T1. 只用疑问语调的问句	19
T24. “X 不 X”问句	20
T29. “有没有” + VP/AP？	21.5
T37. 任指	21.5
T3. “吧”问句	23
T28. “是不是” + VP/AP？	24

（续表）

汉语疑问句类型	排序
T39. 倚变	25
T9. 处所“哪（里/儿）”问句	26
T30. “是不是”附加式正反问句	27
T16. “多 + A”数量/程度问句	28
T13. “怎么（样）”性状问句	29
T36. “W 呢”不做始发句，有假设义	30
T25. “X 没 X”问句	31
T22. 选择问 + 呢？	32
T12. “怎么（样）”方式问句	33
T5. 陈述句 + 是吗/对吗？	34
T21. P1，（P2，P3……），Q？	35
T33. 正反问 + 啊？	36
T38. 虚指	37
T4. “啊”问句	38
T32. 正反问 + 呢？	39

为检验此种排序是否具有统计上的意义，我们又分别计算了 39 类疑问句每题的平均正确频次。卡方检验结果表明，题目的平均正确频次之间有极其显著的差异（$X^2=4\,030.929$，$P=0.000$），因此依据平均正确率（题目的平均正确频次/402 人即为平均正确率）排出的习得顺序具有统计意义。

（2）以蕴含量表方式计算的汉语疑问句系统第二语言习得顺序

应用语言学领域常使用蕴含量表（Implicational Scale，又称伽特曼量表，the Guttman Scalogram）来研究学习者语言习得的顺序。它是一种在一系列二分（是非）变量中发现等级的研究方法，对语言习得理论的研究很有用：既可用于分析历时的个案语料，又可用于分析共时的规模研究语料；既可寻找语法结构的习得进程，又可显示不同学习者群体的类型或特征。第二语言习得研究常用它来研究语音、词汇和语法特征的习得过程，在实际应用中，蕴含量表可用于为语言项目建立蕴涵关系。本研究使用蕴含量表的目的即是考察各种形式的汉语疑问句的习得过程中是否存在蕴涵关系，并利用蕴含量表揭示疑问句习得的发展序列，从而进一步对学习者疑问句习得过程中的言语加工策略进行分析。

计算过程首先将被试的测试结果分别录入数据库进行汇总统计，然后对汇总结果利用蕴含量表进行排序，看各种疑问句类型之间是否存在蕴涵关系，并计算蕴含量表的各个指标系数，以检验所建立的蕴涵关系是否有效。具体步骤如下：

①计算每类疑问句式在每一语言水平上的正确使用频率，方法为：某句式在某语言水平上的正确使用频次/该句式在该语言水平上的出现频次。

②将以上正确使用频率以 0.80 为标准分界线转换为二分变量（0，1），正确使用频率≥0.80，则默认值为“1”，认为该句式在该语言水平上能正确使用或已习得；正确使用频率<0.80，则默认值为“0”，认为该句式在该语言水平上不能正确使用或未习得。

③将以上（0，1）二分变量排列为蕴含量表矩阵，体现出两种顺序：每一句式在所有语言水平上的二分变量“1”计和，依此在矩阵上方将 39 类句式由难到易排序，为语言项目的难易顺序（difficulty order），即被试在各语言水平上能正确使用得越多，该语言项目就越容易；每一语言水平上所有句式的二分变量“1”计和，依此将矩阵中的各语言水平由高到低排序，为被试的水平顺序（proficiency order），即被试在某一语言水平习得的语言项目越多，该语言水平的级别越高。换言之，我们可以通过蕴含量表建立起一个语言项目的难易等级，同时标定被试的水平位置。

④计算误差（error）数值，即矩阵中违反理想模型的二分变量数目，是未预期的“0”或“1”。当预期学习者未习得某项目而他却已习得，或预期学习者应已能正确使用某项目而他却不能正确使用时，就是误差。我们的数据在多大程度上符合理想模型（即在多大程度上能建立语言项目的难易等级，并根据学习者在矩阵中所处的位置预期其语言表现）取决于误差的程度。计算误差在蕴含量表中是极为重要的一环。

⑤计算语言测试蕴含量表的相应系数指标，以检验所建立的蕴涵关系是否有效。计算结果显示：

A. 伽特曼再生系数（Guttman Coefficient of Reproducibility，Crep）

Crep =1 - 误差数值/（句式数目 × 语言水平数目） =1 - 0/（39 ×3） =1

B. 量表最小边缘再生系数（Minimal Marginal Reproducibility，MMrep）

MMrep = 正确使用数目和/（句式数目 × 语言水平数目） = 58/（39 ×3） =58/117 =0.496

C. 再生修正百分比指标（Percent Improvement in Reproducibility）

% improvement in reproducibility = Crep − MMrep = 1 − 0.496 = 0.504

D. 量表可分级系数（Coefficient of Scalability，Cscal）

Cscal = % improvement in reproducibility/（1 − MMrep）= 0.504/（1 − 0.496）= 0.504/0.504 = 1

⑥由语言测试蕴含量表相应系数指标做出的推论：

伽特曼再生系数 Crep 表明数据是否可再生、可重复操作，显示我们在多大程度上可据此对学习者的语言表现进行预测，一般认为其需在 0.90 以上。语言测试蕴含量表的再生系数 Crep 达到了 1，说明我们有 100% 的把握可依据学习者在该矩阵中所处的等级位置准确地预测出其语言表现，如处于某一语言水平时，学习者将能/不能正确使用某一句式。

本量表的可分级系数 Cscal 也是 1，远大于统计学规定的可分级系数有效临界值 0.60，这表明本矩阵中的数据是线性的、可分级的，语言测试蕴含量表是有效的、可分级的，确实蕴含有真正的等级（难易等级与水平等级），该量表可准确预测学习者的语言习得表现，是一个理想模型。

在本量表中，水平等级与语言测试的三个语言水平完全吻合，这也表明语言测试及其被试的水平分组有较高的可信度（语言测试蕴含量表请见附表 15）。

（3）关于五大类疑问句的习得顺序

前面我们排定了 39 类疑问句的习得顺序，那么是非、特指、选择、正反、省略五大类疑问句之间有没有一个清晰的先后顺序呢？我们对五大类疑问句的测试均值进行了单因素方差分析，发现并无显著差异（F = 0.863，P = 0.516）。但从均值能看到：特指问句和省略问句是习得最好的类型，然后依次为是非问句、选择问句和正反问句，难度最大的是疑问代词引申用法的类型。统计结果见下表。

表 8－3　汉语五大类疑问句的测试数据与排序一览表

汉语疑问句类型	均值	标准差	排序
是非问句	0.753 33	0.149 488	3
特指问句	0.807 75	0.093 003	2
选择问句	0.743 00	0.110 204	4
正反问句	0.731 30	0.129 491	5
省略问句	0.826 67	0.140 030	1
疑问代词引申用法	0.698 33	0.107 277	6

8.1.3 汉语疑问句系统的第二语言习得等级

习得顺序显示了汉语疑问句系统习得过程中的线性序列，但第二语言习得过程中，语言项目的习得并非一一单独实现，也绝非简单的线性序列，而是存在一定的弹性，允许有一定的学习者群体或个体差异（施家炜，1998）。同时，前文通过准确率顺序和蕴含量表排出的顺序也并非完全相同，而是有一些变异。因此，我们将采用聚类分析的方法，考察汉语疑问句系统的习得是否存在等级差异，进而揭示其习得等级的划分，并为探讨学习者在不同阶段的认知加工策略做准备。

所谓聚类分析，是研究将样品或变量进行分类的一种方法，其依据的基本原则是：直接比较样本中各事物之间的性质，将性质相近的归为一类，性质差别比较大的分在不同类。即同类事物间性质相差较小，类与类之间的事物性质相差较大。本研究依据测试正确率、正确频次（均转换为标准分数Z分数），使用组间连接（between-groups linkage）的聚类方法，对距离的测度方法为欧氏距离平方法（Squared Euclidean Distance），对39类汉语疑问句进行聚类，来确定汉语疑问句系统的习得等级（聚类分析树形图请见附表14）。经聚类分析后将汉语疑问句系统分为四个习得等级。如下表所示。

表8－4 汉语疑问句系统的第二语言习得等级（客观习得等级）

等级（句式数量）	汉语疑问句类型	习得顺序中的排序
一级（9种句式）	T2. “吗”问句	1
	T7. “谁”问句	2
	T31. 其他附加式正反问句	3.5
	T35. “W呢”不做始发句，无假设义	3.5
	T34. “W呢”做始发句，无假设义	5
	T6. 陈述句＋好吗/行吗/可以吗/怎么样？	6.5
	T17. 特指疑问词＋呢	6.5
	T15. “几/多少”数量问句	8
	T10. 指别“哪”问句	9

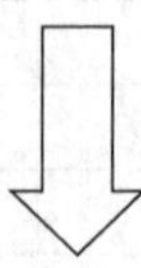

等级（句式数量）	汉语疑问句类型	习得顺序中的排序
二级（10种句式）	T8. “什么”问句	10
	T19. P还是Q?	11.5
	T27. 助不助＋VP/AP?	11.5
	T18. 特指疑问词＋啊	13
	T14. “为什么”问句	14
	T11. “怎么”原因问句	15
	T20. 是P还是Q?	16.5
	T26. VP/AP（了）不/没有?	16.5
	T23. 选择问＋啊?	18
	T1. 只用疑问语调的问句	19

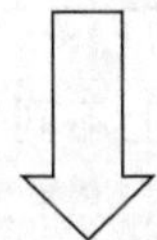

等级（句式数量）	汉语疑问句类型	习得顺序中的排序
三级（9种句式）	T24. “X不X”问句	20
	T29. “有没有”＋VP/AP?	21.5
	T37. 任指	21.5
	T3. “吧”问句	23
	T28. “是不是”＋VP/AP?	24
	T39. 倚变	25
	T9. 处所“哪（里/儿）”问句	26
	T30. “是不是”附加式正反问句	27
	T16. “多＋A”数量/程度问句	28

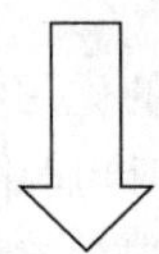

等级（句式数量）	汉语疑问句类型	习得顺序中的排序
四级（11 种句式）	T13. “怎么（样）”性状问句	29
	T36. “W 呢”不做始发句，有假设义	30
	T25. “X 没 X”问句	31
	T22. 选择问 + 呢？	32
	T12. “怎么（样）”方式问句	33
	T5. 陈述句 + 是吗/对吗？	34
	T21. P1，（P2，P3……），Q？	35
	T33. 正反问 + 啊？	36
	T38. 虚指	37
	T4. “啊”问句	38
	T32. 正反问 + 呢？	39

经单因素方差分析，处于以上不同等级的疑问句的习得表现（测试得分均值）存在极其显著的差异，$F = 124.252$（$P = 0.000$），事后多重比较也显示四个等级两两之间均有极其显著的差异（$P = 0.000$），因此疑问句系统的习得等级划分具有统计意义，有一定的科学性。

8.1.4　**与相关研究成果的对比**

丁雪欢（2010）采用横向规模研究与纵向个案研究相结合的研究范式，考察了 22 类汉语疑问句式的第二语言习得顺序，该项研究是迄今为止所见的汉语疑问句第二语言习得最为全面和系统的研究成果，其所得结果如下：

① S + 吗?、“怎么样”问、“什么”问　→

② “多少/几”问、“怎么”问、X 呢?、嵌入问句、“助不助 + V”问（包括“有没有 VP”）/“哪儿”问/“A 不 A”问、“为什么”问、S + 吧？/“谁”问、正反附加问/是非附加问、“V 不/没 V”问　→

③ 特指反问句、“哪 + 量词”问/“A 还是 B”、“多 Adj”问、是非反问句、VP 没有？

其中，前 3 项为习得程度高的先习得区间，后 6 项为习得程度低的后习得区间，中间 13 项为习得程度居中的区间。

将本课题研究所得的汉语疑问句系统的习得顺序、习得等级与之对比，会发现结果有很多一致之处，但亦存有不少差异，如下表所示：

表8-5　本课题所得疑问句系统第二语言习得等级与相关研究成果的对比表

对比项		丁雪欢（2010）	本课题
考察的汉语疑问句类型		22类（其中，嵌入问句、是非反问句、特指反问句不在本课题考察范围内）	39类
划分出的习得等级		三级	四级
习得等级相符或基本一致的疑问句类型（12类）	S+吗？	第一级	第一级
	“什么”问	第一级（序位靠后）	第二级
	“怎么”问、“为什么”问	第二级	第二级
	“多少/几”问、X呢？	第二级（序位靠前）	第一级
	“哪儿”问、“A不A”问、S+吧？、正反附加问/是非附加问	第二级（序位靠后）	第三级
	“多Adj”问	第三级	第三级
习得等级存在较大差异的疑问句类型（7类）	“怎么样”问	第一级	“怎么（样）”性状问句、方式问句均归入第四级
	“助不助+V”问（包括“有没有VP”）	第二级	“助不助+VP/AP？”归入第二级；“有没有+VP/AP？”归入第三级
	“谁”问	第二级（序位靠后）	第一级
	“V不/没V”问	第二级	“X不X”问句归入第三级；“X没X”问句归入第四级
	“哪+量词”问	第三级	指别“哪”问句归入第一级（序位最后）
	“A还是B”、VP没有？	第三级	第二级

不同研究所得出的一致结论为汉语第二语言习得的共性体现提供了佐证，而两项研究结果所存在的差异，我们认为很可能是二者在以下方面的差异造成的：第一，汉语疑问句系统的研究范围与分类框架；第二，研究方法与语料收集手段和相应的统计处理；第三，语料来源与属性、规模；第四，第二语言学习者背景属性（母语背景、语言水平等）与规模。显然，这一领域仍待更多的实证研究。

8.2 汉语疑问句系统第二语言习得的发展趋势

在对研究语料进行分析的过程中，我们也发现了一些较为明显的疑问句整体发展趋势，简要说明如下。

（1）汉语疑问句准确性的发展

在各个发展阶段，汉语疑问句的准确率普遍较高。我们认为主要原因是：第一，疑问句本身的难度不高；第二，语料库语料的书面性质和语言测试的监控效应使得疑问句的准确率普遍较高；第三，疑问句格式化倾向较为明显，被试多使用惯式用语，提高了准确率；第四，疑问句的使用偏向性较为明显，语言输出中多是比较容易的句式，因而准确率较高。

当然，疑问句系统内部不同句式的习得难度不同，有的句式难度级别也很高，这里说的是疑问句系统习得过程中的整体倾向。

（2）汉语疑问句丰富性的发展

句式类型及其丰富性也是考察第二语言习得发展趋势的重要指标，若被试运用的句式逐渐增多、输出的句式类型趋于丰富，表明被试的第二语言习得具有发展变化。

处于初中级阶段的第二语言学习者的语言输出中，经常性的询问是一个突出表现，且提问时多关注内容、意义，而少关注形式与语法结构，在跟踪语料中可以看出，随着学习者语言能力的提高，其询问方式日趋多样化，而同时询问次数却不断减少。疑问句式的类型有一个发展变化的过程，从最初较为单一的是非问句、特指问句称霸天下，发展到灵活地以各种句式表疑问，表达方式上多样化，在跟踪后期，选择问句、省略问句和正反问句开始增多。

但个案被试对疑问句的使用偏向性还是非常明显。例如韩国儿童在汉语疑问句式的使用频次上表现出显著差异，是非问和特指问的使用率远远高于正反问、选择问和省略问，造成各种疑问句式使用的不均衡现象突出，其优选顺序为：特指问句 > 是非问句 > 正反问句 > “W 呢”

省略问句 > 选择问句。

总体来看，个案被试在观察期内使用的疑问句式并不算很丰富，尽管每个阶段均使用了多种句式（从七八种到后期的十几种），但使用偏向性始终比较严重，句式的丰富性并未随阶段发展而呈现明显发展的变化趋势。这提示我们关注第二语言教师语言（teacher talk）的重要性。第二语言学习者在学习目的语的过程中受教师影响很大，他不仅学习教师的语言，还模仿教师的语言风格。而为了让学习者理解，语言教师往往使用以单句为主的语言形式，语言结构简单，形式单一，甚至出现一些不规范的表达形式。如果第二语言教师能依据学习者的认知发展阶段与目的语水平，适当调整其语言形式的复杂度和丰富性，应当能促进学习者语言的发展。

(3) 格式化疑问句式的多元化发展

学习者语料中疑问句式的格式化倾向较为明显，由早期的单一句式格式化（如较多地使用"……，可以吗？"征求意见）发展到后期的多元句式格式化，分别满足第二语言学习者求知性的、交际性的和衔接性的表达要求［求知性的如："……，可以吗？"，"……怎么说（呢）？"，"这是什么？"，"……是什么（意思）？"，"这是什么意思？"；交际性的如："……，知道吗？"，"为什么（……）？"，"你听得懂吗？"，"意思懂/明白了吗？"］，同时，求证性的低疑问度句式开始增多，如"……，是不是/对不对？"从而大大丰富了学习者的第二语言输出。

(4) 汉语疑问句语义方面的发展

汉语疑问句语义方面的发展趋势主要是：第一，疑问度由高到低，再到无（疑问代词引申用法）；第二，从表示疑问的核心语义到表示任指、虚指、倚变的非核心语义，疑问代词引申用法从表任指到表虚指；第三，从无假设义到有假设义（省略问句）；第四，从具体语义到抽象语义。

(5) 疑问句平均句长的发展

心理语言学界常将平均句长与句法结构的发展作为考察语言学习者语言发展的重要指标。平均句长（the Mean Length of Utterance，简称 MLU），是指语言学习者自发的言语样本中每个句子所包含的有意义单位的数目的均值，其中有意义单位一般是指词或语素。美国心理语言学家 D. McCarthy 指出，平均句长是最为"可靠的、容易测定的、客观的、定量的、并容易理解的测量语言成熟程度的尺度"（曾越麟译，1979）。

我们分别计算了韩国成人被试 Y 和韩国儿童 J 的汉语疑问句平均句

长的发展变化，采用以汉字为意义单位的方法，计算时无意义的重复不作为有意义单位累计。下图分别显示了 Y 在 14 个阶段和 J 在 15 个阶段中全部疑问句平均句长的发展。

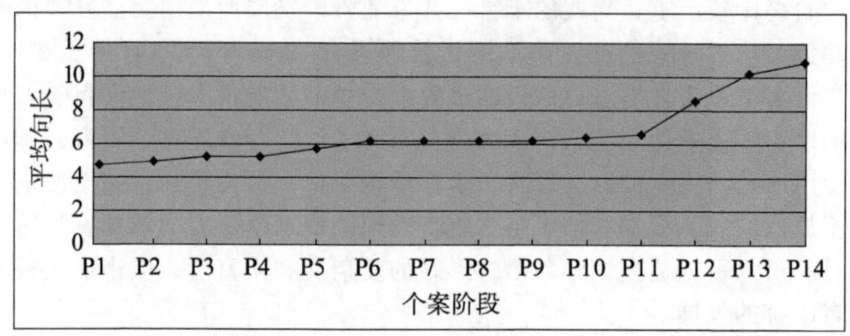

图 8－1　个案被试 Y 14 个阶段全部疑问句平均句长折线图

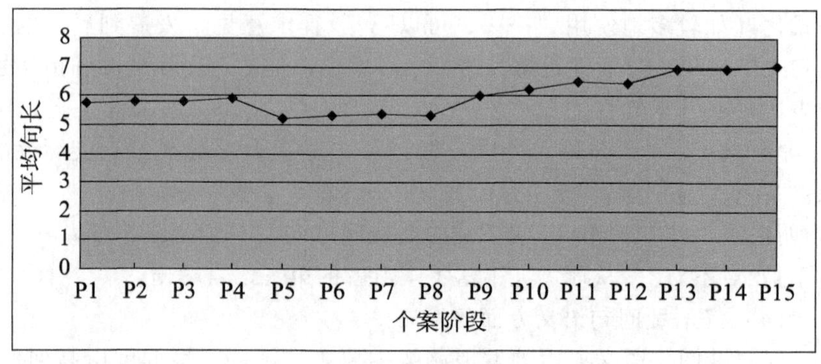

图 8－2　个案被试 J 15 个阶段全部疑问句平均句长折线图

从折线图可见成人被试 Y 的疑问句平均句长与其学习时间的长短存在一定的关联，平均句长随学习时间的增长而增加，其发展历程是分阶段的，P1—P4 增长平稳，P4—P6 出现了一个小高峰，其后直到 P11 是稳中有升，发展速度较缓，而 P11 之后又出现了第二次增长高峰，且发展速度极快。我们由图中所反映出的规律推断：P1 之前（即考察前期）应该是一个由低谷迅速升起之后平缓发展的曲线。而儿童被试 J 的疑问句平均句长在经历了一段时间的小幅下降后持续上升，趋势较为平稳，上升幅度不很明显。

将韩国成人第二语言学习者（Y）与韩国儿童（J）做一对比，可以发现一个有趣的现象。Y 的平均句长由 4.73 极为迅速地上升到 10.86，而韩国儿童平均句长的发展变化并不像成人那么明显。我们认为原因可能是：第一，个案跟踪时间较短，若观察足够长时间，可能会出现更为明显的语言发展。第二，儿童被试来自韩国家庭，与家人以韩语沟通，虽身处中国，但就读于以韩语授课的韩国国际学校，生活与学习的环境皆以韩语为主，使用汉语的机会很少，这样的语言环境使被试第二语言的发展受到一定的抑制。第三，儿童与成人的第二语言习得不同，成人在习得第二语言时其认知水平已发展完善，需要的是语言能力的提高；而儿童语言的发展是伴随着认知水平发展的，儿童在习得第二语言时其认知水平和母语能力均处在发展阶段，因而速度相对缓慢，儿童平均句长的发展不可能达到成人的速度。在本研究中，Y 的平均句长一开始就是三四个词，尽管也有一字或一词的句子，但在 P1 阶段就出现了 14 个字和 11 个词的句子，P2 阶段更是已经说出了含 25 个字和 18 个词的长句子，这在儿童早期的语言发展中是不会出现的。当然也不排除 Y 在跟踪前期出现过一两个词的平均句长阶段的可能性，但我们认为这个阶段应该是极其短暂的，会很快地过渡到两三个词。在这里，我们可以看到第二语言习得中年龄因素在起作用。

8.3 汉语疑问句系统第二语言习得过程中的影响因素

8.3.1 母语背景因素——不同母语背景学习者汉语疑问句系统第二语言习得的对比

（1）不同母语背景学习者汉语疑问句系统的第二语言习得基本表现

我们对语言测试中不同母语背景学习者汉语疑问句的相关测试结果分别进行了统计，计算了 39 类汉语疑问句的测试得分均值和平均正确率，结果如下。

表 8－6 不同母语背景的第二语言学习者汉语疑问句测试的得分均值与平均正确率一览表

疑问句类型	韩语均值	韩语正确率	日语均值	日语正确率	英语均值	英语正确率	其他印欧均值	其他印欧正确率	其他亚洲均值	其他亚洲正确率
T1	1.73	0.87	1.43	0.72	1.45	0.73	1.38	0.69	1.67	0.84
T2	1.92	0.96	1.87	0.94	1.71	0.86	1.79	0.90	1.84	0.92
T3	1.61	0.81	1.30	0.65	1.42	0.71	1.40	0.70	1.58	0.79
T4	1.24	0.62	0.74	0.37	1.00	0.50	0.87	0.44	1.27	0.64
T5	1.46	0.73	1.30	0.65	0.95	0.48	0.88	0.44	1.42	0.71
T6	1.88	0.94	1.87	0.94	1.71	0.86	1.65	0.83	1.82	0.91

（续表）

疑问句类型	韩语均值	韩语正确率	日语均值	日语正确率	英语均值	英语正确率	其他印欧均值	其他印欧正确率	其他亚洲均值	其他亚洲正确率
T7	4.77	0.95	4.74	0.95	4.15	0.83	4.42	0.88	4.69	0.94
T8	4.41	0.88	4.30	0.86	3.96	0.79	4.12	0.82	4.71	0.94
T9	3.81	0.76	3.96	0.79	3.28	0.66	3.37	0.67	4.22	0.84
T10	4.76	0.95	4.87	0.97	3.71	0.74	4.05	0.81	4.73	0.95
T11	1.85	0.93	1.87	0.94	1.31	0.66	1.42	0.71	1.69	0.85
T12	1.43	0.72	1.26	0.63	1.10	0.55	1.10	0.55	1.27	0.64
T13	4.66	0.78	4.26	0.71	3.03	0.51	3.60	0.60	4.53	0.76
T14	1.88	0.94	1.48	0.74	1.41	0.71	1.44	0.72	1.73	0.87
T15	1.87	0.94	1.91	0.96	1.55	0.78	1.68	0.84	1.82	0.91
T16	1.55	0.78	1.48	0.74	1.08	0.54	1.37	0.69	1.69	0.85
T17	1.87	0.94	1.87	0.94	1.64	0.82	1.65	0.83	1.93	0.97
T18	1.84	0.92	1.70	0.85	1.45	0.73	1.56	0.78	1.78	0.89
T19	1.77	0.89	1.65	0.83	1.62	0.81	1.70	0.85	1.67	0.84
T20	1.72	0.86	1.70	0.85	1.47	0.74	1.49	0.75	1.71	0.86
T21	1.19	0.60	1.17	0.59	1.19	0.60	1.26	0.63	1.29	0.65
T22	1.44	0.72	1.30	0.65	1.04	0.52	1.13	0.57	1.38	0.69
T23	1.62	0.81	1.43	0.72	1.55	0.78	1.63	0.82	1.67	0.84
T24	1.70	0.85	1.70	0.85	1.36	0.68	1.45	0.73	1.53	0.77
T25	1.34	0.67	1.52	0.76	1.21	0.61	1.18	0.59	1.36	0.68
T26	1.85	0.93	1.74	0.87	1.17	0.59	1.46	0.73	1.76	0.88
T27	1.85	0.93	1.87	0.94	1.45	0.73	1.54	0.77	1.89	0.95
T28	2.42	0.81	2.09	0.70	1.91	0.64	2.13	0.71	2.56	0.85
T29	1.72	0.86	1.57	0.79	1.33	0.67	1.38	0.69	1.51	0.76
T30	1.58	0.79	1.57	0.79	1.31	0.66	1.19	0.60	1.62	0.81
T31	1.92	0.96	1.87	0.94	1.64	0.82	1.75	0.88	1.84	0.92
T32	1.23	0.62	0.96	0.48	0.53	0.27	0.79	0.40	0.89	0.45
T33	1.44	0.72	1.26	0.63	0.81	0.41	0.93	0.47	1.22	0.61
T34	1.91	0.96	1.78	0.89	1.73	0.87	1.64	0.82	1.87	0.94

（续表）

疑问句类型	韩语均值	韩语正确率	日语均值	日语正确率	英语均值	英语正确率	其他印欧均值	其他印欧正确率	其他亚洲均值	其他亚洲正确率
T35	1.91	0.96	1.78	0.89	1.69	0.85	1.77	0.89	1.80	0.90
T36	1.55	0.78	1.39	0.70	0.96	0.48	1.12	0.56	1.53	0.77
T37	1.76	0.88	1.61	0.81	1.17	0.59	1.42	0.71	1.58	0.79
T38	1.28	0.64	1.04	0.52	0.92	0.46	1.01	0.51	1.31	0.66
T39	1.62	0.81	1.57	0.79	1.22	0.61	1.37	0.69	1.73	0.87

（2）不同母语背景学习者汉语疑问句系统的第二语言习得顺序

依据测试平均正确率排出不同母语背景学习者汉语疑问句习得顺序如下。

表8－7　不同母语背景的第二语言学习者汉语疑问句的习得顺序一览表

（按测试平均正确率排序）

汉语疑问句类型	韩语排序	日语排序	英语排序	其他印欧语言排序	其他亚洲语言排序
T1. 只用疑问语调的问句	18	26.5	15	23.5	22
T2. “吗”问句	1.5	6.5	2.5	1	7.5
T3. “吧”问句	25	32	17	22	25.5
T4. “啊”问句	37	39	34	38	36.5
T5. 陈述句＋是吗/对吗？	31	32	36	37	31
T6. 陈述句＋好吗/行吗/可以吗/怎么样？	7.5	6.5	2.5	7.5	9.5
T7. “谁”问句	5	3	5	3	5
T8. “什么”问句	16	13	9	9	4
T9. 处所“哪（里/儿）”问句	30	19	21	27	20
T10. 指别“哪”问句	6	1	12	12	2
T11. “怎么”原因问句	12	6.5	22.5	20	18.5
T12. “怎么（样）”方式问句	34	34.5	30	34	36.5
T13. “怎么（样）”性状问句	27	28	33	29	29.5
T14. “为什么”问句	7.5	24.5	18	18	14.5
T15. “几/多少”数量问句	9.5	2	10.5	6	9.5

（续表）

汉语疑问句类型	韩语排序	日语排序	英语排序	其他印欧语言排序	其他亚洲语言排序
T16. “多 + A” 数量/程度问句	28.5	24.5	31	25.5	18.5
T17. 特指疑问词 + 呢	9.5	6.5	6.5	7.5	1
T18. 特指疑问词 + 啊	14	15	15	13	12
T19. P 还是 Q?	15	17	8	5	22
T20. 是 P 还是 Q?	19.5	15	13	15	16
T21. P1，（P2，P3……），Q?	39	36	27	28	35
T22. 选择问 + 呢?	32.5	32	32	32	32
T23. 选择问 + 啊?	22.5	26.5	10.5	11	22
T24. “X 不 X” 问句	21	15	19	17	27.5
T25. “X 没 X” 问句	35	23	26	31	33
T26. VP/AP（了）不/没有?	12	12	28.5	16	13
T27. 助不助 + VP/AP?	12	6.5	15	14	3
T28. “是不是” + VP/AP?	24	29	24	20	17
T29. “有没有” + VP/AP?	19.5	21	20	23.5	29.5
T30. “是不是”附加式正反问句	26	21	22.5	30	24
T31. 其他附加式正反问句	1.5	6.5	6.5	4	7.5
T32. 正反问 + 呢?	38	38	39	39	39
T33. 正反问 + 啊?	32.5	34.5	38	36	38
T34. “W 呢”做始发句，无假设义	3.5	10.5	1	10	6
T35. “W 呢”不做始发句，无假设义	3.5	10.5	4	2	11
T36. “W 呢”不做始发句，有假设义	28.5	30	35	33	27.5
T37. 任指	17	18	28.5	20	25.5
T38. 虚指	36	37	37	35	34
T39. 倚变	22.5	21	25	25.5	14.5

（3）不同母语背景学习者汉语疑问句系统第二语言习得情况的对比统计检验

我们分别统计了不同母语背景学习者汉语疑问句系统的测试得分均值之间的 Pearson 积差相关系数和排序之间的 Spearman 等级相关系数，

结果如表 8－8。

表 8－8　不同母语背景学习者汉语疑问句系统测试结果之间的相关分析表

（a）测试得分均值之间的 Pearson 积差相关分析

		韩语均值	日语均值	英语均值	印欧均值	亚洲均值	全体均值
韩语均值	Pearson Correlation	1	0. 896**	0. 805**	0. 868**	0. 888**	0. 958**
	Sig.（2-tailed）	.	0. 000	0. 000	0. 000	0. 000	0. 000
	N	39	39	39	39	39	39
日语均值	Pearson Correlation	0. 896**	1	0. 777**	0. 852**	0. 860**	0. 909**
	Sig.（2-tailed）	0. 000	.	0. 000	0. 000	0. 000	0. 000
	N	39	39	39	39	39	39
英语均值	Pearson Correlation	0. 805**	0. 777**	1	0. 932**	0. 853**	0. 930**
	Sig.（2-tailed）	0. 000	0. 000	.	0. 000	0. 000	0. 000
	N	39	39	39	39	39	39
印欧均值	Pearson Correlation	0. 868**	0. 852**	0. 932**	1	0. 885**	0. 964**
	Sig.（2-tailed）	0. 000	0. 000	0. 000	.	0. 000	0. 000
	N	39	39	39	39	39	39
亚洲均值	Pearson Correlation	0. 888**	0. 860**	0. 853**	0. 885**	1	0. 938**
	Sig.（2-tailed）	0. 000	0. 000	0. 000	0. 000	.	0. 000
	N	39	39	39	39	39	39
全体均值	Pearson Correlation	0. 958**	0. 909**	0. 930**	0. 964**	0. 938**	1
	Sig.（2-tailed）	0. 000	0. 000	0. 000	0. 000	0. 000	.
	N	39	39	39	39	39	39

**. Correlation is significant at the 0. 01 level（2-tailed）.

（b）排序之间的 Spearman 等级相关分析

			韩语排序	日语排序	英语排序	其他印欧	其他亚洲	全体排序
Spearman's rho	韩语排序	Correlation Coefficient	1. 000	0. 882**	0. 839**	0. 903**	0. 876**	0. 969**
		Sig.（2-tailed）	.	0. 000	0. 000	0. 000	0. 000	0. 000
		N	39	39	39	39	39	39
	日语排序	Correlation Coefficient	0. 882**	1. 000	0. 782**	0. 849**	0. 874**	0. 903**
		Sig.（2-tailed）	0. 000	.	0. 000	0. 000	0. 000	0. 000
		N	39	39	39	39	39	39
	英语排序	Correlation Coefficient	0. 839**	0. 782**	1. 000	0. 925**	0. 803**	0. 929**
		Sig.（2-tailed）	0. 000	0. 000	.	0. 000	0. 000	0. 000
		N	39	39	39	39	39	39
	其他印欧	Correlation Coefficient	0. 903**	0. 849**	0. 925**	1. 000	0. 850**	0. 967**
		Sig.（2-tailed）	0. 000	0. 000	0. 000	.	0. 000	0. 000
		N	39	39	39	39	39	39
	其他亚洲	Correlation Coefficient	0. 876**	0. 874**	0. 803**	0. 850**	1. 000	0. 902**
		Sig.（2-tailed）	0. 000	0. 000	0. 000	0. 000	.	0. 000
		N	39	39	39	39	39	39

（续表）

		韩语排序	日语排序	英语排序	其他印欧	其他亚洲	全体排序
Spearman's rho 全体排序	Correlation Coefficient	0.969**	0.903**	0.929**	0.967**	0.902**	1.000
	Sig.（2-tailed）	0.000	0.000	0.000	0.000	0.000	.
	N	39	39	39	39	39	39

**. Correlation is significant at the .01 level (2-tailed).

测试得分均值之间的 Pearson 积差相关分析表明：不同母语背景学习者汉语疑问句系统的测试得分均值之间均存在极其显著的正相关，从相关系数观察，其相关性高，关系很明显（Pearson 积差相关系数 r≥0.777，P=0.000）。即若某种母语背景的学习者对某一疑问句式的习得效果好，那么其他母语背景的学习者习得效果也好，反之亦然。

各组排序之间的 Spearman 等级相关分析表明：不同母语背景学习者汉语疑问句系统的习得顺序之间均存在极其显著的正相关，从相关系数观察，其相关性高，关系很明显（Spearman 等级相关系数 r≥0.782，P=0.000），即不同母语背景学习者汉语疑问句系统的习得顺序是高度一致的。

（4）母语背景对汉语疑问句总体习得效果和内部 39 类句式习得效果的影响

为了考察母语背景对汉语疑问句总体习得效果是否构成显著影响，我们对各母语背景组在汉语疑问句测试中的总分均值进行了单因素方差分析，统计结果表明各组的总分之间存在极其显著差异（F=20.129，P=0.000）。观察多重比较结果：英语组分别与韩语组、日语组、其他亚洲语言组有极其显著的差异（显著低于后三者），其他印欧系语言组分别与韩语组、其他亚洲语言组有极其显著的差异（显著低于后两者），其他各组间无显著差异。总体成绩表现最好的是韩语组，其次依次是其他亚洲语言组、日语组、其他印欧系语言组，成绩表现最差的是英语组。在这里我们注意到印欧语系与亚洲语言两大类背景的学习者在疑问句习得表现方面确实存在明显的差异，后者显著优于前者。

再进一步观察各母语背景组在汉语疑问句系统内部每一类句式上的测试得分均值的单因素方差分析结果（具体数据请见第 3 至 7 章相关部分），发现学习者的母语背景只对 39 类疑问句中的四类句式的习得效果没有构成显著影响，分别是 T19，T21，T23，T25（其习得难度均比较高），其他 35 类句式中，我们都观察到了不同母语背景组的被试之间具有显著或极其显著的差异，亦即母语背景对绝大多数疑问句的习得构成了显著影响，这与前述母语背景对语言测试总分的影响的统计结果是一致的。观察多重比较结果，也基本可以得到极为一致的差异倾向：韩语组、日语组、其他亚洲语言组在习得汉语疑问句的表现上显著优于英语组、其他印欧系语言组。而韩语组、日语组、其他亚洲语言组之间一般没有显著差异（个别句式韩语组显著高于日语组，如 T4，T14），英语组和其他印欧系语言组之间也没有显著差异。

（5）母语背景因素小结

母语背景对汉语疑问句系统的总体习得效果和内部 35 类句式的习得效果（测试得分均值）均构成极其显著的影响，韩日背景的学习者在汉语疑问句系统的习得上显著优于英语背景学习者，总体成绩表现最好的是韩语组，其次是日语组，成绩表现最差的是英语组。

不同母语背景的学习者在疑问句习得上表现出显著差异，我们认为源于疑问手段的语际差异。自然语言通常以“添加、移位、重叠”三种句法手段表示疑问（徐杰，2001），其中“添加”和“移位”是两大普遍的疑问语法手段，两者具有互补性，在不同语言类型中的选择不同，如印欧语系语言多采用移位（倒装）手段，汉藏语系语言则普遍使用添加手段。汉语的疑问句系统同时存在“重叠”（如正反问句的正反叠加形式）和“添加”（如是非问句句尾添加疑问语气词“吗、吧”的形式）两种疑问语法手段；而在跨语言范围中，疑问“重叠”手段的普遍性弱于“添加”和“移位”手段，认知和习得难度增加。英语采用移位（倒装）的语法手段表示疑问，没有“重叠”这种难度较大的疑问手段。而韩语和汉语一样，也同时存在“重叠”和“添加”两种疑问手段，尽管汉韩两种语言的疑问句系统也存在很多差异（柳英绿，2003，2004），但疑问语法手段的一致已足以使得韩语背景的学习者在学习汉语疑问句时明显优于英语背景的学习者。

尽管如此，不同母语背景学习者之间还是表现出对汉语疑问句系统习得的一致倾向，表现有二：一是习得效果好坏的高度一致性，二是习得顺序的高度一致性。

以上结果表明母语背景因素对习得的影响是有选择性的，它可以影响具体的第二语言习得效果或习得速率（acquisition rate），却不会显著影响习得的发展轨迹。第二语言习得过程中存在普遍共性。

母语迁移只是疑问句第二语言习得过程中的一个重要因素，它与其他因素共同起作用。综合前面第 3 至 7 章对五大类疑问句的分类考察，

可知母语背景因素与习得难度形成交互作用，在五大类疑问句中，对于习得难度较低的是非、特指、省略问句，各母语背景学习者在其内部所有句式的习得效果上均表现出显著差异，一般是韩日背景显著优于英语背景，但同时表现出习得效果好坏和习得顺序的一致倾向；而对于习得难度较高的选择、正反问句（也包括难度较高的疑问代词引申用法），韩日背景的优势体现便不再那么明显了，只在其中某些类别的句式习得效果上表现出显著差异，例如选择问句中，韩日背景学习者只有在T20，T22这两类句式的习得表现上显著优于英语背景学习者，而其他三类选择问句（T19，T21，T23）的习得效果在不同母语背景学习者之间并无显著差异。同时韩日背景学习者与英语背景学习者在习得顺序上的分歧也开始增加（韩日之间仍然比较一致）。

下文在考察语言特征因素（句法位置）时，也同样发现母语迁移与其发生交互作用。可见，母语迁移在第二语言习得过程中并非单独起作用。

本研究还发现，一些因素比如经济性原则可能会抑制母语迁移。学习者习得语言项目时会优先选择经济的形式，疑问句的构成如果涉及移位，必然不符合经济性原则，因此当母语中疑问句需要移位（如英语）而第二语言中疑问句不需要移位（如汉语）时，母语迁移将受到抑制，即不发生母语迁移或母语迁移量减少。英语母语背景学习者汉语特指问句的平均正确率比较高（0.69），高于是非问句（0.68）、选择问句（0.68）、正反问句（0.60）和全部问句（0.67），且没有一直出现明显的移位倾向，即为一证。

8.3.2 语言水平因素

(1) 不同语言水平学习者汉语疑问句系统的第二语言习得基本表现

我们对语言测试中不同语言水平学习者汉语疑问句系统的相关测试结果分别进行了统计，计算了39类疑问句的测试得分均值和平均正确率，结果如下。

表8-9 初、中、高不同语言水平的第二语言学习者汉语疑问句测试的得分均值与平均正确率一览表

汉语疑问句类型	初级均值	初级正确率	中级均值	中级正确率	高级均值	高级正确率
T1. 只用疑问语调的问句	1.28	0.64	1.56	0.78	1.88	0.94
T2. “吗”问句	1.53	0.77	1.94	0.97	2.00	1.00

（续表）

汉语疑问句类型	初级均值	初级正确率	中级均值	中级正确率	高级均值	高级正确率
T3.“吧”问句	1.25	0.63	1.48	0.74	1.80	0.90
T4.“啊”问句	0.73	0.37	1.06	0.53	1.49	0.75
T5. 陈述句＋是吗/对吗？	0.72	0.36	1.27	0.64	1.66	0.83
T6. 陈述句＋好吗/行吗/可以吗/怎么样？	1.56	0.78	1.84	0.92	1.95	0.98
T7.“谁”问句	3.78	0.76	4.85	0.97	4.96	0.99
T8.“什么”问句	3.47	0.69	4.45	0.89	4.88	0.98
T9. 处所“哪（里/儿）”问句	2.75	0.55	3.82	0.76	4.36	0.87
T10. 指别“哪”问句	3.46	0.69	4.73	0.95	4.91	0.98
T11.“怎么”原因问句	1.03	0.52	1.87	0.94	1.93	0.97
T12.“怎么（样）”方式问句	0.90	0.45	1.36	0.68	1.51	0.76
T13.“怎么（样）”性状问句	2.39	0.40	4.29	0.72	5.46	0.91
T14.“为什么”问句	1.20	0.60	1.82	0.91	1.88	0.94
T15.“几/多少”数量问句	1.42	0.71	1.89	0.95	1.94	0.97
T16.“多＋A”数量/程度问句	0.80	0.40	1.60	0.80	1.83	0.92
T17. 特指疑问词＋呢	1.43	0.72	1.90	0.95	1.98	0.99
T18. 特指疑问词＋啊	1.21	0.61	1.85	0.93	1.93	0.97
T19. P 还是 Q？	1.37	0.69	1.79	0.90	1.93	0.97
T20. 是 P 还是 Q？	1.23	0.62	1.73	0.87	1.85	0.93
T21. P1，（P2，P3……），Q？	0.95	0.48	1.25	0.63	1.43	0.72
T22. 选择问＋呢？	0.84	0.42	1.31	0.66	1.68	0.84
T23. 选择问＋啊？	1.31	0.66	1.63	0.82	1.85	0.93
T24.“X 不 X”问句	1.25	0.63	1.58	0.79	1.85	0.93
T25.“X 没 X”问句	0.90	0.45	1.31	0.66	1.66	0.83
T26. VP/AP（了）不/没有？	0.94	0.47	1.85	0.93	1.97	0.99
T27. 助不助＋VP/AP？	1.26	0.63	1.85	0.93	1.97	0.99
T28.“是不是”＋VP/AP？	1.56	0.52	2.39	0.80	2.76	0.92
T29.“有没有”＋VP/AP？	1.08	0.54	1.64	0.82	1.87	0.94
T30.“是不是”附加式正反问句	0.97	0.49	1.52	0.76	1.83	0.92

（续表）

汉语疑问句类型	初级均值	初级正确率	中级均值	中级正确率	高级均值	高级正确率
T31. 其他附加式正反问句	1.48	0.74	1.94	0.97	1.99	1.00
T32. 正反问＋呢？	0.33	0.17	0.93	0.47	1.56	0.78
T33. 正反问＋啊？	0.56	0.28	1.17	0.59	1.79	0.90
T34. "W呢"做始发句，无假设义	1.47	0.74	1.91	0.96	1.99	1.00
T35. "W呢"不做始发句，无假设义	1.43	0.72	1.96	0.98	2.00	1.00
T36. "W呢"不做始发句，有假设义	0.47	0.24	1.52	0.76	1.93	0.97
T37. 任指	0.84	0.42	1.72	0.86	1.99	1.00
T38. 虚指	0.63	0.32	1.17	0.59	1.63	0.82
T39. 倚变	0.87	0.44	1.69	0.85	1.86	0.93

（2）不同语言水平学习者汉语疑问句系统的第二语言习得顺序

依据测试平均正确率排出不同语言水平学习者疑问句的习得顺序如下。

表8－10　不同语言水平的第二语言学习者汉语疑问句的习得顺序一览表

汉语疑问句类型	初级排序	中级排序	高级排序
T1. 只用疑问语调的问句	13	25	18.5
T2. "吗"问句	2	3	1.5
T3. "吧"问句	15.5	29	29
T4. "啊"问句	34	38	38
T5. 陈述句＋是吗/对吗？	35	34	33.5
T6. 陈述句＋好吗/行吗/可以吗/怎么样？	1	13	12
T7. "谁"问句	3	3	6
T8. "什么"问句	9	16	11
T9. 处所"哪（里/儿）"问句	20	26	31
T10. 指别"哪"问句	10	7	10
T11. "怎么"原因问句	23	9	15.5
T12. "怎么（样）"方式问句	27.5	31	37
T13. "怎么（样）"性状问句	33	30	28

（续表）

汉语疑问句类型	初级排序	中级排序	高级排序
T14. “为什么”问句	19	14	18.5
T15. “几/多少”数量问句	8	8	13
T16. “多+A”数量/程度问句	32	22	26.5
T17. 特指疑问词+呢	6.5	6	7
T18. 特指疑问词+啊	18	11	15.5
T19. P还是Q?	11	15	15.5
T20. 是P还是Q?	17	17	23
T21. P1，（P2，P3……），Q?	25	35	39
T22. 选择问+呢?	30.5	32.5	32
T23. 选择问+啊?	12	21	23
T24. “X不X”问句	15.5	24	23
T25. “X没X”问句	27.5	32.5	33.5
T26. VP/AP（了）不/没有?	26	11	8.5
T27. 助不助+VP/AP?	14	11	8.5
T28. “是不是”+VP/AP?	22	23	25
T29. “有没有”+VP/AP?	21	20	20
T30. “是不是”附加式正反问句	24	27.5	26.5
T31. 其他附加式正反问句	4	3	4
T32. 正反问+呢?	39	39	36
T33. 正反问+啊?	37	36.5	30
T34. “W呢”做始发句，无假设义	5	5	4
T35. “W呢”不做始发句，无假设义	6.5	1	1.5
T36. “W呢”不做始发句，有假设义	38	27.5	15.5
T37. 任指	30.5	18	4
T38. 虚指	36	36.5	35
T39. 倚变	29	19	21

（3）不同语言水平学习者汉语疑问句系统第二语言习得情况的对比统计检验

我们分别统计了不同语言水平学习者汉语疑问句系统的测试得分均值之间的Pearson积差相关系数和排序之间的Spearman等级相关系数，结果如表8-11所示。

表 8-11　不同语言水平学习者汉语疑问句系统测试结果之间的相关分析表

（a）测试得分均值之间的 Pearson 积差相关分析

		初级均值	中级均值	高级均值	全体均值
初级均值	Pearson Correlation	1	0.812**	0.629**	0.911**
	Sig. (2-tailed)	.	0.000	0.000	0.000
	N	39	39	39	39
中级均值	Pearson Correlation	0.812**	1	0.890**	0.975**
	Sig. (2-tailed)	0.000	.	0.000	0.000
	N	39	39	39	39
高级均值	Pearson Correlation	0.629**	0.890**	1	0.871**
	Sig. (2-tailed)	.000	0.000	.	0.000
	N	39	39	39	39
全体均值	Pearson Correlation	0.911**	0.975**	0.871**	1
	Sig. (2-tailed)	0.000	0.000	0.000	.
	N	39	39	39	39

**. Correlation is significant at the 0.01 level (2-tailed).

（b）排序之间的 Spearman 等级相关分析

			初级排序	中级排序	高级排序	全体排序
Spearman's rho	初级排序	Correlation Coefficient	1.000	0.806**	0.706**	0.918**
		Sig. (2-tailed)	.	0.000	0.000	0.000
		N	39	39	39	39
	中级排序	Correlation Coefficient	0.806**	1.000	0.923**	0.962**
		Sig. (2-tailed)	0.000	.	0.000	0.000
		N	39	39	39	39
	高级排序	Correlation Coefficient	0.706**	0.923**	1.000	0.903**
		Sig. (2-tailed)	0.000	0.000	.	0.000
		N	39	39	39	39
	全体排序	Correlation Coefficient	0.918**	0.962**	0.903**	1.000
		Sig. (2-tailed)	0.000	0.000	0.000	.
		N	39	39	39	39

**. Correlation is significant at the .01 level (2-tailed).

测试得分均值之间的 Pearson 积差相关分析表明：不同语言水平学习者汉语疑问句系统的测试得分均值之间均存在极其显著的正相关，从相关系数观察，其相关性很高，关系十分密切（Pearson 积差相关系数 $r \geq 0.629$，$P = 0.000$）。即若某种语言水平的学习者对某一疑问句式的习得效果好，那么其他语言水平的学习者习得效果也好，反之亦然。

各组排序之间的 Spearman 等级相关分析表明：不同语言水平学习者汉语疑问句系统的习得顺序之间均存在极其显著的正相关，从相关系数观察，其相关性很高，关系十分密切（Spearman 等级相关系数 $r \geq 0.706$，$P = 0.000$）。即不同语言水平学习者汉语疑问句系统的习得顺序是高度一致的。

（4）语言水平对汉语疑问句总体习得效果和内部 39 类句式习得效果的影响

为了考察语言水平对汉语疑问句总体习得效果是否构成显著影响，我们对各语言水平组在汉语疑问句测试中的总分均值进行了单因素方差分析，统计结果表明各组的总分之间存在极其显著的差异（F = 473.004，P = 0.000）。观察多重比较结果：三种语言水平之间均有极其显著的差异，语言水平等级越高，总体成绩表现也明显越好。

我们再进一步观察各语言水平组在汉语疑问句系统内部每一类句式上的测试得分均值的单因素方差分析结果（具体数据请见第三至七章相关部分），发现在 39 类疑问句的所有句式中，都观察到了不同语言水平的被试之间极其显著的差异，亦即语言水平对汉语疑问句的习得构成了极其显著的影响。这与前述语言水平对语言测试总分的影响的统计结果是一致的。而观察多重比较结果，基本可以得到极为一致的差异倾向：

①T11，T12，T14，T15，T18，T20 六种疑问句式：中级水平与高级水平之间无显著差异，而初级水平与中级水平、初级水平与高级水平之间有显著差异。也就是说，初级水平被试的汉语疑问句习得表现显著差于中级和高级水平被试，但中级与高级水平被试之间差异不显著。

②其他 33 类句式：初、中、高三级水平之间均有显著差异，表明被试的汉语语言水平对绝大多数的汉语疑问句类型的习得构成了显著影响。

（5）语言水平因素小结

语言水平对汉语疑问句系统的总体习得效果和内部 39 类句式的习得效果均构成了极其显著的影响，语言水平越高，疑问句的习得效果越好，这是符合一般预期的。同时，不同语言水平学习者之间还表现出对汉语疑问句系统习得的一致倾向，表现有二：一是习得效果好坏的高度一致性，二是习得顺序的高度一致性。这表明语言水平因素对习得的影响也是有选择性的，它可以影响习得效果或习得速率，却不会显著影响习得的发展轨迹。

8.3.3 语言特征因素

8.3.3.1 肯定与否定形式的因素

（1）汉语疑问句系统肯定与否定形式的第二语言习得基本表现

我们对语言测试中汉语疑问句系统肯定与否定形式的相关测试结果分别进行了统计，计算其测试得分总和与均值（平均正确率），结果如下。

表 8-12 全体被试汉语疑问句测试肯定形式与否定形式均值对照表

汉语疑问句类型		全体被试得分				
		肯定式		否定式		总计
		总和	均值	总和	均值	均值
是非问句类	T1. 只用疑问语调的问句	264	0.66	370	0.92	0.79
	T2. “吗”问句	380	0.95	359	0.89	0.92
	T3. “吧”问句	220	0.55	387	0.96	0.76
	T4. “啊”问句	218	0.54	221	0.55	0.55
	T5. 陈述句+是吗/对吗?	190	0.47	303	0.75	0.62
	T6. 陈述句+好吗/行吗/可以吗/怎么样?	377	0.94	343	0.85	0.90
特指问句类	T7. “谁”问句	387	0.96	357	0.89	0.91
	T8. “什么”问句	329	0.82	323	0.80	0.86
	T9. 处所“哪(里/儿)”问句	162	0.40	358	0.89	0.73
	T10. 指别“哪”问句	377	0.94	369	0.92	0.88
	T11. “怎么”原因问句	327	0.81	332	0.83	0.82
	T12. “怎么(样)”方式问句	358	0.89	152	0.38	0.64
	T13. “怎么(样)”性状问句	254	0.63	265	0.66	0.68
	T14. “为什么”问句	297	0.74	369	0.92	0.83
	T15. “几/多少”数量问句	365	0.91	345	0.86	0.89
	T16. “多+A”数量/程度问句	239	0.59	337	0.84	0.72
	T17. 特指疑问词+呢	376	0.94	342	0.85	0.90
	T18. 特指疑问词+啊	346	0.86	333	0.83	0.85
选择问句类	T19. P 还是 Q?	383	0.95	304	0.76	0.86
	T20. 是 P 还是 Q?	353	0.88	298	0.74	0.81
	T21. P1,(P2,P3……),Q?	129	0.32	360	0.90	0.61
	T22. 选择问+呢?	248	0.62	267	0.66	0.64
	T23. 选择问+啊?	353	0.88	292	0.73	0.80
正反问句类	T24. “X 不 X”问句	379	0.94	250	0.62	0.78
	T25. “X 没 X”问句	343	0.85	177	0.44	0.65
	T26. VP/AP(了)不/没有?	323	0.80	328	0.82	0.81
	T27. 助不助+VP/AP?	363	0.90	325	0.81	0.86

（续表）

汉语疑问句类型		全体被试得分				
		肯定式		否定式		总计
		总和	均值	总和	均值	均值
正反问句类	T28. “是不是” +VP/AP?	373	0.93	295	0.73	0.75
	T29. “有没有” +VP/AP?	330	0.82	290	0.72	0.77
	T30. “是不是”附加式正反问句	254	0.63	329	0.82	0.73
	T31. 其他附加式正反问句	372	0.93	360	0.90	0.91
	T32. 正反问+呢?	226	0.56	154	0.38	0.48
	T33. 正反问+啊?	278	0.69	195	0.49	0.59
“W呢”省略问句	T34. “W呢”做始发句，无假设义	386	0.96	341	0.85	0.91
	T35. “W呢”不做始发句，无假设义	366	0.91	365	0.91	0.91
	T36. “W呢”不做始发句，有假设义	262	0.65	274	0.68	0.67
疑问代词引申用法	T37. 任指	307	0.76	313	0.78	0.77
	T38. 虚指	285	0.71	176	0.44	0.58
	T39. 倚变	277	0.69	326	0.81	0.75

（2）汉语疑问句系统肯定与否定形式第二语言习得情况的对比统计检验与结论

对语言测试中39类汉语疑问句系统肯定与否定形式的均值进行配对T检验，肯定形式均值为0.768 7，否定形式均值为0.758 5，T=0.287，P=0.776，二者无显著差异。这表明从总体上看，肯定与否定形式的因素并未对汉语疑问句系统的习得效果造成显著影响，尽管肯定形式的均值略高于否定形式。

综合前面第3至7章对五大类疑问句的分类考察，可知肯定与否定形式的因素与疑问句类型形成了交互作用。在五大类疑问句中，只有正反问句肯定形式的习得效果显著优于否定形式，亦即否定形式增加了习得难度，造成同类句式的正确率显著下降；其他各类均未发现肯定与否定形式习得效果的显著差异。

8.3.3.2　句法位置因素

（1）关于可及性层级假设

语言类型学认为语言的蕴含普遍性中有一种层级普遍性，即一种特

征的存在蕴含了层级比它更高的其他特征的存在，如 Keenan 和 Comrie (1977)、Comrie 和 Keenan（1979）提出的“名词短语可及性层级假设”(Noun Phrase Accessibility Hierarchy Hypothesis, NPAH)。Keenan 和 Comrie（1977）在调查了 50 余种语言之后发现，对于中心名词在关系从句中所充当的句法功能或者说句子成分而言，存在着如下的可及性层级：

S > DO > IO > OPREP > GEN > OCOMP

（主语 > 直接宾语 > 间接宾语 > 介词宾语 > 领属成分 > 比较宾语，“ >”左边的项目比“ >”右边的项目更为可及。)

这一层级意味着在所有被调查的语言中，中心名词在关系从句中作主语是最容易被接受的，其次是作直接宾语和间接宾语。最难以接受的是 OCOMP 型关系从句，因为它只在少数语言中存在。NPAH 这一可及性层级实际上代表了六类关系从句中语法标记性（markedness）的等级。所以，直接宾语关系从句与主语关系从句相比，其标记性更为显著，而且在句法上也更为复杂。以此类推。

根据 Keenan 和 Comrie（1977）的观点，NPAH 层级当中存在一种单向蕴含关系：第一，如果在一种语言中，可及性层级中的某一个等级可以被关系化，那么更高的等级在该语言中应该也可以被关系化；第二，在这个层级的任意一个等级 P（Position）上都有可能存在某些人类语言，这些人类语言只能关系化 P 这一等级，而不能够关系化更低的等级。他们进一步提出关系从句的句法难度和人类的语言加工难度存在一致性，因为造句的过程实际上就是语义编码的过程。如果一个意义从本质上讲要比另外一个更难表达的话，那它的编码形式就应该更为复杂，而且对于表达更为简单的意义来说可能也不太适用。由此我们可以进一步认为：关系从句越复杂就越难加工。正如 Eckman（1977）所说，语言类型学上的语法标记性的概念实际上与第二语言习得当中的加工难度的概念有一定相关性。Gass（1979）还认为，这一假设至少可以从频率和准确率两个角度来加以检验，因为较为简单的关系从句的准确率和频率应该更高。基于这些假定，很多研究者对上面的假设进行了检验并且在很大程度上支持了这一假设（不过这些假设检验的工作还仅限于 S 类和 O 类关系从句）。

在本研究中，我们将讨论句法可及性层级是否会制约疑问句的第二语言习得，NPAH 能否预测疑问句习得的难度顺序，能否得到汉语疑问

句习得的验证。我们将考察特指问句中的五种句式（T7，T8，T9，T10，T13）和正反问句中的一种句式（T28）的疑问词处于不同句法位置的习得情况，以检验 NPAH 的适用性。

（2）汉语疑问句不同句法位置的习得基本表现

本研究的句法位置指疑问词在句中所承担的句法功能，如充当主语、谓语、宾语、定语等。语言测试中，“谁”问句、“什么”问句、处所“哪（里/儿）”问句、指别“哪”问句均有主语、宾语、定语、介宾（作状语/补语）四种句法位置；“怎么（样）”性状问句有定语、谓语、补语、状语、句首五种句法位置。“‘是不是’+VP/AP?”有“是不是”置于句中、句首两种句法位置。汉语疑问句不同句法位置的测试平均正确率如下表所示：

表 8－13　疑问句不同句法位置的均值（平均正确率）对照表

疑问句类型		处于不同句法位置的均值（平均正确率）								
		主	宾	定	介宾	谓	补	状	句首	句中
特指问句	T7.“谁”问句	0.96	0.94	0.92	0.86					
	T8.“什么”问句	0.82	0.98	0.96	0.74					
	T9. 处所“哪（里/儿）”问句	0.40	0.96	0.56	0.85					
	T10. 指别“哪”问句	0.94	0.88	0.81	0.87					
	T13.“怎么（样）”性状问句			0.63		0.94	0.56	0.56	0.74	
正反问句	T28.“是不是”+VP/AP?								0.59	0.93

（3）疑问句不同句法位置的习得情况对比统计检验

我们对 T7，T8，T9，T10，T13 句式中的疑问代词在不同句法位置上的习得表现（测试得分均值）分别进行了单因素方差分析，统计结果均有极其显著的差异（F 分别为 9.756，51.512，162.115，9.995，50.610，P＝0.000），表明这五类句式的疑问代词处于不同句法位置时，习得效果均有显著差异。对 T28“是不是”处于不同句法位置的习得表现进行配对 T 检验，结果也有极其显著的差异（t＝－13.707，P＝0.000）。这说明疑问词的句法位置对习得效果构成了极其显著的影响。

（4）疑问句句法位置的难度顺序

由于疑问句不同句法位置的习得表现有极其显著的差异，因此我们依据疑问句不同句法位置的均值（平均正确率），排出六类疑问句句法位置的难度顺序，并与NPAH相对比①：

T7. “谁”问句：主语 > 宾语 > 定语 > 介宾

T8. “什么”问句：宾语 > 定语 > 主语 > 介宾

T9. 处所“哪（里/儿）”问句：宾语 > 介宾 > 定语 > 主语

T10. 指别“哪”问句：主语 > 宾语 > 介宾 > 定语

T13. “怎么（样）”性状问句：谓语 > 句首 > 定语 > 补语 = 状语

T28. “是不是” + VP/AP?：句中 > 句首

（NPAH：主语 > 直接宾语 > 间接宾语 > 介词宾语 > 领属成分 > 比较宾语）

对比后发现，汉语疑问句不同句法位置的难度顺序只是部分遵守了可及性层级，其中，T10完全符合NPAH所预示的顺序，而T7，T8，T9都是部分遵守、部分违反NPAH所预示的顺序。

我们认为NPAH只能部分地解释疑问句不同句法位置的难度顺序，而后者是由多种因素交互影响产生的。至少有三：第一，疑问词更容易充当主要的句法成分，如主语、谓语、宾语，其承担附加句法成分（如定语、状语、补语）时，难度加大。如：“谁是学生？”难度小于“这是谁的书？”。第二，疑问词承担的句法功能更容易处于句子层面，其处于句法结构内部层面时，难度加大。如：同样是宾语，充当句子宾语的“这是什么？”难度小于充当句子状语内部介词宾语的“咖啡比什么贵？”。第三，“生命度”也可造成难度顺序的差异。如：“什么”、“哪儿”一般指代事物、方位处所，生命度低，更易于出现在宾语位置上；而“谁”多指代人，生命度高，主语是其典型的句法位置。

同时，我们也发现不同母语背景的学习者句法位置的难度顺序可能不同，亦即句法位置与母语背景有交互作用。

（5）句法位置与母语背景因素的交互作用

对句法位置和母语背景两个因素做重复测量方差分析，发现句法位置这一被试内变量主效应显著，另一个被试间因素（母语背景）的主效应也显著，最重要的是，我们看到句法位置和母语背景这两个变量之间的交互作用效应也非常显著（T28例外，交互作用效应不显著），统计结果见下表。

---

① 由左到右依次更难，“>”左边的项目比“>”右边的项目更容易；“=”两边的项目难度相等。

表 8-14　句法位置和母语背景两因素重复测量方差分析结果表

因素	T7	T8	T9	T10	T13	T28
句法位置	5.225 (0.001)	31.050 (0.000)	103.098 (0.000)	6.473 (0.000)	37.752 (0.000)	103.009 (0.000)
母语背景	16.211 (0.000)	10.333 (0.000)	13.514 (0.000)	40.277 (0.000)	30.965 (0.000)	5.141 (0.000)
句法位置 * 母语背景	1.836 (0.038)	3.720 (0.000)	2.981 (0.000)	2.468 (0.003)	3.264 (0.000)	2.229 (0.064)

注：表中数据为方差 F 值，括号中是显著性 P 值。

句法位置与母语背景交互作用，必然导致不同母语背景的学习者句法位置的难度顺序可能不同。为了使这种差异更为清晰，我们分别绘制了六类句式不同母语背景学习者不同句法位置习得表现（平均正确率）的折线图。

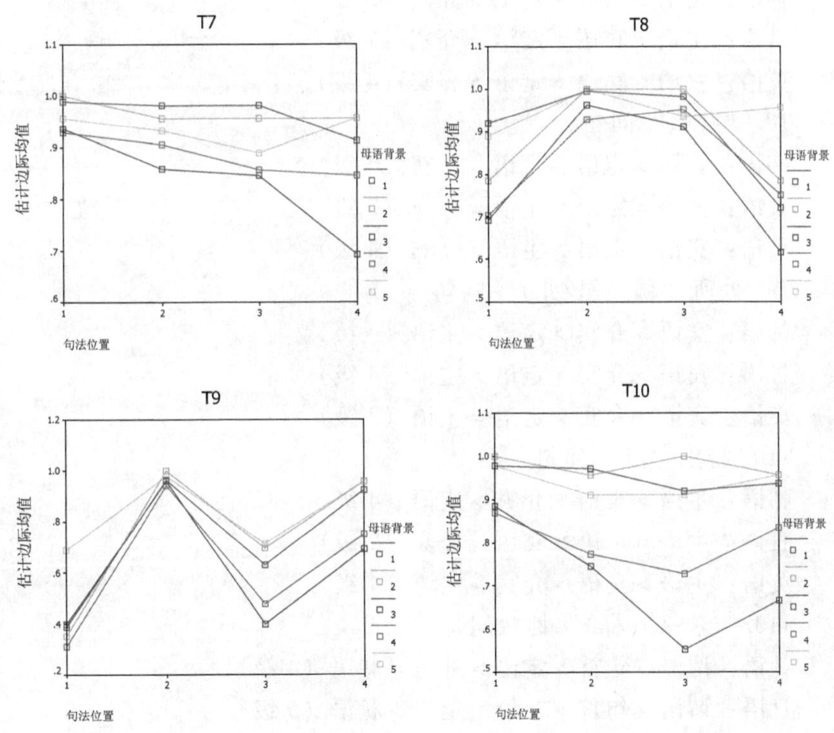

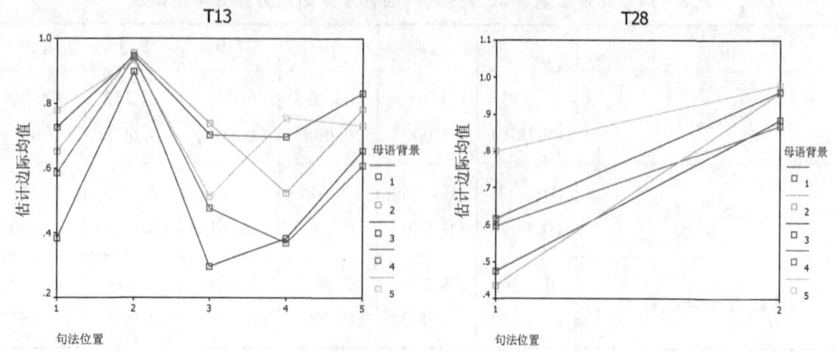

图 8-3　六类句式不同母语背景学习者不同句法位置习得表现折线图

由上图和多重比较结果数据，韩语、日语、英语背景的学习者六类疑问句不同句法位置的难度顺序分别为：

T7. “谁”问句

韩语：主语 > 宾语 = 定语 > 介宾（3 级）

日语：主语 > 宾语 = 定语 = 介宾（2 级）

英语：主语 > 宾语 > 定语 > 介宾（4 级）

T8. “什么”问句

韩语：宾语 > 定语 > 主语 > 介宾（4 级）

日语：宾语 = 定语 > 主语 = 介宾（2 级）

英语：宾语 > 定语 > 主语 > 介宾（4 级）

T9. 处所“哪（里/儿）”问句

韩语：宾语 > 介宾 > 定语 > 主语（4 级）

日语：宾语 > 介宾 > 定语 > 主语（4 级）

英语：宾语 > 介宾 > 定语 = 主语（3 级）

T10. 指别“哪”问句

韩语：主语 > 宾语 > 介宾 > 定语（4 级）

日语：主语 = 定语 > 宾语 = 介宾（2 级）

英语：主语 > 宾语 > 介宾 > 定语（4 级）

T13. “怎么（样）”性状问句

韩语：谓语 > 句首 > 定语 > 补语 = 状语（4 级）

日语：谓语 > 句首 > 补语 > 定语 > 状语（5 级）

英语：谓语 > 句首 > 定语 = 状语 > 补语（4 级）

T28. “是不是” +VP/AP?

韩语：句中 > 句首（2 级）

日语：句中 > 句首（2 级）

英语：句中 > 句首（2 级）

尽管序列大体一致，但在难度级数和各句法位置的相互关系上仍有不少差异（T28 除外）。可见，汉语疑问词所处的句法位置对疑问句的习得效果构成了显著影响，并与母语背景形成交互作用，不同母语背景学习者的难度顺序并不完全相同。

（6）句法位置因素小结

汉语疑问句的句法位置对疑问句的习得效果构成了显著影响。不同句法位置的难度顺序只是部分遵守了可及性层级（NPAH）所预示的顺序。我们认为 NPAH 只能部分解释疑问句不同句法位置的难度顺序，后者是由多种因素交互影响产生的，如句法位置、句法成分的主次地位和层级性、生命度、母语背景等。

8.3.3.3　跨类疑问词因素——“啊、呢”的影响

疑问语气词“啊、呢”具有一定的特殊性，可以用在多种疑问句类型中，其中“呢”可以用在特指问句、正反问句、选择问句和省略问句中，而“啊”可以出现在除“W 呢”省略问句以外的所有类型中。通过前面第 3 至 7 章的分类考察，我们发现这种特殊的跨类疑问词的确对汉语疑问句的习得产生了一定影响，在不同程度上增加了同类句式的习得难度，而具体难度增加的幅度则与两个因素有关：

（1）语气词“啊、呢”对疑问句类型的选择性：它们更优先选择与特指问句结合（尤其是“呢”），而不是与是非、选择或正反问句结合，优先选择结合的句式（如特指问句），不会因为语气词“啊、呢”的附加而大幅度增加习得难度。

（2）疑问标记的复用难度：特指问句主要采用词汇手段（疑问代词）作为疑问标记，因而更容易允许复用语法手段，比如添加疑问语气词“呢、啊”；而是非问句除依靠语音手段外，主要依靠句尾添加疑问语气词的语法手段作为疑问标记，而且可供选择的有“吗、吧、啊”三个语气词，三者可及性依次降低，因此同样是疑问语气词，学习者学会附加“啊”要比附加“吗”甚至“吧”困难得多；选择问句虽然也主要采用词汇手段（连接词）作为疑问标记，但需要学习者选定两个备选项，再用连接词连接，本身难度较大，如果再复用语法手段，比如添加疑问语气词“啊、呢”，会明显增加习得难度；正反问句采用汉语

特有的正反叠加的重叠语法手段作为疑问标记，本身难度较大，再复用语法手段，比如添加疑问语气词“呢、啊”，便会大大增加习得难度。

8.3.3.4 疑问度因素

疑问度是制约疑问句习得和问句形式选择的重要因素，鉴于目前学界对汉语疑问句疑问度的考量偏于主观，缺乏明确统一的标准与依据，本研究采用母语者评价量表调查的方式作为疑问度高低的评判依据，建立疑问句系统疑问度的五级级差，进而考察疑问度与疑问句类型、肯定否定形式和第二语言学习者习得效果的各种关联。

8.3.3.4.1 汉语疑问句疑问度的判断依据

74 名被试中有两人未填疑问度的判断依据，因此共 72 份有效问卷。统计结果如下表所示。

表 8－15 疑问度判断依据降序表

序号	疑问度的判断依据	选择人数	所占比例
1	母语者的语感	64	88.89%
2	疑问句中的语气词	51	70.83%
3	设想的语境和原有知识	46	63.89%
4	疑问焦点	30	41.67%
5	疑问句的类型	27	37.50%
6	疑问句的结构	24	33.33%
7	推测性标志词	21	29.17%
8	其他	1	1.39%

注：选择“其他”的只有 1 人，其依据为：反问与否。

从数据可知，汉语母语者在判断疑问句疑问度高低时，最重要的判断依据是母语者的语感，近 90% 的被试选择了该项；其次是疑问句中的语气词、设想的语境和原有知识，选择者均过半；再次会依据疑问焦点、疑问句的类型、疑问句的结构和推测性标志词等因素，选择者约 1/3 强。郭锐（2000）指出影响“吗”字句确信度的因素有五种：焦点、否定式、标记性（他有多矮）、语境和知识、推测性标志词（如“非…不可”），并提出问句的疑问程度与问句的类型没有绝对关系。其归纳较全面而具体，是对普遍认同的“疑问程度与问句结构形式相关”观点的具体补充。本文调查的结果部分地证实了其观点，语感、语气词、语境和知识、焦点是影响疑问句疑问度判断的最为重要的四个因素，疑问度与疑问句的结构或类型虽然有一定关系，但并没有强关联。下面对不同类型疑问句疑问度的多重比较也支持这一观点。

8.3.3.4.2 不同类型和形式的汉语疑问句疑问度的比较

(1) 不同结构类型汉语疑问句疑问度的比较

我们对六大类汉语疑问句的疑问度均值、标准差、标准误、最小值、最大值等进行了统计，结果如下表。

表 8-16 六大类汉语疑问句疑问度的描述性统计数据表

	项目数	均值	标准差	标准误	均值的 95% 置信区间		最小值	最大值
					下限	上限		
1	6	1.843 3	0.368 22	0.150 33	1.456 9	2.229 8	1.29	2.37
2	12	2.400 0	0.145 23	0.041 92	2.307 7	2.492 3	2.20	2.69
3	5	1.970 0	0.103 92	0.046 48	1.841 0	2.099 0	1.80	2.06
4	10	2.032 0	0.150 98	0.047 74	1.924 0	2.140 0	1.73	2.23
5	3	1.950 0	0.050 00	0.028 87	1.825 8	2.074 2	1.90	2.00
6	3	0.390 0	0.085 44	0.049 33	0.177 8	0.602 2	0.30	0.47
总计	39	1.975 6	0.538 53	0.086 23	1.801 1	2.150 2	0.30	2.69

注：1 为是非问句；2 为特指问句；3 为选择问句；4 为正反问句；5 为省略问句；6 为疑问代词引申用法。

我们对六大类汉语疑问句的疑问度进行了单因素方差分析，发现存在极其显著的差异，F = 55.151 (P = 0.000)，但事后多重比较显示疑问代词引申用法因其不表疑问，几乎没有什么疑问程度，而与其他五类疑问句之间均有极其显著的差异（P≤0.001，疑问度远低于其他五类），特指问句与选择问句、正反问句、省略问句分别构成极其显著的差异（P=0.000，疑问度高于后三者），而其他疑问句之间并没有显著差异，可见疑问度与疑问句的结构类型之间虽存在一定的关联，但并没有必然联系，或关联并不像我们预期的那么强。由此我们确定六类疑问句按疑问度由高到低排序，分别是：特指问句 > 正反问句、选择问句、省略问句、是非问句 > 疑问代词引申用法（中间四类疑问度无显著差异，故并列）。

(2) 不同形式（肯定、否定形式）汉语疑问句疑问度的比较

从总体看，疑问度肯定形式和否定形式的均值之间并无显著差异，配对 T 检验的结果 T = -0.531 (P = 0.598)，二者差异不显著；疑问度

肯定形式、否定形式和全体均值的单因素方差分析结果，F = 0.009（P = 0.991），也不存在显著差异，尽管从绝对数值上观察，否定形式的疑问度（1.983 6）略高于肯定形式（1.967 2）。

结合前面第 3 至 7 章对五大类疑问句类型肯定否定形式的差异显著性检验结果，各种类型的疑问句也均无显著差异，因此肯定否定形式的因素对疑问度的影响并不显著。

（3）结构类型与肯定否定形式对汉语疑问句疑问度的交互影响

观察疑问度的原始数值，发现汉语疑问句的疑问度在肯定否定形式、疑问句结构类型上存在一定的关联性特征，且呈现交互作用。如下表所示。

表 8－17　疑问度的肯定否定形式与疑问句结构类型的交互作用分布表

疑问度		是非问句（6 类）	特指问句（12 类）	选择问句（5 类）	正反问句（10 类）	省略问句（3 类）	引申用法（3 类）	共计 39 类
肯定 < 否定	句式	T1，T2，T3，T4，T5	T11，T12，T13，T14，T16，T18	T19，T21，T23	T26，T27，T29	T35	T39	
	数量	5	6	3	3	1	1	19
	比例	83.33%	50%	60%	30%	33.33%	33.33%	48.72%
肯定 > 否定	句式	T6	T7，T8，T9，T10，T15	T20	T24，T25，T28，T30，T31，T32，T33	T34，T36	T37，T38	
	数量	1	5	1	7	2	2	18
	比例	16.67%	41.67%	20%	70%	66.67%	66.67%	46.15%
肯定 = 否定	句式		T17	T22				
	数量	0	1	1	0	0	0	2
	比例	0	8.33%	20%	0	0	0	5.13%

是非问句和选择问句中大多数否定形式的疑问度高于肯定形式，特指问句肯定形式疑问度高和否定形式疑问度高的情况几乎各占一半，正反问句、省略问句和疑问代词引申用法大多数肯定形式的疑问度高于否定形式。从绝对数值上观察，否定形式的疑问度要略高于肯定形式，尽管统计检验表明二者差异不显著。

8.3.3.4.3　不同类型和形式的汉语疑问句疑问度的排序与比较

在疑问度基本数据的基础上，我们又进而对不同类型和形式的汉语疑问句的疑问度进行了排序，如下表。

表 8－18　汉语疑问句疑问度排序对照表

汉语疑问句类型	疑问度肯定形式排序	疑问度否定形式排序	疑问度总排序
T1. 只用疑问语调的问句	8	24.5	13
T2. “吗” 问句	30.5	35	33
T3. “吧” 问句	4	4	4
T4. “啊” 问句	5	8	5
T5. 陈述句＋是吗/对吗？	9	9	8.5
T6. 陈述句＋好吗/行吗/可以吗/怎么样？	22	10	14
T7. “谁” 问句	39	38	39
T8. “什么” 问句	36	28	32
T9. 处所 “哪（里/儿）” 问句	38	22.5	34
T10. 指别 “哪” 问句	37	33.5	35
T11. “怎么” 原因问句	32	36	36
T12. “怎么（样）” 方式问句	35	39	38
T13. “怎么（样）” 性状问句	19.5	32	26
T14. “为什么” 问句	34	37	37
T15. “儿/多少” 数量问句	33	29.5	30
T16. “多＋A” 数量/程度问句	30.5	33.5	31
T17. 特指疑问词＋呢	29	29.5	29
T18. 特指疑问词＋啊	27	31	28
T19. P 还是 Q？	14.5	22.5	22
T20. 是 P 还是 Q？	19.5	13	16.5
T21. P1，（P2，P3……），Q？	6	11	7
T22. 选择问＋呢？	17.5	20	20
T23. 选择问＋啊？	10	17	11
T24. “X 不 X” 问句	23	14.5	18
T25. “X 没 X” 问句	11	7	8.5
T26. VP/AP（了）不/没有？	7	5	6

（续表）

汉语疑问句类型	疑问度肯定形式排序	疑问度否定形式排序	疑问度总排序
T27. 助不助 + VP/AP?	25	26.5	25
T28. “是不是” + VP/AP?	28	26.5	27
T29. “有没有” + VP/AP?	17.5	21	23
T30. “是不是”附加式正反问句	24	14.5	20
T31. 其他附加式正反问句	14.5	16	15
T32. 正反问 + 呢?	21	18	20
T33. 正反问 + 啊?	26	24.5	24
T34. “W 呢”做始发句，无假设义	16	6	10
T35. “W 呢”不做始发句，无假设义	12.5	19	16.5
T36. “W 呢”不做始发句，有假设义	12.5	12	12
T37. 任指	1	1	1
T38. 虚指	3	3	3
T39. 倚变	2	2	2

统计上述三列排序的 Spearman 等级相关系数，结果如表 8-19。统计表明三列排序之间均存在极其显著的正相关，是高度一致的。从相关系数观察，其相关性很高，关系十分密切。因此，尽管疑问度的绝对值有时肯定形式高于否定形式，有时否定形式高于肯定形式，但在排序上却是高度一致的，疑问度的肯定形式和否定形式之间也并不存在显著差异。

表 8－19　汉语疑问句疑问度排序的等级相关分析统计结果表

非参数相关					
			肯定形式	否定形式	全体
Spearman's rho	肯定形式	Correlation Coefficient	1.000	0.844**	0.957**
		Sig.（2-tailed）	.	0.000	0.000
		N	39	39	39
	否定形式	Correlation Coefficient	0.844**	1.000	0.948**
		Sig.（2-tailed）	0.000	.	0.000
		N	39	39	39
	全体	Correlation Coefficient	0.957**	0.948**	1.000
		Sig.（2-tailed）	0.000	0.000	.
		N	39	39	39

**. Correlation is significant at the .01 level（2-tailed）.

8.3.3.4.4 汉语疑问句疑问度的分级与疑问句四级系统的建构

在设计问卷时，我们按照疑问程度，构拟了汉语疑问句系统疑问程度的五级级差，即强疑问句、高疑问句、中疑问句、低疑问句、无疑问句五个等级，分别以数字4，3，2，1，0标识，但根据母语者评价量表调查的统计结果，母语者为39类疑问句标出的疑问度实际最高均值为2.69，说明我们虽在理论上设定了强疑问的等级，但母语者语感中并不存在该等级，而只区分了高、中、低三种层次的疑问程度，因此我们将原来的理论预设修改为汉语疑问句系统疑问程度的四级级差，即高疑问句、中疑问句、低疑问句、无疑问句四个等级。根据疑问句式与疑问程度的对应关系，我们建立新的疑问句式的四级系统如下：

表8-20　按疑问程度级别确定的汉语疑问句四级系统

分级	汉语疑问句类型	疑问度均值	排序
0级 无疑问句 均值<0.5	T37. 任指	0.30	1
	T39. 倚变	0.40	2
	T38. 虚指	0.47	3
1级 低疑问句 1.0<均值<2.0	T3. “吧”问句	1.29	4
	T4. “啊”问句	1.60	5
	T26. VP/AP（了）不/没有？	1.73	6
	T21. P1，（P2，P3……），Q？	1.80	7
	T5. 陈述句+是吗/对吗？	1.85	8.5
	T25. “X没X”问句	1.85	8.5
	T34. “W呢”做始发句，无假设义	1.90	10
	T23. 选择问+啊？	1.95	11
	T36. “W呢”不做始发句，有假设义	1.95	12
	T1. 只用疑问语调的问句	1.96	13
	T6. 陈述句+好吗/行吗/可以吗/怎么样？	1.99	14
	T31. 其他附加式正反问句	1.99	15
2级 中疑问句 2.0≤均值<2.3	T20. 是P还是Q？	2.00	16.5
	T35. “W呢”不做始发句，无假设义	2.00	16.5
	T24. “X不X”问句	2.03	18
	T22. 选择问+呢？	2.04	20

（续表）

分级	汉语疑问句类型	疑问度均值	排序
2级 中疑问句 2.0≤均值<2.3	T30. “是不是”附加式正反问句	2.04	20
	T32. 正反问+呢？	2.04	20
	T19. P还是Q？	2.06	22
	T29. “有没有”+VP/AP？	2.07	23
	T33. 正反问+啊？	2.16	24
	T27. 助不助+VP/AP？	2.18	25
	T13. “怎么（样）”性状问句	2.20	26
	T28. “是不是”+VP/AP？	2.23	27
	T18. 特指疑问词+啊	2.25	28
	T17. 特指疑问词+呢	2.27	29
3级 高疑问句 2.3<均值<3.0	T15. “几/多少”数量问句	2.32	30
	T16. “多+A”数量/程度问句	2.33	31
	T8. “什么”问句	2.36	32
	T2. “吗”问句	2.37	33
	T9. 处所“哪（里/儿）”问句	2.39	34
	T10. 指别“哪”问句	2.43	35
	T11. “怎么”原因问句	2.44	36
	T14. “为什么”问句	2.53	37
	T12. “怎么（样）”方式问句	2.59	38
	T7. “谁”问句	2.69	39

其中无疑问句（0级）全部是疑问代词引申用法类型，均值<0.5，几乎不表疑问；低疑问句（1级）包括是非问句中除T2（“吗”问句）以外的所有类型以及选择问句、正反问句和省略问句中的一些类型，均值在1.0和2.0之间；中疑问句（2级）包括选择问句、正反问句和省略问句中的一些类型和特指问句中的T13（“怎么（样）”性状问句）、T17（特指疑问词+呢）、T18（特指疑问词+啊），均值在2.0和2.3之间；高疑问句（3级）包括是非问句的T2（“吗”问句）和特指问句中除T13，T17，T18以外的所有类型，均值在2.3和3.0之间。从分级情况可以明显地看到特指问句的疑问度偏高，而特指问句一旦后附了

"呢"、"啊"之类的疑问语气词，其疑问度便降低了。

经单因素方差分析，处于以上不同级别的疑问句的疑问度存在极其显著的差异，F = 164.593（P = 0.000），事后多重比较结果也显示，四个级别两两之间均有极其显著的差异（P = 0.000），因此该疑问句分级系统具有统计意义，有一定的科学性。

8.3.3.4.5　汉语疑问句系统疑问度与习得效果的相关性

我们分别统计了汉语疑问句系统疑问度与习得效果之间的相关系数，疑问度总体均值与测试平均正确率之间的 Pearson 积差相关系数为 0.285（P = 0.079），二者存在一定的相关性，在统计上极为接近显著水平。疑问度总体顺序与测试习得顺序之间的 Spearman 等级相关系数为 -0.342^{*}（P = 0.033），二者存在显著的负相关，从相关系数观察，二者存在某种关联，即疑问句的疑问度序位越高，其在习得顺序中的难度序位越低。换言之，在汉语疑问句系统中，疑问度顺序与习得顺序存在显著负相关，疑问度越高，习得难度越低。

结合前面第 3 至 7 章的分类讨论，我们发现疑问度对习得效果的影响与疑问句类型出现了交互作用：并非所有的疑问句类型都是疑问度越高习得效果越好。有些疑问句类型（如是非问句），疑问度越高习得效果越好，二者存在显著相关；而其他类别的疑问句在疑问度与习得效果之间并未发现显著的关联。

对此，我们认为有两个原因：第一，认知难度过高或过低会抑制疑问度的作用。对于认知难度较低的疑问句类型（如特指问句），无论疑问度高还是低，习得效果都比较好（测试平均正确率为 0.807 75）；而对于认知难度较高的疑问句类型（如选择问句、正反问句），无论疑问度高还是低，习得效果都比较差（二者的测试平均正确率分别为 0.743 00和 0.731 30），甚至有些认知难度很高的类型（如疑问代词引申用法），反而出现了疑问度越高，习得难度越大的现象。这两种情况下，认知难度起了主导作用，疑问度的高低不再显著影响习得效果。第二，疑问句所属类型的疑问度偏高或偏低，内部小类疑问度差异不大，也会影响疑问度对习得效果的作用。如特指问句、选择问句、正反问句属于疑问度较高的疑问句类型，疑问代词引申用法属于疑问度极低（几乎没有）的类型，它们内部各小类之间的疑问度差别不大，因此没有发现疑问度与习得效果的显著关联。

8.3.3.5　核心与非核心语义的因素

综合语言测试和个案研究的语料，我们可以明显地看到：疑问代词

引申用法的习得难度要显著大于一般的疑问句，尤其是虚指，难度更大。范莉（2012）对儿童早期语言中疑问词的疑问和非疑问用法进行考察，其对四名普通话儿童自发话语的分析、输入与输出的对比研究也表明，疑问用法要比非疑问用法获得时间早、使用频率高；非疑问用法中，儿童先获得任指用法，后获得虚指用法。我们认为，疑问代词的核心语义是表示疑问，其引申用法不再表疑问而分别表任指、虚指和倚变，表示的是疑问代词的非核心语义；而在疑问代词的非核心语义中，最核心的语义很可能是任指，虚指的边缘语义性质更为明显。显然，语言项目从核心语义到非核心语义，习得难度显著增大，核心与非核心语义的因素对疑问句的习得构成了显著影响。

8.3.4　语言认知因素：难易度判断

本研究中使用难易度判断问卷调查的方式来考察被试对39类疑问句难易程度的认知，进而探讨难易度判断与被试类型（母语者、第二语言学习者）、疑问句类型、疑问度高低和第二语言学习者习得效果的各种关联。难易度判断区别于客观的语言习得难度，是一种主观感知的认知难度。

8.3.4.1　三类被试汉语疑问句难易度的均值比较

我们对三类被试汉语疑问句的难易度进行了单因素方差分析，发现存在极其显著的差异，F = 23.504（P = 0.000），结合事后多重比较的结果，我们发现中国教师的难易度判断数值最高（2.504 9），中国学生稍低一些（2.457 2），二者对疑问句的难易度判断居于中等到较难之间，且二者无显著差异（P = 0.940）；而外国学生普遍难易度判断数据较低（1.755 9），居于较容易到中等之间，且与中国学生和中国教师之间存在极其显著的差异（P = 0.000，难度判断低于母语者）。在这里，我们看到的趋势是所有被试对汉语疑问句系统的难易度判断都不是很高，说明从总体来看，他们并不认为疑问句是难度大的语言项目，其中汉语母语者认为疑问句是中等偏难的语言项目，而汉语第二语言学习者却认为是中等偏易的项目。我们将结合学习者对疑问句的习得表现来讨论这一现象。

尽管三类被试的难易度判断均值存在显著差异，但进一步考察其相关性后发现，三者之间均存在极其显著的正相关，从相关系数观察，相关性高，关系明显，即某类被试判断较难的疑问句，另两类被试同样会判断其较难，反之亦然。统计结果如表8－21。这表明三者的判断倾向是一致的。

表 8－21 难易度均值的 Pearson 积差相关分析结果表

组别	Pearson 积差相关系数	显著性（双侧检验）
中国学生—中国教师	0.857**	0.000
中国学生—外国学生	0.911**	0.000
中国教师—外国学生	0.832**	0.000

8.3.4.2 不同结构类型汉语疑问句难易度的均值比较

由于三类被试的难易度判断有显著差异，因此我们分别对三类被试六大类汉语疑问句的难易度进行了单因素方差分析，结果表明三类被试六大类汉语疑问句的难易度判断均存在显著的差异（$P<0.05$）。事后多重比较结果显示，中国学生仅在是非问句和正反问句之间存在显著差异（正反问句难度更大），中国教师在是非问句和疑问代词引申用法之间、特指问句和疑问代词引申用法之间存在显著差异（疑问代词引申用法难度更大），而外国学生在是非问句和正反问句之间、是非问句和疑问代词引申用法之间、特指问句和疑问代词引申用法之间均存在显著差异（正反问句和疑问代词引申用法难度更大）（详细统计结果请参见附表 13）。

我们进一步考察了三类被试六类疑问句难易度的均值及其排序，从排序上看，中国学生与外国学生的序列完全相同，中国教师的排序则与他们的有所不同，主要是在选择和正反两类问句的排序上正好相反，学生认为正反问句更难，而教师认为选择问句更难。但我们也注意到，三列排序在难度等级上的意见是一致的，均为：第一级（最难）疑问代词引申用法 → 第二级（次难）选择问句、正反问句、省略问句 → 第三级（最容易）是非问句、特指问句。这反映出在母语者和学习者的语言意识中对疑问句的难度有较为一致的区分，尽管二者在绝对难易度的判断上有显著差异（母语者显著高于学习者）。

表 8－22 三类被试六类疑问句难易度的均值及其排序

疑问句类型	中国学生		中国教师		外国学生	
	难易度均值	排序	难易度均值	排序	难易度均值	排序
是非问句	1.945 0	1	2.211 7	1	1.468 3	1
特指问句	2.238 3	2	2.240 8	2	1.642 5	2
选择问句	2.368 0	3	2.638 0	5	1.820 0	3

（续表）

疑问句类型	中国学生		中国教师		外国学生	
	难易度均值	排序	难易度均值	排序	难易度均值	排序
正反问句	2.719 0	5	2.551 0	3	1.862 0	5
省略问句	2.630 0	4	2.633 3	4	1.850 0	4
引申用法	3.460 0	6	3.643 3	6	2.230 0	6
合计	2.457 2		2.504 9		1.755 9	

8.3.4.3 三类被试汉语疑问句难易度的排序比较

在难易度基本数据的基础上，我们又进而对不同被试的39类汉语疑问句难易度判断进行了排序，如下表。

表8-23 汉语疑问句难易度排序对照表

汉语疑问句类型	中国学生难易度排序	中国教师难易度排序	外国学生难易度排序
T1. 只用疑问语调的问句	4	22	2
T2. “吗”问句	1	1	1
T3. “吧”问句	10.5	19.5	9
T4. “啊”问句	21	35	20
T5. 陈述句+是吗/对吗?	6	6.5	10
T6. 陈述句+好吗/行吗/可以吗/怎么样?	15.5	9	12
T7. “谁”问句	2	6.5	3
T8. “什么”问句	3	8	4
T9. 处所“哪（里/儿）”问句	7	14	23
T10. 指别“哪”问句	5	12.5	7
T11. “怎么”原因问句	30.5	26	15
T12. “怎么（样）”方式问句	19	19.5	5
T13. “怎么（样）”性状问句	36	37	30
T14. “为什么”问句	9	2	6
T15. “几/多少”数量问句	15.5	3	16
T16. “多+A”数量/程度问句	12.5	4.5	13
T17. 特指疑问词+呢	18	18	25

（续表）

汉语疑问句类型	中国学生难易度排序	中国教师难易度排序	外国学生难易度排序
T18. 特指疑问词 + 啊	28	28.5	32
T19. P 还是 Q?	15.5	12.5	14
T20. 是 P 还是 Q?	15.5	17	22
T21. P1，（P2，P3……），Q?	12.5	28.5	18
T22. 选择问 + 呢？	23	27	28
T23. 选择问 + 啊？	29	34	36
T24. “X 不 X” 问句	20	10.5	11
T25. “X 没 X” 问句	35	30	34.5
T26. VP/AP（了）不/没有？	32	23.5	29
T27. 助不助 + VP/AP?	24	15.5	21
T28. “是不是” + VP/AP?	26	21	24
T29. “有没有” + VP/AP?	33	31	27
T30. “是不是” 附加式正反问句	25	23.5	26
T31. 其他附加式正反问句	22	15.5	17
T32. 正反问 + 呢？	27	25	31
T33. 正反问 + 啊？	30.5	32	33
T34. “W 呢” 做始发句，无假设义	8	10.5	19
T35. “W 呢” 不做始发句，无假设义	10.5	4.5	8
T36. “W 呢” 不做始发句，有假设义	38	38	39
T37. 任指	34	33	34.5
T38. 虚指	39	39	38
T39. 倚变	37	36	37

统计上述三列排序的 Spearman 等级相关系数，结果如表 8－24 所示。统计表明三列排序之间均存在极其显著的正相关，是高度一致的。从相关系数观察，其相关性高，关系明显。这再一次证明了上文的结论，即在母语者和学习者的语言意识中对汉语疑问句的难度有较为一致的区分序列。

表 8-24 不同被试汉语疑问句难易度判断排序的等级相关分析结果表

非参数相关					
			中国学生	中国教师	外国学生
Spearman's rho	中国学生	Correlation Coefficient	1.000	0.820**	0.867**
		Sig. (2-tailed)	.	0.000	0.000
		N	39	39	39
	中国教师	Correlation Coefficient	0.820**	1.000	0.800**
		Sig. (2-tailed)	0.000	.	0.000
		N	39	39	39
	外国学生	Correlation Coefficient	0.867**	0.800**	1.000
		Sig. (2-tailed)	0.000	0.000	.
		N	39	39	39

**. Correlation is significant at the .01 level (2-tailed).

8.3.4.4 外国学生汉语疑问句难易度的分级与统计检验

在设计难易度问卷时，我们按照难易程度将汉语疑问句划分为五级，即非常容易、比较容易、不容易也不难、比较难、非常难五个等级，分别以数字1，2，3，4，5标识，但根据外国学生难易度调查的统计结果，学习者为39类疑问句标出的难易度实际最高均值为2.38，说明学习者语感中疑问句的难度并不高，基本在中等难度以下，其难度判断可以区分为非常容易、比较容易和中等三级（见表8-25）。

表 8-25 外国学生汉语疑问句难易度的分级

分级	汉语疑问句类型	难易度均值	排序
1级 非常容易 均值≤1.5	T2. “吗”问句	1.17	1
	T1. 只用疑问语调的问句	1.29	2
	T7. “谁”问句	1.31	3
	T8. “什么”问句	1.47	4
	T12. “怎么（样）”方式问句	1.49	5
	T14. “为什么”问句	1.50	6
2级 比较容易 1.5<均值<2.0	T10. 指别“哪”问句	1.52	7.5
	T35. “W呢”不做始发句，无假设义	1.52	7.5
	T3. “吧”问句	1.54	9
	T5. 陈述句+是吗/对吗？	1.55	10
	T24. “X不X”问句	1.56	11
	T6. 陈述句+好吗/行吗/可以吗/怎么样？	1.57	12

（续表）

分级	汉语疑问句类型	难易度均值	排序
2级 比较容易 1.5＜均值＜2.0	T16. “多＋A”数量/程度问句	1.58	13
	T19. P还是Q?	1.60	14
	T11. “怎么”原因问句	1.62	15.5
	T15. “几/多少”数量问句	1.62	15.5
	T31. 其他附加式正反问句	1.64	17
	T21. P1，（P2，P3……），Q?	1.65	18.5
	T34. “W呢”做始发句，无假设义	1.65	18.5
	T4. “啊”问句	1.69	20
	T27. 助不助＋VP/AP?	1.71	21
	T20. 是P还是Q?	1.72	22
	T9. 处所“哪（里/儿）”问句	1.74	23
	T28. “是不是”＋VP/AP?	1.75	24
	T17. 特指疑问词＋呢	1.82	25
	T30. “是不是”附加式正反问句	1.84	26
	T29. “有没有”＋VP/AP?	1.91	27
	T22. 选择问＋呢?	1.97	28
	T26. VP/AP（了）不/没有?	1.99	29
3级 不容易也不难 2.0＜均值＜2.5	T13. “怎么（样）”性状问句	2.01	30
	T32. 正反问＋呢?	2.02	31
	T18. 特指疑问词＋啊	2.03	32
	T33. 正反问＋啊?	2.09	33
	T25. “X没X”问句	2.11	34.5
	T37. 任指	2.11	34.5
	T23. 选择问＋啊?	2.16	36
	T39. 倚变	2.22	37
	T38. 虚指	2.36	38
	T36. “W呢”不做始发句，有假设义	2.38	39

其中1级（非常容易）全部是是非问句和特指问句，其中是非问

句包括T1（只用疑问语调的问句）和T2（“吗”问句）两类，特指问句包括T7（“谁”问句）、T8（“什么”问句）、T12［“怎么（样）”方式问句］、T14（“为什么”问句）四类，均值≤1.5；2级（比较容易）包括：是非问句中除T1，T2以外的所有类型，特指问句中除T7，T8，T12，T13，T14，T18以外的所有类型，选择问句中除T23以外的所有类型，正反问句中除T25，T32，T33以外的所有类型和省略问句中除T36以外的所有类型，均值在1.5和2.0之间；3级（不容易也不难）包括：特指问句中的T13［“怎么（样）”性状问句］、T18（特指疑问词+啊），选择问句中的T23（选择问+啊?），正反问句中的T25（“X没X”问句）、T32（正反问+呢?）、T33（正反问+啊?），省略问句中的T36（“W呢”不做始发句，有假设义）和所有的疑问代词引申用法类型，均值在2.0和2.5之间。

从分级情况可以明显地看到：

（1）是非问句和特指问句的难度较低，其次是选择、正反、省略问句，疑问代词引申用法类型难度最大。这与前文得出的结论是一致的。

（2）属于同一大类的疑问句，一旦后附了“呢”、“啊”之类的疑问语气词，其难度判断往往会增加一级。

疑问语气词“呢”、“啊”具有一定的特殊性，可以用在多种疑问句类型中，其中“呢”可以用在特指问句、正反问句、选择问句和省略问句中，而“啊”可以出现在除“W呢”省略问句以外的所有类型中。无论从疑问句的疑问度还是难易度来看，跨类疑问词（“呢”、“啊”）显然对疑问句的习得与认知产生了一定的影响（引起疑问度降低、难度增加），这种影响我们还将在后面的学习者习得表现中做进一步的考察。

经单因素方差分析，处于以上不同级别的疑问句的难易度存在极其显著的差异，$F = 67.300$（$P = 0.000$），事后多重比较结果也显示，三个级别两两之间均有极其显著的差异（$P = 0.000$），因此该分级具有统计意义，有一定的科学性。

8.3.4.5　汉语疑问句疑问度与难易度判断之间的相关性考察

我们在前述分析中已经发现汉语疑问句的疑问度与难易度判断之间似乎存在着某种关联，如：跨类疑问词（“呢”、“啊”）的后附同时引起疑问度降低和难度增加。那么，疑问句的疑问度与难易度判断之间究竟存在何种关联（正向或是反向）？这种关联是偶发的还是规律性的？如果是规律性的，又能否找到统计上的支撑呢？我们为此分别统计了汉语疑问句疑问度（中国学生的疑问度总值）与疑问句难易度判断（中国学生、中国教师和外国学生的难易度）之间的相关系数，包括均值之间的 Pearson 积差相关系数和排序之间的 Spearman 等级相关系数，结果如表 8－26。

表 8－26　汉语疑问句的疑问度与难易度判断之间的相关分析结果表

（a）疑问度与难易度判断均值之间的 Pearson 积差相关分析

组别	Pearson 积差相关系数	显著性（双侧检验）
疑问度—中国学生难易度	-0.539**	0.000
疑问度—中国教师难易度	-0.572**	0.000
疑问度—外国学生难易度	-0.530**	0.001

（b）疑问度与难易度判断排序之间的 Spearman 等级相关分析

非参数相关						
			疑问总序	难中生序	难中师序	难外生序
Spearman's rho	疑问总序	Correlation Coefficient	1.000	-0.376*	-0.489**	-0.452**
		Sig.（2-tailed）	.	0.018	0.002	0.004
		N	39	39	39	39
	难中生序	Correlation Coefficient	-0.376*	1.000	0.820**	0.867**
		Sig.（2-tailed）	0.018	.	0.000	0.000
		N	39	39	39	39
	难中师序	Correlation Coefficient	-0.489**	0.820**	1.000	0.800**
		Sig.（2-tailed）	0.002	0.000	.	0.000
		N	39	39	39	39
	难外生序	Correlation Coefficient	-0.452**	0.867**	0.800**	1.000
		Sig.（2-tailed）	0.004	0.000	0.000	.
		N	39	39	39	39

*. Correlation is significant at the .05 level（2-tailed）.

**. Correlation is significant at the .01 level（2-tailed）.

疑问度与难易度判断均值之间的 Pearson 积差相关分析表明：汉语疑问句疑问度与难易度判断均值之间均存在极其显著的负相关，从相关系数观察，其相关性中等，有实质性关系，即疑问句的疑问度越高，主观难度越低；而疑问度的降低会与主观难度的增高共现。

疑问度与难易度判断排序之间的 Spearman 等级相关分析表明：汉语疑问句疑问度与三列疑问句难易度判断排序之间均存在显著或极其显著的负相关，从相关系数观察，其相关性中等，有实质性关系，即疑问句的疑问度序位越高，主观难度序位越低。

以上两点一致地解释了前述跨类疑问词（“呢”、“啊”）的后附同时引起疑问度降低和主观难度增加的现象，而这种关联经统计检验并非偶发现象，而是规律性特征。我们将在后面进一步分析难易度判断与第二语言学习者实际习得难度之间的关联性。

8.3.4.6 汉语疑问句难易度判断与学习者习得效果之间的相关性考察

我们分别统计了汉语疑问句难易度判断（中国学生、中国教师和外国学生的难易度）与习得效果之间的相关系数，包括均值之间的 Pearson 积差相关系数和排序之间的 Spearman 等级相关系数，结果如表 8－27。

表 8－27 汉语疑问句的难易度判断与学习者习得效果之间的相关分析结果表

（a）难易度判断均值与习得效果均值（平均正确率）之间的 Pearson 积差相关分析

组别	Pearson 积差相关系数	显著性（双侧检验）
习得效果—中国学生难易度	－0.451**	0.004
习得效果—中国教师难易度	－0.573**	0.000
习得效果—外国学生难易度	－0.476**	0.002

（b）难易度判断排序与习得顺序之间的 Spearman 等级相关分析

组别	Spearman 等级相关系数	显著性（双侧检验）
习得顺序—中国学生难易度排序	0.458**	0.003
习得顺序—中国教师难易度排序	0.622**	0.000
习得顺序—外国学生难易度排序	0.473**	0.002

难易度判断均值与习得效果均值之间的 Pearson 积差相关分析表明：汉语疑问句难易度判断均值与习得效果均值之间存在极其显著的负相关，从相关系数观察，相关性比较高，有实质性关系，即疑问句的难易度判断越高，习得效果越差。

难易度判断排序与习得顺序之间的 Spearman 等级相关分析表明：三列疑问句难易度判断排序与习得顺序之间均存在极其显著的正相关，从相关系数观察，相关性比较高，有实质性关系，即疑问句的难易度判断序位越高，习得顺序序位也越高。

因此，汉语疑问句系统中，难易度判断与习得效果之间存在极其显著的相关性，难易度判断越高，习得效果越差，也越晚习得。例如：五大类疑问句中，汉语第二语言学习者（外国学生）的特指问句难易度判断比较低（均值为 1.642 5），习得效果较好（测试平均正确率为 0.807 75），较早习得（习得顺序序位为 2）；正反问句难易度判断比较高（均值为 1.862 0），习得效果较差（测试平均正确率为 0.731 30），较晚习得（习得顺序序位为 5）。而在“W 呢”省略问句这一大类内部，难易度判断较低的 T34，T35（均值分别为 1.65 和 1.52），习得效果较好（测试平均正确率均为 0.91）；难易度判断较高的 T36（均值为 2.38），习得效果较差（测试平均正确率仅 0.67）。

难易度判断与习得效果之间的这种关联性在中国教师那里最为明显，其次是外国学生，最后是中国学生。这提示我们，第二语言学习者和从事第二语言教学的一线教师对语言项目的难易程度可能更为敏感，语言认知更为准确，而一般的汉语母语者对汉语语言项目的难易程度并不一定那么敏感，其难易判断有时很难准确反映第二语言学习者的习得难度。

客观的语言习得难度在第二语言学习者的主观语言认知中有所体现，相互映射。学习者对汉语疑问句的难易度判断可以比较准确地反映其习得难度，二者存在极其显著的相关。因此，尽管习得表现最终要通过科学的精密设计的实证研究来检测，但考察主观认知难度也不失为一种简易有效的探测语言项目习得难度的方式。

8.3.5 年龄因素

年龄是第二语言句法习得中的另一重要因素，我们将在对比成人与儿童的汉语疑问句第二语言习得顺序异同的基础上探讨这一因素。

(1) 儿童汉语疑问句系统的第二语言习得顺序

我们对个案研究中的两位儿童被试的语料进行统计，按照疑问句的平均正确率排出各自的习得顺序（如下表所示），然后将其分别与其他三位成人被试的习得顺序进行对比（对五位个案被试跟踪录音的汉语疑问句使用频次表、偏误频次与正确率表请详见附表 3～12）。

表 8－28 个案研究五位被试的习得顺序对照表

汉语疑问句类型	排序 A	排序 L	排序 J	排序 C	排序 Y
T1. 只用疑问语调的问句	11	9	7	12	19
T2. “吗”问句	20	16	9	20	22
T3. “吧”问句	4	23	15	17	21
T4. “啊”问句	35	32	13	5.5	9.5

（续表）

汉语疑问句类型	排序 A	排序 L	排序 J	排序 C	排序 Y
T5. 陈述句＋是吗/对吗？	18	15	3.5	5.5	9.5
T6. 陈述句＋好吗/行吗/可以吗/怎么样？	28	32	3.5	5.5	23
T7. “谁”问句	13	4	21.5	11	9.5
T8. “什么”问句	8	10	12	14	20
T9. 处所“哪（里/儿）”问句	10	4	11	5.5	9.5
T10. 指别“哪”问句	21	4	18	5.5	34
T11. “怎么”原因问句	24	32	26.5	21	27
T12. “怎么（样）”方式问句	16	14	17	15	29
T13. “怎么（样）”性状问句	17	12	3.5	5.5	26
T14. “为什么”问句	14	8	14	13	9.5
T15. “几/多少”数量问句	19	17	21.5	16	31
T16. “多＋A”数量/程度问句	26	19	29.5	27	9.5
T17. 特指疑问词＋呢	4	23	21.5	24.5	24
T18. 特指疑问词＋啊	35	32	16	18	25
T19. P 还是 Q？	29	23	26.5	23	9.5
T20. 是 P 还是 Q？	25	20.5	29.5	27	33
T21. P1，（P2，P3……），Q？	30	4	35.5	27	37
T22. 选择问＋呢？	35	32	35.5	34	37
T23. 选择问＋啊？	35	32	35.5	34	9.5
T24. “X 不 X”问句	15	13	3.5	5.5	32
T25. “X 没 X”问句	22	18	3.5	24.5	9.5
T26. VP/AP（了）不/没有？	4	4	21.5	34	9.5
T27. 助不助＋VP/AP？	23	20.5	24.5	34	9.5
T28. “是不是”＋VP/AP？	4	32	3.5	34	9.5
T29. “有没有”＋VP/AP？	35	32	35.5	34	37
T30. “是不是”附加式正反问句	12	32	35.5	34	9.5
T31. 其他附加式正反问句	27	4	35.5	5.5	9.5
T32. 正反问＋呢？	35	32	35.5	34	37
T33. 正反问＋啊？	35	32	29.5	34	28

（续表）

汉语疑问句类型	排序 A	排序 L	排序 J	排序 C	排序 Y
T34. “W 呢” 做始发句，无假设义	4	32	8	19	9.5
T35. “W 呢” 不做始发句，无假设义	4	11	24.5	22	30
T36. “W 呢” 不做始发句，有假设义	35	32	35.5	34	9.5
T37. 任指	4	32	10	5.5	9.5
T38. 虚指	9	4	19	5.5	9.5
T39. 倚变	35	32	29.5	34	37

（2）个案研究五位被试的习得顺序之间的 Spearman 等级相关分析与结论

对儿童被试 J，C 的习得顺序与成人被试 A，L，Y 的习得顺序分别进行 Spearman 等级相关分析，发现这五列顺序两两之间多数存在显著或极其显著的正相关，统计结果如下表所示。

表 8－29　个案研究五位被试的习得顺序之间的 Spearman 等级相关分析结果

非参数相关							
			排序 A	排序 L	排序 J	排序 C	排序 Y
Spearman's rho	排序 A	Correlation Coefficient	1.000	0.414**	0.524**	0.328*	0.331*
		Sig.（2-tailed）	.	0.009	0.001	0.041	0.039
		N	39	39	39	39	39
	排序 L	Correlation Coefficient	0.414**	1.000	0.202	0.481**	0.098
		Sig.（2-tailed）	0.009	.	0.217	0.002	0.554
		N	39	39	39	39	39
	排序 J	Correlation Coefficient	0.524**	0.202	1.000	0.626**	0.255
		Sig.（2-tailed）	0.001	0.217	.	0.000	0.117
		N	39	39	39	39	39
	排序 C	Correlation Coefficient	0.328*	0.481**	0.626**	1.000	0.169
		Sig.（2-tailed）	0.041	0.002	0.000	.	0.304
		N	39	39	39	39	39
	排序 Y	Correlation Coefficient	0.331*	0.098	0.255	0.169	1.000
		Sig.（2-tailed）	0.039	0.554	0.117	0.304	.
		N	39	39	39	39	39

**. Correlation is significant at the .01 level（2-tailed）.

*. Correlation is significant at the .05 level（2-tailed）.

其中，两位儿童被试的习得顺序之间、三位成人被试的习得顺序之间均存在显著的正相关，相关系数比较高，关系明显；两位儿童被试分别与成人被试 A、儿童被试 C 与成人被试 L 的习得顺序存在显著的正相关。这些排序之间均高度一致，不仅成人之间、儿童之间的习得顺序高度一致，儿童与成人的习得顺序也高度一致。这提示我们汉语作为第二语言习得过程中存在着普遍的共性规律，年龄因素在第二语言习得过程中的确起到一定作用，如影响发展速率（参考前文关于平均句长的发展部分的内容）和对语言项目语法性的敏感度（语法意识的强弱）等，但其影响也许并不足以改变普遍的发展顺序。

8.3.6 小结

以上我们分别讨论了汉语疑问句系统第二语言习得过程中的影响因素，这些因素中有些是普遍的影响因素，如母语背景因素、语言水平因素、肯定否定形式因素、疑问度因素、语言认知因素、年龄因素、核心与非核心语义因素、跨类疑问词因素等，而有些则是非普遍影响因素，只影响部分疑问句，如：句法位置因素（特指问句、正反问句）、否定副词因素（正反问句）、有无假设义的语义因素（省略问句）等。它们分别在不同层面和不同范围内起作用，共同影响汉语疑问句的第二语言习得效果和进程。

9. 汉语疑问句系统第二语言习得及认知研究的理论解释与汉语第二语言句法习得机制的理论建构

以往研究对疑问句习得现象的描写较多，而对习得规律和内部机制的理论解释较为薄弱，尤其缺乏从认知加工策略角度进行的理论解释。在采用实证研究方法对汉语疑问句系统第二语言习得发展过程进行观察和描写的基础上，本章将综合运用当代语言学理论和语言习得理论对汉语疑问句系统的第二语言习得过程和习得机制做出合理的理论解释，并尝试进行汉语第二语言句法习得机制的理论建构。

9.1 汉语疑问句系统第二语言习得过程的理论解释

不同的语料收集、处理手段与研究方法都向我们再三证实，学习者汉语疑问句系统的习得的确存在一定顺序与发展趋势，而且不同学习者的习得顺序与发展趋势有很大的相似性，那么如何解释这种现象？亦即习得顺序与发展趋势的成因与制约因素有哪些？

关于疑问句习得顺序的原因，Smith（1933）认为是由性别、年龄和情景造成的；Ervin-Tripp 等（1970）认为是由认知复杂性、句法复杂性以及疑问词的句法地位复杂性决定的；Bloom 等（1982）认为疑问词的句法功能、疑问句中所选的动词以及疑问句的应用造成了疑问句习得顺序的不同；李宇明、唐志东（1991）提出了影响儿童疑问句习得的四个主要因素：语言项目本身的特点、语言习得环境、儿童认知能力和语言能力发展的特点、已有的语言知识或能力；李宇明、陈前瑞（1998）指出影响问句理解的四个因素是疑问焦点、语义范畴、回答方式、语言策略；丁雪欢（2006b）认为疑问代词不同句法位的习得顺序受汉语中句法位的频率分布、普遍的信息结构和认知程度、句法位不同的认知显著度和相应的处理难度这三种因素的综合影响；张红欣（2007）从使用频率、疑问程度、语码难度和认知水平四个角度对疑问句习得顺序的成因做出了解释；陈敏（2008）认为特殊疑问句的习得顺序与语言输入频率的高低有关；丁雪欢（2010）考察了语言普遍性、标记性、自然度、输入环境、学习策略对疑问句习得的影响；陈丽萍（2012）则认为是普遍语法原则而非语料的多寡决定了儿童疑问句的习得顺序。这些讨论有益于揭示习得过程的内在机制，但仍需进一步得到实证研究的检验。本研究将从九个方面来解释汉语疑问句系统第二语言习得顺序与发展趋势的成因与制约因素。

9.1.1　汉语疑问句系统第二语言习得过程中的认知加工策略

我们首先依据第二语言习得的多元发展模式，从学习者认知加工策略的角度对学习者的疑问句习得发展机制做出一定的理论解释。多元发展模式最重要的就是将语言发展顺序的研究与学习者的言语加工策略联系在一起，认为在语言习得的不同阶段，学习者会使用一定的认知加工策略，因而会受到不同语言处理的制约，每一阶段的进展都须以克服前一阶段的制约为前提。语言发展各阶段的复杂性是递增的，所要求的认知能力也是递增的，因而学习者无法跨越某阶段。汉语疑问句的习得过程也同样是在不同阶段采取了不同层级的认知加工策略。

9.1.1.1　汉语疑问句疑问手段及其复用对疑问句习得的影响

从前文分析中我们发现汉语疑问句的五大类型并没有体现出非常明显的先后习得顺序（尽管从测试均值大致能看到特指问句和省略问句是习得最好的类型，其次是是非问句、选择问句和正反问句，难度最大的是疑问代词引申用法的类型，但统计表明这些大类之间并无显著差异）。事实上汉语疑问句的大类划分基本上是以其自身结构和应答方式为依据划分出来的，但这种划分在第二语言习得过程中并非严整地按类依次习得，而是相互渗透、交互影响，逐步习得的。习得时类与类有交叉，不同类别中的句式可能同时习得，而同属一个类别的不同句式可能在不同阶段习得。换言之，疑问句结构划分并不对应于其习得和认知难度。真正对认知加工起作用的是疑问句的疑问手段（或称疑问标记）。

（1）汉语疑问句系统的疑问手段

疑问手段/疑问标记分“词汇—句法—语音”三个层面（徐杰，2001）。汉语疑问句使用的疑问手段/疑问标记分别是：

是非问句：①单纯依靠语音手段——疑问语调（语序不变）；②语法手段——添加，句尾添加疑问语气词“吗、吧、啊”。

特指问句：①单纯依靠词汇手段——疑问代词（语序不变）；②词汇手段 + 语法手段（添加，句尾添加疑问语气词“呢、啊”）。

选择问句：①单纯依靠词汇手段——连接词，“还是”只用于疑问句，因此在词库（lexicon）中已具有疑问语义特征［+Q］，指代未知的某方面信息，属于词汇层标记（徐杰，2001），当然，也有学者将“A还是B”视为一个表疑问的句法结构，将之归入句法层面的标记（林裕文，1985；李宇明，1997）。②词汇手段+语法手段（添加，句尾添加疑问语气词“呢、啊”）。

正反问句：①语法手段——重叠，正反叠加；②语法手段复用——重叠+添加（正反叠加，句尾添加疑问语气词“呢、啊”）。

省略问句：语法手段——添加，句尾添加疑问语气词“呢”。

（2）汉语疑问句系统疑问手段的语际差异度与习得难度

疑问标记的语际差异度由小到大的顺序是：语音手段—词汇手段—语法手段。语音和词汇手段的语言普遍性较高，各语言间疑问手段的差异主要表现在句法层面（陈妹金，1993）。自然语言中通常以“添加、移位、重叠”三种句法手段表示疑问（徐杰，2001），其中“添加”和“移位”是两大普遍的疑问语法手段［两者具有互补性，在不同语言类型中的选择不同，如印欧语系语言多采用移位（倒装）手段，汉藏语系语言普遍使用添加手段］。汉语同时存在“重叠”和“添加”两种疑问标记，而二者本质上是同一种性质的语法手段，在跨语言范围中，疑问“重叠”手段的普遍性一般弱于“添加”手段，因为“添加”于句首或句尾的方式更适于标明作用于全句的疑问意义。因此，汉语疑问句系统疑问标记的语际差异度由小到大的顺序是：语音手段—词汇手段—语法手段（添加、重叠），其认知和习得难度依次增加。印欧语系中，英语、法语等在特指问（或特殊问）中将疑问词置于句首［兼“主—（助）动词倒装”］来表疑问，涉及移位兼倒装，难度要大于汉语中只使用词汇手段的特指问句。因此，特指问句是学习者习得效果较好的疑问句类型。

（3）疑问标记的复用及其习得难度

疑问标记复用会增加习得难度，复用的层级越多，难度越大，因为每一层复用，都需要第二语言学习者成功使用某种认知加工策略才能顺利实现，而策略的层级制约限定了其发展，对不同层级策略的克服加大了习得的难度和精准度。如：特指问句、选择问句复用词汇手段和语法手段的句式习得难度大于单纯使用词汇手段的句式（T17>T7；T18>T7，T8，T10，T15；T22，T23>T19，T20）；正反问句复用重叠和添加两种语法手段的句式习得难度大于使用重叠一种语法手段的句式（T32，T33正反问分别附加了“呢、啊”之后，难度显著加大，在习得顺序中位列最后，在习得等级中也是属于难度最大的第四级）。

同时，在汉语疑问句系统的第二语言习得过程中，复用的疑问标记普遍性越弱，习得难度越大。如：特指问句、选择问句和正反问句，都可以复用添加的语法手段（添加疑问语气词“呢、啊”），但正反问句因为是重叠与添加复用，其习得难度要显著高于词汇手段和添加语法手段复用的特指问句和选择问句。

9.1.1.2　汉语疑问句系统第二语言习得过程中的认知加工策略层级

依据第二语言习得的多元发展模式理论，语言发展的顺序与学习者的认知加工策略联系在一起，汉语疑问句的习得也同样是在不同阶段采取了不同层级的认知加工策略。综合考察第二语言学习者汉语疑问句习得的表现和发展过程，尤其是其习得顺序和习得等级，我们将汉语疑问句第二语言习得过程中的认知加工策略的发展分为由外而内、由偏重句法到偏重语义并最终整合的三大阶段。

（1）阶段Ⅰ：外部加工阶段（偏重句法加工）

该阶段使用的认知加工策略有四种：

①SVO 典型顺序策略（原型策略）

观察个案研究语料后，我们发现：学习者从一开始就会用疑问语调表示疑问，在结构上是陈述句形式，只在句末添加疑问语调，而无疑问语气词，且这种结构在跟踪语料中一出现就基本都是正确的，各阶段的准确率几乎都是100%，甚至比“吗”是非问句的准确率更高，从全部语料来看，语调问的使用频次也非常高，与“吗”是非问句持平。这表明学习者使用了 SVO 典型顺序策略（原型策略）。在我们统计得到的疑问句习得等级中，第一级的句式全部符合 SVO 典型顺序。

②替换策略

特指问句主要依靠词汇手段作为疑问标记，只需要将陈述句中需要提问的部分替换为相应的疑问代词或疑问副词，而不改变典型顺序语序。

③首位策略

学界普遍认为，汉语类语言隶属非移位类语言（wh-in-situ），因此在形成疑问句时，其中的疑问词并不会发生移位，而英、法、俄等语言在形成特指疑问句时，通常都要把疑问词移动到句首（Cheng and Rooryck，2000）。

首位策略指特指问句习得过程中，疑问词倾向于置于句首，出现疑问词前置现象，不同母语背景学习者均有此现象，但集中在习得早期。

说明这一阶段学习者还是关注外围结构，能够辨别句首这样的外围位置，可以移位，但仍未改变典型顺序。

学习者在第二语言发展早期使用的首位策略可能会造成偏误，例如：

T9：*在哪开始玩具节？在哪弄玩具节的啊？在哪弄玩具节？*（J，P12）

语序首位倾向，且动词“弄”意义泛化。应是：玩具节在哪儿开始/开？

T15：*几分就弟弟上？*（J，P8）

疑问词首位倾向，且“分”与“点”混用。应是：弟弟几点就上（课）？

T15：*几点在我们下课？*（C，P7）

疑问词首位倾向，且介词“在”冗余。应是：我们几点下课？

T15：*啊啊，多，多少汉字，我们会？*（A，P2）

语序有首位倾向，应是：我们会多少汉字？

T15：*多少，我们要说，流利——*（A，P2）

语序首位倾向，且遗漏结构助词“得”和语义必需成分（动词及其宾语）。应是：我们要说得流利，需要多少汉字和词？

首位策略也可能并不造成偏误，例如：

T8：*什么叫“毁”？*（A，P10）
T12：*怎么说 sea mail？*（A，P2）
T12：*怎么说 century？*（A，P10）
T18：*为什么他们翻船啊？*（C，P6）

以上特指问句并不错，但我们也可说“……是什么意思？/……怎么说？/他们为什么翻船啊？”但被试显然比较倾向于将疑问词置于句首这样明显的外围位置。这一倾向表明，无论正误，学习者均有首位倾向，但是首位倾向造成偏误的现象只出现在习得早期，中后期便没有再出现首位偏误现象。

同时，我们还观察到，即使是在习得早期，也同时存在一些特指问句，无论正误，被试都没有出现将疑问词置于首位的现象。如：

正确语料：

T8：你学习，你学习什么？（L，P1）

T8：嗯，这是什么？嗯，这是什么报？（L，P2）

T14：你在这儿工作，为什么？（A，P1）

T15：你的房间的号码是多少？（A，P3）

偏误语料：

T8：你作什么在家？（L，P4）

T14：我为什么，为什么听短文两次，听以后听问题？（A，P4）

T16：他打算学习多长时间在新西兰？（L，P11）

上述偏误出现了其他语序问题（如状语位置、动量补语位置、地点状语位置等），但并未出现疑问词首位现象。我们认为，这是因为汉语疑问句不需要移位操作，尤其是特指问句，只需要使用词汇手段，采取替换策略，而语序不变。从言语加工程序来看，这显然是更为经济的方式，而这种经济性在一定程度上抑制了学习者的首位策略。

④附加策略/尾位策略

主要用于是非问句和省略问句的加工，在句子外层（句尾）添加标记（疑问语气词），这仍是一种外围策略，说明在这一阶段学习者还是关注外围结构，能够辨别句尾这样的外围位置，可以后附表达疑问语气的语气词，但仍未改变典型顺序。

（2）阶段 II：内部加工阶段（偏重语义加工）

疑问句习得等级中第二、三级的句式大多需要用到内部加工阶段的认知策略。该阶段使用的认知加工策略有四种：

①内部连接策略

用于选择问句的加工，第二语言学习者开始辨别句子的内部结构，确定两个疑问选择项和正确的连接词，并对内部进行重新组织加工。

②叠加策略

用于正反问句的加工，学习者在句子的内层选定词语，再用肯定否定重叠构成正反问句。

③插入策略

正反问句中“助不助 + VP/AP”（包括虚化了的“是不是、有没有”）的类型，需要将助动词肯定否定形式叠加，然后插入句子内层，凸显疑问焦点。

④切分重组策略

第二语言学习者对一些疑问结构先进行整体加工、记忆、使用，使

用频率高，正确率也高，类似“惯用语”（formulaic speech），而在此阶段，学习者则能将其切分为不同的部分进行加工，再对其中的部分成分进行重新组合。如：“怎么办?”学习者先是不加分析，整体加工、使用，然后将其切分为“怎么+办”，并将“怎么”与其他动词“说、写、听、看、去、弄”等进行重组。儿童汉语母语习得过程中也存在此种策略（任磊，2010）。

（3）阶段Ⅲ：整合阶段（句法与语义加工整合）

该阶段各种加工策略可同时应用，能较好地实现疑问手段的复用，尤其是普遍性较弱的手段的复用。如在正反问句中，重叠（普遍性最弱的疑问手段）与添加（添加疑问语气词“呢、啊”）两种语法手段复用的类型均出现在疑问句习得等级的最高一级（第四级），其习得难度最大，需要做到句法与语义加工的整合。到习得疑问代词引申用法时，已主要是从核心语义到非核心语义的加工问题了，这一阶段明显要比表疑问的疑问句的习得晚很多。本研究没有考察反问句，但以此类推，其习得阶段也应比较晚。

汉语疑问句第二语言习得过程中认知加工策略的发展由外而内，由偏重句法到偏重语义，最终整合，上述三个阶段构成了策略层级，制约着疑问句习得的发展进程。

9.1.2 普遍语法“参数重设”理论假说

从20世纪80年代中期开始，第二语言习得领域以普遍语法为基础，关注普遍语法是否在第二语言习得过程中起作用、已设定的参数值在第二语言习得时能否重新设定等焦点问题，从而在大量实验与研究的基础上建立起了一系列理论假说，主要可归为三种假说：①普遍语法化石化假说（the Fossilised UG Hypothesis），认为普遍语法已不再适用于第二语言习得，因为两种语言的差别与第二语言学习者永远达不到母语习得者语言水平的事实，都表明第一语言习得与第二语言习得的习得机制大不相同；②再生假说（the Recreation Hypothesis），认为普遍语法仍然适用于第二语言习得，理由是第二语言学习者不可能仅通过第二语言输入获得语言能力；③参数重设假说（the Resetting Hypothesis），认为普遍语法在第二语言习得中仍起作用，在第一语言习得中设定的参数值可以重设。最后这一相对折中的观点我们认为更有说服力，因此，这里我们试以普遍语法“参数重设”理论假说来对习得顺序做出解释。该假说的支持者认为：第二语言学习者所犯的语言错误均在普遍语法允许范围内，正是普遍语法在起作用这一事实保证了第二语言学习者不使用所谓的“野语法”；而且，学习者的第二语言知识并非都来自他们接触到的语言材料，这些知识正是从人类头脑中固有的普遍语法而来的。母语影响并不表明普遍语法在第二语言习得中不起作用，事实恰恰相反，普遍语法与母语都在发挥作用，母语代表了第二语言学习者的语言起始状态。Kean（1986）指出，在第二语言发展过程中起作用的是一种与第一语言习得“不同”的普遍语法，其“不同”只在于参数值已在第一语言习得时设定了，第二语言学习者必须重设参数值。“参数重设”包括三个发展阶段：

阶段（I）：利用第一语言的语言输入设定与母语相关的普遍语法参数值；

阶段（II）：在第一语言中没有例示的参数，需通过对第二语言结构的假设判断，在普遍语法再生（recreation）的基础上，对参数值进行设定；

阶段（III）：重新组织、修正阶段（I），当第二语言的语言输入证明以第一语言为基础的参数值有误时，重设普遍语法参数值。

第二语言学习者汉语疑问句一定习得顺序的存在，正是普遍语法仍在第二语言习得中起作用的结果，参数值的设定（第一语言中无相应参数值时）或重设（第一语言有已设定的参数值但不适于第二语言时），并非杂乱无章的而是遵循一定顺序的。国外有实验显示，某些语言参数值的重设取决于其他参数值的重设，即只有当某些参数值依据第二语言输入重设后，其他一些参数值才能重设（袁博平，1995）。根据 Chomsky（1997），语言可以分为内在语言（internal language，简称 I-语言）和外在语言（external language，简称 E-语言）。从内在语言看，普遍语法是人类头脑中固有的，在其作用下，第一语言习得与第二语言习得都将表现出一定的习得顺序。同时由于相同机制的作用，导致了第一语言习得与第二语言习得在习得顺序上的一致性。如果排除一切因素的干扰（如母语背景、性别、水平等级、性格、学习风格与策略、教学影响等），在普遍语法作用下表现出的习得顺序即是理想化的、固定不变的、第二语言学习者之间完全相同的、第二语言习得与第一语言习得完全相同的“自然顺序”。然而完全不受干扰的“自然顺序”在现实中不可得，我们承认母语、个人特征、环境等因素在第二语言习得过程中所起的作用或带来的影响，干扰的结果产生了“自然顺序变体”。但本研究考察到的变体间有极高的一致性，这表明母语等因素对习得顺序的干扰被限制在一定范围内，这又是普遍语法在起作用，因此普遍语法也代表了人类语言习得的共性。

从语言的普遍性上来看，Hatch（1983）认为，自然度是第二语言习得的决定性因素，尤其在句法和话语方面起主导作用，这涉及三方面的因素：组织自然语言普遍方式的因素、学习者母语特有的因素、第二语言特有的因素。自然度越高，语言项目越容易习得。特指问和是非问的自然度高，而正反问和选择问的自然度低，因此表现出不同的使用倾向和难度。

9.1.3 认知难易程度对习得的影响

一般认为，认知难易或复杂程度指语言结构深层和表层之间转换的距离与层次，或指需设定一个参数值时的层次。在对习得顺序进行考察的过程中，我们发现习得顺序与认知难易程度有密切关联：先习得的句式在认知上也一般是容易的句式；相反，认知难度大的句式一般较后习得。当然，认知难易程度并非简单的语法结构的难易程度和复杂程度，有研究表明，学习者最先掌握的往往并非最简单的（Lightbown，1987），结构的难易和复杂程度只是显性的影响因素。事实上，认知的难易程度还取决于学习者的学习风格与策略、学习者的母语影响等因素。这种认知难易程度在很大程度上决定了习得顺序。

从第二语言结构复杂度和发展难度看，疑问句结构复杂度由简到繁依次是：语调是非问（升调）→特指问（结构类似于陈述句）→"吗"、"啊"是非问（句子外层添加疑问标记"吗/啊"）→省略问（添加疑问标记"呢"）→选择问（确定两个疑问选择项和正确的连接词）→正反问（句子内层选定词语，并将肯定否定重叠）。这种难度序列也影响了学习者的使用倾向和习得顺序。

而从具体的类型来看，本研究发现特指问句中不同疑问词的习得大致遵循如下顺序：

谁、什么、哪、几/多少 > 为什么、哪儿 > 多 + A（数量/程度）、怎么（样）（性状/方式）

（Who，What，Which，How many/much > Why，Where > How（How/How about/How questions for number/degree）

亦即：人、物、数量 > 时间、空间、原因 > 程度、性状、方式。显而易见，特指问句中不同疑问词的习得表现遵循了从具体到抽象的一般认知顺序。这一研究结果与汉族儿童特指问句的习得过程也是高度一致的（缪小春，1986；李宇明、唐志东，1991；李宇明、陈前瑞，

1998）。

从本研究的结果来看，学习者的主观认知（难易度判断）也能够在一定程度上反映语言项目的习得难度，两者存在显著相关。

9.1.4 语言输入的时间、数量与频率对习得的影响

如果我们承认普遍语法在第二语言习得过程中的作用，那么第二语言输入的时间、数量与频率就在很大程度上影响学习者的第二语言习得进程。因为普遍语法的语言原则只能通过语言输入验证假设，前者是基础，后者为条件，二者缺一不可。语言输入的时间越早，数量越大，频率越高，就可能越早激发第二语言学习者利用第二语言输入，在普遍语法的作用下，对参数值进行设定或重设。一旦参数值设定，第二语言学习者便习得了这种语言结构，因而语言输入对习得顺序的影响是显著的。一个认知难度相对较大的句式很可能因其输入的时间、数量与频率比另一相对容易的句式更早、更大、更高而更早习得。但需要指出：若认知难度过大，超过了学习者当前的第二语言发展水平，学习者还未在心理上和语言上对该语言结构做好“准备”，具备加工前提，即使第二语言输入多且早，也可能不能够早习得。因此，习得顺序在很大程度上是认知难易程度与语言输入的时间、数量、频率共同作用的结果，但前者占优势地位。语言输入的时间、数量与频率取决于该结构在本族人语言中的使用频率、范围与教学中的处理。所以教学在一定程度上可以影响习得速度甚至习得顺序。

我们发现目的语输入频率的确影响到第二语言习得。丁雪欢（2007）统计出汉语母语者语料中各类问句的分布比例：特指问占67.32%，是非问占22.05%，正反问占7.28%，选择问占2.36%，省略问占0.98%。而口头语体语料中，省略问数量（1.9%）高于选择问（0.6%）。特指问和是非问使用率高，正反问和选择问使用率低，这也影响了学习者的使用倾向和习得顺序。

9.1.5 语言结构在第二语言中的使用频率与广度对习得的影响

从个案研究语料中，我们可以明显看到语言结构在第二语言中的使用频率与广度对习得顺序的影响，越能满足学习者交际需要的语言结构，在学习者的第二语言系统中使用频率越高，运用范围越广，习得也越早、越快。一个典型的例子是“吗”问句在个案跟踪对象Y的第二语言系统中出现频率最高，运用最广，习得最早，其主要原因并非它在认知难度上小于其他句式或语言输入的数量、频率大于别的句式，而更可能是因为是非问句最能满足初来第二语言学习环境的外国留学生的交

际需要，是他们获取新信息的重要手段。

9.1.6　语言标记性对习得的影响

语言结构有无标记为习得顺序提供了另一种可能的解释。Greenberg（1966）将使用频率高、中和作用等作为判断语言标记性的标准。从个案语料中对语调是非问句和“吗”问句的描述分析，我们也可清晰地看到第二语言学习者先习得人类语言普遍的、共通的无标记（unmarkedness）形式，然后习得共性弱的有标记（markedness）形式，并逐步由前者向后者过渡、分化的发展过程。

以疑问语调表疑问是多种语言的共性，汉、英、韩语等都有这种是非疑问形式，语言共通的形式被认为是无标记的，有标记反映了语言的特性。在习得过程中，一般总是先习得那些共通的、普遍的形式，即无标记形式，因其在结构和认知上相对简单，更常用，更兼有语言的普遍特点；特殊的、有标记形式一般被认为在习得难度上大于无标记形式，稍后习得，因其相对复杂，使用频度较低，表现出语言特性。学习者的个案语料很鲜明地呈现出从无标记到有标记形式的习得历程。我们将语调是非问句的形式视为无标记形式，有疑问语气词“吗”的是非问句则为有标记形式，分析了韩国成人学习者个案被试（Y）的习得演变过程，如下图所示：

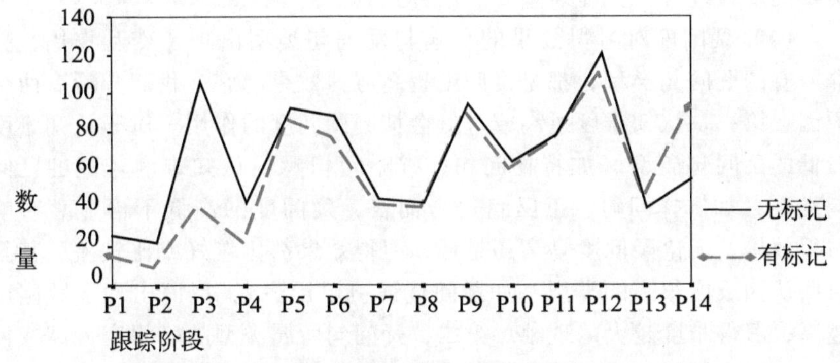

图 9－1　14 个跟踪阶段上有无标记形式的对比分析图

跟踪阶段 P1～P4，被试使用无标记形式的数量远远大于有标记形式；自 P4 起至 P12，只用疑问语调表是非问的无标记形式明显比前期减少，能用疑问语气词的是非问一般都用了，而不像前期时用时不用，在数量上，有标记与无标记形式基本持平；P12 以后，有标记形式逐渐在数量上占了上风，到了最后，几乎已是无标记形式的两倍，这时，仅用疑问语调的是非问限于不确定时询问对方，或因没听清而重复对方的话，要求对方确认，有无标记的形式显然已经在任务上有了分工。由此我们可清晰地看到留学生先习得人类语言普遍的、共通的无标记形式，然后习得共性弱的有标记形式，并逐渐由前者向后者过渡分化。语言标记性会影响习得的难易程度，母语形式无标记，而第二语言形式有标记，一般会增加习得难度；相反，由有标记到无标记，第二语言学习者会轻松得多。然而语言标记性只是影响习得顺序的因素之一，它可能让位于第二语言输入频率或学习者交际需要的满足。

9.1.7 汉语疑问句系统的疑问度因素

本研究通过母语者语感评价量表的方式，确定了汉语疑问句系统疑问程度的四级级差，即高疑问句、中疑问句、低疑问句、无疑问句四个等级。根据疑问句式与疑问程度的对应关系，建立了一个新的疑问句式的四级系统。同时通过统计检验，发现：

（1）肯定否定形式的因素对疑问度的影响并不显著。

（2）汉语疑问句疑问度的高低与习得效果有关，总体来看，疑问度越低，习得难度越大，习得效果越差。

（3）六类疑问句按疑问度由高到低排序，分别是：特指问句 > 正反问句、选择问句、省略问句、是非问句 > 疑问代词引申用法（中间四类疑问度在统计上无显著差异，故并列）。

（4）疑问度对习得效果的影响与疑问句类型出现了交互作用，并非所有的疑问句类型，都是疑问度越高习得效果越好。我们分析有两个原因：第一，认知难度过高或过低会抑制疑问度的作用。对于认知难度较低的疑问句类型（如特指问句、省略问句）或认知难度较高的疑问句类型（如选择问句、正反问句）而言，疑问度的高低不再显著影响习得效果，无论疑问度是高还是低，习得效果都比较好或比较差，甚至有些认知难度很高的类型（如疑问代词引申用法），反而出现了疑问度越高，习得难度越大的现象。第二，疑问句所属类型的疑问度偏高或偏低，内部小类疑问度差异不大，也会影响疑问度对习得效果的作用。如特指问句、选择问句、正反问句属于疑问度较高的疑问句类型，疑问代词引申用法属于疑问度极低（几乎没有）的类型，它们内部各小类之间的疑问度差别不大，因此，没有发现疑问度与习得效果的显著关联。

9.1.8 疑问句的语言特征因素

疑问句的语言特征因素也对习得顺序和发展趋势构成影响。本研究中考察的语言特征因素包括肯定与否定形式、句法位置、跨类疑问词

"呢、啊"、否定副词、核心和非核心语义因素等，这些语言特征因素均在不同程度上对汉语疑问句的习得效果产生影响。另外，本研究还发现，询问具体事物的"论元特殊疑问句"的习得早于询问抽象内容的"附加语特殊疑问句"。简单地说，"论元特殊疑问句"的疑问词是"谁"、"什么"、"哪个"，它们在句子中充当主语或宾语（即扮演位于指派的"论元"角色）；"附加语特殊疑问句"的疑问词是"为什么"、"怎么"、"什么时候"，它们不充当论元；疑问词"哪儿"则具有双重性（Rizzi，1990）。这个特点具有超越各语言的普遍性。Lee（1989）和Cheung（1992）的研究也发现，母语为汉语的儿童习得特殊疑问句的顺序也是"论元特殊疑问句"先于"附加语特殊疑问句"；此外，还有研究发现母语为英语（Tyack and Ingram，1977；Bloom，Merkin and Wootten，1982；Stromwold，1988）、法语（Sinclair and Van Gessel，1990）、泰米尔语（Vaidyanathan，1988）、朝鲜语（Clancy，1989）的儿童，都有这一特征。因此，语言特征因素的确对疑问句的习得起到了重要影响。

需要说明的是，语言特征因素是在第二语言习得过程中起重要作用的因素，但其影响强度并不足以改变普遍的发展轨迹，而是影响语言项目的习得效果和习得速率。同时，一些其他因素可能影响其作用，如经济性原则可能会抑制其作用，母语背景等因素与其可能产生交互作用等。实际的第二语言习得过程是多种因素共同作用的复杂的认知过程。

9.1.9 语言教学对习得的影响

习得顺序及习得等级的证实是否表明语言教学的作用被彻底否定了呢？答案是否定的。我们承认语言教学在第二语言习得过程中所起的影响和作用，但问题是：语言教学在哪些方面可以起作用？能起多大的作用？我们在以上讨论中已经看到，无论是普遍语法在第二语言习得中的作用、参数重设过程、语言输入的时间、数量与频率，还是语言结构在第二语言中的使用频率与广度，都无法否认语言教学在其中的作用和影响。语言教学的引导、说解、操练以及对语言结构的处理、教法，在一定程度上影响第二语言习得的进程。它可以调节语言输入的时间、数量与频率，从而参与普遍语法参数重设过程；适度的教学引导、说解，虽无法改变语言结构的认知难易程度，却可以在一定程度上促使学习者在心理上和语言上对所要教授的语言结构做好"准备"，起到搭桥铺路的作用；语言教学还可以对受学习者交际需要制约的语言结构在学习者第二语言系统中的使用频率与广度进行微调。“自然顺序”是固定不变的，然而其变体受语言教学因素的一定影响。我们之所以说一定影响，是因为其影响仍要限制在普遍语法控制的范围内，体现出个性中的共性。国外许多研究（Pica，1983；Ellis，1984；Felix，1981；Pienemann，1984）都表明语法教学不能改变习得顺序，①但可以影响语言习得速度；Lightbown（1983）指出，即使出现顺序上的改变也只是暂时的。如果说语言教学对习得顺序的影响被限制在一定范围内，那么它对于增强学习者的语言意识，为第二语言习得搭桥铺路，在符合第二语言习得规律与学习者目前的语言发展水平的前提下加快习得速度，最终有利于目标语的习得则起到较大的作用。Long（1983）的研究就证实了这一点。无论成人还是儿童，当接受正式第二语言教学时，其语法知识发展较快。

9.1.10 汉语疑问句系统第二语言习得过程影响因素小结

以上我们分析了决定或影响汉语疑问句系统第二语言习得的若干重要因素，当然，还有许多因素会影响习得，学习者的母语背景、性别、水平等级、年龄、学习策略与风格、性格特点、学习目的、学习背景、学习环境等因素都会作用于第二语言习得过程，产生不同的自然顺序变体，体现出个性差异。但这种差异不足以推翻习得顺序的客观存在，而是被限制在一定范围内。由此我们看到，在习得顺序的成因中，各种因素所起的作用是不同的。我们认为，普遍语法代表了习得顺序的本质，它决定了习得顺序，起决定作用；而认知加工策略、认知难易程度在习得顺序成因中占优势地位，制约着习得顺序。语言输入的时间、数量与频率、语言结构在第二语言中的使用频率与广度及语言标记性、语言特征因素等对习得顺序起一定作用；语言教学在很大程度上影响第二语言习得过程，并作用于语言意识、习得速度、习得顺序与习得效果；而学习者个体因素、语言学习环境等则对自然顺序有一定的限于普遍语法允许范围内的影响。各种因素交互作用、影响，才共同形成了第二语言习得中现实体现出来的、可考的、蕴含有自然顺序共性的自然顺序变体。

① 我们认为不能改变的是自然顺序，而自然顺序变体的成因中可能有语言教学的作用。

9.2 汉语第二语言句法习得机制的理论建构——“汉语第二语言句法习得机制理论假说”

以上我们从认知加工策略、普遍语法“参数重设”、认知难易程度、语言输入的时间、数量与频率、语言结构在第二语言中的使用频率与广度、疑问度因素、语言特征因素、语言的标记性和语言教学等方面对汉语疑问句系统的第二语言习得顺序和发展趋势进行了理论解释。本研究的各种研究结果引发了我们对整个第二语言习得理论的思考。这里我们提出一套“汉语第二语言句法习得机制理论假说”，以部分揭示汉语第二语言习得过程中句法习得的普遍规律和内在机制，同时也是对本研究的一个总结。

9.2.1 习得顺序弹性假说（Elasticity Hypothesis of Acquisition Order）

（1）第二语言习得的共性与个性

第二语言习得是一个复杂的多因素交织的过程，但并非杂乱无序，而是显示出相当的系统性。国内外的研究成果及本研究结果表明，在第二语言习得过程中的确存在具有普遍共性的习得顺序。习得顺序理论与研究探讨第二语言习得过程中的普遍共性，旨在发现第二语言习得的过程、条件与规律，这种对共性的研究必将对我们的大纲设计、教材编写、课程设置、课堂教学等起到积极作用，其成果应作为第二语言教学和教材编写的一个重要理论依据与参考。而同时，我们也不应忽略学习者的个体差异，探讨学习者在第二语言习得过程中表现出的个性，最终有利于我们发现某些规律性特征，反过来对共性研究起到启发和补充完善的作用。可以说，第二语言习得是一个共性与个性并存的过程。在汉语疑问句系统的二语习得过程中存在具有普遍共性的习得顺序与发展模式，疑问句在疑问度、平均句长、句法丰富性、准确度和复杂度等方面均呈现一定的阶段性发展特征。

（2）第二语言习得顺序的弹性特质

第二语言习得过程是有序的，但并非定序，换言之，习得顺序并非严格的、固定不变的线性顺序，而是具有一定的弹性，允许有一定的学习者群体或个体差异。第二语言习得中真正固定不变的，亦没有受任何因素干扰的“自然顺序”（natural order），只是作为一种理论共性存在，代表了语言习得的普遍共性，它在现实中并不出现，现实出现的都是在外界因素干扰下经过一定调整的“自然顺序变体”（natural order variant），自然顺序变体受语言教学、语言输入等外界因素和学习者自身母语背景、性格、学习风格、水平等级等因素的影响，允许一定程度的群体或个体差异，然而这种差异是在一定限度内的。自然顺序寓于变体，并通过变体体现，其共性蕴含于任何一种自然顺序变体之中，因此自然顺序变体实际是一种共性与个性的合体。

（3）习得等级（acquisition hierarchy）

第二语言习得顺序可进一步体现为一定的习得等级[①]，同一习得等级内的句式难度相当，差不多在同一阶段习得，第二语言学习者沿习得等级由低向高地习得，其发展顺序不可改变。习得等级的序列性强于习得顺序，它可能因某种原因而停顿或中止，却一般不会颠倒或逾越。自然顺序变体的差异，即被调整范围，就限于同一习得等级内；而其共性则体现为由低到高的不同习得等级。习得等级是第二语言习得共性的凸现，也是对习得进程的更真实的体现。事实上，第二语言学习者习得语法项目时是渐进的、累加的，并不是泾渭分明地先习得某一句式，然后再习得另一句式，而很可能是逐渐渗透、分化、过渡发展的，体现出一种动态的、参差递进的螺旋上升性特征。对于不同的语法项目，学习者可能先后习得，可能同步习得，也可能交叉习得（习得一种语法项目的过程中又开始习得另一项目），各种语言项目的习得在体现出序列性的同时，也在互相作用、影响、渗透，而习得等级的概念更能包容和体现这种序列性与相互渗透影响共存的第二语言习得过程。我们在前文通过聚类分析得出的疑问句系统的习得等级正是疑问句习得过程中共性的体现。

9.2.2 认知加工策略层级制约假说（Cognitive Processing Strategy Hierarchy Hypothesis）

语言发展的顺序与学习者的言语加工策略联系在一起，在语言习得的不同阶段，学习者会使用一定的认知加工策略，因而会受到不同的语言处理制约（constraints），每一阶段的进展都须以克服前一阶段的制约为前提。语言发展各阶段的复杂性是递增的，所要求的认知能力也是递增的，因而学习者无法跨越某阶段。汉语疑问句的习得过程也同样是在不同阶段采取了不同层级的认知加工策略。

汉语疑问句第二语言习得过程中认知加工策略的发展由外而内，由偏重句法到偏重语义，最终整合，这三个阶段所使用的认知加工策略存

① 例如，本课题通过聚类分析方法发现汉语疑问句系统的第二语言习得顺序可进一步体现为一定的习得等级，施家炜（1998）也通过聚类分析方法发现22类现代汉语单句句式的第二语言习得顺序可进一步体现为一定的习得等级。

在着层级制约，并呈现出一定的蕴涵关系：

表 9－1　汉语疑问句第二语言习得的认知加工策略发展阶段

阶段	阶段名称	描述	策略
I	外部加工阶段	学习者偏重句法加工	SVO 典型顺序策略/替换策略/首位策略/尾位策略
II	内部加工阶段	学习者偏重语义加工	内部连接策略/叠加策略/插入策略/切分重组策略
III	整合阶段	学习者能进行句法与语义加工整合	复用策略

语言习得的阶段与等级受到认知加工策略层级制约的作用。事实上，习得顺序也是一种蕴涵关系，蕴涵，即表明习得某种句式，必定蕴涵了已习得另几种句式。例如习得了选择问句、正反问句，必定蕴涵了已习得是非问句、特指问句。

9.2.3　变异机制假说（Variation Mechanism Hypothesis）

正如母语使用者的语言变异一样，第二语言学习者的语言也在不断发展的过程中伴随着语言的变异，显示出可变性。但是第二语言学习者的语言变异远比母语使用者的语言变异更加急剧、更加频繁，这也是造成学习者语言的不稳定性的一个重要原因。研究者们关注的核心问题是：第二语言学习者的这种语言变异究竟是系统变异还是非系统变异，在多大程度上是系统变异。这方面的研究国内几乎没有。

本课题的个案研究中发现儿童第二语言习得过程中存在着两种明显的自由变异现象（free variability）。

（1）两个韩国儿童在 T8，T18 两种句式［“T8：（是）什么？”和“T18：（是）什么啊？”］上表现出惊人的一致，即都经常遗漏动词“是”，并且带动词“是”和遗漏动词“是”的两种形式同时出现，似乎在他们的认知中“什么（啊）？”等于“是什么（啊）？”。我们认为，这是一种自由变异现象，两种形式没有特别的使用条件，可以在同一阶段自由使用、自由替换。而这种自由变异现象在成人第二语言学习者那里并没有出现。以下是一些例证：

T8：

你的名字是什么？（C，P12）

这个什么？（J，P3）

T18：马说，今天，这个什么啊？（J，P3）

T18：（J，P15）

T：但是它是可以移动的。

J：移动什么啊？（应该是：移动是什么啊？）

T：就是你想把它放在这里可以，放在那里也可以。

语料中有一段很典型的例子，J在同一时间、同一场合，对同一对象，多次交替地使用“什么意思？”、“是什么意思”、“什么啊？”、“是什么啊？”等，自由变异的特征体现得极为清楚。

（J，P14）

J：有一天他在花谷里玩耍。玩耍什么意思？

T：玩耍就是玩儿。

J：忽然，一阵的美妙，美妙什么呀？

T：美妙就是动听，特别的好听，知道吧？

J：美妙的音乐传来，小孔雀被深深吸引了，吸引是什么呀？

T：吸引就是被那个迷住了。

J：迷住了什么呀？

T：就是你听什么东西的时候，别人跟你说话你听不到，还在听。

J：不明白。

T：就比如你在想事儿的时候，或是在看东西的时候，别人跟你说什么你都听不进去了，都没有听见，就是被那个吸引了。还是不明白？就是音乐特好听，景色特别美，你一看见了就特别喜欢，所以就被那个吸引了。真明白了？

J：他走到清清的泉水里，泉水什么呀？

T：泉水就是……泡过温泉吗？

J：泡过温泉是什么意思？

T：从地底下冒出来的水，自然地冒出来。

J：韩国那个……

T：韩国也有。

J：韩国的（韩语）……

T：对对。

（2）“你知道吗？/你知道NP吗？”自始至终都没有偏误出现，但是在内含疑问词的是非问句“你知道+疑问词+吗？”结构中，韩国儿

童C却出现了变异现象。其个案语料中出现了不少“为什么+吗”、“什么+吗”的结构，但其意义不是简单的特指问，而是“你知道为什么吗”、“你知道什么吗”的意义，只有疑问句含有这种意义的时候，C才使用“疑问代词+吗”的结构。分析其原因，韩语里“你知道为什么吗?”、“你知道是什么吗?”这种格式可省略“你知道”的部分，然后以疑问代词后加疑问助词表示“你知道为什么吗?”、“你知道是什么吗?”的意思，即“왜일까?”、“무얼까?”。C将汉语和韩语的这种格式简单对等起来造成偏误。在他的意识中，似乎“你知道+疑问词+吗?”（正确形式）等于“*疑问词+吗?”（偏误形式），且呈现如下发展趋势：

①早期：无论包含何种疑问词，都基本以偏误形式为主（系统性偏误）。

②中后期：偏误形式集中在包含“为什么”的形式上，其他疑问词，如：谁、什么、怎么、哪等，多出现正确形式，但也有少量偏误形式，如P9：同时出现了1次带“什么”的偏误形式、3次带“为什么”的偏误形式、2次带“怎么”的偏误形式、5次带“怎么”的正确形式。如下：

*对，从这走，从这走就对，这是什么吗?（你知道这是什么吗?）

*你就就，在这就走到这，为什么吗?（你知道为什么吗?）

*两个机翅大，为什么吗?（你知道为什么吗?）

*用这边走的是对的，从这边走的是对的，为什么吗?（你知道为什么吗?）

*你要，开始走，三个，这么这么这个怎么走吗?（你知道怎么走吗?）

*嗯，这个怎么走吗?这个就……（你知道怎么走吗?）

还能这么走，就从这，就，迪加，然后你知道怎么走吗?

嗯。这都是我的，都变，能变身的，变身的，你知道这个怎么走吗?不知道吧?

你知道这个怎么走吗?

从这出发，能，再走，在这儿，都能，从这，你知道这个怎么走吗?你知道这个怎么走吗?

能，我能弄，一个，你知道怎么弄的吗?

尤其是在带“怎么”的问句形式上，C在同一次谈话中有时出现“你知道”，有时又不出现，也是一种自由变异的典型体现。

Gatbonton（1978）的扩散模式指出：学习者在习得同类语言项目时，经常会先使用一种形式，以后混合使用两种或多种形式，最后再逐渐分化整合。我们的个案观察期只持续了约5个月，因此只观察到了扩散模式的中间阶段（混用期，表现为自由变异现象），而没有明显地看到第一个阶段的单一使用某种形式的偏执期和第三个阶段的分化整合期。直到跟踪观察的最后阶段，学习者仍表现出对两种形式的自由选用，并未走向分化。我们的理论预测是：自由变异可能是一个相当长时期内的表现，其发展走向有三种可能：第一，自由变异化石化，即两种或多种形式始终自由使用自由替换，成为语言中的“等义表达式”，若其中有偏误形式，则偏误化石化；第二，合一，即两种或多种形式逐渐合并为一种形式（一般是正确形式），而其他形式（一般是偏误形式）则自动脱落；第三，分化，即两种或多种形式逐渐相互区分意义、功能和使用语境，在不同句法、语义和语用条件下使用，分化亦有正误区别性并存和正确形式区别性并存两种可能性。

9.2.4 竞争机制假说（Competition Mechanism Hypothesis）

各种句式在第二语言学习者的语言系统中是一种竞争关系，此消彼长，最终确定各自的位置、分工和“权势”（使用频率、倾向性等）。

本研究中，各种疑问标记（包括疑问代词、疑问语气词）之间相互竞争，出现了一些阶段性强势标记或阶段性强势句式/表达式，抑制了其他句式的发展。在研究语料中，各种疑问代词经常相互混用，如“怎么—什么”、“什么—怎么样”、“怎么—怎么样”等，表明各种类型的特指问句在相互竞争且并不稳定，尤其是其内部的语义、功能分工，非常容易混淆；疑问语气词也有同样的情况，相互混用，如“吗—啊”、“呢—吗”等，表明学习者对于“吗、吧、呢、啊”等疑问语气词的分工不清楚。从表面看，这种现象很像是一种自由变异，实则二者不同，变异是不分条件、不分对象、不分场景地自由替换，没有使用倾向性；而竞争在表面的混用现象背后则是区分强势与弱势，有很强的使用倾向性，强势句式往往会抑制弱势句式的发展。

9.2.5 句法可及性层级间接作用假说（Indirect Access Hypothesis of Syntactic Position Accessibility Hierarchy）

语言类型学认为语言的蕴含普遍性中有一种层级普遍性，即一种特征的存在蕴含了层级比它更高的其他特征的存在，如NPAH（名词短语可及性层级）。本研究发现：汉语疑问句的句法位置对疑问句的习得效果构成了显著影响，但不同句法位置的难度顺序只是部分遵守了可及性层级所预示的顺序。我们认为句法可及性层级（Syntactic Position Accessibility Hierarchy）在第二语言习得过程中是间接起作用而非直接起作用的，它首先要通过第二语言学习者的母语起作用，受到母语背景因素的影响。因此，它只能部分解释疑问句不同句法位置的难度顺序，不同母语背景学习者的难度顺序并不完全相同，也不是完全遵守可及性层级。事实上，习得的难度是由多种因素交互影响产生的，如句法位置、“生命度”、母语背景等，绝非一种因素可以完全解释。

9.2.6 母语迁移部分影响假说（Partial Access Hypothesis of L1 Transfer）

母语迁移是第二语言习得过程中极为重要的因素之一，任何习得理论如果回避母语迁移都将是不完整的。我们认为，母语迁移只是部分地影响第二语言习得过程，具体表现在：

（1）母语迁移影响什么？

母语迁移对习得的影响是有选择性的，它可以影响具体的第二语言习得效果或习得速率，而不能显著影响习得的发展轨迹。换言之，第二语言习得中存在普遍共性。在本研究中，不同母语背景的学习者汉语疑问句的习得顺序、习得等级和发展趋势是高度一致的，而具体句式的习得效果受到了母语的影响。

（2）母语迁移如何影响习得？影响的条件和阶段是什么？何时会受抑？

母语迁移的影响在第二语言习得的早期最容易发生，在语言测试和个案语料中都发现，初级阶段（或个案跟踪的早期）的学习者更容易受母语影响而发生迁移性的偏误，到了后期，母语迁移产生的偏误便大量减少。

母语迁移只是疑问句第二语言习得过程中的一个重要因素，它与其他因素共同起作用。本研究发现，母语迁移与习得难度、语言特征因素（句法位置等）等发生交互作用，可见母语迁移在第二语言习得过程中并非单独起作用。

一些因素比如经济性原则可能会抑制母语迁移。学习者习得语言项目时会优先选择经济的形式，疑问句的构成如涉及移位，必然不符合经济性原则，因此当母语中疑问句需要移位而第二语言中的疑问句不需要移位时，母语迁移将受到抑制，即不发生母语迁移或母语迁移量减少。

在汉语特指问句习得中，英语母语背景学习者平均正确率很高，且没有一直出现明显的移位倾向，即为一证。标记性原则也会在一定程度上抑制母语迁移。

母语迁移可能还会受到计算复杂性（computation complexity）的抑制。袁博平（2017）关于英语母语者学习汉语态度疑问句（attitude-bearing wh-questions）的实证研究表明，英语母语者并未将母语疑问句中的疑问词移位迁移到汉语中来，同时，两种语言在态度疑问句中的相似点对英语母语者习得汉语这类句式的促进作用也非常有限。该文认为二语学习中的一语迁移只是一种相对现象，计算复杂性会抵消一语的影响。可见母语迁移的确会在一定条件下受到抑制，但其在何种阶段、何种条件下会受抑，仍有待更多的实证研究。

9.2.7 语义制约假说（Semantic Constraints Hypothesis）

语义因素在第二语言习得过程中起到重要的制约作用。本研究中，语义制约习得进程至少表现在以下四个方面：第一，疑问度从高到低的发展过程（先习得疑问度高的疑问句，后习得疑问度低的疑问句）；第二，从核心语义到非核心语义的发展过程（先习得表疑问义的疑问代词，后习得疑问代词表任指、虚指和倚变的引申用法；疑问代词引申用法中先习得任指，后习得虚指）；第三，从无假设义到有假设义的发展过程（先习得无假设义的省略问句，后习得有假设义的省略问句，语义复杂度增加）；第四，从具体语义到抽象语义的发展过程（先习得表人、物、数量的疑问词，后习得表时间、空间、原因的疑问词，最后习得表程度、性状、方式的疑问词，特指问句中不同疑问词的习得遵循从具体到抽象的一般认知顺序）。

9.2.8 语言认知映射假说（Language Cognitive Mapping Hypothesis）

客观的语言习得难度在第二语言学习者的主观语言认知中有所体现，相互映射。本研究发现学习者对汉语疑问句的难易度判断可以比较准确地反映其习得难度，二者存在极其显著的相关。因此，尽管习得表现最终要通过科学的精密设计的实证研究来检测，但考察主观认知难度也不失为一种简易有效的探测语言项目习得难度的方式。

10. 结　语

10.1　汉语疑问句系统第二语言习得与认知研究的教学应用：对外汉语教学语法中疑问句系统的选取与排序

汉语第二语言习得研究应秉承理论研究与应用研究相结合的取向。换言之，汉语第二语言习得学科的发展既有自身的理论追求，面向学科前沿，探究语言习得的规律和内部机制，上能“入天”；同时也要挖掘研究的应用价值，以问题为导向，面向实践应用与重要需求，重视理论研究成果的转化，切实服务于教学实践，解决教学和习得过程中出现的实际问题，下能“入地”。而对于语言项目的习得顺序、发展过程与教学编排的研究，可以将语言习得与总体设计、课堂教学、教材编选、测试评估等对外汉语教学的四大环节有机地结合起来，很可能正是第二语言习得与第二语言课堂教学接口的最佳契合点，因为只有弄清楚了学习者第二语言习得的基本过程和顺序，才能在此基础上开展总体设计、研发教学大纲、编写汉语教材。因此，我们将考察当前代表性的对外汉语教学语法大纲和教材中疑问句系统各项目的分布、分级和排序情况，依据汉语第二语言学习者疑问句系统的习得规律，对汉语教学语法中疑问句系统的选取与排序提出建议。

10.1.1　疑问句系统在对外汉语教学语法大纲和教材中的分布、分级与排序情况

我们对所考察的疑问句类型在 6 部对外汉语教学语法大纲和 10 套对外汉语教材中的分布、分级与排序情况做了研究，下面分别列出这 6 部对外汉语教学语法大纲和 10 套对外汉语教材。

（1）对外汉语教学语法大纲

王还（1995）《对外汉语教学语法大纲》，北京：北京语言学院出版社。

国家对外汉语教学领导小组办公室汉语水平考试部，刘英林主编（1996）《汉语水平等级标准与语法等级大纲》，北京：高等教育出版社。

杨寄洲主编（1999）《对外汉语教学初级阶段教学大纲》，北京：北京语言文化大学出版社。

国家对外汉语教学领导小组办公室编（2002）《高等学校外国留学生汉语言专业教学大纲》，北京：北京语言大学出版社。

国家对外汉语教学领导小组办公室编（2002）《高等学校外国留学生汉语教学大纲（长期进修）》，北京：北京语言大学出版社。

国家汉办编（2007）《国际汉语教学通用课程大纲》，北京：外语教学与研究出版社。

（2）对外汉语教材

国内代表性汉语教材7套：

刘珣等（1981）《实用汉语课本》，北京：商务印书馆。

李德津、李更生主编（1988）《现代汉语教程——读写课本》，北京：北京语言学院出版社。

郭志良主编（1996）《速成汉语初级教程·综合课本》，北京：北京语言文化大学出版社。

杨寄洲主编（1999）《汉语教程》，北京：北京语言文化大学出版社。

刘珣主编（2002）《新实用汉语课本》，北京：北京语言大学出版社。

鲁健骥等（2003）《初级汉语课本》，北京：北京语言大学出版社。

邱军主编（2008）《成功之路》（起步篇、顺利篇），北京：北京语言大学出版社。

海外代表性汉语教材3套：

Jiaying Howard and Lanting Xu（2008）*Huanying*《欢迎》，Boston：Cheng and Tsui Company.

Yuehua Liu，Tao-chung Yao，et al.（刘月华、姚道中等）（2009）*Integrated Chinese*《中文听说读写》（Third Edition），Boston：Cheng and Tsui Company.

Sue-mei Wu and Yueming Yu（吴素美、于月明）（2012）*Chinese Link*《中文天地》（Second Edition），USA，Prentice Hall.

以上语法大纲和教材均在国内外汉语第二语言教学中有着广泛的应用，且具有较强的代表性和影响力。针对这些语法大纲和教材所进行的考察将具有一定的普遍性。具体分布、分级与排序情况的考察结果请详见附录 7 ~ 9。

10.1.2 对外汉语教学语法大纲和教材考察的主要结论

（1）从疑问句项目的选取、分布与排序的内部一致性来看，对外汉语教材基本与对外汉语教学语法大纲一致；国内汉语教材和海外汉语教材差别较大，而其各自内部相对更为一致；国内汉语教材与对外汉语教学语法大纲的一致性更强；疑问句的不同类型中，特指问句的分布一致性最强；在大多数汉语教材和对外汉语教学语法大纲中均出现的疑问句项目有 17 项，分别是：T2，T6，T7，T8，T9，T10，T11，T12，T13，T14，T15，T19，T20，T24，T25，T35，T37。

（2）从疑问句项目选取的全面性来看，大纲要比教材更为全面，编排也更为合理；国内汉语教材要比海外汉语教材更为全面，包含的疑问句项目更丰富，更倾向于突出语法体系的完整性。

（3）汉语疑问句系统在语法项目中的整体难度不是很大，因此，有关的语法项目主要集中在初级阶段（甲级和乙级语法点，尤其是甲级）出现，对于这一点，大纲与教材也十分一致。初级阶段分布了疑问句几大类型的主要形式，包括疑问代词引申用法和反问句的常见类型，而到了中高级阶段（丙级和丁级语法点），疑问句便很少出现了，只是涉及反问、引申用法、强调语气等特殊用法。我们认为，疑问句作为教学语法体系中的重要组成部分和汉语中极为重要的交际表达方法，应该在初级阶段呈现其主体面貌（即出现五类疑问句中最基本的句式），以满足学习者的交际需求。

（4）对外汉语教材中主要出现疑问句的常见类型，有些疑问句类型在一些大纲或教材中没有出现，或较少出现，或没有单列作为语法项目，如：是非问句中只用疑问语调的问句、“吧”问句、“啊”问句，特指问句中“怎么”原因问句、“怎么”方式问句、“多 + A”数量/程度问句、特指疑问词 + 呢、特指疑问词 + 啊，选择问句中 P1，（P2，P3……），Q？问句、选择问 + 呢？、选择问 + 啊？，正反问句中助不助 + VP/AP？、“是不是” + VP/AP？、“有没有” + VP/AP？、附加式正反问句、正反问 + 呢？、正反问 + 啊？等。例如教材中正反问句一般只列出“X 不 X”或“X 没 X”格式，我们认为可以在引入这种基本形式后，再逐渐引入正反问句的其他句式，尤其是使用频率高、难度较大而又有异于基本形式特点的句式。同时，从前面的讨论中可知，附加“呢、啊”的问句的疑问度会有所下降，同时因涉及疑问标记复用和多种认知加工策略的运用而难度有所上升，因此这些类别的问句可以在学习者学习了疑问句的主要类型后，在中高级阶段再引入。

（5）大纲和教材中对有些疑问句项目的分级或排序不够合理，如“吧”问句，难度较大，在我们的等级划分中排为第三级，列在第23位，不宜列入甲级语法点或出现在初级（上）阶段。

（6）对外汉语教学语法中疑问句系统的项目选取、分级与排序是一个相当复杂的工程。吕文华（2002）提出应按语法自身的难易差异来排序，按结构（简式与繁式、有标记与无标记、基本形式与衍生形式）、语义（实义与虚义、基本义与引申义、常规语义搭配与非常规语义搭配）、用法（常用与非常用、一般用法与灵活用法、单个句式与相关句式）等方面区分难易度。周小兵（2003）认为语法项目的排序遵循由易到难（语义、结构、使用难度）、按交际需要、使用频率、相关语法点组成系列、复杂的语法点分阶段进行等原则。我们认为，在遵循以上原则的基础上，更应结合第二语言学习者的习得规律来考察疑问句系统的选取、分级和排序。

10.1.3 对外汉语教学语法中疑问句系统的选取与分级、排序建议

（1）汉语疑问句系统中五类疑问句的排序

本研究对五类疑问句习得效果的考察表明，各类疑问句的习得效果之间并无显著差异，因此无法严格地排定各类的先后顺序。汉语疑问句的大类划分基本上是以其自身结构和应答方式为依据划分出来的，但这种划分在第二语言习得过程中并非严整地按类依次习得，而是相互渗透、交互影响，逐步习得的，习得时类与类有交叉，不同类别中的句式可能同时习得，而同属一个类别的不同句式可能在不同阶段习得。换言之，疑问句结构划分并不对应于其习得和认知难度。尽管如此，我们还是可以从各类疑问句的测试均值中观察到：特指问句和省略问句是习得最好的类型，其次依次是是非问句、选择问句和正反问句，难度最大的是疑问代词引申用法的类型。这一顺序可供教学参考。

（2）汉语疑问句系统分级教学建议

综合习得顺序与发展过程的研究结果，尤其是聚类分析得到的四级习得等级，兼顾目前有代表性的对外汉语教学语法大纲的研究结果和学界对语法项目排序的理论探讨，我们提出如下疑问句分级教学建议：

①初级/一年级（一）

是非问句：只用疑问语调的问句

"吗"问句

特指问句："谁"问句

"什么"问句

"为什么"问句

处所"哪（里/儿）"问句

指别"哪"问句

"几/多少"数量问句

省略问句："W呢"不做始发句，无假设义

②初级/一年级（二）

是非问句：陈述句+好吗/行吗/可以吗/怎么样？

陈述句+是吗/对吗？

特指问句："怎么"原因问句

特指疑问词+呢

特指疑问词+啊

选择问句：P还是Q？

是P还是Q？

正反问句："X不X"问句

VP/AP（了）不/没有？

其他附加式正反问句（对不对/行不行/好不好？）

省略问句："W呢"做始发句，无假设义

③初级/一年级（三）

是非问句："吧"问句

特指问句："多+A"数量/程度问句

"怎么（样）"方式问句

"怎么（样）"性状问句

正反问句："X没X"问句

助不助+VP/AP？

"有没有"+VP/AP？

"是不是"+VP/AP？

"是不是"附加式正反问句

疑问代词引申用法：任指

倚变

④初级/一年级（四）

是非问句："啊"问句

选择问句：P1，（P2，P3……），Q？

选择问 + 呢？

选择问 + 啊？

正反问句：正反问 + 呢？

正反问 + 啊？

省略问句："W 呢"不做始发句，有假设义

疑问代词引申用法：虚指

反问句

⑤中级/二年级

各种反问句

各种疑问代词引申用法

其中，初级（三、四）和中级的汉语疑问句项目习得难度较大，尤其是在原有词汇或语法手段的基础上复用"添加"语法手段的选择问句和正反问句、突出疑问焦点的助动词重叠式正反问句以及表示非核心语义的疑问代词引申用法，无论在语言测试还是个案研究中，都显示出习得效果不够理想的特点，是认知加工难度较大的项目，应引起语法教学的重视。

10.2　本研究的主要创新点

（1）在研究内容上，目前汉语疑问句第二语言习得研究的热点集中在对比分析、偏误分析和习得顺序与发展过程上，既有对疑问句系统习得的整体性研究，也有只涉及某一类疑问句（如是非问句、特指问句、选择问句、正反问句、反问句）或疑问句的某类现象（如疑问代词不同句法位、疑问代词非疑问用法）的习得研究。但其中相当数量的研究停留在对疑问句习得的对比分析和偏误分析上，且偏误分析多集中于疑问句单句的结构形式，并未从篇章、语境、语义、语用等角度深入探究汉语第二语言学习者使用疑问句时出现的问题；偏误类型框架的确定也往往缺乏明晰的依据和客观的标准，造成对偏误的分类描写、数据统计和成因解释均存在一定的主观性。部分研究虽全面考察疑问句系统的习得顺序或发展过程，但仍待深入，尤其是对疑问句习得过程和内在机制的深入探讨和理论挖掘。本研究全面考察了汉语五大类 39 小类疑

问句系统，体现出研究内容的系统性。同时，本研究关注不同母语背景学习者第二语言习得的异同（涉及第二语言习得过程中的母语因素）、成人与儿童第二语言习得的异同（涉及第二语言习得过程中的年龄因素）、肯定否定形式、疑问度、句法位置（如处于主位、宾位）、跨类疑问词（如“呢、啊”）等对疑问句习得的影响（涉及第二语言习得过程中的语言特征因素），探索衡量二语句法发展的客观指标，这些均是以往研究的空白或薄弱点。研究成果将部分揭示二语习得的普遍共性，在汉语二语习得领域具有一定的创新性和突破性。

（2）在研究对象上，现有研究多针对成人第二语言学习者，极少涉及儿童第二语言学习者；在母语背景上，多数研究中的研究对象背景属性复杂，对学习者的母语不加以区分，因而不利于说清问题，而区分母语背景的研究也一般限于英语或韩语母语背景学习者，关注到的第二语言学习者的母语类别较少，对不同母语背景学习者的疑问句习得特点的揭示不够细致充分。本研究选取有代表性的学习者（英、韩、日背景），考察不同母语背景和语言类型的学习者习得的异同，体现研究对象的类型性和代表性，汉、日/韩、英分属汉-藏语系、日-朝语系和印-欧语系三大语系，分属话题突出型、话题和主语突出型、主语突出型语言，主要语法特征有语言类型性差异，不同母语背景学习者习得汉语时的特征（无论异同）对理解习得规律有重要意义。研究还全面考察处于初、中、高级不同语言水平的学习者的习得情况，并同时关注儿童第二语言习得的发展过程。

（3）在研究方法上，现有研究尽管采用了多种方法，语料类型也比较多样，但仍多限于语料库语料研究和作业收集等横向研究手段，实验研究较少，尤其缺乏科学的语料诱导手段或精密的测试设计；纵向研究相对较为匮乏，运用自然谈话语料开展的研究较少；同时，第二语言学习者语料范围和纵向个案研究的规模均比较有限，且大多缺乏必要的统计分析，因而难以得出科学的统计推断。本项研究以理论为导向、以实证为支撑，横向规模研究与纵向个案研究相结合，综合运用语料库研究、语言测试、问卷调查、个案跟踪等多种语料收集手段，充分利用数理统计等量化方法进行统计检验，保证研究的科学性和可验证性。

（4）在研究取向上，秉承理论研究与应用研究结合的理念，既体现理论追求，面向学科前沿，注重对汉语疑问句系统的第二语言习得的语言表现和习得过程进行全方位的观察、描写和解释，探究第二语言习得的共性规律与内部机制，尝试进行汉语第二语言句法习得的理论建构；又要挖掘研究的应用价值，以问题为导向，重视理论研究成果的转化，从句法结构的选取与排序角度应用汉语疑问句系统的第二语言习得研究成果，切实解决教学和习得过程中出现的实际问题，服务于汉语国际教育。

（5）在理论建构上，现有研究对疑问句习得现象的描写较多，而对习得规律和内部机制的解释较为薄弱，尤其缺乏从认知加工策略角度进行的理论解释。本项研究致力于由汉语疑问句习得过程与规律的理论解释引发对汉语习得的普遍规律与内部机制的理论建构。运用当代语言学理论和语言习得理论，从认知加工策略、普遍语法“参数重设”、认知难易程度、语言输入的时间、数量与频率、语言结构在第二语言中的使用频率与广度、疑问度因素、语言特征因素、语言的标记性和语言教学等方面对汉语疑问句系统的第二语言习得顺序和发展趋势进行理论解释，并尝试进行汉语第二语言句法习得的理论建构，提出一套“汉语第二语言句法习得机制理论假说”，包括八个系列假说：习得顺序弹性假说、认知加工策略层级制约假说、变异机制假说、竞争机制假说、句法可及性层级间接作用假说、母语迁移部分影响假说、语义制约假说、语言认知映射假说。这套理论假说对汉语句法习得现象有一定的解释力，部分揭示了汉语第二语言习得过程中句法习得的普遍规律和内在机制，丰富了汉语第二语言习得的理论。

10.3 本研究的局限与后续研究

10.3.1 本研究的局限

（1）在研究内容上，本研究尽可能地体现汉语疑问句系统的体系性和完整性，但囿于时力，考察选取了对外汉语教学中最为常见的五大类 39 小类疑问句，对有些疑问句格式和与疑问句系统有关的内容没有考虑，如疑问形式做句中成分的嵌入形式、疑问形式的非疑问用法（如反问）等。本研究揭示了汉语疑问句系统第二语言习得过程中的若干影响因素，如母语迁移、疑问度、疑问词的句法位置等，但不能回避的是，第二语言习得是一个多因素交织的复杂过程，疑问句习得过程中还存在哪些影响因素，这些影响因素如何交互作用，有无主次，如何对学习者的认知加工策略及其层级制约进行实证检验，均有待深入研究。本研究中的语法测试只考察了第二语言学习者对 39 类汉语疑问句的部分习得表现，包括对疑问句式的选择、对疑问句结构和语序的使用等，而“习得”（acquisition）显然不仅是学习者受测行为的某一方面，它应包含形式—意义—功能的全面匹配，也因而需要更为全面的研究视域和科学的测量工具。同时亦应认识到，准确率有时并不能如实和全面地反映学习者对目标结构的掌握情况。如何更科学全面地测量学习者的第二语言习得表现，也成为我们的后续研究课题。

（2）在研究对象上，本研究重点考察了母语为英语、日语、韩语的汉语第二语言学习者，其他母语背景学习者的疑问句系统习得过程还需进一步研究。

（3）在研究方法上，本项研究综合采用了横向规模研究和纵向个案研究的方法对汉语疑问句系统的第二语言习得过程和机制进行探索，但是横向研究的规模还较为有限，被试在语言水平和母语背景的分布上不够均衡，难以更科学地定量分层设计，其对汉语第二语言学习者样本总体的代表性还需更多研究的检验。作为一种长于动态观察的研究方法，个案研究有其无法比拟的优势，但同时也要看到其局限性：规模小、难以对比归纳、易受学习者个体差异和研究者素质的影响，而开展研究费时费力亦会导致跟踪调查持续时间有限，很难呈现出较为完整的语言发展轨迹。因此还需要更多纵向个案研究成果以与横向研究结果相对比和印证。

（4）在研究取向和理论建构上，本研究在客观描写第二语言学习者汉语疑问句系统习得发展过程的基础上，尚需深入寻求理论解释。本研究尽管揭示了汉语疑问句系统第二语言习得发展过程的若干规律，并在此基础上，从学习者认知加工策略、认知难易程度、疑问度、语言的标记性、语言特征因素等九个方面对汉语疑问句系统的第二语言习得顺序进行了理论解释，并由疑问句系统习得的理论问题进而提出汉语第二语言句法习得机制理论假说，引发对整个第二语言习得理论的思考，然而，其理论解释力和适用范围尚需进一步检验，尤其是需在第二语言习得的理论框架下深入挖掘第二语言学习者汉语疑问句系统的习得与认知机制。

10.3.2 后续研究

在研究过程中，我们深感汉语疑问句系统的第二语言习得与认知研究，乃至整个汉语第二语言习得研究，任重道远，仍有很多问题我们不是十分清楚，至少有以下课题可以进一步探索：

（1）习得顺序的本质究竟是什么？如何解释它的存在和内部机制？它究竟受哪些因素的影响？这些因素之间的关系如何？是否存在先后制约层级？

(2) 汉语疑问句系统的习得顺序与发展过程是如何形成的？为何会如此体现？某些类型的疑问句为何会早于另一些类型的疑问句习得？为何有些疑问句类型总是难以被习得？如何对学习者的认知加工策略及其层级制约进行实证检验？

(3) 本研究只选取了现代汉语疑问句系统作为研究范围，汉语的其他语法项目（如汉语特殊结构、补语系统、多项修饰语等）的习得是否也存在一定的习得顺序？如果有，又是怎样的？能否归结出一整套系统完整的具普遍性的汉语语法习得顺序？本研究中疑问句系统的习得顺序在整个汉语语法体系的习得顺序中处于何种地位？其习得过程中揭示出的特征和规律是否具有典型性和普适性？

(4) 我们提出的固定不变的、由普遍语法决定的“自然顺序”是否真正存在？是否可能对它进行剖析？自然顺序变体究竟在多大程度上体现出“自然顺序”的共性，又在多大程度上偏离它，即体现出个性？不同的因素，如母语背景、语言水平、性别、认知风格、语言环境、语言教学等，对自然顺序的影响究竟怎样？有哪些可能的制约条件与规则？能否归结出一些有规律可循的学习者群体差异？

(5) 第二语言习得过程会体现出一定的顺序性，但不同语言项目的顺序性强弱不同，究竟哪些语言项目是定序的？哪些是有序的？哪些是任序的？哪些是无序的？

(6) 第二语言习得是一个多因素交织的复杂过程，这一过程中究竟存在哪些影响因素？内在因素有哪些？外部因素又有哪些？这些影响因素如何交互作用？有无主次？有无层级？

(7) 母语迁移是一个在第二语言习得研究领域始终受到关注的课题，它究竟在第二语言习得过程中起何种作用？迁移的条件、量与内容又如何？又会在何种条件下受到抑制？

(8) 儿童与成人的第二语言习得过程与机制究竟在多大程度上一致或不一致？为什么？年龄因素本质上与大脑认知发展与生理器官发育相接口，它在第二语言习得过程中究竟起何作用？

(9) 语言环境和语言教学究竟在哪些方面对第二语言习得起作用？起作用的条件是什么？起什么样的作用？有多大作用？

(10) 汉语第二语言习得过程与其他语言的第二语言习得过程是否一致？为什么？

参考文献

卜佳晖（2000）汉语教师课堂语言输入特点分析，北京语言文化大学硕士学位论文。

卜杰民（2003）中介语发展规律与外语教学，《绍兴文理学院学报》第 4 期。

蔡建丰（2003）以英语为母语者对汉语疑问句的习得研究，福建师范大学硕士学位论文。

曹俐娇（2007）英汉双语儿童特殊疑问句习得研究，北京语言大学硕士学位论文。

曹秀玲（2000）对朝鲜语为母语的学生汉语宾补共现句习得的研究，《延边大学学报》第 3 期。

陈　宏（1996）第二语言能力结构研究回顾，《世界汉语教学》第 2 期。

陈　宏（1997）汉语能力结构差异的检验与分析，见王建勤主编《汉语作为第二语言的习得研究》，北京：北京语言文化大学出版社。

陈　慧、王魁京（2001）外国学生识别形声字的实验研究，《世界汉语教学》第 2 期。

陈　炯（1984）论疑问形式的子句作宾语，《语言文字学》第 3 期。

陈丽萍（2012）汉语儿童疑问句习得顺序个案探究，天津师范大学硕士学位论文。

陈妹金（1992）汉语假性疑问句研究，《南京师大学报》第 4 期。

陈妹金（1993）汉语与一些汉藏系语言疑问手段类型共性，《语言研究》第 1 期。

陈妹金（1995）北京话疑问语气词的分布、功能及成因，《中国语文》第 1 期。

陈　敏（2008）语言输入频率与儿童特殊疑问句习得顺序，《长沙铁道学院学报》第 4 期。

陈前端、赵葵欣（1996）汉语第二语言习得研究述评，《汉语学习》第 5 期。

陈前瑞、赵葵欣（1998）浅析是非问句应答方式的语言共性，《汉语学习》第 3 期。

陈素珍、李宇明（1991）汉族儿童对“哪里”问句的理解，见李宇明、唐志东《汉族儿童问句系统习得探微》，武汉：华中师范大学出版社。

陈婷婷（2015）汉泰是非疑问句对比及习得偏误分析，西北师范大学硕士学位论文。

陈振宇（2010）《疑问系统的认知模型与运算》，上海：学林出版社。

程　工（1999）《语言共性论》，上海：上海外语教育出版社。

成　燕（2012）韩国儿童汉语疑问结构和否定结构习得的个案研究，北京语言大学硕士学位论文。
程朝晖（1997）汉字的学与教，《世界汉语教学》第3期。
崔永华（2003）汉语中介语中的“把……放……”短语分析，《汉语学习》第1期。
崔永华、陈小荷（2000）影响非汉字圈汉语学习者汉字学习因素的分析，《海外华文教育》第1期。
崔　越（2000）从访谈实例看“文化适应”和汉语习得，北京语言文化大学学士学位论文。
戴曼纯（2000）论第二语言词汇习得研究，《外语教学与研究》第2期。
戴庆厦（2002）第二语言习得中的语法“空缺”，《语言教学与研究》第5期。
戴耀晶（2001）疑问句的预设及其语义分析，《广播电视大学学报》第2期。
邓晓华（2001）疑问句的功能偏离——转喻功能及其实现，中国科学院硕士学位论文。
丁　力（1998）《现代汉语列项选择问研究》，武汉：华中师范大学出版社。
丁　力（1999）从问句系统看“是不是”问句，《中国语文》第6期。
丁雪欢（2006a）初中级留学生是非问的分布特征与发展过程，《世界汉语教学》第3期。
丁雪欢（2006b）留学生疑问代词不同句法位的习得顺序考察，《汉语学习》第5期。
丁雪欢（2006c）留学生汉语疑问句的习得研究，中山大学博士学位论文。
丁雪欢（2007）汉语作为第二语言学习者疑问句早期习得的个案研究，《语言教学与研究》第2期。
丁雪欢（2008）留学生汉语正反问句习得中的选择偏向及其制约因素，《世界汉语教学》第4期。
丁雪欢（2010）《汉语疑问句作为第二语言习得的研究》，北京：中国社会科学出版社。
董小琴（2008）外国学生“有”字句习得研究，南京师范大学硕士学位论文。
董秀芳（2004）现代汉语中的助动词“有没有”，《语言教学与研究》第2期。
范继淹（1982）是非问句的句法形式，《中国语文》第6期。
范　莉（2012）儿童早期语言中疑问词的疑问和非疑问用法，《华文教学与研究》第1期。
［越］范氏垂容（2012）越南学生习得汉语“吗”、“吧”、“呢”疑问句的考察及偏误分析，吉林大学硕士学位论文。
冯丽萍（1998）汉字认识规律研究综述，《世界汉语教学》第3期。
冯丽萍、蒋　萌（2007）英语母语留学生的汉英疑问句听说读写习得研究，《语言文字应用》第4期。
冯丽萍、卢华岩、徐彩华（2005）部件位置信息在留学生汉字加工中的作用，《语

言教学与研究》第 3 期。

高　红（2003）韩国学生习得汉语不同类型“把”字句内部结构成分的言语加工策略，北京语言大学硕士学位论文。

高立群、孟　凌（2000）外国留学生汉语阅读中音、形信息对汉字辨认的影响，《世界汉语教学》第 4 期。

高小平（1999）留学生“把”字句习得过程考察分析及其对教学的启示，北京大学硕士学位论文。

桂诗春（1988）《应用语言学》，长沙：湖南教育出版社。

桂诗春（2000）《新编心理语言学》，上海：上海外语教育出版社。

桂诗春、宁春岩（1997）《语言学方法论》，北京：外语教学与研究出版社。

郭　翠（2001）第二语言习得中的语言迁移研究，《山东社会科学》第 1 期。

郭继懋（1997）反问句的语义语用特点，《中国语文》第 2 期。

郭继懋（2005）“怎么”的语法意义及“方式”“原因”和“情状”的关系，见徐杰《汉语研究的类型学视角》，北京：北京语言大学出版社。

郭举昆（2003）特指疑问句的非疑问功能及使用心理，《外语研究》第 4 期。

郭　锐（2000）“吗”字句的确信度和回答方式，《世界汉语教学》第 2 期。

国家对外汉语教学领导小组办公室编（2002）《高等学校外国留学生汉语言专业教学大纲》，北京：北京语言大学出版社。

国家对外汉语教学领导小组办公室编（2002）《高等学校外国留学生汉语教学大纲（长期进修）》，北京：北京语言大学出版社。

国家对外汉语教学领导小组办公室汉语水平考试部（1992）《汉语水平词汇与汉字等级大纲》，北京：北京语言学院出版社。

国家对外汉语教学领导小组办公室汉语水平考试部、刘英林主编（1996）《汉语水平等级标准与语法等级大纲》，北京：高等教育出版社。

国家汉办编（2007）《国际汉语教学通用课程大纲》，北京：外语教学与研究出版社。

韩志刚（2002）语调是非问句与“吗”是非问句的差异，见郭继懋主编《似同实异——汉语近义表达方式的认知语用分析》，北京：中国社会科学出版社。

郝美玲（2000）交际策略在交际能力中的作用，北京语言文化大学硕士学位论文。

何意德（2009）汉泰特指疑问句对比及偏误分析，暨南大学硕士学位论文。

洪　婷（2006）外国学生使用汉语趋向补语习得研究，南京师范大学硕士学位论文。

胡　靖（2013）汉绍疑问句对比及津巴布韦学生习得汉语疑问句的偏误分析，南昌大学硕士学位论文。

胡孝斌（1999）反问句的话语制约因素，《世界汉语教学》第 1 期。

胡壮麟（1994）英汉疑问语气系统的多层次和多元功能解释，《外国语》第 1 期。

黄国营（1986）“吗”字句用法初探，《语言研究》第 2 期。

黄剑平（2003）语言词汇习得顺序研究，《齐齐哈尔大学学报》第 5 期。

黄　娟（2016）初级韩国留学生习得汉语疑问句的偏误研究，苏州大学硕士学位论文。

黄月圆、杨素英（2004）汉语作为第二语言的“把”字句习得的研究，《世界汉语教学》第 1 期。

黄月圆、杨素英、高立群等（2007）汉语作为第二语言“被”字句习得的考察，《世界汉语教学》第 2 期。

黄正德（1988）汉语正反问句的模组语法，《中国语文》第 4 期。

黄自然（2008）外国学生存现句偏误分析及习得研究，南京师范大学硕士学位论文。

姬瀚达、岳红梅（2004）英语疑问句的语篇功能，《河南科技大学学报》第 2 期。

贾丹丹（2015）基于中介语语料库的汉语选择疑问句习得偏误研究，安阳师范学院硕士学位论文。

贾秀英（1990）试谈汉法疑问句的分类及异同，《山西大学学报》第 2 期。

姜丽萍（1998）基础阶段留学生识记汉字的过程，《汉语学习》第 2 期。

江雯琴（2013）日本留学生疑问句习得研究，西南大学硕士学位论文。

江　新（1998）词汇习得研究及其在教学上的意义，《语言教学与研究》第 3 期。

江　新（1999）第二语言习得的研究方法，《语言文字应用》第 2 期。

江　新（2000）汉语作为第二语言学习策略初探，《语言教学与研究》第 1 期。

江　新（2001）外国学生形声字表音线索意识的实验研究，《世界汉语教学》第 2 期。

江　新、赵　果（2001）初级阶段外国留学生汉字学习策略的调查研究，《语言教学与研究》第 4 期。

蒋祖康（1999）《第二语言习得研究》，北京：外语教学与研究出版社。

金立鑫（1999）对一些普遍语序现象的功能解释，《当代语言学》第 4 期。

金　璐（2014）初级阶段留学生三类问句使用情况考察，南京师范大学硕士学位论文。

［韩］金昨卿（2009）韩国儿童汉语否定句与疑问句习得的个案研究，北京语言大学硕士学位论文。

［美］靳洪刚（1993）从汉语的“把”字句看语言分类规律在第二语言习得过程中的作用，《语言教学与研究》第 3 期。

［美］靳洪刚（1997）《语言获得理论研究》，北京：中国社会科学出版社。

靳　焱、倪　兰（2003）疑问代词研究综述，《中南民族大学学报》第 S2 期。

康亮芳（1998a）从现代汉语疑问句的构成情况看疑问句句末语气词“呢”，《四川师范大学学报》第 4 期。

康亮芳（1998b）小说《家》与戏剧剧本《家》疑问句运用情况考察——兼议口语语体中的疑问句，《西南民族学院学报》第 S3 期。

康天峰、牛保义（2001）疑问句语用因素分析，《河南大学学报》第 1 期。
孔令达、陈长辉（1999）儿童语言中代词发展的顺序及其理论解释，《语言文字应用》第 2 期。
来永梅（2008）以蒙语为母语者习得汉语疑问句的研究，山东大学硕士学位论文。
兰巧玲（2007）俄汉是非问句对比研究，黑龙江大学硕士学位论文。
李大忠（1996）《外国人学汉语语法偏误分析》，北京：北京语言文化大学出版社。
李　娜（2015）普通话儿童疑问词原位习得研究，天津师范大学硕士学位论文。
李　巍（2010）初级汉语水平外国留学生疑问代词习得研究，华东师范大学硕士学位论文。
李晓琪（1998）论对外汉语虚词教学，《世界汉语教学》第 3 期。
李晓琪（2002）母语为英语者习得“再”、“又”的考察，《世界汉语教学》第 2 期。
李　英（2004）“不/没 + V”的习得情况考察，《汉语学习》第 5 期。
李宇明（1989）“呢”句式的理解，《汉语学习》第 3 期。
李宇明（1990）反问句的构成及其理解，见余志鸿主编《现代语言学》，延吉：延边大学出版社。
李宇明（1995）《儿童语言的发展》，武汉：华中师范大学出版社。
李宇明（1997）疑问标记的复用及标记功能的衰变，《中国语文》第 2 期。
李宇明、陈前瑞（1997）儿童问句理解的群案与个案的比较研究，《语言教学与研究》第 4 期。
李宇明、陈前瑞（1998）《语言的理解与发生——儿童问句系统的理解与发生的比较研究》，武汉：华中师范大学出版社。
李宇明、李汛、汪国胜等（1991）试论成人同儿童交际的语言特点，见李宇明、唐志东《汉族儿童问句系统习得探微》，武汉：华中师范大学出版社。
李宇明、唐志东（1991）《汉族儿童问句系统习得探微》，武汉：华中师范大学出版社。
李宇明、唐志东（1992）汉族儿童“W 呢”问句的发展，《语言学通讯》第 1 ~ 2 期。
寮　菲（1998）第二语言习得中的母语迁移现象分析，《外语教学与研究》第 2 期。
廖　伟（2013）泰国中学生汉语疑问句习得偏误研究，湖南师范大学硕士学位论文。
［泰］林勇明（2000）泰国学生汉语定语顺序的偏误分析及其习得顺序，北京语言文化大学硕士学位论文。
林裕文（1985）谈疑问句，《中国语文》第 2 期。
［韩］林载浩（2001）韩国学生习得“把”字句情况的考察及偏误分析，北京语言文化大学硕士学位论文。

刘谦功（2000）外国留学生汉语让步复句习得研究及教学新思路，北京语言文化大学硕士学位论文。

刘　顺（2003）现代汉语的否定焦点和疑问焦点，《齐齐哈尔大学学报》第 2 期。

刘颂浩（1999）对 9 名日本学生误读现象的分析，《语言教学与研究》第 2 期。

刘延华（2011）疑问标记、焦点与对外汉语疑问句教学，吉林大学硕士学位论文。

刘映婷（2014）留学生“怎么”类疑问代词习得研究，南京师范大学硕士学位论文。

刘月华（1983）《实用现代汉语语法》，北京：外语教学与研究出版社。

刘月华（1988）语调是非问句，《语言教学与研究》第 2 期。

刘召兴（2001）汉语多义动词的义项习得过程研究，北京语言文化大学硕士学位论文。

刘志成（2010）现代汉语疑问句习得研究，辽宁师范大学硕士学位论文。

柳英绿（2003）韩汉语正反问句对比，《汉语学习》第 5 期。

柳英绿（2004）韩汉语选择问句对比，《汉语学习》第 6 期。

卢福波（2003）对外汉语教学语法的层级划分与项目排序问题，《汉语学习》第 2 期。

鲁健骥（1984）中介语理论与外国人学习汉语的语音偏误分析，《语言教学与研究》第 3 期。

鲁健骥（1994）外国人汉语语法偏误分析，《语言教学与研究》第 1 期。

陆俭明（1982）由“非疑问形式 + 呢”造成的疑问句，《中国语文》第 6 期。

陆俭明（1984）关于现代汉语里的疑问语气词，《中国语文》第 5 期。

鹿士义（2001）词汇习得与第二语言能力研究，《世界汉语教学》第 3 期。

罗　阔（2016）初中级留学生“谁”非疑问用法的习得研究，哈尔滨师范大学硕士学位论文。

吕叔湘（1982）《中国文法要略》，北京：商务印书馆。

吕叔湘（1984）“谁是张老三？”和“张老三是谁？”，《中国语文》第 4 期。

吕叔湘（1985）疑问・否定・肯定，《中国语文》第 4 期。

吕文华（1987）汉语教材中语法项目的选择和编排，《语言教学与研究》第 3 期。

吕文华（1995）汉语语法的切分与分级，见《中国语言学报》第七辑，北京：北京语言学院出版社。

吕文华（1999）《对外汉语教学语法体系研究》，北京：北京语言文化大学出版社。

吕文华（2002）对外汉语教材语法项目排序的原则及策略，《世界汉语教学》第 4 期。

梅立崇（执笔）、田士琪、韩红、刘新丽、周翠琳（1984）对留学生汉语习得过程的错误分析，《语言教学与研究》第 4 期。

缪小春（1986）幼儿对疑问词的理解，《心理科学通讯》第 3 期。

倪　兰（2003）特指问反问句的语用分析及其修辞意义，《修辞学习》第 6 期。

牛保义（2001）英汉语附加疑问句语法化比较，《外国语》第 2 期。
牛保义（2002）相信和怀疑——附加疑问句认知研究，河南大学博士学位论文。
农小莹（2012）基于中介语语料库的疑问句偏误分析，湖南师范大学硕士学位论文。
潘　莉（2007）初中级留学生习得汉语反问句的调查研究，暨南大学硕士学位论文。
庞黔林（2004）日语疑问句的疑问焦点，《外语研究》第 2 期。
祁　霞（2000）“有没有”反复问句的定量研究：对经典作家白话文作品的定量研究，《汉语学习》第 3 期。
钱华英（1998）英汉疑问句比较研究，《江南学院学报》第 3 期。
钱旭菁（1997）日本留学生汉语趋向补语的习得顺序，《世界汉语教学》第 1 期。
钱旭菁（1999）外国留学生学习汉语时的焦虑，《语言教学与研究》第 2 期。
钱旭菁（2004）汉语阅读中的伴随性词汇学习研究，见《第七届国际汉语教学讨论会论文选》，北京：北京大学出版社。
任　磊（2010）一名两周岁汉族男童习得母语句法结构的个案研究，北京语言大学硕士学位论文。
阮青松（2007）汉、越语疑问句对比及教学难点研究，广西民族大学硕士学位论文。
杉村博文（2002）论现代汉语特指疑问判断句，《中国语文》第 1 期。
邵敬敏（1994）间接问句及其相关句类比较，《华东师范大学报》第 5 期。
邵敬敏（1996）《现代汉语疑问句研究》，上海：华东师范大学出版社。
邵敬敏、朱彦（2002）“是不是”句肯定倾向及类型学意义，《世界汉语教学》第 3 期。
沈家煊（1997）类型学中的标记模式，《外语教学与研究》第 1 期。
沈家煊（1999）在语言学和应用语言学学术研讨会上的讲话，《语言教学与研究》第 2 期。
施春宏（2004）汉语句式的标记度及基本语序问题，《汉语学习》第 2 期。
施家炜（1998）外国留学生 22 类现代汉语句式的习得顺序研究，《世界汉语教学》第 4 期。
施家炜（2000）跨文化交际意识与第二语言习得研究，《世界汉语教学》第 3 期。
施家炜（2001）来华欧美留学生汉字习得研究实验报告，见《中国对外汉语教学学会北京分会第二届学术年会论文集》，北京：北京语言文化大学出版社。
施家炜（2002）韩国留学生汉语句式习得的个案研究，《世界汉语教学》第 4 期。
施家炜（2004）成人第二语言习得过程中个体因素与习得效果的相关研究，见《第七届国际汉语教学讨论会论文选》，北京：北京大学出版社。
施家炜（2006）国内汉语第二语言习得研究二十年，《语言教学与研究》第 1 期。
石定果、万业馨（1998）关于对外汉字教学的调查报告，《语言教学与研究》第

1 期。
石定栩（1999）疑问句研究，见徐烈炯《共性与个性》，北京：北京语言文化大学出版社。
石毓智、徐　杰（2001）汉语史上疑问形式的类型学转变及其机制——焦点标记“是”的产生及其影响，《中国语文》第 5 期。
《世界汉语教学》编辑部、《语言文字应用》编辑部、《语言教学与研究》编辑部主编（1994）《语言学习理论研究》，北京：北京语言文化大学出版社。
寿永明（2002）疑问代词的否定用法，《上海师范大学学报》第 2 期。
宋　芳（2006）对外汉语教学疑问句语法项目选取与排序研究，北京语言大学硕士学位论文。
宋　刚（2001）汉语名词习得中的中介词缀研究，北京语言文化大学硕士学位论文。
宋　慧（2012）英汉儿童疑问句习得对比研究，长沙理工大学硕士学位论文。
孙德金（2002）外国留学生汉语“得”字补语句习得情况考察，《语言教学与研究》第 6 期。
孙德坤（1993）外国留学生现代汉语“了 le”的习得过程及初步分析，《语言教学与研究》第 2 期。
孙书姿（2004）韩国留学生习得汉语双音节 VO 型离合词的言语加工策略，北京语言大学硕士学位论文。
孙晓华（2008）外国学生连动句习得研究，南京师范大学硕士学位论文。
唐承贤（2003）第二语言习得中的母语迁移研究述评，《解放军外国语学院学报》第 5 期。
唐金利（2016）吉尔吉斯斯坦学生汉语疑问句偏误分析，新疆大学硕士学位论文。
陶红印（1989）儿童对三种疑问形式的感知，《语言学通讯》第 3 ~ 4 期。
田士琪、梅立崇、韩　红（1987）从第二语言习得规律看教学方法的改进，《世界汉语教学》第 2 期。
童丽娜（2008）留学生疑问代词非疑问用法习得顺序研究，山东大学硕士学位论文。
王碧霞、李　宁（1994）从留学生识记汉字的心理过程探讨基础阶段汉字教学，《语言教学与研究》第 3 期。
王　还（1995）《对外汉语教学语法大纲》，北京：北京语言学院出版社。
王　会（2009）从普通话儿童为什么问句的习得看为什么的句法位置，湖南大学硕士学位论文。
王建勤主编（1997）《汉语作为第二语言的习得研究》，北京：北京语言文化大学出版社。
王建勤（1997）“不”和“没”否定结构的习得过程，《世界汉语教学》第 3 期。
王建勤（1999）表差异比较的否定结构的习得过程，《世界汉语教学》第 4 期。

王建勤（2009）《第二语言习得研究》，北京：商务印书馆。
王魁京（1998）《第二语言学习理论研究》，北京：北京师范大学出版社。
王庆新（1993）英语关系从句的定量分析，《外国语》第 6 期。
王　森、王　毅、姜　丽（2006）“有没有/有/没有 + VP”句，《中国语文》第 1 期。
王　甦、汪安圣（1992）《认知心理学》，北京：北京大学出版社。
王晓钧（2004）美国中文教学的理论与实践，《世界汉语教学》第 1 期。
王　颖（2011）留学生特指问反问句运用情况研究，华东师范大学硕士学位论文。
王永德（2001）基于认知发展的儿童汉语句法习得，《宁波大学学报》第 2 期。
王永德（2004）不同母语类型留学生表达汉语句子的比较，《心理学报》第 3 期。
王又民（1997）外国学生调号标注情况调查分析，《世界汉语教学》第 1 期。
王幼敏（1996）对日本人书写中文汉字差错规律的分析及思考，《华东师范大学学报》第 4 期。
王韫佳（2001）韩国、日本学生感知汉语普通话高元音的初步考察，《语言教学与研究》第 6 期。
王韫佳（2002）日本学习者感知和产生普通话鼻音韵母的实验研究，《世界汉语教学》第 2 期。
王韫佳（2003）第二语言语音习得研究的基本方法和思路，《汉语学习》第 2 期。
王韫佳、李吉梅（2001）建立汉语中介语语音语料库的基本设想，《世界汉语教学》第 1 期。
王钟华（1984）汉法疑问句对比，《语言教学与研究》第 4 期。
［美］温晓虹（1995）主题突出与汉语存在句的习得，《世界汉语教学》第 2 期。
吴门吉、周小兵（2004）“被”字句与“叫、让”被动句在教学语法中的分离，《云南师范大学学报（对外汉语教学与研究版）》第 4 期。
吴门吉、周小兵（2005）意义被动句与“被”字句习得难度比较，《汉语学习》第 1 期。
吴勇毅（2001）汉语“学习策略”的描述性研究与介入性研究，《世界汉语教学》第 4 期。
吴韵雯（2015）韩国留学生疑问代词“怎么”习得偏误及教学策略，黑龙江大学硕士学位论文。
伍雅清（2002）《疑问词的句法和语义》，长沙：湖南教育出版社。
肖奚强等（2009）《外国学生汉语句式习得难度与分级排序研究》，北京：高等教育出版社。
肖奚强、周文华（2009）外国学生趋向补语句习得研究，《汉语学习》第 1 期。
邢福义（1987）现代汉语的特指性是非问，《语言教学与研究》第 4 期。
邢福义（1990）“有没有 VP”疑问句式，《华中师范大学学报》第 1 期。
熊文新（1996）留学生“把”字结构的表现分析，《世界汉语教学》第 1 期。

徐　杰（2001）《普遍语法原则及汉语语法现象》，北京：北京大学出版社。

徐　杰（2005）《汉语研究的类型学视角》，北京：北京语言大学出版社。

徐　杰、张林林（1985）疑问程度和疑问句式，《江西师范大学学报》第 2 期。

徐盛桓（1999）英语陈述疑问句，《外语学刊》第 2 期。

徐晓燕（2003a）英汉疑问词句法特征的对比研究，《成都大学学报》第 3 期。

徐晓燕（2003b）英语疑问词移位习得的实证研究，《西南民族学院学报》第 5 期。

徐　星（2006）五种强调格式功能的比较研究，南京师范大学硕士学位论文。

徐子亮（1999）外国留学生汉语学习策略的认知心理分析，《世界汉语教学》第 4 期。

徐子亮（2004）对外汉语学习理论研究二十年，《世界汉语教学》第 4 期。

杨德峰（2003a）英语母语学习者趋向补语的习得顺序——基于汉语中介语语料库的研究，《世界汉语教学》第 2 期。

杨德峰（2003b）朝鲜语母语学习者趋向补语习得情况分析——基于汉语中介语语料库的研究，《暨南大学华文学院学报》第 4 期。

杨德峰（2004）日语母语学习者趋向补语习得情况分析——基于汉语中介语语料库的研究，《暨南大学华文学院学报》第 3 期。

杨寄洲主编（1999）《对外汉语教学初级阶段教学大纲》，北京：北京语言文化大学出版社。

杨寄洲（2000）对外汉语教学初级阶段语法项目的排序问题，《语言教学与研究》第 3 期。

杨　眉（2009）韩国学习者汉语疑问句系统的习得研究，华中师范大学硕士学位论文。

杨素英、黄月圆、高立群等（2007）汉语作为第二语言存现句习得研究，《汉语学习》第 1 期。

杨素英、黄月圆、孙德金（1999）汉语作为第二语言的体标记习得，*Journal of the Chinese Language Teacher Association*, Vol. 34, No. 1.

杨　翼（1998）高级汉语学习者的学习策略与学习效果的关系，《世界汉语教学》第 1 期。

杨永龙（2003）句尾语气词“吗”的语法化过程，《语言文字学》第 7 期。

叶秋彤（2012）初级阶段留学生汉语特指问句的习得研究，华中师范大学硕士学位论文。

殷苏芬（2008）外国学生形容词谓语句习得研究，南京师范大学硕士学位论文。

游青青（2013）菲律宾中学生汉语正反问句习得情况考察，福建师范大学硕士学位论文。

于芳芳（2007）现代汉语中动句及其习得研究，南京师范大学硕士学位论文。

于　康（1995）汉语“是非问句”和日语“肯否性问句”的比较，《世界汉语教学》第 2 期。

于善志（2003）从句法研究看英语疑问句的二语习得，《解放军外国语学院学报》第5期。
于善志、林立红（2001）疑问及疑问衰变，《外语教学》第1期。
余文青（2000）留学生使用“把”字句的调查报告，《汉语学习》第5期。
［英］余又兰（1999）谈第二语言的汉字教学，《世界汉语教学》第1期。
［英］余又兰（2000）汉语“了”的习得及其中介语调查与分析，见《第六届国际汉语教学讨论会论文选》，北京：北京大学出版社。
［英］袁博平（1995）第二语言习得研究的回顾与展望，《世界汉语教学》第4期。
［英］袁博平（2017）计算复杂性与第一语言迁移——以汉语第二语言态度疑问句为例，《世界汉语教学》第1期。
袁毓林（1993）正反问句及相关的类型学参项，《中国语文》第2期。
袁毓林（2005a）试析中介语中跟“没有”相关的偏误，《世界汉语教学》第2期。
袁毓林（2005b）试析中介语中跟“不”相关的偏误，《语言教学与研究》第6期。
袁　悦（1989）汉族儿童对反复问句的理解研究，华中师范大学学士学位论文。
曾越麟译（1979）儿童语言的发展，《语言学动态》第4期。
张伯江（1997）疑问句功能琐议，《中国语文》第2期。
张红欣（2007）外国留学生疑问句系统习得顺序的考察，南京师范大学硕士学位论文。
张　凯（1995）语言能力模型和语言能力测试，见《第四届国际汉语教学讨论会论文选》，北京：北京语言学院出版社。
张　莉（2001）留学生汉语学习焦虑感与口语流利性关系初探，《语言文字应用》第3期。
张　莉（2002）留学生汉语阅读焦虑感研究，《语言文字应用》第4期。
张林军（2002）师生互动与学习者语言交际能力的发展，北京语言文化大学硕士学位论文。
张武宁（2007）韩国学生“把”字句习得研究，南京师范大学硕士学位论文。
张　奕（2009）印尼留学生疑问代词非疑问用法的习得研究，暨南大学硕士学位论文。
赵　果（2003）初级阶段美国留学生“吗”字是非问的习得，《世界汉语教学》第1期。
赵金铭（1996）对外汉语语法教学的三个阶段及其教学主旨，《世界汉语教学》第3期。
赵金铭（2002）外国人语法偏误句子的等级序列，《语言教学与研究》第2期。
赵立江（1997）留学生“了”的习得过程考察与分析，《语言教学与研究》第2期。
郑厚尧（1993）影响儿童理解选择问的若干因素，《语言研究》第1期。
钟梅芬（2010）泰国中学汉语教材疑问句系统考察及学生习得情况分析，暨南大学硕士学位论文。
周国光、王葆华（2001）《儿童句式发展研究和语言习得理论》，北京：北京语言文化大学出版社。
周丽华（2014）现代汉语特指问句及其对外汉语教学调查研究，广西师范大学硕士学位论文。
周文华（2009）基于语料库的外国学生兼语句习得研究，《语言教学与研究》第3期。
周文华、肖奚强（2006）外国学生“让”字句习得研究，《中国语言学志》（韩）第22辑。
周文华、肖奚强（2009）基于语料库的外国学生“被”字句习得研究，《暨南大学华文学院学报》第2期。
周文婷（2007）留学生对“什么”非疑问用法的习得研究，北京语言大学硕士学位论文。
周小兵（2004）学习难度的测定与考察，《世界汉语教学》第1期。
周小兵、邓小宁（2009）两种“得”字补语句的习得考察，《汉语学习》第2期。
朱　川（1997）《外国学生汉语语音学习对策》，北京：语文出版社。
朱德熙（1982）《语法讲义》，北京：商务印书馆。
朱德熙（1985）汉语方言里的两种反复问句，《中国语文》第1期。
朱德熙（1991）“V不VO”与“VO不V”两种反复问句在汉语方言里的分布，《中国语文》第5期。
朱华章（2002）Pienemann“可教性假设”与母语对第二语言习得影响研究，《贵州大学学报》第3期。
朱曼殊（1986）《儿童语言发展的研究》，上海：华东师范大学出版社。
朱曼殊、缪小春（1988）《心理语言学》，上海：华东师范大学出版社。
朱　蕊（2011）以英语为母语的留学生汉语正反问句使用偏误分析，华中师范大学硕士学位论文。
朱晓亚（2001）现代汉语问答系统研究，见《现代汉语句模研究》，北京：北京大学出版社。
祝逸灿（2016）对外汉语教学中疑问句习得的常见偏误及教学策略，苏州大学硕士学位论文。
［吉］ZHUMABEKOV CHYNGYZ（2015）吉尔吉斯留学生汉语疑问句习得研究，哈尔滨师范大学硕士学位论文。

Andersen, R. (1976) A functional acquisition hierarchy study in Puerto Rico. Paper presented at the 10th annual TESOL conference, New York.

Bailey, N., C. Madden & S. D. Krashen (1974) Is there a "natural sequence" in adult second language learning? *Language Learning*, 24, 2: 235 – 243.

Bardovi-Harlig, K. (1987) Markedness and salience in second language acquisition. *Language Learning*, 37: 385 – 407.

Bellugi, U. (1965) *The Development of Interrogative Structures in Children's Speech*. Ann Arbor, MI: University of Michigan Press.

Bloom, L. M., S. Merkin & J. Wotten (1982) Wh-questions: Linguistic factors that contribute to the sequence of acquisition. *Child Development*, 53: 1084 – 1092.

Boping Yuan (1997) Variability and systematicity in the performance of the four Chinese tones by English SLA learners of Chinese.《世界汉语教学》第 1 期。

Brown, R. (1968) The development of Wh-questions in child speech. *Journal of Verbal Learning and Verbal Behavior*, 7: 279 – 290.

Brown, R. (1973) *First Language: The Early Stage*. Cambridge, Mass: Harvard University Press.

Caroline. F. R., M. P. Julian, V. M. L. Elena & L. T. Anna (2003) *Determinants of Acquisition Order in Wh-questions: Re-evaluating the Role of Caregiver Speech*. Cambridge: Cambridge University Press.

Carr, T. & T. Curren (1994) Cognitive factors in learning about structured sequences: application to syntax. *Studies in Second Language Acquisition*, 16: 205 – 230.

Cazden, C. (1972). *Child language and education*. New York: Holt Rinehart & Winston.

Cheng, L. L. -S. & J. Rooryck (2000) Licensing wh-in-situ. *Syntax* (3): 1 – 19.

Cheung, S. -Y. A. (1992) The acquisition of interrogative by cantonese-speaking children. Paper presented at the 1992 Linguistic Society of Hong Kong Annual Research Forum.

Chomsky, N. (1965) *Aspects of the Theory of Syntax*. Cambridge: MIT Press.

Chomsky, N. (1980) *Rules and Representations*. Oxford: Blackwell.

Chomsky, N. (1981) *Lectures on Government and Binding*. Foris, Dordrecht.

Chomsky, N. (1982) *Some Concepts and Consequences of the Theory of Government and Binding*. Cambridge: MIT Press.

Chomsky, N. (1986) *Knowledge of Language: Its Nature, Origin, and Use*. New York: Praeger.

Chomsky, N. (1997) The language and mind: Current thought on ancient problem, Pesqiusa, Linguitica 3, 4. Paper presented at the Anniversary of Generativism on Internet.

Clancy, P. (1989) Form and function in the acquisition of Korean wh-questions. *Journal of Child Language*, 16: 323 – 347.

Comrie, B. (1989) 语言共性和语言类型(中译本). 北京:华夏出版社.

Comrie, B. & E. Keenan (1979) Noun phrase accessibility revisited. *Language*, 55 (3): 649 –664.

Cook, V. (1993) *Linguistics and Second Language Acquisition*. New York: St. Martin's

Press.

Croft, W. (1990) *Typology and Universals*. Cambridege: Cambridge University Press.

Crookes, G. (1989) Planning and interlanguage variation. *Studies in Second Language Acquisition*, 11: 367 – 383.

de Villiers, J. & P. de Villiers. (1973) A cross-sectional study of the Acquisition of grammatical morphemes in child speech. *Journal of Psycholinguistic Research*, 2.

Dabrowska, E. (2000) From formula to schema: The acquisition of English questions. *Cognitive Linguistics* 11: 83 – 102.

Dulay, H. C. & M. K. Burt (1973) Should we teach children syntax? *Language Learning*, 23 (2): 245 – 258.

Dulay, H. C. & M. K. Burt (1974) Natural sequences in child second language acquisition. *Language Learning*, 24 (1): 37 – 53.

Dulay, H. C. & M. K. Burt (1980) On acquisition orders. In S. Felix (ed.) *Second Language Development: Trends and Issues*. Tubingen: Gunter Narr, 265 – 328.

Eckman, F. (1977) Markedness and the contrastive analysis hypothesis. *Language Learning*, 27: 315 – 330.

Elllis, R. (1985) *Understanding Second Language Acquisition*. Oxford: Oxford University Press.

Ellis, R. (1987) Interlanguage variability in narrative discourse: Style shifting in the use of the past tense. *Studies in Second Language Acquisition*, 9: 12 – 20.

Elllis, R. (1994) *The Study of Second Language Acquisition*. Oxford: Oxford University Press.

Ervin-Tripp, S. (1970) Discourse agreement: How children answer questions. In J. R. Hayes (ed.), *Cognition and the Development of Language*. New York: Wiley.

Farrar, M. J. (1990) Discourse and the acquisition of grammatical morphemes. *Journal of Child Language*, 17: 607 – 624.

Farrar, M. J. (1992) Negative evidence and grammatical morpheme acquisition. *Developmental Psychology*, 28: 90 – 98.

Gass, S. (1979) Language transfer and universal grammatical relations. *Language Learning*, 29 (2): 327 – 344.

Gatbonton, E. (1978) Patterned phonetic variability in second language speech: A gradual diffusion model. *Canadian Modern Language Review*, 34: 335 – 347.

Gitsaki, C. (1998) Second language acquisition theories: Overview and evaluation. *Journal of Communication and International Studies*, 4 (2).

Goodluck, H. (2000) *Language Acquisition: A Linguistic Introduction*. Blackwell Publishers Ltd.

Hatch, E. (1978) *Second Language Acquisition: A Book of Readings*. Rowley, Mass: Newbury House Publishers.

Hatch, E. (1983a) *Psycholinguistics: A Second Language Perspective.* Rowley, Mass: Newbury House.

Hatch, E. (1983b) Simplified input and second language acquisition. In: Andersen (ed.), *Pidginization and Creolization as Language Acquisition.* Rowley, Mass: Newbury House Publishers.

Hawkins, J. (1999) Processing complexity and filler—gap dependencies across grammar. *Language*, 75: 244 – 285.

Hsiao, F. & E. Gibson (2003) Processing relative clauses in Chinese. *Cognition*, 90: 3 – 27.

Hyltenstam, K. (1982) Language, typology, language universals, markedness and second language acquisition. Paper presented at the second European-North American Workshop of Second Language Acquisition Rearch, Gohrde, Germany.

James, C. (1998) *Errors in Language Learning and Use: Exploring Error Analysis.* Addison Wesley Longman Limited.

Johnston, M. (1986) Second language acquisition research in the adult migrant education program. In Johnston, M. and M. Pienemann (eds.), *Second Language Acquisition: A Classroom Perspective.* New South Wales Migrant Education Service.

Keenan, E. & B. Comrie (1977) Noun phrase accessibility and universal grammar. *Linguistic Inquiry*, 24: 63 – 99.

Kellerman, E. (1979) Transfer and non-transfer: Where are we now? *Studies in Second Language Acquisition*, 2.

Klima, E. S. & U. Bellugi (1979) Syntactic regularities in the speech of children. In Lyons and Wales (eds.), *Psycholinguistic Papers.* Edinburgh: Edinburgh University Press.

Krashen, S., J. Butler, R. Birnbaum, & J. Robertson (1978) Two studies in language acquisition and language learning. *ITL: Review of Applied Linguistics* 39 – 40: 73 – 92.

Larsen-Freeman, D. (1991). Second language acquisition research: Staking out the territory. *TESOL Quarterly*, 25: 315 – 350.

Larsen-Freeman, D. E. & M. H. Long (1991) *An Introduction to Second Language Acquisition Research.* New York: Longman.

Lee, H.-T. T. (1989) Development of a Mandarin-speaking child's comprehension of wh-questions. *Cahiers de Linguistique Asie Orientale*, 18(1): 29 – 62.

Li, Charles N. & S. A. Thompson (1976) Subject and topic: A new typology of language. In Li, Charles N. (ed.), *Subject and Topic.* Austin: University of Texas Press, 457 – 461.

Logan, G. (1988) Towards an instance theory of automatisation. *Psychological Rewiew*, 95: 492 – 527.

Meisel, J. (1980) Linguistic simplification. In Felix, S. (ed.) *Second Language Development: Trends and Issues.* Tübingen: Gunter.

Meisel, J. M., H. Clahsen & M. Pienemann (1981). Determining developmental stages in natural second language acquisition. *Studies in Second Language Acquisition*,3:109 – 135.

Nelson,K. E. ,G. Carskaddon & J. D. Bonvillian(1973) Syntax acquisition:Impact of experimental variation in adult verbal interaction with the child. *Child Development*,44:497 – 504.

Peccei,J. S. (2000) *Child Language*(new edition). London:Routledge.

Pica,T. (2004) Second language acquisition research and applied linguistics. In E. Hinkel (ed.) *Hand-book on Second Language Learning and Teaching*,262 – 280.

Pienamann,M. (1984)Psychological constraints on the teachability of languages. *Studies in Second Language Acquisition*,6:186 – 214.

Pienemann M. (1987) Determining the influence of instruction on L2 speech processing. Unpublished Ms,University of Sydney.

Pienemann,M. (1989) Is language teachable? Psycholinguistic experiments and hypotheses. *Applied Linguistics*,10,52 – 79.

Pienemann,M. (1998). *Language Processing and Second Language Acquisition:Processability Theory*. Amsterdam:John Benjamins.

Pienemann,M. ,M. Johnston & G. Brindley(1988)Constructing an acquisition-based procedure for assessing second language acquisition. *Studies in Second Language Acquisition*,10.

Rizzi,L. (1990) *Relativized Minimality*. Cambridge:MIT Press.

Robinson & Ha(1993)Instance theory and second language rule learning under explicit condition. *Studies in Second Language Acquisition*,15:413 – 438.

Rutherford,W. (1982)Markedness in second language acquisition. *Language Learning*,32:85 – 107.

Schmidt,M. (1980)Coordinate structures and language universal in interlanguage. *Language Learning*,30.

Schumann,J. (1979)The acquisition of English negation by speakers of Spanish:A review of literature. In Andersen(ed.),*The Acquisition and Use of Spanish and English as First and Second Language*. Washington. D. C. :TESOL.

Seliger,H. W. & E. Shohamy(1989) *Second Language Research Methods*. Oxford:Oxford University Press.

Shou-hsin Teng(1999)The acquisition of "了 le" in 12 Chinese.《世界汉语教学》第2期.

Sinclair,A. & R. Van Gessel(1990) The form and function of questions in children's conversations, *Journal of Pragmatics* 14:923 – 944.

Skehan,P. (1998) *A Cognitive Approach to Language Learning*. Oxford:Oxford University Press.

Smith,M. (1933)The influence of age,sex and situation on the frequency,form and function of questions asked by preschool children. *Child Development*, 4:201 – 381.

Stephen, D. K. (1981) *Second Language Acquisition and Second Language Learning*. Oxford: Pergamon Press.

Stromwold, K. (1988) Linguistic representation of children's wh-questions. *Papers and Reports in Child Language Development*, 27: 107 – 114.

Taylor, B. (1975) Adult language learning strategies and their pedagogical implications. *TESOL Quarterly*, 9:391 – 399.

Tyack, D. & D. Ingram (1977) Children's production and comprehension of wh-questions. *Journal of Child Language*, 4:211 – 224.

Vaidyanathan, R. (1988) Development of forms and functions of interrogatives in children: A longitudinal study in Tamil. *Journal of Child Language*, 15:533 – 549.

Widdowson, H. (1975) The significance of simplification. *Studies in Second Language Acquisition*, 1/1.

Wode, H. (1984) Some theoretical implications of L2 acquisition research and grammar of interlanguage. In Davies and Criper (eds.), *Interlanguage: Proceedings of the seminar in Honour of Pit Corder*. Edinburgh University Press.

Yoshioka, K. & T. Doi (1988) Testing the Pienemann-Johnston model with Japanese: A speech-processing view of the acquisition of particles and word order, Paper presented at the 8th Second Language Research Forum. Hawaii, University of Hawaii.

Zobl, H. (1982) A direction for contrastive analysis: The comparative study of developmental sequences. *TESOL Quarterly*, 16:169 – 183.

附　表

附表 1　测试题分布

疑问句类型		肯定否定		句法位置								
		肯定	否定	主	宾	定	介宾	谓	补	状	句首	句中
是非问句类	T1	21	30									
	T2	53	80									
	T3	87	12									
	T4	76	62									
	T5	11	33									
	T6	35	24									
特指问句类	T7	25	29	(25)	39	2	45					
	T8	26	41	(26)	14	36	23					
	T9	3	34	(3)	28	81	7					
	T10	38	58	(38)	52	17	50					
	T11	16	42									
	T12	63	43									
	T13	47	60			(47)		32	4	68	83	
	T14	19	51									
	T15	5	54									
	T16	66	44									
	T17	48	46									
	T18	9	82									
选择问句类	T19	6	92									
	T20	49	64									
	T21	74	70									
	T22	61	20									
	T23	27	100									

（续表）

疑问句类型		肯定否定		句法位置								
		肯定	否定	主	宾	定	介宾	谓	补	状	句首	句中
正反问句类	T24	8	40									
	T25	67	73									
	T26	56	94									
	T27	10	57									
	T28	71	84								77	（71）
	T29	91	18									
	T30	98	59									
	T31	13	69									
	T32	93	88									
	T33	79	96									
“W 呢”省略问句	T34	15	86									
	T35	89	97									
	T36	65	78									
疑问代词引申用法	T37	95	99									
	T38	55	90									
	T39	85	75									

注：卷面共100题，其中干扰题5题（题号为1，22，31，37，72），正式测试题95题。

附表2　汉语疑问句系统语言测试题目分析数据一览表

题号	答对率	点双列相关系数	难易度1	难易度2	平均难易度	总点双列相关系数	方差	标准差	RPB显著性	偏态值	峰值	α系数	标准误
1	0.987 6	0.365 0	0.816 3	0.769 1	0.778 6	0.473 7	291.9	17.08	√	-1.663	3.166 2	0.959 4	3.44
2	0.917 9	0.414 4	0.816 3	0.769 1	0.778 6	0.473 7	291.9	17.08	√	-1.663	3.166 2	0.959 4	3.44
3	0.403 0	0.196 9	0.816 3	0.769 1	0.778 6	0.473 7	291.9	17.08	√	-1.663	3.166 2	0.959 4	3.44
4	0.557 2	0.443 6	0.816 3	0.769 1	0.778 6	0.473 7	291.9	17.08	√	-1.663	3.166 2	0.959 4	3.44
5	0.908 0	0.490 8	0.816 3	0.769 1	0.778 6	0.473 7	291.9	17.08	√	-1.663	3.166 2	0.959 4	3.44
6	0.952 7	0.326 9	0.816 3	0.769 1	0.778 6	0.473 7	291.9	17.08	√	-1.663	3.166 2	0.959 4	3.44
7	0.848 3	0.453 8	0.816 3	0.769 1	0.778 6	0.473 7	291.9	17.08	√	-1.663	3.166 2	0.959 4	3.44

（续表）

题号	答对率	点双列相关系数	难易度1	难易度2	平均难易度	总点双列相关系数	方差	标准差	RPB显著性	偏态值	峰值	α系数	标准误
8	0.942 8	0.253 1	0.816 3	0.769 1	0.778 6	0.473 7	291.9	17.08	√	-1.663	3.166 2	0.959 4	3.44
9	0.860 7	0.473 9	0.816 3	0.769 1	0.778 6	0.473 7	291.9	17.08	√	-1.663	3.166 2	0.959 4	3.44
10	0.903 0	0.458 6	0.816 3	0.769 1	0.778 6	0.473 7	291.9	17.08	√	-1.663	3.166 2	0.959 4	3.44
11	0.472 6	0.328 5	0.816 3	0.769 1	0.778 6	0.473 7	291.9	17.08	√	-1.663	3.166 2	0.959 4	3.44
12	0.962 7	0.355 5	0.816 3	0.769 1	0.778 6	0.473 7	291.9	17.08	√	-1.663	3.166 2	0.959 4	3.44
13	0.925 4	0.337 2	0.816 3	0.769 1	0.778 6	0.473 7	291.9	17.08	√	-1.663	3.166 2	0.959 4	3.44
14	0.975 1	0.408 3	0.816 3	0.769 1	0.778 6	0.473 7	291.9	17.08	√	-1.663	3.166 2	0.959 4	3.44
15	0.960 2	0.369 2	0.816 3	0.769 1	0.778 6	0.473 7	291.9	17.08	√	-1.663	3.166 2	0.959 4	3.44
16	0.813 4	0.519 3	0.816 3	0.769 1	0.778 6	0.473 7	291.9	17.08	√	-1.663	3.166 2	0.959 4	3.44
17	0.810 9	0.437 7	0.816 3	0.769 1	0.778 6	0.473 7	291.9	17.08	√	-1.663	3.166 2	0.959 4	3.44
18	0.721 4	0.373 1	0.816 3	0.769 1	0.778 6	0.473 7	291.9	17.08	√	-1.663	3.166 2	0.959 4	3.44
19	0.738 8	0.428 2	0.816 3	0.769 1	0.778 6	0.473 7	291.9	17.08	√	-1.663	3.166 2	0.959 4	3.44
20	0.664 2	0.274 2	0.816 3	0.769 1	0.778 6	0.473 7	291.9	17.08	√	-1.663	3.166 2	0.959 4	3.44
21	0.656 7	0.320 8	0.816 3	0.769 1	0.778 6	0.473 7	291.9	17.08	√	-1.663	3.166 2	0.959 4	3.44
22	0.890 5	0.566 1	0.816 3	0.769 1	0.778 6	0.473 7	291.9	17.08	√	-1.663	3.166 2	0.959 4	3.44
23	0.736 3	0.475 4	0.816 3	0.769 1	0.778 6	0.473 7	291.9	17.08	√	-1.663	3.166 2	0.959 4	3.44
24	0.853 2	0.355 3	0.816 3	0.769 1	0.778 6	0.473 7	291.9	17.08	√	-1.663	3.166 2	0.959 4	3.44
25	0.962 7	0.519 9	0.816 3	0.769 1	0.778 6	0.473 7	291.9	17.08	√	-1.663	3.166 2	0.959 4	3.44
26	0.818 4	0.482 5	0.816 3	0.769 1	0.778 6	0.473 7	291.9	17.08	√	-1.663	3.166 2	0.959 4	3.44
27	0.878 1	0.277 7	0.816 3	0.769 1	0.778 6	0.473 7	291.9	17.08	√	-1.663	3.166 2	0.959 4	3.44
28	0.962 7	0.453 1	0.816 3	0.769 1	0.778 6	0.473 7	291.9	17.08	√	-1.663	3.166 2	0.959 4	3.44
29	0.888 1	0.446 7	0.816 3	0.769 1	0.778 6	0.473 7	291.9	17.08	√	-1.663	3.166 2	0.959 4	3.44
30	0.920 4	0.379 4	0.816 3	0.769 1	0.778 6	0.473 7	291.9	17.08	√	-1.663	3.166 2	0.959 4	3.44
31	0.885 6	0.351 0	0.816 3	0.769 1	0.778 6	0.473 7	291.9	17.08	√	-1.663	3.166 2	0.959 4	3.44
32	0.935 3	0.373 2	0.816 3	0.769 1	0.778 6	0.473 7	291.9	17.08	√	-1.663	3.166 2	0.959 4	3.44
33	0.753 7	0.466 3	0.816 3	0.769 1	0.778 6	0.473 7	291.9	17.08	√	-1.663	3.166 2	0.959 4	3.44
34	0.890 5	0.462 1	0.816 3	0.769 1	0.778 6	0.473 7	291.9	17.08	√	-1.663	3.166 2	0.959 4	3.44

（续表）

题号	答对率	点双列相关系数	难易度1	难易度2	平均难易度	总点双列相关系数	方差	标准差	RPB显著性	偏态值	峰值	α系数	标准误
35	0.937 8	0.480 2	0.816 3	0.769 1	0.778 6	0.473 7	291.9	17.08	√	-1.663	3.166 2	0.959 4	3.44
36	0.957 7	0.465 0	0.816 3	0.769 1	0.7786	0.473 7	291.9	17.08	√	-1.663	3.166 2	0.959 4	3.44
37	0.942 8	0.380 9	0.816 3	0.7691	0.778 6	0.473 7	291.9	17.08	√	-1.663	3.166 2	0.959 4	3.44
38	0.937 8	0.483 2	0.816 3	0.7691	0.778 6	0.473 7	291.9	17.08	√	-1.663	3.166 2	0.959 4	3.44
39	0.935 3	0.566 8	0.816 3	0.7691	0.778 6	0.473 7	291.9	17.08	√	-1.663	3.166 2	0.959 4	3.44
40	0.621 9	0.436 0	0.816 3	0.7691	0.778 6	0.473 7	291.9	17.08	√	-1.663	3.166 2	0.959 4	3.44
41	0.803 5	0.434 1	0.816 3	0.7691	0.778 6	0.473 7	291.9	17.08	√	-1.663	3.166 2	0.959 4	3.44
42	0.825 9	0.585 1	0.816 3	0.7691	0.778 6	0.473 7	291.9	17.08	√	-1.663	3.166 2	0.959 4	3.44
43	0.378 1	0.259 1	0.816 3	0.7691	0.778 6	0.473 7	291.9	17.08	√	-1.663	3.166 2	0.959 4	3.44
44	0.838 3	0.601 0	0.816 3	0.7691	0.778 6	0.473 7	291.9	17.08	√	-1.663	3.166 2	0.959 4	3.44
45	0.863 2	0.638 9	0.816 3	0.7691	0.778 6	0.473 7	291.9	17.08	√	-1.663	3.166 2	0.959 4	3.44
46	0.850 7	0.514 2	0.816 3	0.7691	0.778 6	0.473 7	291.9	17.08	√	-1.663	3.166 2	0.959 4	3.44
47	0.631 8	0.441 3	0.816 3	0.7691	0.778 6	0.473 7	291.9	17.08	√	-1.663	3.166 2	0.959 4	3.44
48	0.935 3	0.499 9	0.816 3	0.7691	0.778 6	0.473 7	291.9	17.08	√	-1.663	3.166 2	0.959 4	3.44
49	0.878 1	0.427 7	0.816 3	0.7691	0.778 6	0.473 7	291.9	17.08	√	-1.663	3.166 2	0.959 4	3.44
50	0.865 7	0.628 1	0.816 3	0.7691	0.778 6	0.473 7	291.9	17.08	√	-1.663	3.166 2	0.959 4	3.44
51	0.917 9	0.630 8	0.816 3	0.7691	0.778 6	0.473 7	291.9	17.08	√	-1.663	3.166 2	0.959 4	3.44
52	0.878 1	0.561 7	0.816 3	0.7691	0.778 6	0.473 7	291.9	17.08	√	-1.663	3.166 2	0.959 4	3.44
53	0.945 3	0.514 5	0.816 3	0.7691	0.778 6	0.473 7	291.9	17.08	√	-1.663	3.166 2	0.959 4	3.44
54	0.858 2	0.534 6	0.816 3	0.7691	0.778 6	0.473 7	291.9	17.08	√	-1.663	3.166 2	0.959 4	3.44
55	0.709 0	0.461 3	0.816 3	0.7691	0.778 6	0.473 7	291.9	17.08	√	-1.663	3.166 2	0.959 4	3.44
56	0.803 5	0.663 8	0.816 3	0.7691	0.778 6	0.473 7	291.9	17.08	√	-1.663	3.166 2	0.959 4	3.44
57	0.808 5	0.564 2	0.816 3	0.7691	0.778 6	0.473 7	291.9	17.08	√	-1.663	3.166 2	0.959 4	3.44
58	0.917 9	0.560 3	0.816 3	0.7691	0.778 6	0.473 7	291.9	17.08	√	-1.663	3.166 2	0.959 4	3.44
59	0.818 4	0.567 9	0.816 3	0.7691	0.778 6	0.473 7	291.9	17.08	√	-1.663	3.166 2	0.959 4	3.44
60	0.659 2	0.484 2	0.816 3	0.7691	0.778 6	0.473 7	291.9	17.08	√	-1.663	3.166 2	0.959 4	3.44
61	0.616 9	0.397 7	0.816 3	0.7691	0.778 6	0.473 7	291.9	17.08	√	-1.663	3.166 2	0.959 4	3.44

（续表）

题号	答对率	点双列相关系数	难易度1	难易度2	平均难易度	总点双列相关系数	方差	标准差	RPB显著性	偏态值	峰值	α系数	标准误
62	0.549 8	0.276 5	0.816 3	0.769 1	0.778 6	0.473 7	291.9	17.08	√	-1.663	3.166 2	0.959 4	3.44
63	0.890 5	0.591 3	0.816 3	0.769 1	0.778 6	0.473 7	291.9	17.08	√	-1.663	3.166 2	0.959 4	3.44
64	0.741 3	0.428 9	0.816 3	0.769 1	0.778 6	0.473 7	291.9	17.08	√	-1.663	3.166 2	0.959 4	3.44
65	0.651 7	0.612 4	0.816 3	0.769 1	0.778 6	0.473 7	291.9	17.08	√	-1.663	3.166 2	0.959 4	3.44
66	0.594 5	0.475 5	0.816 3	0.769 1	0.778 6	0.473 7	291.9	17.08	√	-1.663	3.166 2	0.959 4	3.44
67	0.853 2	0.383 3	0.816 3	0.769 1	0.778 6	0.473 7	291.9	17.08	√	-1.663	3.166 2	0.959 4	3.44
68	0.564 7	0.505 0	0.816 3	0.769 1	0.778 6	0.473 7	291.9	17.08	√	-1.663	3.166 2	0.959 4	3.44
69	0.895 5	0.665 0	0.816 3	0.769 1	0.778 6	0.473 7	291.9	17.08	√	-1.663	3.166 2	0.959 4	3.44
70	0.895 5	0.592 7	0.816 3	0.769 1	0.778 6	0.473 7	291.9	17.08	√	-1.663	3.166 2	0.959 4	3.44
71	0.927 9	0.580 0	0.816 3	0.769 1	0.778 6	0.473 7	291.9	17.08	√	-1.663	3.166 2	0.959 4	3.44
72	0.893 0	0.599 7	0.816 3	0.769 1	0.778 6	0.473 7	291.9	17.08	√	-1.663	3.166 2	0.959 4	3.44
73	0.440 3	0.356 5	0.816 3	0.769 1	0.778 6	0.473 7	291.9	17.08	√	-1.663	3.166 2	0.959 4	3.44
74	0.320 9	0.155 5	0.816 3	0.769 1	0.778 6	0.473 7	291.9	17.08	√	-1.663	3.166 2	0.959 4	3.44
75	0.810 9	0.550 4	0.816 3	0.769 1	0.778 6	0.473 7	291.9	17.08	√	-1.663	3.166 2	0.959 4	3.44
76	0.542 3	0.371 9	0.816 3	0.769 1	0.778 6	0.473 7	291.9	17.08	√	-1.663	3.166 2	0.959 4	3.44
77	0.594 5	0.428 4	0.816 3	0.769 1	0.778 6	0.473 7	291.9	17.08	√	-1.663	3.166 2	0.959 4	3.44
78	0.681 6	0.551 5	0.816 3	0.769 1	0.778 6	0.473 7	291.9	17.08	√	-1.663	3.166 2	0.959 4	3.44
79	0.691 5	0.564 4	0.816 3	0.769 1	0.778 6	0.473 7	291.9	17.08	√	-1.663	3.166 2	0.959 4	3.44
80	0.893 0	0.562 0	0.816 3	0.769 1	0.778 6	0.473 7	291.9	17.08	√	-1.663	3.166 2	0.959 4	3.44
81	0.564 7	0.451 6	0.816 3	0.769 1	0.778 6	0.473 7	291.9	17.08	√	-1.663	3.166 2	0.959 4	3.44
82	0.828 4	0.559 5	0.816 3	0.769 1	0.778 6	0.473 7	291.9	17.08	√	-1.663	3.166 2	0.959 4	3.44
83	0.736 3	0.544 8	0.816 3	0.769 1	0.778 6	0.473 7	291.9	17.08	√	-1.663	3.166 2	0.959 4	3.44
84	0.733 8	0.507 9	0.816 3	0.769 1	0.778 6	0.473 7	291.9	17.08	√	-1.663	3.166 2	0.959 4	3.44
85	0.689 1	0.531 9	0.816 3	0.769 1	0.778 6	0.473 7	291.9	17.08	√	-1.663	3.166 2	0.959 4	3.44
86	0.848 3	0.612 0	0.816 3	0.769 1	0.778 6	0.473 7	291.9	17.08	√	-1.663	3.166 2	0.959 4	3.44
87	0.547 3	0.347 1	0.816 3	0.769 1	0.778 6	0.473 7	291.9	17.08	√	-1.663	3.166 2	0.959 4	3.44
88	0.383 1	0.405 6	0.816 3	0.769 1	0.778 6	0.473 7	291.9	17.08	√	-1.663	3.166 2	0.959 4	3.44

（续表）

题号	答对率	点双列相关系数	难易度1	难易度2	平均难易度	总点双列相关系数	方差	标准差	RPB显著性	偏态值	峰值	α系数	标准误
89	0. 910 4	0. 648 7	0. 816 3	0. 769 1	0. 778 6	0. 473 7	291. 9	17. 08	√	－1. 663	3. 166 2	0. 959 4	3. 44
90	0. 437 8	0. 363 5	0. 816 3	0. 769 1	0. 778 6	0. 473 7	291. 9	17. 08	√	－1. 663	3. 166 2	0. 959 4	3. 44
91	0. 820 9	0. 476 8	0. 816 3	0. 769 1	0. 778 6	0. 473 7	291. 9	17. 08	√	－1. 663	3. 166 2	0. 959 4	3. 44
92	0. 756 2	0. 471 7	0. 816 3	0. 769 1	0. 778 6	0. 473 7	291. 9	17. 08	√	－1. 663	3. 166 2	0. 959 4	3. 44
93	0. 562 2	0. 484 4	0. 816 3	0. 769 1	0. 778 6	0. 473 7	291. 9	17. 08	√	－1. 663	3. 166 2	0. 959 4	3. 44
94	0. 815 9	0. 628 7	0. 816 3	0. 769 1	0. 778 6	0. 473 7	291. 9	17. 08	√	－1. 663	3. 166 2	0. 959 4	3. 44
95	0. 763 7	0. 682 5	0. 816 3	0. 769 1	0. 778 6	0. 473 7	291. 9	17. 08	√	－1. 663	3. 166 2	0. 959 4	3. 44
96	0. 485 1	0. 419 3	0. 816 3	0. 769 1	0. 778 6	0. 473 7	291. 9	17. 08	√	－1. 663	3. 166 2	0. 959 4	3. 44
97	0. 908 0	0. 583 0	0. 816 3	0. 769 1	0. 778 6	0. 473 7	291. 9	17. 08	√	－1. 663	3. 166 2	0. 959 4	3. 44
98	0. 631 8	0. 367 6	0. 816 3	0. 769 1	0. 778 6	0. 473 7	291. 9	17. 08	√	－1. 663	3. 166 2	0. 959 4	3. 44
99	0. 778 6	0. 492 8	0. 816 3	0. 769 1	0. 778 6	0. 473 7	291. 9	17. 08	√	－1. 663	3. 166 2	0. 959 4	3. 44
100	0. 726 4	0. 413 5	0. 816 3	0. 769 1	0. 778 6	0. 473 7	291. 9	17. 08	√	－1. 663	3. 166 2	0. 959 4	3. 44

附表3　个案研究被试A 18次跟踪录音的汉语疑问句使用频次表

类型	P1	P2	P3	P4	P5	P6	P7	P8	P9	P10	P11	P12	P13	P14	P15	P16	P17	P18	合计
T1	70	32	27	57	33	41	15	16	28	14	13	5	9	26	15	8	10	20	439
T2	2	1	6	1	6	5	3	2	6	2		1	7	3	3	7	2	4	61
T3										1			1						2
T4																			0
T5						1		1			1		1					1	5
T6	5	3	2		1	2									1			1	15
T7					1			1		2	1		2	1		1			9
T8	7	9	6	10	10	4	8	9	20	9	5	14	12	11	12	13	10	15	184
T9		1		2	2	1	3	1				1			2		1		14
T10								4	4		1		2		1		1	1	14
T11									1					1	1			2	5
T12	5	4	8	9	10	15	2	32	15	4	2	10	13	2	5	1	1	8	146

（续表）

类型	P1	P2	P3	P4	P5	P6	P7	P8	P9	P10	P11	P12	P13	P14	P15	P16	P17	P18	合计
T13					1			2		1	1	3	3	1	1	1	1	3	18
T14	4	1	1	5	1	2	2	4	3	2	6	2	3	4	5	3	1	3	52
T15	1	8	1	3	1	5	1	5	1				1			1	3		31
T16	1	1								1									3
T17														1					1
T18																			0
T19	1			1			1	1	1		1	1							7
T20					1								2	1	2	1		1	8
T21						1													1
T22																			0
T23																			0
T24		3	1	1		2	2	9		1	2	2		1	4	1	2	1	32
T25			1		1			3				1		1	2		2		11
T26										1									1
T27				4	2	1		7	5		1	1	1					1	23
T28													1						1
T29																			0
T30					1			1	1	1	1	2	2			1			10
T31		1	1		1	1									1				5
T32																			0
T33																			0
T34									1								1		2
T35									1			1							2
T36																			0
T37									1		3	1	5	1		2	5	1	19
T38					2					1			1	2	2	5	2	1	16
T39																			0
合计	96	64	54	93	74	81	37	98	88	40	38	45	66	56	57	45	42	63	1137

附表 4　个案研究被试 A 跟踪录音的汉语疑问句偏误频次与正确率表①

类型	P1	P2	P3	P4	P5	P6	P7	P8	P9	P10	P11	P12	P13	P14	P15	P16	P17	P18	偏误合计	出现频次	正确率（%）
T1	2	3	2	2	6	7	3	2	2	3	1	0	0	3	1	1	0	0	38	439	91.34
T2	1	1	5	0	1	1	1	0	0	1		1	1	2	0	0	0	0	15	61	75.41
T3										0			0						0	2	100.00
T4																			0	0	—
T5						0		1			0		0					0	1	5	80.00
T6	5	3	2		1	1									1			0	13	15	13.33
T7					0			0		0	0		0	1		0			1	9	88.89
T8	1	0	1	1	0	0	0	0	1	0	0	2	0	1	1	0	0	0	8	184	95.65
T9		0		0	0	0	0	0				1			0		0		1	14	92.86
T10								1	2		0		1		0		0	0	4	14	71.43
T11									1					0	1			0	2	5	60.00
T12	5	3	0	2	3	3	0	2	1	0	1	0	2	1	0	0	0	0	23	146	84.25
T13					0			0		0	1	1	1	0	0	0	0	0	3	18	83.33
T14	1	0	0	1	0	0	0	3	0	1	0	0	1	1	0	0	0	0	8	52	84.62
T15	0	4	0	0	0	2	0	0	0				1			0	0		7	31	77.42
T16	0	1								1									2	3	33.33
T17														0					0	1	100.00
T18																			0	0	—
T19	1			1			1	1	1		1	1							7	7	0.00
T20					1								1	0	2	1		0	5	8	37.50
T21						1													1	1	0.00
T22																			0	0	—
T23																			0	0	—
T24		0	0	0		0	1	1		0	0	1		1	0	0	1	0	5	32	84.38
T25			0		0			2				0		1	1		0		4	11	63.64

① T 为疑问句的类型，P 为个案跟踪录音的时段，表格中各跟踪阶段的偏误频次标注为 0 的，表明被试在该阶段使用了该句式但无偏误现象，而未进行标注显示为空格的，则表明被试在该阶段未使用该句式。下同。

（续表）

类型	P1	P2	P3	P4	P5	P6	P7	P8	P9	P10	P11	P12	P13	P14	P15	P16	P17	P18	偏误合计	出现频次	正确率（%）
T26										0									0	1	100.00
T27				1	1	0		4	2		1	0	0					0	9	23	60.87
T28													0						0	1	100.00
T29																			0	0	—
T30					0			0	0	0	0	1	0			0			1	10	90.00
T31		1	0		1	1									1				4	5	20.00
T32																			0	0	—
T33																			0	0	—
T34									0								0		0	2	100.00
T35									0			0							0	2	100.00
T36																			0	0	—
T37									0		0	0	0	0		0	0	0	0	19	100.00
T38					0					1			0	0	0	0	0	0	1	16	93.75
T39																			0	0	—
合计	16	16	10	8	14	16	6	17	10	7	5	8	8	11	8	2	1	0	163	1137	85.66

附表5　个案研究被试L 15次跟踪录音的汉语疑问句使用频次表

类型	P1	P2	P3	P4	P5	P6	P7	P8	P9	P10	P11	P12	P13	P14	P15	合计
T1	72	98	77	53	63	82	33	56	79	57	36	52	29	21	19	827
T2	14	3	4	2	1	5	1	1	9	8	14	17		1	4	84
T3							1									1
T4																0
T5			1							2	1				1	5
T6																0
T7				1						1	2				1	5
T8	4	2	8	3	2	6		4	18	15	13	15	9	15	13	127
T9	1	1						1			2					5
T10	1														1	2

（续表）

类型	P1	P2	P3	P4	P5	P6	P7	P8	P9	P10	P11	P12	P13	P14	P15	合计
T11																0
T12		2	2	2				1	2	1	2	1	14	3	5	35
T13									3	4	2	2	1	8	6	26
T14				1			1	1	1	6		2		2	1	15
T15	1			5	1		1	1	2	1	1	3	1		1	18
T16	2		3						6	2	2	1	2		1	19
T17										1						1
T18																0
T19													2		2	4
T20			1						1							2
T21													2			2
T22																0
T23																0
T24			1			3					3			1		8
T25			1			1		1		1					1	5
T26													1			1
T27						1						1				2
T28																0
T29																0
T30																0
T31										2						2
T32																0
T33																0
T34																0
T35	1		1	1	1	1		2		1			1			9
T36																0
T37																0
T38									2			1			2	5
T39																0
合计	96	106	99	68	68	99	37	68	123	102	78	95	62	51	58	1210

附表 6　个案研究被试 L 跟踪录音的汉语疑问句偏误频次与正确率表

类型	P1	P2	P3	P4	P5	P6	P7	P8	P9	P10	P11	P12	P13	P14	P15	偏误合计	使用频次	正确率（%）
T1	10	8	10	5	2	5	6	1	4	1	2	1	3	1	1	60	827	92. 74
T2	5	1	2	0	1	2	0	1	4	0	2	3		0	1	22	84	73. 81
T3							1									1	1	0. 00
T4																0	0	—
T5			1							0	0				0	1	5	80. 00
T6																0	0	—
T7				0						0	0				0	0	5	100. 00
T8	3	0	3	1	0	1		0	1	2	0	1	0	0	1	13	127	89. 76
T9	0	0						0			0					0	5	100. 00
T10	0														0	0	2	100. 00
T11																0	0	—
T12		1	2	2				1	0	0	0	0	0	0	0	6	35	82. 86
T13									0	3	0	0	0	0	0	3	26	88. 46
T14				0			1	0	0	0		0		0	0	1	15	93. 33
T15	1			4	0		0	0	0	0	0	2	0		0	7	18	61. 11
T16	2		3						1	0	2	0	0		1	9	19	52. 63
T17										1						1	1	0. 00
T18																0	0	—
T19													2		2	4	4	0. 00
T20			1						0							1	2	50. 00
T21													0			0	2	100. 00
T22																0	0	—
T23																0	0	—
T24			0			0					1			0		1	8	87. 50
T25			0			1		0		1					0	2	5	60. 00
T26													0			0	1	100. 00
T27						0						1				1	2	50. 00
T28																0	0	—

（续表）

类型	P1	P2	P3	P4	P5	P6	P7	P8	P9	P10	P11	P12	P13	P14	P15	偏误合计	使用频次	正确率（%）
T29																0	0	—
T30																0	0	—
T31										0						0	2	100.00
T32																0	0	—
T33																0	0	—
T34																0	0	—
T35	0		1	0	0	0		0		0			0			1	9	88.89
T36																0	0	—
T37																0	0	—
T38									0			0			0	0	5	100.00
T39																0	0	—
合计	21	10	23	12	3	9	8	3	10	8	7	8	5	1	6	134	1210	88.93

附表7　个案研究被试J 15次跟踪录音的汉语疑问句使用频次表

类型	P1	P2	P3	P4	P5	P6	P7	P8	P9	P10	P11	P12	P13	P14	P15	合计
T1	10	6	3	15	4	9	6	7	7	3	10	6	2	11	10	109
T2	6	10	3	7	9	3	8	6	9	10	7	2	4	5	5	94
T3	1			1	2	2	5	2	6	2	8	10		4	7	50
T4	1	3	1	3		1	2	3		1	1			1		17
T5										1		3				4
T6	1					1	1			2			1	6	2	14
T7	4							2	2	1	1	3	1	1	3	18
T8	7	5	9	8	6	12	7	15	22	8	8	6	13	12	1	139
T9	1	1		1	3	4	2	3	4	1	1	3		2	9	35
T10	1	1	1			1		1	3			1		2	2	13
T11					1		1					1				3
T12		1		6		2	8	2	4	1		1	1	1	4	31
T13									2			1				3

（续表）

类型	P1	P2	P3	P4	P5	P6	P7	P8	P9	P10	P11	P12	P13	P14	P15	合计
T14	3	4	4	5	4	3	2	9	15	10	6	11	1	9	6	92
T15	2			1	1	4	1	1		2	1	2				15
T16							1		1		1					3
T17		2		1				2		2			3	2		12
T18	21	51	7	43	4	12	12	16	21	23	27	30	13	21	12	313
T19												1			2	3
T20					1											1
T21																0
T22																0
T23																0
T24									3		1	1				5
T25											1					1
T26				1					1		1					3
T27									2							2
T28							1									1
T29																0
T30																0
T31																0
T32																0
T33												1				1
T34	2	3	4	1		1							2			13
T35		1			1											2
T36																0
T37	2					1			3	1	2	1			1	11
T38			1	4	2	1	2					1				11
T39			1													1
合计	62	88	34	97	38	57	59	69	105	68	76	85	41	77	64	1020

附表 8　个案研究被试 J 跟踪录音的汉语疑问句偏误频次与正确率表

类型	P1	P2	P3	P4	P5	P6	P7	P8	P9	P10	P11	P12	P13	P14	P15	偏误合计	使用频次	正确率（%）
T1	2	0	0	0	0	1	0	0	0	0	1	0	0	0	0	4	109	96.33
T2	0	5	0	0	1	0	0	1	0	0	0	0	1	0	0	8	94	91.49
T3	0			0	0	0	2	1	1	0	1	0		0	1	6	50	88.00
T4	0	0	0	0		0	0	1		0	0			1		2	17	88.24
T5										0		0				0	4	100.00
T6	0					0	0			0			0	0	0	0	14	100.00
T7	3							1	2	0	0	0	0	0	0	6	18	66.67
T8	4	1	0	3	1	1	0	1	3	1	1	0	0	0	0	16	139	88.49
T9	0	0		0	0	2	0	0	0	0	0	2		0	0	4	35	88.57
T10	0	1	1			0		0	1			0		0	0	3	13	76.92
T11					1		1					0				2	3	33.33
T12		0		1		1	4	0	0	1		0	0	0	0	7	31	77.42
T13									0			0				0	3	100.00
T14	2	0	1	3	0	0	0	1	1	0	1	1	0	1	0	11	92	88.04
T15	1			0	1	0	0	1		0	1	1				5	15	66.67
T16							1		1		1					3	3	0.00
T17		1		0				0		2			1	0		4	12	66.67
T18	2	3	1	3	0	0	1	5	3	7	2	2	2	5	3	39	313	87.54
T19												1			1	2	3	33.33
T20					1											1	1	0.00
T21																0	0	—
T22																0	0	—
T23																0	0	—
T24									0		0	0				0	5	100.00
T25											0					0	1	100.00
T26				0					0		1					1	3	66.67
T27									1							1	2	50.00
T28							0									0	1	100.00

（续表）

类型	P1	P2	P3	P4	P5	P6	P7	P8	P9	P10	P11	P12	P13	P14	P15	偏误合计	使用频次	正确率（%）
T29																0	0	—
T30																0	0	—
T31																0	0	—
T32																0	0	—
T33												1				1	1	0.00
T34	0	0	0	0		1							0			1	13	92.31
T35		1			0											1	2	50.00
T36																0	0	—
T37	1					0			0	0	0	0			0	1	11	90.91
T38			1	0	0	0	1					1				3	11	72.73
T39			1													1	1	0.00
合计	15	12	5	10	5	6	10	12	13	11	9	9	4	7	5	133	1020	86.96

附表 9　个案研究被试 C 16 次跟踪录音的汉语疑问句使用频次表

类型	P1	P2	P3	P4	P5	P6	P7	P8	P9	P10	P11	P12	P13	P14	P15	P16	合计
T1	7	14	4	5	2	5	11	9	15	7	19	16	18	7	12		151
T2	3	1	3	7	5	8	6	14	24	4	4	9	7	3	9	7	114
T3	2	1	3	4	5	10	7	36	12	7	4	16	7	3	1	3	121
T4						2	1			1		1	2	1		1	9
T5				1				1									2
T6			2					2		1				1			6
T7		2	1	1	1	3	1	12	2	4	2	4	1	3	1	3	41
T8	4	10	7	4	10	17	4	12	11	16	12	13	11	8	9	1	149
T9	2		1	4	2	6		4	11	4	6	3	3	4	3	2	55
T10		1	6	3	2		1		3	3		4	3	2	1	1	30
T11				2	2		1					3		1			9
T12			3	3	1	9		4	6	5				7	1		39
T13		1		1							2	1	1	1			7

（续表）

类型	P1	P2	P3	P4	P5	P6	P7	P8	P9	P10	P11	P12	P13	P14	P15	P16	合计
T14	7	3	6	4	6	9	20	31	11	14	26	14	19	12	13	2	197
T15					1	6	1	1	3		1	2				2	17
T16					1								2				3
T17	2		1		3	1	1	1			1						10
T18	4	6	2	1	4	21	4	4	2	3	3	4	6	11	12	5	92
T19												3					3
T20						1	1										2
T21										1							1
T22																	0
T23																	0
T24				1										2			3
T25							1	1									2
T26																	0
T27																	0
T28																	0
T29																	0
T30																	0
T31	1																1
T32																	0
T33																	0
T34		1		2		2	1					1				2	9
T35									1	1		1	1				4
T36																	0
T37	1					3			2			1		4			11
T38	1				1			1	1			2		1			7
T39																	0
合计	34	40	39	43	46	103	61	133	104	71	80	98	81	71	62	29	1095

附表10　个案研究被试C跟踪录音的汉语疑问句偏误频次与正确率表

类型	P1	P2	P3	P4	P5	P6	P7	P8	P9	P10	P11	P12	P13	P14	P15	P16	偏误合计	使用频次	正确率（%）
T1	0	2	0	0	0	0	0	0	0	0	2	0	0	0	0		4	151	97.35
T2	0	0	0	0	0	3	6	1	6	0	1	1	1	0	3	2	24	114	78.95
T3	0	0	0	0	0	1	2	5	0	0	0	1	0	0	0	0	9	121	92.56
T4						0	0			0		0	0	0		0	0	9	100.00
T5				0				0									0	2	100.00
T6			0					0		0				0			0	6	100.00
T7		0	0	0	0	0	0	1	0	0	0	0	0	0	0	0	1	41	97.56
T8	0	2	2	0	0	0	0	2	1	0	0	0	0	0	0	0	7	149	95.30
T9	0		0	0	0	0		0	0	0	0	0	0	0	0	0	0	55	100.00
T10		0	0	0	0		0		0	0		0	0	0	0	0	0	30	100.00
T11				2	0		0					0		0			2	9	77.78
T12			0	1	0	1		0	0	0				0	0		2	39	94.87
T13		0		0							0	0	0	0			0	7	100.00
T14	0	0	0	1	0	0	1	0	1	2	0	0	1	0	0	0	6	197	96.95
T15					0	0	1	0	0		0	0				0	1	17	94.12
T16					1								2				3	3	0.00
T17	2		1		2	0	0	0			0						5	10	50.00
T18	1	0	1	0	1	3	0	1	0	0	0	0	1	1	0	0	9	92	90.22
T19												1					1	3	66.67
T20						1	1										2	2	0.00
T21										1							1	1	0.00
T22																	0	0	—
T23																	0	0	—
T24				0										0			0	3	100.00
T25							1	0									1	2	50.00
T26																	0	0	—
T27																	0	0	—
T28																	0	0	—

（续表）

类型	P1	P2	P3	P4	P5	P6	P7	P8	P9	P10	P11	P12	P13	P14	P15	P16	偏误合计	使用频次	正确率（%）
T29																	0	0	—
T30																	0	0	—
T31	0																0	1	100.00
T32																	0	0	—
T33																	0	0	—
T34		0		0		1	0					0				0	1	9	88.89
T35									0	0		1	0				1	4	75.00
T36																	0	0	—
T37	0					0			0			0		0			0	11	100.00
T38	0				0			0	0			0		0			0	7	100.00
T39																	0	0	—
合计	3	4	4	4	4	10	12	10	8	3	3	4	5	1	3	2	80	1095	92.69

附表11　个案研究被试Y 14次跟踪录音的汉语疑问句使用频次表

类型	P1	P2	P3	P4	P5	P6	P7	P8	P9	P10	P11	P12	P13	P14	合计
T1	32	24	111	45	100	89	50	56	90	74	66	118	32	104	991
T2	3	14	42	21	27	23	15	60	62	34	77	61	35	96	570
T3			1	2	6	16	8	14	11	7	13	19	5	43	145
T4	1			6		7	1	13	1	2		1	1	11	44
T5		2		3				1	6	2	2	4	2	2	24
T6	4	5	9	5	5	2	2	2	5	5	8	11	1	4	68
T7						1	1	2	2		4	1	1	7	19
T8	3	4	12	6	20	9	5	16	24	18	16	23	15	52	223
T9			2	1	2	4	3	2		2	1			4	21
T10	2	2							1	1	1				7
T11					1	1		1	2	1	3	3	1	3	16
T12	1	1	2	1			2	4	4	4	3	6	3	11	42
T13			4	2	2			1	3	3	10	2	6	5	38

（续表）

类型	P1	P2	P3	P4	P5	P6	P7	P8	P9	P10	P11	P12	P13	P14	合计
T14			1	6	2	6		3	4	6	8	3	2	6	47
T15			7	2	2			4	2	1	8	10	1	8	45
T16				1		1		1			1			1	5
T17	1	2	6	5	4	11	3	1	12	8	26	42	14	40	175
T18	1		3	8	2	18	2	11	10	8	7	19	20	33	142
T19									2	2	1				5
T20								2	1		1		2		6
T21															0
T22															0
T23			1												1
T24			1		3	1		3		8	1	2	3	3	25
T25			5		2						3	1	1	1	13
T26						1		1			1				3
T27								1	2	1	1				5
T28								1		1					2
T29															0
T30												2		3	5
T31								2			3	7	6	5	23
T32															0
T33				2							1	2	4	6	15
T34	1			2		2		1	2		3	2		4	17
T35					2							4		2	8
T36			1												1
T37									4		1	2	1	3	11
T38					2		3		4	2	2	3	4	5	25
T39															0
合计	49	54	208	118	182	192	95	203	254	190	272	348	160	462	2787

附表 12　个案研究被试 Y 跟踪录音的汉语疑问句偏误频次与正确率表

类型	P1	P2	P3	P4	P5	P6	P7	P8	P9	P10	P11	P12	P13	P14	偏误合计	使用频次	正确率（%）
T1	1	0	0	0	1	0	0	0	0	0	0	0	0	1	3	991	99.70
T2	0	0	2	0	2	2	0	0	1	1	1	0	1	0	10	570	98.25
T3			0	0	1	1	0	0	0	0	0	0	0	0	2	145	98.62
T4	0			0		0	0	0	0	0		0	0	0	0	44	100.00
T5		0		0				0	0	0	0	0	0	0	0	24	100.00
T6	0	0	0	1	0	0	0	0	0	0	0	1	0	0	2	68	97.06
T7						0	0	0	0		0	0	0	0	0	19	100.00
T8	0	0	0	0	0	0	0	0	0	0	0	1	0	0	1	223	99.55
T9			0	0	0	0	0	0		0	0			0	0	21	100.00
T10	2	2							0	0	0				4	7	42.86
T11					0	0		0	0	0	1	0	0	0	1	16	93.75
T12	0	1	1	0			0	0	0	0	0	1	0	1	4	42	90.48
T13			0	1	0			0	0	0	1	0	0	0	2	38	94.74
T14			0	0	0	0		0	0	0	0	0	0	0	0	47	100.00
T15			2	1	2			0	0	1	1	0	0	0	7	45	84.44
T16				0		0		0			0			0	0	5	100.00
T17	0	0	0	0	0	3	0	0	0	0	0	1	0	2	6	175	96.57
T18	0		0	2	0	0	0	0	1	0	0	1	0	1	5	142	96.48
T19									0	0	0				0	5	100.00
T20								1	0		0		0		1	6	83.33
T21															0	0	—
T22															0	0	—
T23			0												0	1	100.00
T24			0		0	1		1		0	0	2	0	0	4	25	84.00
T25			0		0						0	0	0	0	0	13	100.00
T26						0		0			0				0	3	100.00
T27								0	0	0	0				0	5	100.00
T28								0		0					0	2	100.00

（续表）

类型	P1	P2	P3	P4	P5	P6	P7	P8	P9	P10	P11	P12	P13	P14	偏误合计	使用频次	正确率（%）
T29															0	0	—
T30												0		0	0	5	100.00
T31								0			0	0	0	0	0	23	100.00
T32															0	0	—
T33				0							0	1	0	0	1	15	93.33
T34	0			0		0		0	0		0	0		0	0	17	100.00
T35					1							0		0	1	8	87.50
T36			0												0	1	100.00
T37									0		0	0	0	0	0	11	100.00
T38					0		0		0	0	0	0	0	0	0	25	100.00
T39															0	0	—
合计	3	3	5	5	7	7	0	2	2	2	4	8	1	5	54	2787	98.06

附表 13　6 类汉语疑问句难易度的差异显著性检验结果表

中国学生

单因素方差分析（Oneway）

Descriptives

难易中生

	N	Mean	Std. Deviation	Std. Error	95% Confidence Interval for Mean		Minimum	Maximum
					Lower Bound	Upper Bound		
1	6	1.945 0	0.411 47	0.167 98	1.513 2	2.376 8	1.29	2.44
2	12	2.238 3	0.465 97	0.134 51	1.942 3	2.534 4	1.58	3.09
3	5	2.368 0	0.266 96	0.119 39	2.036 5	2.699 5	2.13	2.78
4	10	2.719 0	0.231 59	0.073 23	2.553 3	2.884 7	2.42	3.05
5	3	2.630 0	0.996 54	0.575 35	0.154 4	5.105 6	2.02	3.78
6	3	3.460 0	0.465 08	0.268 51	2.304 7	4.615 3	3.00	3.93
Total	39	2.4572	0.57129	0.09148	2.272 0	2.642 4	1.29	3.93

Test of Homogeneity of Variances

难易中生

Levene Statistic	df1	df2	Sig.
3.367	5	33	0.014

ANOVA

难易中生

	Sum of Squares	df	Mean Square	F	Sig.
Between Groups	5. 981	5	1. 196	6. 147	0. 000
Within Groups	6. 421	33	0. 195		
Total	12. 402	38			

事后检验（Post Hoc Tests）

Multiple Comparisons

Dependent Variable：难易中生

Games-Howell

(I) 类型	(J) 类型	Mean Difference (I - J)	Std. Error	Sig.	95% Confidence Interval	
					Lower Bound	Upper Bound
1	2	-0. 293 3	0. 215 20	0. 747	-1. 023 2	0. 436 5
	3	-0. 423 0	0. 206 09	0. 388	-1. 163 0	0. 317 0
	4	-0. 774 0*	0. 183 25	0. 030	-1. 470 1	-0. 077 9
	5	-0. 685 0	0. 599 38	0. 838	-4. 876 0	3. 506 0
	6	-1. 515 0	0. 316 73	0. 057	-3. 096 8	0. 066 8
2	1	0. 293 3	0. 215 20	0. 747	-0. 436 5	1. 023 2
	3	-0. 129 7	0. 179 85	0. 976	-0. 726 2	0. 466 8
	4	-0. 480 7	0. 153 16	0. 057	-0. 971 6	0. 010 3
	5	-0. 391 7	0. 590 87	0. 972	-4. 756 2	3. 972 9
	6	-1. 221 7	0. 300 32	0. 114	-2. 890 7	0. 447 3
3	1	0. 423 0	0. 206 09	0. 388	-0. 317 0	1. 163 0
	2	0. 129 7	0. 179 85	0. 976	-0. 466 8	0. 726 2
	4	-0. 351 0	0. 140 06	0. 238	-0. 879 0	0. 177 0
	5	-0. 262 0	0. 587 61	0. 995	-4. 705 9	4. 181 9
	6	-1. 092 0	0. 293 86	0. 157	-2. 845 6	0. 661 6
4	1	0. 774 0*	0. 183 25	0. 030	0. 077 9	1. 470 1
	2	0. 480 7	0. 153 16	0. 057	-0. 010 3	0. 971 6
	3	0. 351 0	0. 140 06	0. 238	-0. 177 0	0. 879 0
	5	0. 089 0	0. 580 00	1. 000	-4. 549 9	4. 727 9
	6	-0. 741 0	0. 278 32	0. 343	-2. 722 6	1. 240 6
5	1	0. 685 0	0. 599 38	0. 838	-3. 506 0	4. 876 0
	2	0. 391 7	0. 590 87	0. 972	-3. 972 9	4. 756 2
	3	0. 262 0	0. 587 61	0. 995	-4. 181 9	4. 705 9
	4	-0. 089 0	0. 580 00	1. 000	-4. 727 9	4. 549 9
	6	-0. 830 0	0. 634 93	0. 773	-4. 600 1	2. 940 1

（续表）

(I) 类型	(J) 类型	Mean Difference (I-J)	Std. Error	Sig.	95% Confidence Interval	
					Lower	Upper Bound
6	1	1. 515 0	0. 316 73	0. 057	-0. 066 8	3. 096 8
	2	1. 221 7	0. 300 32	0. 114	-0. 447 3	2. 890 7
	3	1. 092 0	0. 293 86	0. 157	-0. 661 6	2. 845 6
	4	0. 741 0	0. 278 32	0. 343	-1. 240 6	2. 722 6
	5	0. 830 0	0. 634 93	0. 773	-2. 940 1	4. 600 1

*. The mean difference is significant at the . 05 level.

中国教师

单因素方差分析（Oneway）

Descriptives

	N	Mean	Std. Deviation	Std. Error	95% Confidence Interval for Mean		Minimum	Maximum
					Lower Bound	Upper Bound		
1	6	2. 211 7	0. 736 05	0. 300 49	1. 439 2	2. 984 1	1. 13	3. 33
2	12	2. 240 8	0. 611 61	0. 176 56	1. 852 2	2. 629 4	1. 52	3. 67
3	5	2. 638 0	0. 438 94	0. 196 30	2. 093 0	3. 183 0	2. 13	3. 17
4	10	2. 551 0	0. 333 51	0. 105 47	2. 312 4	2. 789 6	2. 09	3. 02
5	3	2. 633 3	1. 256 44	0. 725 40	-0. 487 8	5. 754 5	1. 74	4. 07
6	3	3. 643 3	0. 490 03	0. 282 92	2. 426 0	4. 860 6	3. 15	4. 13
Total	39	2. 504 9	0. 681 19	0. 109 08	2. 284 1	2. 725 7	1. 13	4. 13

Test of Homogeneity of Variances

难易中师

Levene Statistic	df1	df2	Sig.
2. 278	5	33	0. 069

ANOVA

难易中师

	Sum of Squares	df	Mean Square	F	Sig.
Between Groups	5. 400	5	1. 080	2. 914	0. 028
Within Groups	12. 233	33	0. 371		
Total	17. 633	38			

事后检验（Post Hoc Tests）

Multiple Comparisons

Dependent Variable：难易中师

	(I) 类型	(J) 类型	Mean Difference (I－J)	Std. Error	Sig.	95% Confidence Interval	
						Lower Bound	Upper Bound
Tukey HSD	1	2	－0.029 2	0.304 42	1.000	－0.949 6	0.891 3
		3	－0.426 3	0.368 67	0.854	－1.541 0	0.688 4
		4	－0.339 3	0.314 41	0.886	－1.290 0	0.611 3
		5	－0.421 7	0.430 52	0.921	－1.723 4	0.880 0
		6	－1.431 7*	0.430 52	0.024	－2.733 4	－0.130 0
	2	1	0.029 2	0.304 42	1.000	－0.891 3	0.949 6
		3	－0.397 2	0.324 08	0.821	－1.377 0	0.582 7
		4	－0.310 2	0.260 69	0.839	－1.098 4	0.478 0
		5	－0.392 5	0.393 01	0.915	－1.580 8	0.795 8
		6	－1.402 5*	0.393 01	0.013	－2.590 8	－0.214 2
	3	1	0.426 3	0.368 67	0.854	－0.688 4	1.541 0
		2	0.397 2	0.324 08	0.821	－0.582 7	1.377 0
		4	0.087 0	0.333 48	1.000	－0.921 3	1.095 3
		5	0.004 7	0.444 64	1.000	－1.339 7	1.349 0
		6	－1.005 3	0.444 64	0.239	－2.349 7	0.339 0
	4	1	0.339 3	0.314 41	0.886	－0.611 3	1.290 0
		2	0.310 2	0.260 69	0.839	－0.478 0	1.098 4
		3	－0.087 0	0.333 48	1.000	－1.095 3	0.921 3
		5	－0.082 3	0.400 79	1.000	－1.294 1	1.129 5
		6	1.092 3	0.400 79	0.097	－2.304 1	0.119 5
	5	1	0.421 7	0.430 52	0.921	－0.880 0	1.723 4
		2	0.392 5	0.393 01	0.915	－0.795 8	1.580 8
		3	－0.004 7	0.444 64	1.000	－1.349 0	1.339 7
		4	0.082 3	0.400 79	1.000	－1.129 5	1.297 4
		6	－1.010 0	0.497 12	0.347	－2.513 1	0.493 1
	6	1	1.431 7*	0.430 52	0.024	0.130 0	2.733 4
		2	1.402 5*	0.393 01	0.013	0.214 2	2.590 8
		3	1.005 3	0.444 64	0.239	－0.339 0	2.349 7
		4	1.092 3	0.400 79	0.097	－0.119 5	2.304 1
		5	1.010 0	0.497 12	0.347	－0.493 1	2.513 1
Scheffe	1	2	－0.029 2	0.304 42	1.000	－1.106 0	1.047 7
		3	－0.426 3	0.368 67	0.928	－1.730 5	0.877 8
		4	－0.339 3	0.314 41	0.945	－1.451 5	0.772 8
		5	－0.421 7	0.430 52	0.964	－1.944 6	1.101 2
		6	－1.431 7	0.430 52	0.077	－2.954 6	0.091 2

（续表）

	(I) 类型	(J) 类型	Mean Difference (I - J)	Std. Error	Sig.	95% Confidence Interval	
						Lower Bound	Upper Bound
Scheffe	2	1	0. 029 2	0. 304 42	1. 000	- 1. 047 7	1. 106 0
		3	- 0. 397 2	0. 324 08	0. 909	- 1. 543 6	0. 749 2
		4	- 0. 310 2	0. 260 69	0. 919	- 1. 232 3	0. 612 0
		5	- 0. 392 5	0. 393 01	0. 960	- 1. 782 7	0. 997 7
		6	- 1. 402 5 *	0. 393 01	0. 047	- 2. 792 7	- 0. 012 3
	3	1	0. 426 3	0. 368 67	0. 928	- 0. 877 8	1. 730 5
		2	0. 397 2	0. 324 08	0. 909	- 0. 749 2	1. 543 6
		4	0. 087 0	0. 333 48	1. 000	- 1. 092 6	1. 266 6
		5	0. 004 7	0. 444 64	1. 000	- 1. 568 2	1. 577 5
		6	- 1. 005 3	0. 444 64	0. 420	- 2. 578 2	0. 567 5
	4	1	0. 339 3	0. 314 41	0. 945	- 0. 772 8	1. 451 5
		2	0. 310 2	0. 260 69	0. 919	- 0. 612 0	1. 232 3
		3	- 0. 087 0	0. 333 48	1. 000	- 1. 266 6	1. 092 6
		5	- 0. 082 3	0. 400 79	1. 000	- 1. 500 1	1. 335 4
		6	- 1. 092 3	0. 400 79	0. 221	- 2. 510 1	0. 325 4
	5	1	0. 421 7	0. 430 52	0. 964	- 1. 101 2	1. 944 6
		2	0. 392 5	0. 393 01	0. 960	- 0. 997 7	1. 782 7
		3	- 0. 004 7	0. 444 64	1. 000	- 1. 557 5	1. 568 2
		4	0. 082 3	0. 400 79	1. 000	- 1. 335 4	1. 500 1
		6	- 1. 010 0	0. 497 12	0. 541	- 2. 768 5	0. 748 5
	6	1	1. 431 7	0. 430 52	0. 077	- 0. 091 2	2. 954 6
		2	1. 402 5 *	0. 393 01	0. 047	0. 012 3	2. 792 7
		3	1. 005 3	0. 444 64	0. 420	- 0. 567 5	2. 578 2
		4	1. 092 3	0. 400 79	0. 221	- 0. 325 4	2. 510 1
		5	1. 010 0	0. 497 12	0. 541	- 0. 748 5	2. 768 5

*. The mean difference is significant at the . 05 level.

外国学生

单因素方差分析（Oneway）

Descriptives

	N	Mean	Std. Deviation	Std. Error	95% Confidence Interval for Mean		Minimum	Maximum
					Lower Bound	Upper Bound		
1	6	1. 468 3	0. 196 00	0. 080 02	1. 262 6	1. 674 0	1. 17	1. 69
2	12	1. 642 5	0. 219 51	0. 063 37	1. 503 0	1. 782 0	1. 31	2. 03
3	5	1. 820 0	0. 237 38	0. 106 16	1. 525 3	2. 114 7	1. 60	2. 16
4	10	1. 862 0	0. 192 57	0. 060 90	1. 724 2	1. 999 8	1. 56	2. 11
5	3	1. 850 0	0. 463 57	0. 267 64	0. 698 4	3. 001 6	1. 52	2. 38
6	3	2. 230 0	0. 125 30	0. 072 34	1. 918 7	2. 541 3	2. 11	2. 36
Total	39	1. 755 9	0. 291 41	0. 046 66	1. 661 4	1. 850 4	1. 17	2. 38

Test of Homogeneity of Variances

难易外生

Levene Statistic	df1	df2	Sig.
2. 123	5	33	0. 087

ANOVA

难易外生

	Sum of Squares	df	Mean Square	F	Sig.
Between Groups	1. 484	5	0. 297	5. 623	0. 001
Within Groups	1. 742	33	0. 053		
Total	3. 227	38			

事后检验（Post Hoc Tests）

Multiple Comparisons

Dependent Variable：难易外生

	(I) 类型	(J) 类型	Mean Difference (I－J)	Std. Error	Sig.	95% Confidence Interval	
						Lower Bound	Upper Bound
Tukey HSD	1	2	－0. 174 2	0. 114 89	0. 657	－0. 521 6	0. 173 2
		3	－0. 351 7	0. 139 14	0. 145	－0. 772 4	0. 069 0
		4	－0. 393 7*	0. 118 66	0. 025	－0. 752 4	－0. 304 9
		5	－0. 381 7	0. 162 48	0. 204	－0. 872 9	0. 109 6
		6	－0. 761 7*	0. 162 48	0. 001	－1. 252 9	－0. 270 4
	2	1	0. 174 2	0. 114 89	0. 657	－0. 173 2	0. 521 6
		3	－0. 177 5	0. 122 31	0. 696	－0. 547 3	0. 192 3
		4	－0. 219 5	0. 098 39	0. 251	－0. 517 0	0. 078 0
		5	－0. 207 5	0. 148 33	0. 727	－0. 656 0	0. 241 0
		6	－0. 587 5*	0. 148 33	0. 005	－1. 036 0	－0. 139 0
	3	1	0. 351 7	0. 139 14	0. 145	－0. 069 0	0. 772 4
		2	0. 177 5	0. 122 31	0. 696	－0. 192 3	0. 547 3
		4	－0. 042 0	0. 125 86	0. 999	－0. 422 5	0. 338 5
		5	－0. 030 0	0. 167 81	1. 000	－0. 537 4	0. 477 4
		6	－0. 410 0	0. 167 81	0. 171	－0. 917 4	0. 097 4
	4	1	0. 393 7*	0. 118 66	0. 025	0. 034 9	0. 752 4
		2	0. 219 5	0. 098 39	0. 251	－0. 078 0	0. 517 0
		3	0. 042 0	0. 125 86	0. 999	－0. 338 5	0. 422 5
		5	0. 012 0	0. 151 26	1. 000	－0. 445 4	0. 469 4
		6	－0. 368 0	0. 151 26	0. 175	－0. 825 4	0. 089 4
	5	1	0. 381 7	0. 162 48	0. 204	－0. 109 6	0. 872 9
		2	0. 207 5	0. 148 33	0. 727	－0. 241 0	0. 656 0
		3	0. 030 0	0. 167 81	1. 000	－0. 477 4	0. 537 4
		4	－0. 012 0	0. 151 26	1. 000	－0. 469 4	0. 445 4
		6	－0. 380 0	0. 187 62	0. 350	－0. 947 3	0. 187 3

（续表）

	(I) 类型	(J) 类型	Mean Difference (I-J)	Std. Error	Sig.	95% Confidence Interval	
						Lower Bound	Upper Bound
Tukey HSD	6	1	0.761 7*	0.162 48	0.001	0.270 4	1.252 9
		2	0.587 5*	0.148 33	0.005	0.139 0	1.036 0
		3	0.410 0	0.167 81	0.171	-0.097 4	0.917 4
		4	0.368 0	0.151 26	0.175	-0.089 4	0.825 4
		5	0.380 0	0.187 62	0.350	-0.187 3	0.947 3
Scheffe	1	2	-0.174 2	0.114 89	0.803	-0.580 6	0.232 3
		3	-0.351 7	0.139 14	0.297	-0.843 9	0.140 5
		4	-0.393 7	0.118 66	0.078	-0.813 4	0.026 1
		5	-0.381 7	0.162 48	0.377	-0.956 4	0.193 1
		6	-0.761 7*	0.162 48	0.004	-1.336 4	-0.186 9
	2	1	0.174 2	0.114 89	0.803	-0.232 3	0.580 6
		3	-0.177 5	0.122 31	0.831	-0.610 2	0.255 2
		4	-0.219 5	0.098 39	0.436	-0.567 5	0.128 5
		5	-0.207 5	0.148 33	0.851	-0.732 2	0.317 2
		6	-0.587 5*	0.148 33	0.020	-1.112 2	-0.062 8
	3	1	0.351 7	0.139 14	0.297	-0.140 5	0.843 9
		2	0.177 5	0.122 31	0.831	-0.255 2	0.610 2
		4	-0.042 0	0.125 86	1.000	-0.487 2	0.403 2
		5	-0.030 0	0.167 81	1.000	-0.623 6	0.563 6
		6	-0.410 0	0.167 81	0.334	-1.003 6	0.183 6
	4	1	0.393 7	0.118 66	0.078	-0.026 1	0.813 4
		2	0.219 5	0.098 39	0.436	-0.128 5	0.567 5
		3	0.042 0	0.125 86	1.000	-0.403 2	0.487 2
		5	0.012 0	0.151 26	1.000	-0.523 1	0.547 1
		6	-0.368 0	0.151 26	0.338	-0.903 1	0.167 1
	5	1	0.381 7	0.162 48	0.377	-0.193 1	0.956 4
		2	0.207 5	0.148 33	0.851	-0.317 2	0.732 2
		3	0.030 0	0.167 81	1.000	-0.563 6	0.623 6
		4	-0.012 0	0.151 26	1.000	-0.547 1	0.523 1
		6	-0.380 0	0.187 62	0.544	-1.043 7	0.283 7
	6	1	0.761 7*	0.162 48	0.004	0.186 9	1.336 4
		2	0.587 5*	0.148 33	0.020	0.062 8	1.112 2
		3	0.410 0	0.167 81	0.334	-0.183 6	1.003 6
		4	0.368 0	0.151 26	0.338	-0.167 1	0.903 1
		5	0.380 0	0.187 62	0.544	-0.283 7	1.043 7

*. The mean difference is significant at the .05 level.

注：表中，Oneway 表示单因素方差分析，Descriptives 表示描述性统计，N 表示项目数，Mean 表示均值，Std. Deviation 表示标准差，Std. Error 表示标准误，95% Confidence Interval for Mean 表示均值的 95% 置信区间，Lower Bound 表示下限，Upper Bound 表示上限，Minimum 表示最小值，Maximum 表示最大值，Total 表示合计；Test of Homogeneity of Variances 表示方差齐性检验，Levene Statistic 表示 Levene 统计，df 表示自由度，Sig. 表示显著性；ANOVA 表示方

差分析，Sum of Squares 表示偏差平方和，Mean Square 表示均方，Between Groups 表示组间，Within Groups 表示组内；Post Hoc Tests 表示事后检验，Multiple Comparisons 表示多重比较，Dependent Variable 表示因变量，Mean Difference 表示平均差，Games-Howell，Tukey HSD，Scheffe 分别表示事后多重比较的检验法。

附表 14　汉语疑问句系统第二语言习得等级（客观习得等级）聚类分析树形图

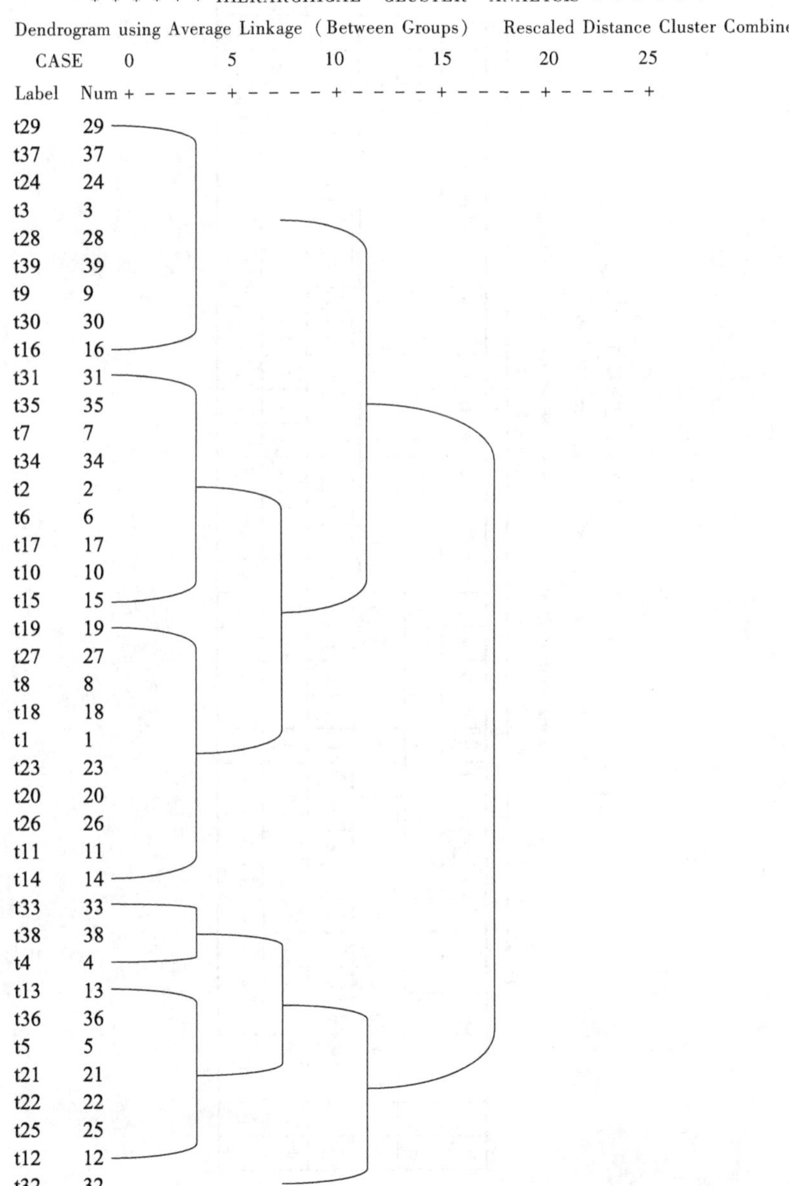

附表 15　语言测试蕴含量表

语　言　测　试　蕴　含　量　表

Binary Scale at 80% Criterion（以 80% 为标准的二维量表）

难 ←——————————————————→ 易

句式	4	12	21	32	1	3	5	9	13	22	24	25	30	33	36	38	2	6	7	8	10	11	14	15	16	17	18	19	20	23	26	27	28	29	31	34	35	37	39	合计
高级	0	0	0	0	1	1	1	1	1	1	1	1	1	1	1	1	1	1	1	1	1	1	1	1	1	1	1	1	1	1	1	1	1	1	1	1	1	1	1	35
中级	0	0	0	0	0	0	0	0	0	0	0	0	0	0	0	0	1	1	1	1	1	1	1	1	1	1	1	1	1	1	1	1	1	1	1	1	1	1	1	23
初级	0	0	0	0	0	0	0	0	0	0	0	0	0	0	0	0	0	0	0	0	0	0	0	0	0	0	0	0	0	0	0	0	0	0	0	0	0	0	0	0
正确	0	0	0	0	1	1	1	1	1	1	1	1	1	1	1	1	2	2	2	2	2	2	2	2	2	2	2	2	2	2	2	2	2	2	2	2	2	2	2	58
误差	0	0	0	0	0	0	0	0	0	0	0	0	0	0	0	0	0	0	0	0	0	0	0	0	0	0	0	0	0	0	0	0	0	0	0	0	0	0	0	0

附　录

附录 1　汉语疑问句测试试卷

测 试 试 卷
Test Paper

●姓名（name）________________

●性别（gender）：（1）男（male）　　（2）女（female）

●国籍（nationality）______________

●母语（native language）______________

●班级（which class are you in now）______________

测试介绍 General Introduction

本次测试共包括两个部分：（1）用所给的词语组句；（2）选择题。测试的目的是检验你的汉语能力，不会影响你的汉语学习成绩。请确保完成所有的测试项目，不要花费过多的思考时间。考试时如有不懂的生词，可以问老师，但是请不要查词典、教材或问其他人。非常感谢您的合作。

The test to be conducted consists of two parts: (1) sentence forming with the words given; (2) multiple-choice. The purpose of the test is to test your language intuition of Chinese. It has nothing to do with the final score of your Chinese study. Please do all the test items one by one and not linger on one item for a long time. Please ensure that you do all the sentences and complete the test. If you meet any new word during the test, you can ask your teacher about its meaning. BUT PLEASE DO NOT CONSULT DICTIONARIES, TEXT-BOOKS OR OTHER PEOPLE! Thank you very much for your cooperation!

测试 Test

一、用所给的词语组句 sentence forming with the words given

说明（Directions）：

这部分共有20组词语。请用所给的每一组词语组成　　语法正确的汉语句子。你必须只使用这些词语并用上所有词语，不能添加也不能使用自己的词语。如果你无法用所给词语组成合语法的汉语句子，请在相应横线上打“×”。

This part contains 20 groups of words. Please form ONE grammatically correct Chinese sentence with each group of words. You must use ALL and ONLY those words that are given. You cannot use your own words or add more words. If you cannot form a grammatical Chinese sentence with the given words, please cross × on the corresponding line.

Example：

学习　我　汉语

→ 我学习汉语。

1. 我　学生　是

→ ______________________________

2. 的　这　谁　书　是

→ ______________________________

3. 是　哪儿　银行

→ ______________________________

4. 写　他　得　汉字　怎么样

→ ______________________________

5. 学校　你们　多少　有　学生

→ ______________________________

6. 你　喝　喝　咖啡　茶　还是

→ ______________________________

7. 在　你　学习　哪儿　汉语

→ ______________________________

8. 书　不　这　好　本　好

→ ______________________________

9. 去　你　时候　学校　什么　啊

→ ______________________________

10. 英语　不　他　能　能　说

→ ______________________________

11. 他们　对　在　书　吗　买

→____________________

12. 不　你　吧　是　学生

→____________________

13. 我们　去　好　不　下午　图书馆　好

→____________________

14. 是　这　什么

→____________________

15. 书　我　呢　的

→____________________

16. 去　你　了　怎么

→____________________

17. 衣服　最　哪　件　好

→____________________

18. 不　你　没有　有　高兴

→____________________

19. 为什么　你　汉语　学

→____________________

20. 学生　老师　你　不　是　不　是　还是　呢

→____________________

二、选择题 multiple-choice

说明（Directions）:

请每一题选择一个　　语法正确的答案，并圈出相应的字母。

Please choose the ONLY ONE grammatically correct answer for each Chinese sentence, and circle the corresponding letter.

Example:

我____________________。

A 汉语学习　　B 汉学习语　　C 学习汉语　　D 学汉语习

The correct answer is C. So you should circle the letter "C".

1. 他____________________?

A 老师你是的　　B 是老师你的

C 是你的老师　　D 是不是你的老师吗

2. 他____________________。

A 买了衣服一件　　B 买了一件衣服

C 买衣服一件　　　　　　　　D 买一件衣服了

3. 咖啡＿＿＿＿＿＿？

A 比贵什么　　B 比怎么贵　　C 比贵怎么　　D 比什么贵

4. 我明天来，＿＿＿＿＿＿？

A 不好的　　B 不好呢　　C 好不吗　　D 不好吗

5. ＿＿＿＿＿＿是你的汉语老师？

A 谁　　B 怎么样　　C 是不是　　D 多少

6. ＿＿＿＿＿＿是咖啡？

A 谁　　B 怎么样　　C 什么　　D 多少

7. 你＿＿＿＿＿学生＿＿＿＿＿老师啊？

A 是……或者……　　　　B 还是……是……

C 或者……是……　　　　D 是……还是……

8. 你去＿＿＿＿＿＿？

A 什么　　B 哪儿　　C 怎么　　D 多少

9. ＿＿＿＿＿？

A 谁不去下午　　B 下午不谁去　　C 谁下午不去　　D 下午不去谁

10. 你＿＿＿＿＿＿？

A 要是学生　　B 没是学生　　C 不是学生　　D 不学生是

11. 我们明天去旅行＿＿＿＿＿。

A 吧　　B 的　　C 吗　　D 过

12. 你＿＿＿＿＿＿？

A 什么　　B 谁　　C 怎么　　D 怎么样

13. 你下午去，＿＿＿＿＿＿？

A 是不吗　　B 不是吗　　C 是不是吗　　D 不是呢

14. ＿＿＿＿＿？

A 不好哪儿　　B 哪儿好不　　C 哪儿不好　　D 不哪儿好

15. 我们下午学习汉语，＿＿＿＿＿？

A 怎么　　B 怎么样　　C 怎么吗　　D 怎么样吗

16. 你叫＿＿＿＿＿名字？

A 哪儿　　B 怎么　　C 什么　　D 为什么

17. ＿＿＿＿＿我的朋友。

A 都你们是　　B 你都们是　　C 你们都是　　D 你们是都

18. ＿＿＿＿＿＿是你的？

A 几　　B 哪个　　C 还是　　D 吗

19. 他喜欢＿＿＿＿＿＿？

A 为什么　B 还是　C 谁　D 要是

20. 你＿＿＿＿＿？

A 打算不打算没去了吗　B 打算不打算不去了吗

C 打算不打算没去了　D 打算不打算不去了

21. ＿＿＿＿＿＿？

A 什么不好最　B 什么最不好

C 最什么不好　D 最不好什么

22. 他＿＿＿＿＿＿？

A 怎么来了不　B 怎么来不来了

C 怎么不来了　D 来不来了怎么

23. 我们＿＿＿＿＿＿？

A 不能说怎么　B 能不能怎么说

C 能不能说怎么　D 不能怎么说

24. 你＿＿＿＿＿＿银行了？

A 多久没去　B 没去多久　C 多久去没　D 去没多久

25. 他＿＿＿＿＿＿＿？

A 比高谁　B 高比谁　C 谁比高　D 比谁高

26. 你＿＿＿＿＿＿学校＿＿＿＿＿＿？

A 什么时候去不……呢　B 什么时候不去……呢

C 不去什么时候……呢　D 什么时候去不去……呢

27. 这是＿＿＿＿＿＿的一本书？

A 什么　B 多少　C 怎么样　D 为什么

28. 你想去＿＿＿＿＿＿？

A 哪儿呢　B 什么呢　C 怎么呢　D 多少呢

29. 你＿＿＿＿＿＿学生＿＿＿＿＿＿老师？

A 是……或者……　B 是……还是……

C 有……或者……　D 还是……是……

30. 这＿＿＿＿＿＿？

A 比贵哪个　B 贵比哪个　C 哪个贵比　D 比哪个贵

31. 他＿＿＿＿＿＿学校？

A 为什么去不　B 为什么不去

C 不去为什么　D 为什么去不去

32. 你喜欢＿＿＿＿＿＿？

A 怎么　　B 还是　　C 哪个　　D 为什么

33. 你是学生＿＿＿＿＿＿？

A 的　　B 呢　　C 吗　　D 过

34. ＿＿＿＿＿＿认识你？

A 不几个人　　B 不什么个人　　C 什么个人不　　D 几个人不

35. 我听＿＿＿＿＿＿说过这本书。

A 什么　　B 谁　　C 哪儿　　D 怎么

36. 他＿＿＿＿＿＿？

A 来没有了　　B 来了有　　C 来了没有　　D 来有了

37. 你＿＿＿＿＿＿学校？

A 不去能不能　　B 能不能不去

C 能不去不能　　D 能不能没去

38. ＿＿＿＿＿＿？

A 哪个你不喜欢　　B 你不哪个喜欢

C 哪个你喜欢不　　D 哪个不你喜欢

39. 他不来了，＿＿＿＿＿＿？

A 是没是　　B 来不来　　C 是不是　　D 有没有

40. 他＿＿＿＿＿＿的一个人？

A 不是什么　　B 什么不是　　C 怎么样不是　　D 不是怎么样

41. 你喝咖啡＿＿＿＿＿＿喝茶＿＿＿＿＿＿？

A 或者……呢　　B 还是……呢

C 或者……吗　　D 还是……吗

42. 他＿＿＿＿＿＿你的老师＿＿＿＿＿＿？

A 是……不啊　　B 是……不呢

C 不是……啊　　D 不是……呢

43. 我们＿＿＿＿＿＿去？

A 几　　B 多少　　C 什么　　D 怎么

44. 这＿＿＿＿＿＿银行＿＿＿＿＿＿邮局？

A 不是……或者不是……　　B 不是……不是或者……

C 不是……还是不是……　　D 不是……不是还是……

45. 不下雨去，＿＿＿＿＿＿？

A 要是下雨呢　　B 要是下雨吗

C 要是下雨吧　　D 要是下雨啊

46. 他有__________？

A 怎么高　　B 哪儿高　　C 多少高　　D 多高

47. 你__________？

A 没去去旅行　　B 没去旅行去旅行

C 去没去旅行　　D 是不是去没去旅行

48. 我们__________才好？

A 什么　　B 哪儿　　C 多少　　D 怎么样

49. 你明天不去，__________？

A 行没行　　B 行不行　　C 去没去　　D 不去去

50. __________

A 不是的你？不是的他？　　B 没是的你？没是的他？

C 不是你的？不是他的？　　D 没是你的？没是他的？

51. 你__________想学习汉语？

A 是不是　　B 是没是　　C 不是是　　D 没是是

52. 这本书__________那本书贵。

A 是　　B 比　　C 多　　D 还

53. 他__________？

A 打算不打算没学英语了　　B 打算没打算不学英语了吗

C 打算没打算不学英语了　　D 打算不打算没学英语了吗

54. __________

A 咖啡？要是茶？　　B 咖啡？或者茶？

C 咖啡？还茶？　　D 咖啡？茶？

55. __________。

A 谁不去想谁不去　　B 谁不想去谁不去

C 谁不去想谁没去　　D 谁不想去谁去不

56. 你是学生__________？

A 的　　B 呢　　C 过　　D 啊

57. __________你学汉字了？

A 是不是　　B 对不对　　C 有没有　　D 好不好

58. 你说他在，__________？

A 要是他不在吗　　B 要不是他在吗

C 要是他不在呢　　D 要不是他在呢

59. 你__________学校__________？

A 不去去……吗　　B 去不去……吗

C 不去去……啊　　D 去不去……啊

60. 他＿＿＿＿你的老师＿＿＿＿？

A 没有……吗　　B 是……不吗

C 不是……吗　　D 不是……的

61. 你喜欢＿＿＿＿的书？

A 哪儿　　B 怎么　　C 为什么　　D 多少

62. 你＿＿＿＿？

A 想去不哪儿啊　　B 不想去哪儿啊

C 不想哪儿去啊　　D 不想去啊哪儿

63. ＿＿＿＿才行？

A 儿　　B 怎样么　　C 行不行　　D 怎么样

64. 你＿＿＿＿学汉字？

A 有不有没　　B 是没是没　　C 是不是没　　D 有没有没

65. ＿＿＿＿。

A 喜欢买谁谁　　B 喜欢谁买谁

C 喜欢买什么什么　　D 喜欢什么买什么

66. ＿＿＿＿？

A 不好呢的　　B 不好的呢　　C 好的不呢　　D 好不的呢

67. 他是你的老师＿＿＿＿？

A 过　　B 呢　　C 吧　　D 的

68. 他＿＿＿＿？

A 打算不打算不学英语了吗　　B 打算不打算不学英语了吧

C 打算不打算不学英语了的　　D 打算不打算不学英语了呢

69. 我去，＿＿＿＿？

A 你呢　　B 你吗　　C 你吧　　D 你啊

70. 我＿＿＿＿听过这个名字。

A 不在哪儿　　B 没在哪儿　　C 哪儿不在　　D 哪儿没在

71. 你＿＿＿＿学过汉字？

A 没有有　　B 是没是　　C 有不有　　D 有没有

72. 你＿＿＿＿汉语＿＿＿＿英语？

A 不学……不学还是……　　B 不学……或者不学……

C 不学……还是不学……　　D 不学……不学或者……

73. 他＿＿＿＿？

A 好不好的　　B 好不好吧　　C 好不好呢　　D 好不好吗

74. 他__________？

A 高兴了没有不　　B 不高兴了没有

C 不高兴了有　　D 高兴了不没有

75. 买____________行。

A 是什么　　B 都什么　　C 什么都　　D 什么是

76. 你__________？

A 打算不打算不去了啊　　B 打算不打算不去了吗

C 打算不打算不去了吧　　D 不打算不打算去了啊

77. 我们都不是学生，____________？

A 你吗　　B 你呢　　C 你吧　　D 你啊

78. 你学过汉语，__________？

A 有不有　　B 是没是　　C 有没有　　D 是不是

79. 我__________都不想去。

A 什么　　B 谁　　C 哪儿　　D 多少

80. 你__________喝咖啡__________喝茶啊？

A 不……还是不……　　B 不……或者不……

C 不是……还是不……　　D 不……不是……

再次感谢你的合作！

Thank you very much for your cooperation again!

附录2　汉语疑问句测试试卷答案

测 试 试 卷 答 案
Answers of the Test Paper

一、用所给的词语组句 sentence forming with the words given

1. 我　学生　是
→ 我是学生。
2. 的　这　谁　书　是
→ 这是谁的书？/这书是谁的？
3. 是　哪儿　银行
→ 哪儿是银行？
4. 写　他　得　汉字　怎么样
→ 他汉字写得怎么样？
5. 学校　你们　多少　有　学生
→ 你们学校有多少学生？
6. 你　喝　喝　咖啡　茶　还是
→ 你喝咖啡还是喝茶？/你喝茶还是喝咖啡？
7. 在　你　学习　哪儿　汉语
→ 你在哪儿学习汉语？
8. 书　不　这　好　本　好
→ 这本书好不好？
9. 去　你　时候　学校　什么　啊
→ 你什么时候去学校啊？
10. 英语　不　他　能　能　说
→ 他能不能说英语？
11. 他们　对　在　书　吗　买
→ 他们在买书，对吗？
12. 不　你　吧　是　学生
→ 你不是学生吧？
13. 我们　去　好　不　下午　图书馆　好

→ 我们下午去图书馆，好不好？

14. 是 这 什么

→ 这是什么？

15. 书 我 呢 的

→ 我的书呢？

16. 去 你 了 怎么

→ 你怎么去了？

17. 衣服 最 哪 件 好

→ 哪件衣服最好？

18. 不 你 没有 有 高兴

→ 你有没有不高兴？

19. 为什么 你 汉语 学

→ 你为什么学汉语？

20. 学生 老师 你 不 是 不 是 还是 呢

→ 你不是学生还是不是老师呢？

二、选择题 multiple-choice

1. 他____________？

A 老师你是的 B 是老师你的

[C] 是你的老师 D 是不是你的老师吗

2. 他____________。

A 买了衣服一件 [B] 买了一件衣服

C 买衣服一件 D 买一件衣服了

3. 咖啡________？

A 比贵什么 B 比怎么贵 C 比贵怎么 [D] 比什么贵

4. 我明天来，________？

A 不好的 B 不好呢 C 好不吗 [D] 不好吗

5. ________是你的汉语老师？

[A] 谁 B 怎么样 C 是不是 D 多少

6. ________是咖啡？

A 谁 B 怎么样 [C] 什么 D 多少

7. 你________学生________老师啊？

A 是……或者…… B 还是……是……

C 或者……是…… [D]是……还是……

8. 你去＿＿＿＿＿？

A 什么 [B]哪儿 C 怎么 D 多少

9. ＿＿＿＿＿？

A 谁不去下午 B 下午不谁去 [C]谁下午不去 D 下午不去谁

10. 你＿＿＿＿＿？

A 要是学生 B 没是学生 [C]不是学生 D 不学生是

11. 我们明天去旅行＿＿＿＿＿。

[A]吧 B 的 C 吗 D 过

12. 你＿＿＿＿＿？

A 什么 B 谁 C 怎么 [D]怎么样

13. 你下午去，＿＿＿＿＿？

A 是不吗 [B]不是吗 C 是不是吗 D 不是呢

14. ＿＿＿＿＿？

A 不好哪儿 B 哪儿好不 [C]哪儿不好 D 不哪儿好

15. 我们下午学习汉语，＿＿＿＿＿？

A 怎么 [B]怎么样 C 怎么吗 D 怎么样吗

16. 你叫＿＿＿＿＿名字？

A 哪儿 B 怎么 [C]什么 D 为什么

17. ＿＿＿＿＿我的朋友。

A 都你们是 B 你都们是 [C]你们都是 D 你们是都

18. ＿＿＿＿＿是你的？

A 儿 [B]哪个 C 还是 D 吗

19. 他喜欢＿＿＿＿＿？

A 为什么 B 还是 [C]谁 D 要是

20. 你＿＿＿＿＿？

A 打算不打算没去了吗 B 打算不打算不去了吗

C 打算不打算没去了 [D]打算不打算不去了

21. ____________?

A 什么不好最　　B 什么最不好

C 最什么不好　　D 最不好什么

22. 他____________?

A 怎么来了不　　B 怎么来不来了

C 怎么不来了　　D 来不来了怎么

23. 我们____________?

A 不能说怎么　　B 能不能怎么说

C 能不能说怎么　　D 不能怎么说

24. 你____________银行了?

A 多久没去　　B 没去多久　　C 多久去没　　D 去没多久

25. 他____________?

A 比高谁　　B 高比谁　　C 谁比高　　D 比谁高

26. 你____________学校____________?

A 什么时候去不……呢　　B 什么时候不去……呢

C 不去什么时候……呢　　D 什么时候去不去……呢

27. 这是____________的一本书?

A 什么　　B 多少　　C 怎么样　　D 为什么

28. 你想去____________?

A 哪儿呢　　B 什么呢　　C 怎么呢　　D 多少呢

29. 你____________学生____________老师?

A 是……或者……　　B 是……还是……

C 有……或者……　　D 还是……是……

30. 这____________?

A 比贵哪个　　B 贵比哪个　　C 哪个贵比　　D 比哪个贵

31. 他____________学校?

A 为什么去不　　B 为什么不去

C 不去为什么　　D 为什么去不去

32. 你喜欢____________?

A 怎么　　B 还是　　C 哪个　　D 为什么

33. 你是学生＿＿＿＿＿＿？

A 的　B 呢　[C]吗　D 过

34. ＿＿＿＿＿＿认识你？

A 不几个人　B 不什么个人　C 什么个人不　[D]几个人不

35. 我听＿＿＿＿＿＿说过这本书。

A 什么　[B]谁　C 哪儿　D 怎么

36. 他＿＿＿＿＿＿？

A 来没有了　B 来了有　[C]来了没有　D 来有了

37. 你＿＿＿＿＿＿学校？

A 不去能不能　[B]能不能不去

C 能不去不能　D 能不能没去

38. ＿＿＿＿＿＿？

[A]哪个你不喜欢　B 你不哪个喜欢

C 哪个你喜欢不　D 哪个不你喜欢

39. 他不来了，＿＿＿＿＿＿？

A 是没是　B 来不来　[C]是不是　D 有没有

40. 他＿＿＿＿＿＿的一个人？

A 不是什么　B 什么不是　C 怎么样不是　[D]不是怎么样

41. 你喝咖啡＿＿＿＿＿＿喝茶＿＿＿＿＿＿？

A 或者……呢　[B]还是……呢

C 或者……吗　D 还是……吗

42. 他＿＿＿＿＿＿你的老师＿＿＿＿＿＿？

A 是……不啊　B 是……不呢

[C]不是……啊　D 不是……呢

43. 我们＿＿＿＿＿＿去？

A 几　B 多少　C 什么　[D]怎么

44. 这＿＿＿＿＿＿银行＿＿＿＿＿＿邮局？

A 不是……或者不是……　B 不是……不是或者……

[C] 不是……还是不是……　D 不是……不是还是……

45. 不下雨去，__________？

[A]要是下雨呢　　B 要是下雨吗

C 要是下雨吧　　D 要是下雨啊

46. 他有__________？

A 怎么高　　B 哪儿高　　C 多少高　　[D]多高

47. 你__________？

A 没去去旅行　　B 没去旅行去旅行

[C]去没去旅行　　D 是不是去没去旅行

48. 我们__________才好？

A 什么　　B 哪儿　　C 多少　　[D]怎么样

49. 你明天不去，__________？

A 行没行　　[B]行不行　　C 去没去　　D 不去去

50. __________

A 不是的你？不是的他？　　B 没是的你？没是的他？

[C]不是你的？不是他的？　　D 没是你的？没是他的？

51. 你__________想学习汉语？

[A]是不是　　B 是没是　　C 不是是　　D 没是是

52. 这本书__________那本书贵。

A 是　　[B]比　　C 多　　D 还

53. 他__________？

A 打算不打算没学英语了　　B 打算没打算不学英语了吗

[C]打算没打算不学英语了　　D 打算不打算没学英语了吗

54. __________

A 咖啡？要是茶？　　B 咖啡？或者茶？

C 咖啡？还茶？　　[D]咖啡？茶？

55. __________。

A 谁不去想谁不去　　[B]谁不想去谁不去

C 谁不去想谁没去　　D 谁不想去谁去不

56. 你是学生__________？

A 的　　B 呢　　C 过　　[D]啊

57. ________你学汉字了？

[A]是不是　B 对不对　C 有没有　D 好不好

58. 你说他在，________？

A 要是他不在吗　B 要不是他在吗

[C]要是他不在呢　D 要不是他在呢

59. 你________学校________？

A 不去去……吗　B 去不去……吗

C 不去去……啊　[D]去不去……啊

60. 他________你的老师________？

A 没有……吗　B 是……不吗

[C]不是……吗　D 不是……的

61. 你喜欢________的书？

[A]哪儿　B 怎么　C 为什么　D 多少

62. 你________？

A 想去不哪儿啊　[B]不想去哪儿啊

C 不想哪儿去啊　D 不想去啊哪儿

63. ________才行？

A 儿　B 怎样么　C 行不行　[D]怎么样

64. 你________学汉字？

A 有不有没　B 是没是没　[C]是不是没　D 有没有没

65. ________。

A 喜欢买谁谁　B 喜欢谁买谁

C 喜欢买什么什么　[D]喜欢什么买什么

66. ________？

A 不好呢的　[B]不好的呢　C 好的不呢　D 好不的呢

67. 他是你的老师________？

A 过　B 呢　[C]吧　D 的

68. 他________？

A 打算不打算不学英语了吗　B 打算不打算不学英语了吧

C 打算不打算不学英语了的　[D]打算不打算不学英语了呢

69. 我去，__________？

[A]你呢　B 你吗　C 你吧　D 你啊

70. 我__________听过这个名字。

A 不在哪儿　[B]没在哪儿　C 哪儿不在　D 哪儿没在

71. 你__________学过汉字？

A 没有有　B 是没是　C 有不有　[D]有没有

72. 你__________汉语__________英语？

A 不学……不学还是……　B 不学……或者不学……

[C]不学……还是不学……　D 不学……不学或者……

73. 他__________？

A 好不好的　B 好不好吧　[C]好不好呢　D 好不好吗

74. 他__________？

A 高兴了没有不　[B]不高兴了没有

C 不高兴了有　D 高兴了不没有

75. 买__________行。

A 是什么　B 都什么　[C]什么都　D 什么是

76. 你__________？

[A]打算不打算不去了啊　B 打算不打算不去了吗

C 打算不打算不去了吧　D 不打算不打算去了啊

77. 我们都不是学生，__________？

A 你吗　[B]你呢　C 你吧　D 你啊

78. 你学过汉语，__________？

A 有不有　B 是没是　C 有没有　[D]是不是

79. 我__________都不想去。

A 什么　B 谁　[C]哪儿　D 多少

80. 你__________喝咖啡__________喝茶啊？

[A]不……还是不……　B 不……或者不……

C 不是……还是不……　D 不……不是……

附录3　汉语疑问句的疑问度调查问卷

汉语疑问句的疑问度调查问卷

这是一份关于汉语疑问句疑问度的调查问卷，与您的学习成绩无关。问卷中的每一个问题都没有标准答案，无所谓对错与好坏，请做出您自己的独立判断。衷心感谢您的合作！

填写说明：

（1）请对下列每一个疑问句进行疑问度高低的判断，然后在句子后面相应的空格里打"√"。

（2）除非特殊注明，每个题目只能选择一个答案。

（3）本调查不包含反问句、设问句的情况。

●性别：（1）男　（2）女　●籍贯________　●方言背景________

●身份：（1）本科生　（2）硕士生　（3）教师

若是学生，那么您的 ●专业______________　●年级________

若已工作，那么您的 ●职业______________　●工龄________

序号	疑问句	疑问度				
		0（无）	1（低）	2（中）	3（高）	4（强）
1	你是学生？					
2	你不是学生？					
3	你是学生吗？					
4	你不是学生吗？					
5	你是学生吧？					
6	你不是学生吧？					
7	你是学生啊？					
8	你不是学生啊？					
9	你下午去，是吗？					
10	你下午去，不是吗？					
11	我下午去，可以吗？					

(续表)

序号	疑问句	疑问度				
		0（无）	1（低）	2（中）	3（高）	4（强）
12	我下午去，不可以吗？					
13	谁下午去？					
14	谁下午不去？					
15	你买了什么？					
16	你没买什么？					
17	邮局在哪儿？					
18	你没去过哪儿？					
19	哪个书包是你的？					
20	哪个书包不是你的？					
21	你怎么迟到了？					
22	你怎么不去了？					
23	我们怎么去？					
24	我们怎么才能不去？					
25	你怎么（样）了？					
26	你说身体不会怎么（样）？我没听清。					
27	你为什么学汉语？					
28	你为什么不学汉语？					
29	苹果几块钱一斤？					
30	你几点以前不走？					
31	你多大了？					
32	箱子多重就不能托运了？					
33	你想去哪儿呢？					
34	你不想去哪儿呢？					
35	你什么时候去学校啊？					
36	你什么时候不去学校啊？					
37	你去不去旅行？					
38	你打算不打算不回来了？					

（续表）

序号	疑问句	疑问度				
		0（无）	1（低）	2（中）	3（高）	4（强）
39	你去没去旅行？					
40	你打算没打算不回来了？					
41	他高兴了没有？					
42	他不高兴了没有？					
43	你能不能去上海？					
44	你能不能不去上海？					
45	你是不是想学习汉语？					
46	你是不是不想学习汉语？					
47	你有没有去过长城？					
48	你有没有不高兴？					
49	你明天再去，行不行？					
50	你明天不去，行不行？					
51	你学过汉语，是不是？					
52	你没学过汉语，是不是？					
53	你去不去旅行呢？					
54	你打算不打算不回来了呢？					
55	你去不去旅行啊？					
56	你打算不打算不回来了啊？					
57	你喝咖啡还是喝茶？					
58	你不喝咖啡还是不喝茶？					
59	你是学生还是老师？					
60	你不是学生还是不是老师？					
61	红的？黑的？					
62	不红？不黑？					
63	你喝咖啡还是喝茶呢？					
64	你不喝咖啡还是不喝茶呢？					
65	你喝咖啡还是喝茶啊？					
66	你不喝咖啡还是不喝茶啊？					

（续表）

序号	疑问句	疑问度				
		0（无）	1（低）	2（中）	3（高）	4（强）
67	爸爸呢？					
68	不知道的呢？					
69	我去，你呢？					
70	我不去，你呢？					
71	天好去，那下雨呢？					
72	下雨去，那不下雨呢？					
73	吃什么都可以。					
74	我哪儿也不想去。					
75	我好像听谁说过这件事。					
76	我好像没听谁说过这件事。					
77	什么好买什么。					
78	谁不愿意去谁就不去。					

您对上述疑问句疑问度高低的判断依据是：________（可多选）

（1）疑问句的类型　　（2）疑问句的结构　　（3）疑问焦点

（4）疑问句中的语气词　　（5）推测性标志词

（6）设想的语境和原有知识　　（7）母语者的语感

（8）其他（请说明）________________

问卷到此结束，再次感谢您的合作！

附录4　汉语疑问句的难易度调查问卷（留学生）

汉语句子难易度调查问卷
Questionnaire on Difficulty of Chinese Sentences

调查介绍 General Introduction

本次调查的目的是检验你的汉语能力，不会影响你的汉语学习成绩。请确保完成所有的调查项目，不要花费过多的思考时间。请不要查词典、教材或问其他人。非常感谢您的合作。

The purpose of the investigation is to test your language intuition of Chinese. It has nothing to do with the final score of your Chinese study. Please do all the items one by one and not linger on one item for a long time. Please ensure that you do all the sentences and complete the questionnaire. PLEASE DO NOT CONSULT DICTIONARIES, TEXTBOOKS OR OTHER PEOPLE! Thank you very much for your cooperation!

学生基本信息 Personal Information

●姓名（name）：__________

●性别（gender）：（1）男（male）（2）女（female）

●年龄（age）：（1）10—19　（2）20—29　（3）30—39
（4）40—49　（5）50—59　（6）60—

●国籍（nationality）：______________

●母语（native language）：______________

●班级（which class are you in now）：______________________________

●你学了多长时间的汉语？在哪儿学习的？请写出总学时（How long and where have you been studying Chinese? Please write down your total studying hours）：

You have been studying Chinese for ____________ Year（s）____________ month（s）in ____ ____（studying place）. The total studying hours are ________ hours.

●你参加过汉语水平考试（HSK）吗？如果参加过，请写出你的成绩和证书等级：

Have you ever attended the Chinese proficiency test, i. e. HSK: __________

If yes, your score is ___________, your proficiency level of HSK is ________

调查 Questionnaire

难易度判断 difficulty judgment

说明（Directions）：请你用数字评价以下每一种汉语句子的难度。如果你觉得非常容易，请在表格的最后一栏里填写1；比较容易，填2；不容易也不难，填3；比较难，填4；非常难，填5。请注意每种汉语句子只能选择　　数字。

Please assess the difficulty degree of each type of Chinese sentences with figures from 1 to 5. If you think the sentence is very easy, please write "1" in the last column of the table; easy, "2"; not easy nor difficult, "3"; difficult, "4"; very difficult, "5". Please note that you can only choose ONE figure for each type of Chinese sentences.

汉语句子 (Chinese sentence)		例　示 (examples)	难　度 (difficulty degree) 1　2　3　4　5 easy→difficult
是非问句类	1. 只用疑问语调的问句	你是学生？	
	2. "吗"问句	你是学生吗？	
	3. "吧"问句	你是学生吧？	
	4. "啊"问句	你是学生啊？	
	5. 陈述句 + 是吗/对吗？	你下午去，是吗？	
	6. 陈述句 + 好吗/行吗/可以吗/怎么样？	我明天来，怎么样？	
特指问句类	7. "谁"问句	谁是你的老师？	
	8. "什么"问句	什么是咖啡？	
	9. 处所"哪（里/儿）"问句	哪儿是银行？	
	10. 指别"哪"问句	哪个是你的？	
	11. "怎么"原因问句	他怎么来了？	
	12. "怎么（样）"方式问句	我们怎么去？	
	13. "怎么（样）"性状问句	这是怎么样的一本书？	

（续表）

汉语句子（Chinese sentence）		例示（examples）	难度（difficulty degree）1 2 3 4 5 easy→difficult
特指问句类	14. “为什么”问句	你为什么学汉语？	
	15. “几/多少”数量问句	你们学校有多少学生？	
	16. “多+A”数量/程度问句	你多大了？	
	17. 特指疑问词+呢	你什么时候去学校呢？	
	18. 特指疑问词+啊	你什么时候去学校啊？	
选择问句类	19. P还是Q？	你喝咖啡还是喝茶？	
	20. 是P还是Q？	这是银行还是邮局？	
	21. P1，（P2，P3……），Q？	咖啡？茶？	
	22. 选择问+呢？	你喝咖啡还是喝茶呢？	
	23. 选择问+啊？	你喝咖啡还是喝茶啊？	
正反问句类	24. “X不X”问句	你去不去旅行？	
	25. “X没X”问句	你去没去旅行？	
	26. VP/AP（了）不/没有？	他来了没有？	
	27. 助不助+VP/AP？	他能不能说英语？	
	28. “是不是”+VP/AP？	你是不是想学习汉语？	
	29. “有没有”+VP/AP？	你有没有学过汉字？	
	30. “是不是”附加式正反问句	你学过汉语，是不是？	
	31. 其他附加式正反问句	我们下午去学校，好不好？	
	32. 正反问+呢？	你去不去学校呢？	
	33. 正反问+啊？	你去不去学校啊？	
“W呢”省略问句	34. “W呢”做始发句，无假设义	我的书呢？	
	35. “W呢”不做始发句，无假设义	我们都是学生，你呢？	
	36. “W呢”不做始发句，有假设义	你说他不在，要是他在呢？	

（续表）

汉语句子（Chinese sentence）		例 示（examples）	难 度（difficulty degree）1 2 3 4 5 easy→difficult
疑问代词引申用法	37. 任指	买什么都行。	
	38. 虚指	我在哪儿听过这个名字。	
	39. 倚变	喜欢什么买什么。	

非常感谢你的合作！

Thank you very much for your cooperation!

附录5　汉语疑问句的难易度调查问卷（中国学生）

难易度判断调查问卷（中国学生）

调查说明

本次调查的目的是收集母语者对一些汉语语言项目的难易度判断，为我们的研究提供母语者基线数据，因此与您的学习成绩无关。问卷中的每一个问题都没有标准答案，无所谓对错与好坏，请做出您自己的独立判断。因为是语感调查，所以不要在某一个项目上花费过多的思考时间。请您确保完成所有的调查项目，衷心感谢您的合作！

●性别：（1）男　（2）女　●籍贯：__________

●方言背景：__________　●年龄：__________

●身份：（1）本科生　（2）硕士生　（3）博士生

●专业：__________　●年级：__________

难易度判断

说明：请你用数字评价以下每一种汉语句子的难度。如果你觉得非常容易，请在表格的最后一栏里填写1；比较容易，填2；不容易也不难，填3；比较难，填4；非常难，填5。请注意每种汉语句子只能选择　　数字。

汉语句子		例　示	难　度 1　2　3　4　5 容易→难
是非问句类	1. 只用疑问语调的问句	你是学生？	
	2. “吗”问句	你是学生吗？	
	3. “吧”问句	你是学生吧？	
	4. “啊”问句	你是学生啊？	
	5. 陈述句＋是吗/对吗？	你下午去，是吗？	
	6. 陈述句＋好吗/行吗/可以吗/怎么样？	我明天来，怎么样？	

（续表）

汉语句子		例　示	难　度 1　2　3　4　5 容易→难
特指问句类	7. “谁”问句	谁是你的老师？	
	8. “什么”问句	什么是咖啡？	
	9. 处所“哪（里/儿）”问句	哪儿是银行？	
	10. 指别“哪”问句	哪个是你的？	
	11. “怎么”原因问句	他怎么来了？	
	12. “怎么（样）”方式问句	我们怎么去？	
	13. “怎么（样）”性状问句	这是怎么样的一本书？	
	14. “为什么”问句	你为什么学汉语？	
	15. “几/多少”数量问句	你们学校有多少学生？	
	16. “多＋A”数量/程度问句	你多大了？	
	17. 特指疑问词＋呢	你什么时候去学校呢？	
	18. 特指疑问词＋啊	你什么时候去学校啊？	
选择问句类	19. P 还是 Q？	你喝咖啡还是喝茶？	
	20. 是 P 还是 Q？	这是银行还是邮局？	
	21. P1，（P2，P3……），Q？	咖啡？茶？	
	22. 选择问＋呢？	你喝咖啡还是喝茶呢？	
	23. 选择问＋啊？	你喝咖啡还是喝茶啊？	
正反问句类	24. “X 不 X”问句	你去不去旅行？	
	25. “X 没 X”问句	你去没去旅行？	
	26. VP/AP（了）不/没有？	他来了没有？	
	27. 助不助＋VP/AP？	他能不能说英语？	
	28. “是不是”＋VP/AP？	你是不是想学习汉语？	
	29. “有没有”＋VP/AP？	你有没有学过汉字？	
	30. “是不是”附加式正反问句	你学过汉语，是不是？	
	31. 其他附加式正反问句	我们下午去学校，好不好？	
	32. 正反问＋呢？	你去不去学校呢？	
	33. 正反问＋啊？	你去不去学校啊？	

（续表）

汉语句子		例 示	难 度 1 2 3 4 5 容易→难
“W 呢”省略问句	34. “W 呢”做始发句，无假设义	我的书呢？	
	35. “W 呢”不做始发句，无假设义	我们都是学生，你呢？	
	36. “W 呢”不做始发句，有假设义	你说他不在，要是他在呢？	
疑问代词引申用法	37. 任指	买什么都行。	
	38. 虚指	我在哪儿听过这个名字。	
	39. 倚变	喜欢什么买什么。	

问卷到此结束，再次感谢您的合作！

附录6 汉语疑问句的难易度调查问卷（教师）

教 师 问 卷

教师基本信息

性别：________ 年龄：________ 教龄：________________

学历：________ 职称：________ 所教班级/水平：________

老师：您好！

非常感谢您支持我们的测试与调查，请您注意以下事项：

1. 本次测试与调查分为两部分，第一部分是测试试卷（我们会给您附上一份答案以供参考），第二部分是汉语句子难易度的调查问卷。

2. 测试试卷请学生务必独立完成，不能查词典、教材或询问其他人。学生必须先完成测试试卷，再完成调查问卷。

3. 请您对学生讲清注意事项和各项题目说明，必要时可以做一下示范。在测试与调查过程中可以回答学生提出的关于生词意义的问题，但不可回答语法问题或告诉学生答案。

4. 测试与调查完成后，请将全部测试试卷和调查问卷回收、清点。

5. 请您完成以下的难易度判断。

说明：请您用数字评价以下每一种汉语语法项目的难度。如果你觉得非常容易，请在表格的最后一栏里填写1；比较容易，填2；不容易也不难，填3；比较难，填4；非常难，填5。请注意每种汉语语法项目只能选择　　数字。

汉语语法项目		例　示	难　度 1　2　3　4　5 容易→难
是非问句类	1. 只用疑问语调的问句	你是学生？	
	2. “吗”问句	你是学生吗？	
	3. “吧”问句	你是学生吧？	
	4. “啊”问句	你是学生啊？	

（续表）

汉语语法项目		例　示	难　度 1　2　3　4　5 容易→难
是非问句类	5. 陈述句＋是吗/对吗？	你下午去，是吗？	
	6. 陈述句＋好吗/行吗/可以吗/怎么样？	我明天来，怎么样？	
特指问句类	7. “谁”问句	谁是你的汉语老师？	
	8. “什么”问句	什么是咖啡？	
	9. 处所“哪（里/儿）”问句	哪儿是银行？	
	10. 指别“哪”问句	哪个是你的？	
	11. “怎么”原因问句	他怎么来了？	
	12. “怎么（样）”方式问句	我们怎么去？	
	13. “怎么（样）”性状问句	这是怎么样的一本书？	
	14. “为什么”问句	你为什么学汉语？	
	15. “几/多少”数量问句	你们学校有多少学生？	
	16. “多＋A”数量/程度问句	你多大了？	
	17. 特指疑问词＋呢	你什么时候去学校呢？	
	18. 特指疑问词＋啊	你什么时候去学校啊？	
选择问句类	19. P 还是 Q？	你喝咖啡还是喝茶？	
	20. 是 P 还是 Q？	这是银行还是邮局？	
	21. P1，（P2，P3……），Q？	咖啡？茶？	
	22. 选择问＋呢？	你喝咖啡还是喝茶呢？	
	23. 选择问＋啊？	你喝咖啡还是喝茶啊？	
正反问句类	24. “X 不 X”问句	你去不去旅行？	
	25. “X 没 X”问句	你去没去旅行？	
	26. VP/AP（了）不/没有？	他来了没有？	
	27. 助不助＋VP/AP？	他能不能说英语？	
	28. “是不是”＋VP/AP？	你是不是想学习汉语？	
	29. “有没有”＋VP/AP？	你有没有学过汉字？	
	30. “是不是”附加式正反问句	你学过汉语，是不是？	

（续表）

汉语语法项目		例示	难度 1 2 3 4 5 容易→难
正反问句类	31. 其他附加式正反问句	我们下午去学校，好不好？	
	32. 正反问＋呢？	你去不去学校呢？	
	33. 正反问＋啊？	你去不去学校啊？	
“W呢”省略问句	34. “W呢”做始发句，无假设义	我的书呢？	
	35. “W呢”不做始发句，无假设义	我们都是学生，你呢？	
	36. “W呢”不做始发句，有假设义	你说他不在，要是他在呢？	
疑问代词引申用法	37. 任指	买什么都行。	
	38. 虚指	我在哪儿听过这个名字。	
	39. 倚变	喜欢什么买什么。	

非常感谢您的大力支持与合作！

附录7 疑问句类型在6部对外汉语教学语法大纲和10套教材中的分布情况

表附录7-1 疑问句类型在6部对外汉语教学语法大纲和10套教材中的分布一览表

疑问句类型		大纲						教材									
		语法	等级	初级	专业	进修	课程	实用	现代	速成	教程	新实用	汉语	成功	欢迎	中文	天地
是非问句	1. 只用疑问语调的问句	√	√	√		√					√	√					
	2. “吗”问句	√	√	√	√	√	√	√	√	√	√	√	√	√	√	√	√
	3. “吧”问句	√	√		√		√	√		√		√			√		
	4. “啊”问句	√															
	5. 陈述句+是吗/对吗？	√	√	√	√	√	√	√	√		√	√	√				√
	6. 陈述句+好吗/行吗/可以吗/怎么样？	√	√	√	√	√	√	√	√		√	√			√	√	√
特指问句	7. “谁”问句	√	√	√	√	√	√	√	√	√	√	√	√	√		√	√
	8. “什么”问句	√	√	√	√	√	√	√	√	√	√	√	√	√	√	√	√
	9. 处所“哪（里/儿）”问句	√	√	√	√	√	√	√	√	√	√	√	√	√	√	√	
	10. 指别“哪”问句	√	√	√	√	√	√	√	√	√	√	√		√	√	√	√
	11. “怎么”原因问句	√	√	√	√	√		√	√	√	√	√			√	√	
	12. “怎么（样）”方式问句	√	√	√	√	√	√	√	√	√	√	√	√	√	√	√	
	13. “怎么（样）”性状问句	√	√	√	√	√	√	√	√	√	√	√		√	√		
	14. “为什么”问句	√	√	√	√	√		√	√	√	√	√				√	
	15. “几/多少”数量问句	√	√	√	√	√	√	√	√	√	√	√	√	√	√	√	√
	16. “多+A”数量/程度问句	√	√	√	√	√	√	√			√	√				√	√
	17. 特指疑问词+呢		√	√				√			√		√	√			
	18. 特指疑问词+啊																
选择问句	19. P还是Q？	√	√	√	√	√	√	√	√	√	√	√	√	√	√	√	√
	20. 是P还是Q？	√	√	√	√	√	√	√	√	√	√	√	√	√			
	21. P1，（P2，P3……），Q？																

（续表）

选择问句	22. 选择问 + 呢？							√			√		√				
	23. 选择问 + 啊？																
正反问句	24. “X 不 X” 问句	√	√	√	√	√	√	√	√	√	√	√	√	√	√	√	√
	25. “X 没 X” 问句	√	√	√	√	√	√	√	√	√	√	√			√		
	26. VP/AP（了）不/没有？	√	√		√	√		√	√		√	√					
	27. 助不助 + VP/AP？	√	√	√	√	√			√	√	√						
	28. “是不是” + VP/AP？	√	√			√				√	√	√					
	29. “有没有” + VP/AP？	√	√	√	√	√		√	√	√	√				√		
	30. “是不是” 附加式正反问句	√	√			√				√	√	√	√		√	√	√
	31. 其他附加式正反问句															√	√
	32. 正反问 + 呢？							√			√		√				
	33. 正反问 + 啊？																
“W 呢” 省略问句	34. “W 呢” 做始发句，无假设义	√	√	√	√	√	√	√	√	√	√	√	√				
	35. “W 呢” 不做始发句，无假设义	√	√	√	√	√	√	√	√	√	√	√	√		√	√	√
	36. “W 呢” 不做始发句，有假设义	√	√	√	√	√	√		√	√	√	√					
疑问代词引申用法	37. 任指	√	√	√	√	√		√	√	√	√	√			√		
	38. 虚指	√	√	√	√	√			√	√	√	√				√	
	39. 倚变	√	√	√	√	√			√	√	√	√				√	

注：表中“语法”代表《对外汉语教学语法大纲》，“等级”代表《汉语水平等级标准与语法等级大纲》，“初级”代表《对外汉语教学初级阶段教学大纲》，“专业”代表《高等学校外国留学生汉语言专业教学大纲》，“进修”代表《高等学校外国留学生汉语教学大纲（长期进修）》，“课程”代表《国际汉语教学通用课程大纲》，“实用”代表《实用汉语课本》，“现代”代表《现代汉语教程——读写课本》，“速成”代表《速成汉语初级教程·综合课本》，“教程”代表《汉语教程》，“新实用”代表《新实用汉语课本》，“汉语”代表《初级汉语课本》，“成功”代表《成功之路》，“欢迎”代表《欢迎》（*Huanying*），“中文”代表《中文听说读写》（*Integrated Chinese*），“天地”代表《中文天地》（*Chinese Link*）。下同。

附录 8　疑问句系统在对外汉语教学语法大纲中的分级与排序

在 6 部对外汉语教学语法大纲中，王还（1995）《对外汉语教学语法大纲》只列出了语法项目，未做分级，因此我们只考察疑问句在其中的分布，不考察排序。其他五部则在考察分布情况的基础上，进一步考察疑问句的分级与排序情况。其中，《等级》分为甲、乙、丙、丁四级，《初级》只涉及初级阶段（即甲级和乙级）的语法项目，不再分级，《专业》分为四个年级，《进修》分为初、中、高等三个级别，这 4 部教学大纲的等级标准之间有一定的对应关系，因此，我们对其做并列考察（见表附录 8－1），而《课程》中的常用汉语语法项目分级表将语法项目分为五级，但因无法确定该级别划分与其他大纲或标准的对应关系，因此将之单列（见表附录 8－2）。各大纲疑问句的分级与排序情况列表如下：

表附录 8－1　4 部对外汉语教学语法大纲中疑问句项目的分级与排序表

等级	《等级》	《进修》	《专业》	《初级》
甲级 初级(一) 一年级上	1. “吗”问句 2. “好吗、对吗”等附加问句 3. “吧”问句 4. 疑问语调问句 5. 特指问“谁/什么/怎么”等问句 6. 特指问句 + 呢？ 7. 正反问句 8. 肯定形式 + 没有？ 9. 疑问副词“多”提问 10. “呢”简略问 11. 选择问句 12. 反问句	1. 是非问：“吗”问句、疑问语调问句 2. 特指问“谁/什么/怎么”等问句 3. 正反问句 4. 选择问句 5. “呢”简略问 6. S 是不是 VP/AP? 7. 附加问句	一年级 1. “吗”问句 2. “吧”问句 3. “好吗、对吗”等附加问句 4. 特指问“谁/什么/怎么”等问句 5. 疑问副词“多”提问 6. “呢”简略问 7. 正反问句 8. 选择问句 9. 反问句：不是……吗、难道、特指问形式 10. 任指	1. “吗”问句 2. 特指问句 3. 省略问句 4. 特指疑问词 + 呢/吗 5. 疑问语调问句 6. 附加问句 7. 正反问句 8. 疑问副词“多”提问 9. 助动词 + 吗 10. 选择问句 11. S + 怎么了 12. 怎么/为什么 + 不/没有 VP 13. 反问句 14. 疑问代词活用
乙级 初级(二) 一年级下	1. 疑问代词任指用法 2. 疑问代词虚指用法	1. 任指：任指、倚变 2. 虚指 3. 反问句：特指问形式		

（续表）

等级	《等级》	《进修》	《专业》	《初级》
丙级 中级 二年级	反问句： 1. 什么 2. 哪儿/什么时候 3. 有什么 4. 何必 5. （哪）有……的呢/吗 6. 难道 7. 不是……吗 8. 何况	1. 反问句 不是……吗？	二年级 疑问代词活用形式： 1. 反问 2. 任指（倚变） 3. 虚指 4. 列举 强调方法：用反问语气和“什么/有什么”	
丁级 高级 三、四年级	反问句： 1. 有何/谈何 2. 何苦 3. 何尝 4. 何不 5. 何至于 6. 岂不 7. 疑问语气	反问句： 1. 何 2. 何尝 3. 何等 4. 何苦 5. 何曾 6. 岂不 用反问表达强调语气： 1. 是非问形式 2. 特指问形式 3. 正反问形式 4. 选择问形式	疑问代词活用（表否定或不满） 语气助词： 1. 五种问句+啊 2. 是非问/正反问+吧 3. 四种问句+呢 4. 是非问/反问+吗	

表附录 8－2　《国际汉语教学通用课程大纲》中疑问句项目的分级与排序表

等级	疑问句项目
一级	用“吗、吧、呢”的一般疑问句： 1.“吗”问句 2.“吧”问句 3.“呢”省略问句
二级	用疑问代词的特殊疑问句： 什么、谁、哪、哪儿、几、多少、多大、什么时候
三级	1. 选择疑问句：还是 2. 正反疑问句：A 不 A、V 不 V、V 没 V 3. 用“怎么”询问方式 4. 用“怎么样、好吗、可以吗、行吗”等的疑问句
四级	用“怎么了”的疑问句
五级	无疑问句相关项目

附录9　疑问句系统在对外汉语教材中的分布与排序

7套国内代表性汉语教材

表附录9－1　刘珣等（1981）《实用汉语课本》疑问句分布列表
（含语法和生词、注释部分）

课号	出现的疑问句项目
2	1. 用“吗”的疑问句
7	2. 用疑问代词的疑问句：谁、什么、哪
10	3. 用疑问代词的疑问句：哪儿
13	4. 正反疑问句：谓语主要成分的肯定否定形式并列，V/A＋不V/A＋O
14	5. 正反疑问句：有没有……？
15	6. 用“几”或“多少”提问
17	7. 用“……，好吗？”来提问
19	8. “……，是不是/是吗/对吗？”疑问句 9. 选择疑问句：P还是Q？是P还是Q？
21	10. 用“多＋A”提问（你今年多大？）
22	11. 用疑问代词的疑问句：怎么样
23	12. 用“吧”的疑问句：表示估计或不肯定的语气 13. 用“呢”的省略式疑问句：Pn/NP＋呢？ “W呢”做始发句，问地点
24（复习）	提问的六种方法： 用“吗”的疑问句 正反疑问句 用疑问代词的疑问句（“谁”、“什么”、“哪”、“哪儿”、“怎么样”、“多少”、“几”） 用“还是”的选择疑问句 用“是吗”或“是不是”、“对吗”的疑问句 用“呢”的省略式疑问句

（续表）

课号	出现的疑问句项目
25	14. 语气助词“呢”用在用疑问代词的问句、正反问句、选择问句的句尾，使全句语气缓和
27	15. 正反疑问句：V +了 +（O）+没有？ V +没（有）V +O？
34	16. 用疑问代词的疑问句：为什么 17. 正反疑问句：V +着 +（O）+没有？
38	18. 用疑问代词的疑问句：怎么（问方式或原因） （区分“怎么”与“怎么样”）
40（复习）	“吧”表示不肯定的语气 “呢”在疑问句中缓和语气，或表示疑问（省略问句）
43	19. 反问句：“不是……吗？”强调肯定
48	20. 疑问代词表示任指：疑问代词“谁、什么、哪儿、怎么”用于陈述句中，表示任指

注：全套教材共两册，其中，第1～30课为第一册，第31～50课为第二册。

表附录9－2 《现代汉语教程——读写课本》（1～2册100课）疑问句分布列表（含语法和注释部分）

课号	出现的疑问句项目
16	1. 是非问“吗”
17	2. 特指问（谁、什么；主、定、宾）
18	3. 几个/多少
20	复习是非问和特指问
21	4. 正反问：V不VO；A不A；是不是/有没有N
23	5. 特殊疑问句（附加问）
24	6. 问日期：“几月几号”、“星期几”
26	7. “助+VP吗？”“助不助+VP？”
27	8. 选择问：V还是不V；V$\underline{O_1}$还是V$\underline{O_2}$；V$\underline{\text{定}_1}$O还是V$\underline{\text{定}_2}$O；$\underline{\text{状}_1}$V还是$\underline{\text{状}_2}$V；$\underline{S_1}$V还是$\underline{S_2}$V。特别介绍“是N_1还是N_2”
28	9. “……VP了吗？”“……VP了没有？”
30	复习：五种疑问句（是非问、特指问、正反问、选择问、特殊疑问句）

（续表）

课号	出现的疑问句项目
31	10. “N 呢？” Ⅰ型问所在；Ⅱ型平行问“S，你呢？”
32	11. “V 了 O 没有？”、“V 没 V O？”
37	12. “VOV 了多长时间？”
50	复习：疑问句和其他句类
63	13. “不是……吗？”（以否定的形式说明肯定的意义）
79	14. 疑问代词活用，两种任指句：“疑问词……都/也……”和疑问代词前后叠用句
86	15. “怎么（V）也/都 V 不 C……”格式（表任指的一种方式，表示“无论用什么方法也……”）
87	16. 反诘问句“怎么会/能/行……呢？”、“哪儿 VP”（强调否定，“哪儿”没有处所意义）
90	复习：反诘问句（“V 什么 O？”、“谁不……？”）

注：前 50 课供第 1 学期用，后 50 课供第 2 学期用。

表附录 9－3　《速成汉语初级教程·综合课本》（1～4 册 80 课）疑问句分布列表（含语法和注释部分）

课号	出现的疑问句项目
10	1. 包含“都”的疑问句，“都”可用于前指，也可用于后指。用于后指时，限于特指疑问句。如：你们都去公园吗？你家都有什么人？
11	2. 是非疑问句（1）：用“吗”的是非疑问句
12	3. 特指疑问句 4. 用“几”或“多少”提问 几＋M＋N 多少（＋M）＋N
13	5. 正反疑问句（1）：V/A＋不 V/A＋O
14	6. 选择疑问句：Alternative A＋是/还是＋Alternative B＋还是＋Alternative C
16	7. 包含结构助词“得”的正反疑问句：V＋得＋A＋不＋A
19	8. 正反疑问句（2）：在句首或句尾加上“是不是”的正反疑问句
21	9. 用“呢”的省略疑问句
22	10. 是非疑问句（2）： ①句尾用疑问语气助词“吧”的是非疑问句 ②……，是吗/对吗/好吗/行吗/可以吗？

（续表）

课号	出现的疑问句项目
51	11. 疑问代词活用： ①疑问代词用于任指。用于陈述句，不要求回答。可与副词“都/也”搭配使用。也可与另一个同形的但表示特指的疑问代词搭配使用，还可与人称代词或指示代词搭配使用。 ②疑问代词用于虚指。用于陈述句时，不要求回答。但跟疑问语气助词“吗/吧”搭配使用时，则要求回答。
61	12. 反问句（1），用句尾带“吗”的是非问句的形式 如：你想，我是那种人吗？你不是在“婚否”一栏里画叉儿了吗？
62	13. 反问句（2），用靠语调表示疑问语气的是非问句的形式 如：哦，你还有回来早的时候？
63	14. 反问句（3），用特指问句的形式，共9种： ①用“谁”的反问句。 ②用“谁说”或“谁说的”的反问句。 ③用“什么”的反问句。“什么”可用于名词之前、动词或形容词之后。 ④用“为什么”的反问句。 ⑤用“干什么”或“做什么”的反问句。 ⑥用“有什么”的反问句。 ⑦用“怎么”的反问句。 ⑧用“哪儿”或“哪里”的反问句。“哪儿”、“哪里”，表示处所时用于动作动词之后，表示范围时用于动作动词之前，只表示反问语气时用于非动作动词或形容词之前。 ⑨用“哪”的反问句。 15. 疑问句句尾语气助词，主要有以下4个： ①语气助词“吗”，用于是非问句和用是非问形式的反问句句尾，表示疑问。句中不出现“大概”之类表示揣测的词语。 ②语气助词“吧”，也用于是非问句和用是非问形式的反问句句尾，表示揣测或商量。句中可出现“大概”之类表示揣测的词语。 ③语气助词“呢”，用于除了是非问句及用是非问形式的反问句以外的问句及反问句句尾。 ④语气助词“啊”（包括变体），可用于是非问句、特指问句、正反问句、选择问句及各种反问句句尾。其中，用于是非问句句尾时，表示怀疑或委婉地提出建议，句中不出现“大概”之类表示揣测的词语。特指问句中，由名词或名词短语构成的省略形式除外。不管哪种疑问句，句尾用“啊”比不用“啊”语气都要缓和些。

注：第1~20课为第一册，第21~40课为第二册，第41~60为第三册，第61~80为第四册。

表附录 9-4 《汉语教程》(1~3 册 100 课) 疑问句分布列表 (含语法和注释部分)

课号	出现的疑问句项目
13	1. ……吗?
14	2. 特指问 疑问代词(句尾不能有“吗”)
15	3. 正反问句:A 不 A、V 不 V(O)、VO 不 V
16	4. 选择问:是……还是…… 5. 简略问“呢”:无上下文的、据上下文定语义的
17	6. 询问数量“几、多少”
19	7. 附加问“……好吗?” 8. “还是”与“或者”区分
20	9. 疑问句复用标记“呢” 10. 怎么(方式)+V
23	11. 是非语调问 12. “是吗?”表示惊讶
27	13. ……多 A?
28	14. 问原因 15. 介绍能愿动词时列举了“助不助+VP”句式
29	16. “V 得怎么样/A 不 A?”
31	17. ……吧? 18. 不是……吗? 19. 是不是 VP 20. VP 了没有?
32	21. 怎么了?询问已发生的情况及其过程、原因、理由时用 22. V 没 V
37	23. 怎么说呢?
39	24. A 什么 B? V 什么?
58	25. 任指:“什么/哪儿……都/也……”、疑问代词叠用 26. 虚指
59	27. 反问句:是非、特指 对明显或已知的事实加强肯定否定,如:没 VP 吗?怎么 V、哪儿 V、谁说/V
72	28. 难道……?加强反问的语气

注:《汉语教程》第 1、2 册各 30 课,供第 1 学期用,第 3 册(上)(下)各 20 课,上册供第 2 学期用,下册供第 3 学期用。

表附录9－5　《新实用汉语课本》（1～4册50课）疑问句分布列表（含语法和注释部分）

课号	出现的疑问句项目
2	1. 用“吗”的是非问句
5	2. 用疑问代词的问句：谁、什么、哪儿、哪
7	3. 正反疑问句：V/A＋不V/A＋O 4. 用“呢”构成的省略式问句：Pn/NP＋呢？（不做始发句，无假设义）
8	5. 用“几”或“多少”提问 几 ＋M ＋N 多少（＋M）＋N
9	6. 用“多＋A”提问 7. 用“……好吗、可以吗”提问
10	8. “怎么＋VP”（问方式） 9. “……，是不是/是吗？”问句
12	10. “怎么”问原因（区分“怎么”与“怎么样”） 11. 选择疑问句：Alternative A＋还是＋Alternative B
13	12. 只用疑问语调的问句 13. 正反疑问句：V＋没（有）V＋O V＋了＋O＋没有
14（复习）	六种提问方法： 用“吗”提问 正反疑问句 用疑问代词的问句（“谁”、“什么”、“哪”、“哪儿”、“怎么”、“怎么样”、“多少”、“几”） 用“还是”的选择问句 用“好吗”或“是不是”、“是吗”、“可以吗”的问句 用“呢”的省略式问句
19	14. “是不是”问句（在句首或句中）
20（复习）	15. “还是”与“或者”的区别 16. 用“呢”构成的省略式问句（2）：做始发句，无假设义
21	17. 用“吧”的是非问句：表示估计或不肯定的语气
28	18. 反问句（1）： 用“不是……吗？”强调肯定 用疑问代词强调肯定或否定

（续表）

课号	出现的疑问句项目
34	19. 疑问代词表示虚指
35	20. 疑问代词表示任指（1）：连用两个同样的疑问代词，指相同的人、事物、方式、时间或地点，第一个是任指的，而第二个则特指第一个（实为倚变）
37	21. 疑问代词表示任指（2）：疑问代词"谁、什么、哪儿、怎么"用于陈述句中，表示任指
38（复习）	疑问代词活用： 表示反问 表示虚指 表示任指（还可用相同的两个代词表示任指）
42	22. 反问句（2）：难道
48	23. 双重疑问句： 是非问句中同时又包含有作为第二层问题的疑问代词的问句：S + V + O（with QPr）+吗？

注：第 1 ~ 14 课为第一册，第 15 ~ 26 课为第二册，第 27 ~ 38 课为第三册，第 39 ~ 50 课为第四册。

表附录 9－6　鲁健骥等（2003）《初级汉语课本》疑问句分布列表（含语法和生词、注释部分）

课号	出现的疑问句项目
3	1. 疑问代词"谁" 2. 用"吗"的疑问句
4	3. 疑问代词"哪儿"
5	4. 疑问代词"什么"
9	5. 正反疑问句 V + 不 + V ？ V + O + 不 + V ？ V + 不 + V + O ？
15	6. 用"呢"的省略问句
19	7. 连词"还是"，用于选择问句
21	8. 年龄、身高、体重的表示法 询问年龄 询问身高、体重

（续表）

课号	出现的疑问句项目
22	9. “怎么”询问方式 10. 疑问语气助词“呢”
29	11. 用“是不是”提问

表附录9－7　《成功之路》（起步篇、顺利篇共48课）疑问句分布列表

课号		出现的疑问句项目
《起步篇》	1	1. 是非问——吗 2. 特指问——什么
	2	3. 特指问——谁
	4	4. 特指问——几
	5	5. 特指问——哪儿
	6	6. 特指问——怎么（表示方式）
	8	7. 特指问——多少
	13	8. 正反问——X不X
	14	9. 特指问——怎么样
	15	10. 特指问——哪（指别） 11. 选择问——还是
	19	12. 带“呢”的特指疑问句
《顺利篇》	13	13. 反问句——不是……吗

注：《起步篇》共24课，《顺利篇》共24课。

3套海外代表性汉语教材

表附录9－8　Jiaying Howard & Lanting Xu（2008）《欢迎》疑问句分布列表
（含语法和生词、注释部分）

册数	单元	话题	内容	出现的疑问句项目
上册	1	同学们和我	1.2 丁老师	1. 反意疑问句：……呢？
			1.3 大卫	2. 一般疑问句：……吗？
			1.4 自我介绍	3. 用疑问代词的问句：什么？哪儿？
	2	我的家	2.2 爸爸妈妈	4. 询问年龄 5. 一般疑问句：……吧？
			2.4 家庭地址	6. “什么地方”和“哪儿”

（续表）

册数	单元	话题	内容	出现的疑问句项目
上册	3	时间和日期	3.1 我的生日	7. 疑问词“好吗？” 8. 疑问句：V+不/没 V
			3.2 现在几点	9. 问时间
			3.4 我的课	10. 疑问代词“哪”
	4	日常用品	4.1 这是谁的书包	11. “吧”做疑问助词 12. 选择疑问句“还是”
			4.2 我带书去学校	13. 疑问句“几”的用法
			4.3 买文具	14. “是不是”做疑问助词
			4.5 我带滑板	15. “怎么样”
	6	我们生活的地方	6.5 请来参加我的晚会	16. sentence+吗？
下册	4	逛街	4.1 购物中心	17. 任指：什么……都
			4.2 买衣服	18. 不是…吗
	5	你需要帮助吗	5.4 你能帮助我吗	19. 怎么

注：该套教材为美国中学汉语综合教材，适用于9~12年级，也可用于7~8年级。内容生活化，取材于美国中学生熟悉的生活，适合初高中初学中文的学生。课文及练习生动有趣，着重提高学生的交际能力。这是美国首次完全遵照全美外语教学标准（ACTFL）编写的中文教材。全套教材共分上下两册，每册六个单元，每个单元又分为六个部分。

表附录9-9　刘月华、姚道中等（2009）《中文听说读写》（第3版）疑问句分布列表（含语法和生词、注释部分）

水平	课号	话题	出现的疑问句项目
Level 1	1	问好	1. 用“什么”的问句 2. 用“呢”的问句 3. 用“吗”的问句
	2	家庭	4. 用“谁、什么、哪、哪儿、几”的问句
	3	时间	5. 选择疑问句 6. 正反问句（I）：你忙不忙？
	4	爱好	7. 正反问句（II）：你明天去不去？ 8. 用“好吗”的问句
	7	学中文	9. “怎么”问句

（续表）

水平	课号	话题	出现的疑问句项目
Level 1	8	学校生活	10. 时间疑问词的句中位置
	9	买东西	11. 用“多”的问句
	16	看病	12. 用“是不是/对不对”的问句
	21	旅行	13. 疑问代词引申用法：倚变（什么、哪）
Level 2	4	买东西	14. 反问句“难道”
	9	旅行	15. 疑问代词引申用法：倚变（哪儿）
	12	中国的节日	16. 疑问代词引申用法：虚指（什么）
	20	环境保护	17. “怎么、为什么”问句

注：该套教材为美国最流行的中文教材之一。据王晓钧（2004）的统计，《中文听说读写》的普及率在美国的中文教材中名列首位，美国大多数大学都采用了这套教材。全套教材共分两个水平，Level 1 分为两部分，其中，第 1 ~ 11 课为第一部分，第 12 ~ 23 课为第二部分；Level 2 共 20 课。

表附录 9 – 10　吴素美、于月明（2012）《中文天地》（第 2 版）疑问句分布列表（含语法和生词、注释部分）

水平	课号	话题	出现的疑问句项目
Level 1	1	问候	1. 吗 2. 呢
	2	名字	3. 疑问代词“什么”和“谁”
	3	国籍和语言	4. 用“哪”询问国籍
	5	介绍	5. 疑问词“几”
	7	地址	6. “多少”和“几”
	8	见面、相约	7. “A 不 A”句式 8. 反义疑问句（对不对、是吗、好吧、怎么样……）
	10	时间表	9. 用时间词问问题
	11	点菜	10. 还是
Level 2	3	问路	11. （有）多 + Adj

注：该套教材是美国出版的供大学中文选修课使用的一部教材，可供大学一年级和二年级使用，第二版教材很好地体现了美国的 5C 外语教学目标和一些新的教学理念。全套教材共分两个水平，Level 1 分为两部分，其中，第 1 ~ 11 课为第一部分，第 12 ~ 22 课为第二部分；Level 2 共 20 课。

后 记

本书是我主持的教育部人文社会科学研究青年基金项目（11YJC740086）“第二语言学习者汉语疑问句系统的习得与认知研究”的研究成果。课题设立时的研究重点有二：其一，对汉语疑问句系统二语习得的语言表现和发展过程进行全面客观的观察和描写，重点考察汉语疑问句系统的习得顺序、习得等级、发展模式与习得过程中的影响因素；其二，挖掘普遍存在的共性规律与习得机制，揭示汉语疑问句系统二语习得过程中的认知加工策略及其发展、影响因素和层级关系，并致力于由汉语疑问句习得过程与规律的理论解释引发对汉语习得的普遍规律与内部机制的理论建构，从而丰富汉语第二语言习得的理论。课题完成之时，基本达成了预定目标，尤其是本研究对汉语疑问句系统习得顺序与习得等级的揭示，对第二语言习得过程中的母语背景、年龄、语言水平、语言特征、语言认知等因素的关注，对衡量二语句法发展的客观指标的探索，均有助于我们对第二语言习得中的一些重要问题（诸如语言习得的普遍共性与个性体现、母语迁移和年龄因素在第二语言习得过程中所起的作用、语言发展的衡量标准与客观指征等）做出一定的回答。而由于汉语言本体的特殊性和应用的重要性，我们深信汉语第二语言习得的研究成果和理论建构也必将丰富并发展世界第二语言习得理论。然而在研究过程中，我们亦深感汉语第二语言习得与认知研究任重道远，诸多问题仍不是十分清楚，有太多课题有待深入研究。因此这本小书只能算作一个阶段性思考的小结，它并不意味着完成，只是一个新的起点，而探索未知，正是学术研究最为吸引人的地方。

此刻，五月的初夏，当我在电脑上轻轻敲下“后记”二字，说不出内心是欣慰还是感慨。难忘那些曾关心、指引、鼓励和陪伴过我的师友和亲人。

在我求学和学术研究的道路上，硕士生导师刘珣先生和博士生导师陆俭明先生给予了我最重要的指引和最热忱的支持。与恩师刘珣先生相识已有 25 年，受教于恩师多年，恩师不仅指引我走上了汉语第二语言教学和习得研究的道路，教我如何治学，更教我如何做人做事。刘老师是汉语教学事业的前辈，贡献卓著。他曾做过四件“小事”（四个“一”）：一张试卷（HSK 考试研发组第一任组长）、一个教材系列（《实用汉语课本》和《新实用汉语课本》，在海外使用最多的汉语教材）、一本小书（《对外汉语教育学引论》，业内国内外发行量最大的学术著作之一）、一个专业（创建国内第一个“对外汉语学科教学论”硕士专业，即现在的课程与教学论专业，专门培养科班人才）。贡献如此，堪称“传奇”，但老师却极为谦和儒雅、平易近人。每每与老师在一起，我都感到如沐春风。在北大求学期间受业于恩师陆俭明先生，还清晰地记得第一次和老师在万圣书园见面的情景，那是一次长谈，记得自己初次表达致力于“语言学与第二语言习得的接口研究”的想法，更记得老师的亲切鼓励，虽是初冬时节，感受的却只有温暖。老师是国际著名语言学家，著作等身，老师提倡在科学研究的领域里树立多元论的思想，不要只学习一派的理论和方法；老师重视培养我们的研究能力，首要的是培养我们发现问题的能力，要我们做到不盲从和勤于思考；老师教育我们新一代的学者既要有求实的学风，开展扎实的研究工作，同时又要有创新的学风，加强理论意识和创新意识……对两位恩师的感激是很难用语言表达的。恩师于我而言，亦师亦友亦父。他们严谨求实的治学态度、渊博卓著的学识才华和谦逊儒雅的大家风范深深地影响着我，他们幽默朴实的人格魅力早已超越了知识传授和学术交流的范畴，在恩师这里学到的，我将受益终生。

得知我的这本小书即将出版，两位恩师欣然答应作序。我知道他们都特别忙，便提议只要重点看看“解题、研究价值、创新点、局限与后续研究”几个部分就行了，可两位恩师却都是通读全部书稿后才作序。陆老师在邮件中说：“在电脑上拷贝下你的书稿后，就利用往返‘北京—重庆’飞机上的时间阅读你的书稿，回来后继续阅读完毕，真有先睹为快之感。然后就慢慢打腹稿……”而刘老师也是对序文字斟句酌，甚至在出差为 25 名中外硕士生答辩的途中仍在反复修改。两篇序文，字里行间满溢着两位恩师的关爱，学生微不足道的一点点成绩都让他们深感欣慰，恩师的支持让学生感动而幸福。

感谢北京语言大学张博教授为本课题研究使用“汉语中介语语料库系统”所提供的方便与支持；感谢北京语言大学毛悦教授、金海月副教授、胡勇博士和童小娥博士及对外经贸大学季瑾副教授和李小萌博士等为本课题研究中的语言测试和问卷调查提供的大力支持；感谢参加语言测试和问卷调查的每一位老师、中国学生和外国留学生的合作与支持。

北京语言大学郭树军副研究员为本课题研究语言测试和问卷调查的数据处理与统计分析编写了部分程序，并提出了很多宝贵建议；本课题研究中，韩语背景儿童的个案跟踪语料来自北京语言大学“汉语第二语言学习者中介语口语语料库”，而远在新西兰的孙德坤教授为本研究提供了英语背景第二语言学习者的个案研究语料。正是因为有你们的帮助，本项实证研究才得以顺利实施。

感谢我在北语的领导、老师和同事们，感谢我亲爱的学生们，你们的关心和支持始终是我学术追求的重要动力。

感谢世界图书出版有限公司北京分公司总编辑郭力老师对我的热情支持，感谢武传霞编辑为本书的编辑、出版所付出的辛劳。她们的专业和严谨无疑是本书得以顺利出版的重要条件。

一直以来，我始终在寻求语言学与汉语第二语言教学、第二语言习得的接口，遵循从假设到检验到再假设再检验、从实践（实证）到理论再回归实践的研究途径，而这也将是我未来的学术追求。希望本书的出版能引起更多同行对这一研究领域的兴趣，使汉语第二语言习得研究取得更快的发展。由于本人学识和能力有限，书中错漏之处，殷切希望得到同行专家的批评指正。

施家炜

2017 年 5 月于北语来园